Thomas Hirsch-Hüffell

Die Zukunft des Gottesdienstes beginnt jetzt

Ein Handbuch für die Praxis

Mit 13 Abbildungen

Vandenhoeck & Ruprecht

Bibliografische Information der Deutschen Nationalbibliothek:
Die Deutsche Nationalbibliothek verzeichnet diese Publikation in der
Deutschen Nationalbibliografie; detaillierte bibliografische Daten sind
im Internet über https://dnb.de abrufbar.

© 2021, Vandenhoeck & Ruprecht GmbH & Co. KG, Theaterstraße 13, D-37073 Göttingen
Alle Rechte vorbehalten. Das Werk und seine Teile sind urheberrechtlich
geschützt. Jede Verwertung in anderen als den gesetzlich zugelassenen Fällen
bedarf der vorherigen schriftlichen Einwilligung des Verlages.

Coverabbildung: © Thomas Hirsch-Hüffell
Abbildungen im Innenteil: © Thomas Hirsch-Hüffell

Satz: SchwabScantechnik, Göttingen
Druck und Bindung: ⊕ Hubert & Co. BuchPartner, Göttingen
Printed in the EU

Vandenhoeck & Ruprecht Verlage | www.vandenhoeck-ruprecht-verlage.com

ISBN 978-3-525-62017-5

Inhalt

Über den eigenen Schatten springen – ein Grußwort 9
Gottesdienst geht über in die Hände vieler 11

Teil A Gottesdienst allgemein

1   Notizen zum Stand der Dinge 16
   1.1 Ist Gottesdienst notwendig? Und warum gibt es überhaupt Kult?
       Ansichten zur Frage des Notwendigen 16
   1.2 Gottesdienst, Lage und Zukunft – Neuzeit-Spiritualität trifft Tradition   19
   1.3 Sonntagsgottesdienst im Feld spiritueller Praxis – Einordnung eines
       Urgesteins in die neu entstehende Landschaft der Gottesdienste   32
   1.4 Gottesdienst und Leitung – Wer leitet Gottesdienst und mit
       welcher Haltung? 39
   1.5 Die kleine Form – Wie Gottesdienst mit wenigen gestalten? 45

2   Gibt es einen Gottesdienst »für alle«? 53
   2.1 Was ist mit der Sehnsucht von Kirchlichen anzufangen, »alle«
       Generationen und Gruppen im Gottesdienst zu finden? 53
   2.2 Generationengottesdienst – Fantasie für einen Gottesdienst mit allen 56

3   Gottesdienst im Raum 63
   3.1 Der Mensch als liturgischer Körper – zur Einübung der geistlichen
       Präsenz 63
   3.2 Spiritualität des Raums – phänomenologische Ergründungen 65
   3.3 Der Umbau eines Kirchraums und die Selbstvergessenheit
       der Gemeinde – übliche Fehler und
       blinde Flecken beim Renovieren von Kirchen 92
   3.4 Kirche aus dem Häuschen – Gottesdienst draußen und seine Regeln 98

4   Gottesdienst und der ganze Mensch 105
   4.1 Körper im Gottesdienst – Umgang mit einem halb vergessenen
       Instrument 105
   4.2 Erinnerung speist sich aus sinnlicher Wahrnehmung –
       Wertschätzung nonverbaler Vorgänge im Gottesdienst 118
   4.3 Spiritualität und Bewegung – jede Bewegung verändert Denken
       und Glauben 120
   4.4 Zur Logik und Konsequenz bei der Findung und Ausführung von
       Riten – bezogen auf die Arbeit mit Kindern und Jugendlichen 122

Teil B Gottesdienst im Detail

1 Liturgie verstehen 131
   1.1 Kraftschreie – der Unterschied von Information und Proklamation   131
   1.2 Hinweise auf liturgische Kleinigkeiten –
       abgegriffene und missverständliche Formeln 133
   1.3 »Sagen Sie jetzt nichts« – zum Umgang mit Stille im Gottesdienst 146

2 Eingang – ein handlungsorientierter Durchgang durch
   die Eingangsliturgie des lutherischen Gottesdienstes 152
   2.1 Das Vorbereitungsgebet – vor Gott halten, wie ich da bin 152
   2.2 Psalmen, Wut und Beten – zur Auswahl und Zelebration von
       Psalmen im Gottesdienst 157

3 Wort 163
   3.1 Lesen im Gottesdienst 163
   3.2 Tipps für präsentes Predigen 170
   3.3 Die Welt ist lesbar wie die Bibel – für eine Wandlung
       des christlichen Verkündigungsbegriffs 181

4 Abendmahl 193
   4.1 Abendmahl und Gemeinde – eine Standortbestimmung 193
   4.2 Liturgie im Abendmahl und in menschlicher Logik – eine Analogie
       von liturgischem und weltlichem Ablauf bei Begegnung 197
   4.3 »Magie« im Abendmahl – was bedeuten »hoc est corpus« und
       Hokuspokus? 200
   4.4 Spendeworte – eine Sammlung von kurzen Sätzen, die die
       Austeilung des Mahls begleiten 202
   4.5 Formen der Austeilung 204
   4.6 Saft und Wein beim Abendmahl – Hinweise zur Befriedung eines
       sinnlosen Streits 210

5 Gebet 215
   5.1 Gebetssprache im Gottesdienst – eine Kritik agendarischer und
       gängiger Gebetsformeln 215
   5.2 Fürbitte im Gottesdienst mit Stille – eine Spezialform, die
       die Gemeinde aktiviert 220

6 Ausgang 222

7 Gottesdienst mit Menschen im Fokus 228
   7.1 Mystagogik statt Verkündigung 228
   7.2 Lebensexpert*innen-Gottesdienst: Collage als offenes Predigtkunst-
       werk – ein Modell mit Gästen und ihrer Weisheit in der Kirche 230

Teil C Kasualgottesdienst

1 Kasualien im säkularen Feld – unkirchliche Menschen und kirchliche Rede 238

2 Beichte 245
   2.1 Einzelbeichte als Versöhnung – ein Ablaufplan mit Hinweisen zur Ausführung 245
   2.2 Eine aktuelle Möglichkeit der Selbstbefragung 250
   2.3 Chancen der Idee der Beichte 252

3 Bestattung 254
   3.1 Bestattung mit Fantasie – Fiktion einer schönen Bestattung 254
   3.2 Lebenspredigt bei Bestattungen und anderen Kasualien: echte Predigt wagen – eine Themensammlung 256

Teil D Arbeit an der Zukunft des Gottesdienstes

1 Einsichten und Fragen aus der Arbeit am Gottesdienst – Welche Themen werden für Gemeinden und Leitende künftig in puncto Gottesdienst wichtig sein? 268

2 Gottesdienst der Pastores in einer Region – ein subversives Modell, das vitale Formen für die Zukunft und mehr Zufriedenheit in der pastoralen Zunft erwirtschaftet 274

3 Plan für die Belebung von Gottesdienst in der Gemeinde – Strategie zur Frage »Wie kommen mehr Leute in die Kirche?« 280

4 Kinder im Gottesdienst – Umgang mit einer Menschengruppe ohne Lobby in der Kirche 283

5 Bauprinzipien für einen Gottesdienst mit intensivem Singen – Logik für Kult mit entschiedenem ausgeprägtem Akzent 289

Teil E Arbeit an der Zukunft des Gottesdienstes

Link zum Download-Material 291
Inhalt des Download-Materials 292
Biografisches 295
Literatur und weiterführende Hinweise 299

Über den eigenen Schatten springen – ein Grußwort

»Es grüßen Euch die Heiligen«, so fing alles an. Menschen, die einander segnen, weil sie aus Gott sind und zu ihm aufbrechen wollen. Der Gruß, höflich-distanziert, freigebend, förmlich, innig, engagiert, verheißungsvoll, eine Zwiesprache eröffnend, eine Atmosphäre schaffend, abschiedlich. Das elementarste Ritual der Vermittlung und Ordnung von Leben, dem Segen verwandt, dem *benedicere,* dem Rhythmus von Zuspruch, Preisung, Gutheißung, Willkommen. Damit fängt alles, jede Begegnung an, damit schließt sie und öffnet einen Weg, bringt etwas in Gang, so werden Gegensätze vermittelt. Wenn es gut geht. Im Gruß kommen die Kunst der Übersetzung zwischen Welten (Hermeneutik), Leib und Seele, Therapie und Weisheit, Liturgieritual und Lebensstil (Gestus) zusammen. Darum geht in diesem Buch.

Und das für heute. Immer musste Christentum über seinen eigenen Schatten und viele Mauern springen, vom Jüdischen ins Griechisch-Heidnische, von der verfolgten zur staatsnahen Kirche, von der feudalen zur bürgerlichen Kirche um 1800. Heute ist diese Phase an ein Ende gekommen. Der vielschichtig demokratisch empfindende Mensch »tickt« anders, und auch er gerät seit einiger Zeit in eine Bestimmungskrise, steht vor einem Ein- und Umbruch. Welche Art von Religion könnte welchem Leben rahmend beistehen, wie sollen sie einander darstellen und kleine Formen der Praxis finden? Auch darum geht es in diesem Buch.

Deshalb ist es nicht ein Buch über etwas, nicht Traktat oder Abhandlung, sondern ein bewegt-bewegendes Textgewebe, eine Begehung von Möglichkeiten. Es werden Spielräume eröffnet für das Zwischen von Leib und Seele, Einsamkeit und Gemeinschaft, Gebet und Leben – auf den Gottesdienst hin und neu von ihm her – zugunsten der Lebbarkeit des Lebens.

Es ist ein Fahrten- und Logbuch, in dem viele Erfahrungen sich verdichten und zu weiteren Erkundungen anstiften. Ein Exerzitium, Einübung ins geistliche Vollziehen und in die Praxis der Rituale. Ein Werkzeugkasten, dem jeder etwas entnehmen kann. Ein Handbuch, freilich nicht im Sinne unantastbarer

Information, sondern zu Händen eines jeden, der lernen will, sich unbefangen und stilgenau, traditionsbewusst und wagemutig zu bewegen.

Man lernt hier unendlich viel Kleines und Atmendes über die Grundgesetze des Lebens, der Begehung, des Ritus, der kirchlichen Gemeinschaft – und über den Gott, in dem dies alles zu Hause wäre, wenn wir es denn wahrnähmen und zuließen.

Von daher der gelöste, beiläufige Tonfall. Wenn eines den Kirchen fehlt, ist es die richtige Sprache und Klangfarbe, der gemäße Gestus. Beiläufig ist nicht beliebig, vielmehr werden die Elemente stimmig und genau komponiert, aber so, dass jeder sich auf seine Weise orientieren kann. Es wäre eine kleine Etüde kommunikativer Freiheit.

Thomas Hirsch-Hüffell und ich kennen uns seit Jahrzehnten. Wir haben das amtlich-berufliche Leben bestanden; vielleicht sind wir nun zu alt, um noch über Mauern zu springen, zugleich zu beweglich, um resignieren zu dürfen. Aus dieser Schwebelage entsteht ein Raum, der Freiheit und Ermutigung für andere ermöglicht, ab und zu Segen sein und diesen neu empfangen zu können – das sei mein Grußwunsch an/für dieses Buch und seinen Autor.

Elmar Salmann OSB, Abtei Gerleve

Gottesdienst geht über in die Hände vieler

Gottesdienst wird es immer geben. Dass er momentan in seiner Standardform schlingert, sagt, dass wir über kirchliche Formen und Uni-Formen nachdenken müssen. Aber die Krise stellt die Freude der Menschen am Rituellen nicht infrage.

Religiöse Rituale sind komplexe Gebilde wie alle Feiern – und wie das Leben selbst. Sie führen auf, was das Leben zu bieten hat: den Reigen um Geburt und Tod, die Stationen auf dem Weg dazwischen. Sie geben dem Seelenchaos anlässlich eines Todes Fassung. Sie stellen das Glück von Eltern in einen kosmischen Rahmen, sie schleifen in zarter Penetranz Sonntag für Sonntag alte Weisheiten in die Biografien der Leute ein. Sie können sich auch außer Haus gebärden und dem Überfall auf eine Schule und der Fassungslosigkeit danach Halt und Raum geben. Sie antworten nicht, aber sie schaffen Platz für Eingebungen. Sie helfen sortieren am dritten Ort jenseits der eigenen Irritation und der anderer.

Dies alles gilt überkirchlich. Selbst wenn die Vermittlungen der großen Konfessionen weniger gefragt sein werden, gilt: Rituale geben Fassung und sind deshalb ersehnt – und das umso mehr, je unübersichtlicher und selbstbestimmter die Lebensbezüge werden.

Die evangelische Kirche hat seit den 1980er-Jahren in den Bereichen Symbol und Ritual nachgelernt. Sie hat gemerkt, dass Hartholzbänke und Wortkaskaden allein den Menschen nicht mehr froh machen. Atmosphären, Klänge, Räume und gute Bewegungen darin sind mindestens so wichtig wie eine gute Predigt. Die katholische Kirche hat in der gleichen Zeit im Bereich Wort nachgezogen.

Die Protestant*innen haben den Gottesdienst für Ehrenamtliche freigegeben, manchmal aus Not, weil der Klerus unbezahlbar oder rar war. Oder aus Freude an der Vielstimmigkeit. Deswegen brauchte es Unterricht im Fach Gottesdienst. Dabei merkten oft auch die Profis, was sie alles nicht gelernt hatten in ihrer Ausbildung.

In beiden Kirchen entstand mehr systematische Gottesdienstdidaktik. Bei den deutschen Evangelischen ausgiebiger, denn sie hatten keine bis ins Detail verordnete Messform – wie z. B. dänische Lutheraner*innen oder Katholik*innen.

Gottesdienstberatungsstellen entstanden in fast allen Landeskirchen. Wer am Kult arbeitet, merkt bald im Detail, wie er*sie religiös tickt. Was man »außen« übt, das bildet sich wie nebenbei auch »innen« weiter. Das wirkt dann zurück auf die Haltung usw.

Viele lernten »Präsenz« in der kultischen Leitung zusammen mit Schauspieler*innen, mit Thomas Kabel u. a. Das stärkte das Bewusstsein für die feinen Nuancen der Gestaltung, die jede Person in die objektiven Formen eintragen kann.

Dazu kamen andere Gottesdienstformen, Bibliolge, Predigt-Slams, Jugendkultur, Gottesdienst draußen usw. Die wollten auch verstanden und geistlich inszeniert werden.

Und seit einiger Zeit kommt zur Arbeit am Gottesdienst die Arbeit am kirchlichen System der »Versorgung«. Wenn kaum jemand in die Kirche kommt, muss man neu erwägen, was noch gelten soll. Regionen, Personal und Ressourcen müssen sich entscheiden: Sterbebegleitung oder Geburtshilfe in Sachen Gottesdienst? Beides zugleich geht oft nicht Wie kann Kirche diese Lebenslagen je nach Region klug organisieren?

Ich habe 1997 mit dieser Arbeit am Gottesdienst als übergemeindlicher Pastor in der Kirche nördlich der Elbe begonnen. Anfangs sagten mir Leitende: »Wir haben doch eine Agende, die wendet man an und das reicht.« Das bezeichnete die Haltung entlarvend präzise. Genauso wirkte Gottesdienst oft – wie ein Verwaltungsakt. Dieselben Leitenden sagten mir aber auch: »Wir verstehen nicht recht, was Sie da ändern wollen. Aber machen Sie mal – nach fünf Jahren schauen wir.« Ich finde das großzügig und bin dankbar dafür. Daraus wurde eins der ersten Gottesdienstinstitute in Deutschland. Es war eine Investition ins Risikokapital. Eine Entscheidungsweise, die inzwischen immer wichtiger wird: ausprobieren, mit dem Erfolg leben und mit dem Scheitern. Denn niemand kann mehr generell sagen, wo es kirchlich langgeht. In solchen Zeiten sind Versuch und Irrtum lebenswichtig. Die großkirchliche Dürre beginnt gerade erst. Aber die Lust an neuen und passenden Formen auch. Der Umbau wird sich über Generationen erstrecken.

Aus der Zeit 1997 bis 2018 stammen die Inhalte der Kapitel und Übungen, die hier vorliegen. Sie alle sind in der praktischen Arbeit mit Kirchenrät*innen, Ehrenamtlichen, Pastores, Prädikant*innen, Lektor*innen, Kantores, Bischöf*innen und Gemeinden aller Art entstanden.

Es galt: *Erst* gemeinsam etwas mit Gottesdienst *erleben* und *dann* darüber *reden*. Aus Erlebnis und Reflexion entsteht nachhaltige Erfahrung. Das drehte das ortsübliche Verfahren auf den Kopf. Aber man *spricht* vor einem Festessen nicht nur über die Zutaten und Garungsprozesse, sondern man *probiert* kochend *aus*, wie es schmeckt. Dann weiß man mehr. Klar braucht es eine Idee, ein vorläufiges Konzept. Aber man konferiert auch nicht über Tanzschritte und Chorsätze – man übt sie. So entsteht in einer Gruppe ein lebendiges Verständnis von Liturgie.

Das war neu für evangelische Christ*innen, besonders für Pfarrkonvente. An die Stelle der Grabenkämpfe um »liturgische Gesetze« traten entspannte und spannende Übungsweisen im Plenum. Profis und Ehrenamtliche merkten, dass es für eine Frage mehrere Lösungen gibt. Dass Kolleg*innen einander herzhaft helfen können. Dass man wider Erwarten doch *gemeinsam* an etwas bauen kann, das alle lieben. Das veränderte die Gesprächskultur in Gruppen, die für Gottesdienst verantwortlich waren.

Und das auf einem Feld, das extrem vermint ist. Denn kultische Formen bilden tief liegende Überzeugungen ab. Sie werden bisweilen an der eigenen Schmerzgrenze verteidigt. Und das oft umso kräftiger, je dunstiger ihr Ursprung ist. Man weiß objektiv wenig über Wirkung und Herkunft eines Liedes, einer Geste, einer Versikel, aber besteht darauf wie auf heimischem Grießbrei. Das ist menschlich einsichtig und sozial provinziell.

»Provinz« in der Doppelwertigkeit des Begriffs: Er meint Dialekt, Lebensraum, der Fassung gibt, Wärme auch. Gleichzeitig kann er erweitertes Leben abschnüren. Beides ist zu sichten und zu würdigen. Das gelingt erst im gemeinsamen Ausprobieren und nicht allein in einer Debatte »über« liturgische Bewegungen.

Ich erinnere daran so penetrant, weil ich die Scheu vieler kirchlicher Leute kenne, den »Ernstfall« Gottesdienst zu üben, zu schleifen und dabei ihr Inneres zu pflegen und aufzuführen. Ich respektiere, dass sie sich aus der konkreten Übung herausreden wollen mit allerlei Ansichten. Man würde ihr Herz sehen. Aber ich gebe dem nicht nach. Erst das gemeinsame Erleben plus Reflexion dessen, was geschah, macht wirksam klug. Alle, die weiter gern Gottesdienst feiern, werden viel mehr erproben müssen, wenn sie kultisch leben wollen.

Und wer eine Form gefunden hat, setzt sie *auf Zeit* ein für alle. Danach wird deren Resonanz mitentscheiden, was davon bleibt oder wiederum neu entsteht. Ein Paradigmenwechsel von der »Verordnung durch Tradition und Klerus« hin zur »Tradition und Wirkung von Formen bei den Leuten«. Erst mit dem Gottesdienstbuch der lutherischen und unierten Kirchen entstand überhaupt die Möglichkeit, an der Liturgie kreativ zu arbeiten. Vorher galt eine kirchenrechtlich verbindliche Ordnung.

Die Logik der Tradition muss auf diesem Weg nicht verraten werden. Die allermeisten neuen Gottesdienstformen enthalten als Skelett die alte Messform –

selbst wenn sie sich anfangs entschieden dagegen verwahrt haben. Manche Formen sind universell gültig und drängen von selbst immer wieder nach vorn. Darauf kann man sich verlassen.

Was erwartet Sie?

Sie finden zuerst allgemeine und spezielle Betrachtungen zum Gottesdienst, auch zu seiner Lage in diesen Zeiten.

Im zweiten großen Abschnitt folgen Hinweise auf Details im normalen agendarischen Gottesdienst.

Der Kasualgottesdienst hat eine große Zukunft, wenn man sich auskennt mit normal-unkirchlicher Klientel. Da ist noch viel zu lernen, denn Profis sind hauptsächlich als Schriftgelehrte ausgebildet, die Eingeschworene in ihrem Glauben bestätigen. Aber wie liturgisch handeln und sprechen zu Leuten, die Weihnachten für eine amerikanische Erfindung halten?

Der letzte Teil widmet sich der Arbeit an der Zukunft des Gottesdienstes.

Ich danke den Tausenden von geistlich interessierten Menschen, die mit mir geteilt und geformt haben, was wir gemeinsam lieben. Zusammen schauen wir in ein Land der neuen Art, damit die Enkel*innen es betreten können.

Teil A
Gottesdienst allgemein

1 Notizen zum Stand der Dinge

1.1 Ist Gottesdienst notwendig? Und warum gibt es überhaupt Kult? Ansichten zur Frage des Notwendigen

Wer ihn gern aufsucht, fragt sich das nicht, und wer nicht hingeht, auch nicht. Und doch kann sich die Kirche diese Frage vorhalten – gewissermaßen als Denkprobe.

Gottesdienst ist nicht notwendig.
Wenn wir versuchen, Jesus Christus zu verstehen, dann merken wir: Er ist kein Kultbeamter, er fordert auch keinen Gottesdienst, schon gar nicht eine bestimmte Sorte. Er sagt: »Tut dies zu meinem Gedächtnis.« Er sagt: »Geht hin und tauft. Vergebt Sünden, heilt, geht zu zweit ohne Gepäck. Wenn ihr nicht ankommt, geht weiter.« Das wirkt alles sehr ambulant. Wir in Nordeuropa sind stationäre Menschen mit Ziegelsteinen und Ordnung. Aber das trügt. Die neue Ambulanz ist uns abverlangt. Gesellschaftliche und kirchliche Konstrukte schwimmen und kaum jemand kommt heute mit dem einmal Erlernten bis zur Rente.

Der Geist, in dem Jesus spricht, ist derselbe Geist, der ihm auch eingibt, seine eigene Lebensgestalt herzugeben, wenn es der Liebe dient. Das tut er. Er besteht nicht auf sich. Er sagt im Abendmahl: »Es muss mich nicht geben, weil es mich gibt. Ich bin, indem ich mich hergebe.« Paulus wird das später aufnehmen mit dem Hinweis auf ein Handeln, das tut, als täte es nicht. Das immer um die Vorläufigkeit seiner eigenen Gestalt und bei aller Zielorientierung weiß: Es könnte auch anders und vielleicht besser gehen ohne mich. Denn Gott führt, nicht ich. Insofern ist Gottesdienst in einer bestimmten Form nicht notwendig. Er kann im freien Geist Gottes je neu erfunden werden.

Gleichzeitig wohnt der Geist auch in der Geschichte und ihren Traditionen. Wir können und müssen nicht alles erfinden. Tote leihen uns Sprache für Erfahrung. Geist kommt aus der Vergangenheit zu uns und hat dort gültige

Formen gefunden. Aber eben keine für die Ewigkeit, wie wir immer hoffen. Die lebendige Glut, die Kernaussage einer Form müssen wir immer neu ermitteln, damit lebt, was wir tun.

Wir können auch bedenken, dass Jesus all diese Anweisungen als junger Mann gesprochen hat, als 30-Jähriger. Da lebt man entschiedener, holzschnitthaft – jugendbewegt. Menschen werden heute älter, sie sind mehrheitlich weder so entschieden wie Jesus noch so wild. Wer heute die 40 passiert hat, lebt mehr von Wiederholungen als Jesus – und das hat auch sein Recht. Dazu schweigt das gesamte Evangelium. Wir sind gewissermaßen schutzlos den Schroffheiten des Nazareners ausgesetzt. Die Institution hat versucht, diesen Geist wie Wein auf Flaschen zu ziehen und dadurch genießbar zu machen – um den Preis der Verwässerung und des Verrats, aber auch brauchbar für ein ganzes Leben. Wenn sie wackelt, kommt jede Rede Jesu unvermittelt auf uns nieder – oder gar nicht mehr.

Gottesdienst wäre in der »Geistesgegenwart in allen Herzen« entbehrlich.
Wenn das Reich Gottes unter uns ist, brauchen wir keine bestimmten Formen, die behaupten, hier oder da sei nun das Reich erreicht. Der Geist Jesu Christi setzt auf Geistesgegenwart zwischen allen Formen und auf den Moment. Das »fleischerne Herz« wäre uns eingesetzt nach der Menschheitsverhärtung und ihrem Zusammenbruch am Karfreitag. Es gäbe uns je neu ein, was zu tun ist. Das wäre der lebendige Gottesdienst.

Weil wir das nicht schaffen, gestalten wir besondere Räume, die inszenieren, wie es aussähe, wenn wir alle ein »fleischernes Herz« (und kein »steinernes«) hätten: Dann folgen Gesänge, Lob, Achtsamkeit, Durchdringung mit Geist, Nahrung für alle, Gleichheit der Geschlechter usw. (so stellen wir es uns vor). Das wäre die Lebensrichtung des Gottesdienstes: eigene Wandlung und Weltwandel. Wir sprechen von Gott und beten so lange, »bis du kommst in Herrlichkeit«, also bis wir an unseren Vorgärten und Handelsbeziehungen erkennen, dass wir Kinder Gottes sind.

Das ist zunächst kein Marsch durch die Institutionen, sondern vorbildlich machtlos, geistreich zweckfrei und aus dem Augenblick der Liebe gespeist. Das Dasein am heiligen Ort selbst verwandelt die Anwesenden. Das ist verheißen.

Wir bräuchten das nicht üben, wenn wir alle Orte als heilig, das heißt, durchlässig auf Gott hin verstünden. Dann käme es uns im Moment, was zu tun ist. Aber wir sind schwach, unsere Augen sind gehalten, obwohl er neben uns steht, und so gehen wir wieder und wieder in die Kirche, um uns zu erinnern, wie das andere Leben ging. Und lassen uns – selbst in schwachen Gestaltungen – an ein paar alte Grundrisse der Würde erinnern. Reste meiner Herkunft aus dem Nichts steigen aus Gräbern unter der Kirche auf – zusammen mit Gottes Wort »Es werde Licht« (1. Mose 1,3). Die Testamente der Vergangenen in meinem Mund, nachgeplappert, schmecken nach »Anschluss« an etwas Großes. Das übermäßige Gehäuse, das so tut, als könne es fassen, was flüchtig ist: Geistes Gegenwart. Das groß genug ist, mich samt meiner Krone aufzunehmen.

Dieser Zusammenhang zum Heiligen Geist im Normalen ist uns zerfallen oder noch gar nicht aufgegangen. Daher behaupten wir auch fast ängstlich beschwörend im »Sonderraum Kirche«, wie nah Gott uns doch sei. Das ist er vielleicht im Moment gar nicht. Es könnte sein, dass wir im Dunkeln singen, weil wir ahnen, wie fern uns Gott geworden ist – auch denen, die ihn immer im Munde führen. Vielleicht ist er auch längst schon anonym in unsere Knochen eingezogen, hätte Menschengestalt angenommen und wir merken es gar nicht. Starren auf Tabernakel und geweihte Hände, auf die nicht enden wollende Rede, die alles und jedes zurechterklären will.

Jedenfalls sind viele unsicher. So wird dann entweder alles maßlos wichtig, was an der heiligen Inszenierung ästhetisch ist, oder ist gebannt von der »neuen Lebendigkeit«, die wie eine Show religiös Menschen bespaßt. Oder es muss alles sein wie immer und in Ewigkeit, weil das Korsett uns am Leben hält, nicht der Atem darin. Das sind Symptome der Angst.

Aber fast jede Form ist möglich und kann den Geist bergen – nur unter dem paulinischen »haben, als hätte man nicht«, vielleicht auch vor dem Horizont des ersten Gebots »Mach dir kein Bild!« – im Sinn von »Mach dir kein endgültiges Bild!«

Gemeinschaften wie kleine Orden in Wohn- und Arbeitsgebieten, die einen konkreten Auftrag in ihrer Umgebung wahrnehmen, z.B. sie zu wandeln und in Beziehung zu sein mit den Menschen, haben als Gegengewicht schlichte und von innen belebte Liturgien für ihren Rückzug an die Quelle. Ihr Gottesdienst ist zwecklos, er steht als Kontrapunkt dem Tun, der Diakonie, gegenüber. Diese Pole beleben einander. Das kennen Gemeinden nicht in dieser Ausprägung. Sie verhalten sich oft wie ein Club und der Gottesdienst gerät zu einer kulturellen Veranstaltung ohne Widerpart im tätigen Leben. Aber das Beten und das Tun des Gerechten gehören zusammen, sonst verkommt Gottesdienst unter der Hand zu entbehrlichem Kulturgut.

Wenn wir also fragen, was unbedingt wichtig ist für die Kirche in Zukunft, dann müssen wir ehrlicherweise sagen: dass sie sich entbehrlich macht, indem sie der Welt sich zu dem wandeln hilft, was sie ist: Reich Gottes. Das betrifft auch den Gottesdienst.

Gottesdienst ist, was er ist – sagt die Liebe.
Da wir das nicht erleben werden (aber wer weiß ...), sollen wir im Vorläufigen feiern, lieben und arbeiten. Immer eingedenk der Halbheit. Die Ganzheit der Gegenwart Gottes bräuchte keine Kirchen. Gott wohnt dann in allem. Das tut er sowieso schon, aber wir merken es nicht.

Das hat Konsequenzen für Gottesdienstgestaltung. Wissen wir z. B., wie viele Kräfte (unnütz) gebunden werden durch die Behauptung, der Zehn-Uhr-Sonntagsgottesdienst sei die Mitte der Dinge? Kräfte, die vielleicht gebraucht würden für den kasualen Gottesdienst, die Sonderform, die Mischkulturen aus Lebenshilfe und Gottesdienst, all die wilden Pflänzchen, die im Moment entstehen.

Im Moment dürfen die Sonderlinge ja nur experimentieren, weil das Bollwerk »Hauptgottesdienst« noch tapfer, wenngleich manchmal leblos verteidigt wird. Aber was entstünde, wenn man das ganze Feld freigäbe? Wenn Gemeinden und Gottesdienste wüchsen und so heißen dürften, wo immer sie es wollen? Das ist längst Praxis. Überall bilden sich Sondergemeinden mit eigenen Formen um bestimmte Menschen, um eine Institution oder eine Idee herum. Wenn eine Bürgerinitiative von Pastor*innen kultisch begleitet würde, was entstünden dann für Liturgien? Das erfahren wir kaum, weil die Kraft nicht reicht, diese Orte aufzusuchen; sie ist gebunden im eigenen – oft leeren – Haus. Wo der Sonntagsgottesdienst lebt, da soll er leben, nichts ist schöner als eine intakte Wiederholung der alten Wahrheiten. Aber wie viel Leerlauf produzieren wir aus Angst vor Alternativen oder aus Angst, die letzten Treuen zu verlieren?

Wir begleiten Menschen vielleicht bald ambulanter und näher als früher. Daher brauchen wir auch kleine liturgische Formen, alltagstauglich, direkt, eingewoben ins Vorfindliche. Dann glaube ich auch an unsere Bedeutung für Menschen. Dann sind Kirche und Gottesdienst vorübergehend unentbehrlich.

1.2 Gottesdienst, Lage und Zukunft – Neuzeit-Spiritualität trifft Tradition

> Es ist nicht auszuschließen, dass auch jetzt schon die tapferen Leute, die immer noch in die Kirche kommen, dass diese Leute sich ihren Reim machen, ohne dass man etwas merkt. Heimlich reiten sie durchs Weltall, während die Bänke knarzen. Rüdi zum Beispiel.
> Rüdi ist gekommen. Sie nimmt einen Weg über den Friedhof, wo Papa liegt und immer noch seufzt – nur sonntags lacht er. Sie ist vorbei an

der Nachbarin Elsa, die im Treppenhaus wacht und den Rädern die Luft abdrückt, wenn sie da zu lange stehen. Sie ist vorbei an Marguerita, die ins Haus gezogen ist, wer weiß woher. Nachts hört man das Trappeln ihrer nackten Füße im Takt.

»Das Wasser sammle sich an bestimmte Orte!« (1. Mose 1,9) – So sagt der Mythos vom Entstehen der Welt. Und das Wasser sammelt sich gehorsam, wie Gott es anordnet. Dieses Weltbild will das Kindsgemüt in uns beruhigen. Aber es entgleitet immer wieder in der Konfrontation mit der Realität und ihren Überschwemmungen aller Art. Deshalb gibt es solche Mythen wie die Sieben-Tage-Schöpfung als inneres Gegengewicht.

Das Wasser verteilt sich real ungehorsam, wie es selbst will (und kann). Es dringt durch Ritzen, reißt Pflanzen vom Ufer weg, überspült ganze Landstriche. Manchmal verschwindet es auch. Dabei geht manches unter, und wenn es sich zurückzieht oder wiederkommt, wächst vielleicht etwas Neues an den Orten der Brache – oder auch nicht.

Es scheint, als ginge der Geist Gottes ähnliche Wege. Als fließe er, wo er will. Es sieht so aus, als sammle er sich nicht mehr gehorsam in den Gefäßen der Kirche, die ihm Tempel, Parochien, Pro-Kopf-Zuweisungen, Glaubensbeamte und Sprechakte bereitstellt. Er macht einfach, was er will – oder was eben geht. »Läuft über« im Doppelsinn des Wortes. Nistet sich in Yoga-Studios ein. Das Interesse vieler Leute an Transzendenz bahnt sich Wege im Unterholz, zwischen den Kirchen. Es lässt sich nicht mehr einfach frontal in Sitzreihen belehren – oder wenn, dann nur auf ausdrückliche Nachfrage.

Wie viel Gottesgeist mag im wilden Finden der Leute liegen? Der wird ja nicht weniger, so wie auch das Wasser auf der Erde nicht weniger wird. Er findet nur andere Orte. Er gebärdet sich ungebührlich, nicht (mehr) so, wie das wohlgenährte Dorfgemüt der Kirche glaubt: in ihren Reihen und möglichst gezähmt. Da auch, aber eben auch überall anders.

So erscheint manchen der Bedeutungsschwund der Kirche wie ein Abbruch und ist doch vielleicht nur ein Wandel desselben Geistes hinein in eine zunächst disparate Formenvielfalt. Hochindividualisierte Menschen suchen ihre heiligen Orte selbst. Sie irren zunächst geistlich – wie alle Halbstarken – umher, wenn die scheinbar sicheren Weisheiten fragwürdig werden.

Christ*innen haben selbst viel dazu getan, dass Menschen sich göttlich selbstbestimmt fühlen. Wer behauptet, Gott erscheine auf einem Gesicht, darf sich nicht wundern, wenn die Leute das über die Jahrhunderte allmählich ernst nehmen. Sie fühlen sich immer göttlicher. Sie sind jetzt kleine Schöpfer ihrer Welten. Niemand will sich jetzt fraglos von Kollektiven vorschreiben lassen, was er*sie zu glauben habe. Man weiß irgendwie selbst auch Bescheid. Kirchliche Mitarbeitende sind da besonders sperrig.

Gleichzeitig sehnen sich viele ambivalent nach dem alten, autoritativen Wort. Aber wenn es kommt, mag man es nicht hören, doch hören und wieder nicht hören. Das auszuhalten, ist für kirchliche Menschen mühsam. Aber so ist Pubertät, das heißt Emanzipation heraus aus den riesigen Kollektiven Staat, Kirche, Partei.

Schaut man hypnotisiert auf die vielen, die der Kirche den Rücken kehren, wird einem bang. Wer sich selbst zuschaut, merkt gleichzeitig, wie marginal das Christliche allein im eigenen Leben vorkommt. Wäre ich mit meiner Biografie Abbild der Kirche – wie viel Prozent meines geistigen, sozialen und moralischen Lebens wären verfasst und verbindlich christlich?

Wer aufs Ganze (z. B. im Internet) schaut, kann ahnen, wie viele spirituelle Themen durch die Foren und Formen geistern. Ganz zu schweigen von den Menschen anderen Glaubens, die in Europa leben (werden). Aber für diese Felder haben kirchliche Leute fast nichts gelernt. Ihre Theologie bzw. deren Vermittlungsmethodik hat sich vorwiegend auf Eingeweihte konzentriert. Allein deshalb wirken andere Strömungen schon bedrohlich: Sie sprechen nicht die kirchliche Sprache. Es ist zu ahnen, dass sie in ihrer Sprache Wesentliches meinen, aber Kirchliche verstehen sie nicht und können kaum mitreden. Oder nur korrigierend und belehrend. Aber das wollen die anderen nicht.

So stehen Berufsgläubige oft da wie vor einer Monokultur, die vom Wurm befallen ist. Sie können nur eine einzige Ackerform und so schnell lernt man keine andere. Das macht Angst, denn die Legitimation wackelt, wenn immer weniger Leute kirchliche Traditionen teilen.

Gleichzeitig wächst viel Spirituelles, das Mut machen könnte – hätte man nur emotionalen und intellektuellen Zugang. Dazu der schlechte Geruch aus den Jahrhunderten, in denen Kirche bis in die Betten hineinregieren wollte. Den müssen die Folgegenerationen austreiben und das dauert länger als ein Menschenleben.

Schauen wir etwas genauer hin auf das *Feld des Ritus*. Der ist ja nicht vom Tisch. Im Gegenteil, die Zahl der Ritualberater*innen wächst, je schärfer der Wind des fluiden und selbst zusammengesetzten Lebens Menschen beglückt und an ihren Nerven zerrt.

Am selben Ort und in der festen Zeit ist ein aparter Anachronismus, während andere gesellschaftliche Vollzüge fließender werden. Ortsmarken werden sekundär, Arbeitsplätze liquide, Reisen bzw. Pendeln ist für viele Dauerzustand, Lernwege sind nicht mehr linear. Das gilt inzwischen auch fürs Dorf. Da muss man geistlich erst einmal mit- oder gegenhalten.

Das haben Kirchliche schon ganz gut begriffen. Sie leisten als integrale Personen unermüdlich innere Umbauarbeiten, auch an sich selbst, bis an den Rand der Erschöpfung. Da gelingt etwas. Aber prägende kirchliche Verfassungen stammen noch aus dem 18. und 19. Jh. und können die neuen Strömungen nicht mehr fassen. Ist das verwunderlich?

Was folgt? Erster Ausblick

Christ*innen sind selbst Kinder beider Welten, der stabilen wie der mobilen. Sie haben viel geschafft auf diesem Weg der Mobilisierung. Sie fügen sich in die Systeme der Leute, wissen ganz gut, wie sie ticken. Sie haben sich eingelassen auf projekthafte Unternehmen, die auf Zeit Menschen binden. Das ist nicht wenig und in der Kürze der Zeit eine echte Leistung. 30 Jahre lang gibt es als Symbol für Vielfalt das Internet, das die Möglichkeiten ins Unendliche treibt.

Wir sind aber auch endliche Wesen; das meiste in unserem Leben ist vorgegeben. Wir tragen einen kleinen Beitrag zum Ganzen bei und verschwinden wieder. Das ist keine Schande. Nicht Jesus wäre unser Vorbild, selbst der wacklige Petrus nicht, sondern allenfalls der Ersatzjünger, der statt Judas eine Weile schulterzuckend mit- und dann abgeht. Eher noch Zachäus, der von Weitem erst mal nur gucken will, bevor es wirklich ernst wird. Schauten wir auf unsere marginale Rolle im Weltgeschehen – wie viel leichter und salziger wäre Glauben?

Parochie ist ein wichtiges Modell, aber nicht mehr flächendeckend darstellbar. Dagegen helfen auch keine »Zentren«, jedenfalls keine, die damit einfach nur »Groß-Gemeinde« meinen. Orte und Landstriche werden kirchlich verwaisen. Wir sind Zeugen eines historischen und nicht reversiblen Sinkflugs der verfassten Kirche. Das ist keine Schwarzseherei, das ist längst so.

Die meisten jetzt entstehenden Verwaltungseinheiten wollen weiter möglichst lückenlos Parochie spielen. Aber das ist das alte Denken mit neuem Etikett – auf Kosten des Personals. Wir werden, müssen und dürfen auf Lücke arbeiten. Wir sind an der Stelle, wo wir leben, mit den Kräften da, die wir haben. Mehr haben wir nicht. Wer weiß, was uns für kreative Kräfte zuwachsen, wenn wir das kirchlich-imperiale Gehabe lockern?

Noch einmal: *Wir sind Zeug*innen und Profiteur*innen, Leidtragende und Betreiber*innen vom Ende der Großinstitution* Kirche nach 1600 Jahren. Jedenfalls in Europa. Es gibt für sie keinen »monarchischen« Stand mehr, wie ihn ein Papst oder Bischof für das Kindsgemüt mit Lust auf Autoritäten noch versuchte, abzubilden. Was Relevanz behauptet, muss sie jetzt belegen und bewerben. Kirche hat keine Lufthoheit mehr über den Glauben, nicht einmal mehr über den christlichen. Vielleicht hat sie den Stand einer Abgeordneten im Parlament zwischen 200 anderen. Sie darf ernsthaft-vergnügt mitspielen. Sie weiß, wie man scheitert und befreit lieben, sterben und leben kann. Das ist eine ganze Menge und das wird auch angefragt werden. Aber als Beratung, nicht als Doktrin. Sie muss sich Koalitionen suchen. Oft ist sie nur noch geduldet und gleichzeitig belächelt, aber auch archaisch interessant, wenn sie kantig, ausdrücklich und nicht ängstlich auftritt.

Was folgt? Zweiter Ausblick

Christ*innen wären frei, *marginal* zu wirken – endlich! Exemplarisch schöne und geistliche Dinge wären zu tun, anstatt alle Kräfte aufzubrauchen, um hauptberuflich Besitzstände zu sichern.

Christ*innen wären frei zu neuen Gemeindeformen. Sie verbinden Menschen über eine Idee, über eine Gruppe aus spirituell vertieften Leuten (siehe Hafencity Hamburg – ökumenische Wohn-Kommunität »Brücke«), die leben, was sie glauben, und Magnet werden in der Region. Im grünen und im Esoterik-Bereich gibt es das längst. Graswurzel-Geist, aber mit der ganzen Erfahrung der 68er-Generation, die die Wege durch die Instanzen gelernt hat. Ausgestattet mit spannenden Traditionen in Sachen Todes- und Lebensbewältigung.

Neben dem virtuellen Treiben wird es eine neue Sehnsucht nach realen und menschlich überschaubaren sozialen Räumen geben. Sofern sich Gemeinden nicht nur als räumliche Parochien mit definierten Grenzen verstehen, nicht nur »Gnadenblase« oder »Wagenburg« inmitten feindlicher Welten, sondern als Keimzellen und Makler*innen für Koalitionen, können sie Träger*innen einer aufregenden sozialen Bewegung werden. Eine tolle Zeit kann anbrechen.

Christ*innen wären frei für *neue Koalitionen* mit anderen Sinnsucher*innen. Dafür könnten und müssten Kirchliche eine Sprache lernen, die für andere kompatibel wird. In der systematischen und exegetischen Theologie ist das kaum Thema. Aber es entstehen Lehrgänge für kirchliche Verkündigungssprache im Umgang mit Konfessionslosen und Kirchenfernen. Pastoralkollegs werden selbstverständlich in die neue Sprache einsteigen, denn sie wird zum Alltag der Bediensteten gehören.

Christ*innen wären frei für *neue Rituale* an alten Orten und alten Ritualen an neuen Orten. Frauen kämen, die eine kleine Handlung wünschen, die ihnen hilft, ihren Kinderwunsch zu begraben. Kinder kämen, weil sie wegziehen müssen und sich von ihren Freunden trennen. Jemand braucht einen Segen fürs

Examen. Kirche wäre ein Ort des Vertrauens, man käme hinein und erhielte Fassungen fürs fragende Gemüt.

Christ*innen wären frei in der *Etatplanung:* Ein wesentlicher Teil des Haushalts würde z. B. frei ausgeschrieben für Initiativen mit christlichem Bezug. Dann würden Geldverwaltende zuschauen, was entsteht. Sie würden nicht nervös, sondern blieben dran, dächten mit, damit es gedeiht. Das wäre ein mutiger Akt jenseits der angstvollen Pfründesicherung und ein aufregendes Zeichen im Land der Besitzstandswahrer und Anspruchsverfechter.

Ereignis und Wiederholung
Kirchliche Leute haben Anteil an einer gesellschaftlichen Doppelentwicklung: Einerseits gilt die *Eventisierung,* die Lust an der Erfahrbarkeit der großen Dinge »jetzt sofort«. Das große Gefühl, das Fest für alle, die ihr Leben auskosten wollen und nicht warten mögen. Recht haben sie, denn wir sind nur kurz hier und der Abend ist lang zum Feiern. Andererseits entstehen überall kleine asketische Gruppen von Therapie-, Atem-, Yoga, Bewegungs- und Betwilligen. Sie gehen in langatmiger *Einübung* der Selbstoptimierung, aber auch dem Geheimnis der Vertiefung nach, das sich nur auf der Langstrecke zeigt. In dieser Zone liegt der traditionelle Sonntagsgottesdienst. Von Haus aus ist er kein Event, sondern Übung.

Pastor*innen tragen selbst beide Strömungen in sich.

Wöchentlicher Gottesdienst wird betrieben von monastisch inspirierten Leuten. Wer sonst übt etwas wöchentlich religiös, vielleicht sogar täglich? Pastor*innen kommen ja selbst kaum der mönchischen Taktung nach, die uns das Kirchenjahr, die Sonntagspflicht, die Empfehlung zum eigenen Gebet nahelegen. Warum sollen dann die Leute das plötzlich tun, die doch viel weniger bewandert sind in Sachen geistlicher Stetigkeit?

Aber wer weiß – vielleicht ist das eines Tages neu interessant. Allein deshalb soll es diese etwas entlegene, spröde Übungsform mit kleinem Sprechakt ruhig dauerhaft geben. Diese Übungsstunde für Tänzer*innen mit Silbernadel, der Anfänger*innen staunend und kopfschüttelnd zuschauen. Sie wird nie zwingend alle beglücken und nicht überall, sondern nur die Geübten und Trainingswilligen.

Was folgt? Dritter Ausblick

Elementarisierung der Gottesdienstkultur über *missionarische Formen,* z. B. die des »Zweiten Programms Gottesdienst«, die keine Vorkenntnisse erfordern. Dort »erfinden« Interessierte – in der Regel zusammen mit Kirchlichen – den Gottesdienst neu, bereiten das vor und zelebrieren es miteinander. Das läuft bereits mit Erfolg an vielen Orten im deutschsprachigen Raum an zigtausend Plätzen. Wer daraus den neuen Standard ableiten will, dem nun bis in Ewigkeit alle folgen müssten, missversteht die Logik von Aufbrüchen. Solche Modelle halten drei bis sieben Jahre, manchmal länger. Aber auf dem Weg bahnen sich meist neue Wege. Es ist, als begänne die Kirchengeschichte im Kleinen noch einmal neu mit dem Zauber des Anfangs, den Mühen der Ebene, den Abschieden, der Regeneration, der Verstetigung. So buchstabiert sich das Christliche in Versuch und Irrtum neu.

Solche Gottesdienste wecken »Schläfer*innen«, also kirchlich Gewogene, keine Kirchenfernen. Diese Menschen im kirchlichen Standby-Modus kommen nicht am Normalsonntag, denn sie wollen ja das Besondere. Sie wollen eigentlich von Neuem lernen und nicht Eingeschworenen bei deren Pirouetten zusehen. Also werden Verantwortliche in verdaulichen Themen und Häppchen bei ihrer Vermittlung von vorn anfangen mit dem Glauben. Wem das Elementare zu wenig akademisch ist, muss sehen, wo er oder sie bleibt – vermutlich in der (Klein)Stadt.

Die *Musik* und das *Singen* sind bei all diesen Versuchen spielentscheidend. Professionelle Orgelspieler*innen und Kantor*innen lernen dann vielleicht von freien Singanleiter*innen, wie faszinierend Singen ohne Noten sein kann. Protagonist*innen kirchlicher Popularmusik sind inzwischen des Titels »Kirchenmusikdirektor« würdig. Bands ziehen Fans in den Gottesdienst.

Das Bekenntnis als Zeugnis wird zum missionarischen Gottesdienst gehören. Wer als Christ*in darüber die Nase rümpft, sollte sich klar machen, wie er oder sie selbst dazugekommen ist. Welche Art von Zeugnis hat überzeugt? Man muss nicht schreien und mit den Armen fuchteln, wenn man zeigt, was man liebt. »Lebe so, dass man dich fragt« kann auch eine Devise sein.

Die Volkskirche hat das kleingeredet und diese Disziplin den Freikirchen überlassen. Im Neuland des Suchens und Findens werden überzeugte und überzeugende Menschen eine wichtige Rolle spielen – auch im Gottesdienst. Kaum ein TV-Gottesdienst lässt die Gelegenheit für persönliche Glaubensrede aus. Menschen mögen überzeugte Leute, egal, ob sie zustimmen oder ablehnen.

Systematischer Unterricht für die Kleinen aus Kindergarten und Kindergottesdienst schafft narrative Grundlagen, damit in den Folgegenerationen ein bisschen Ahnung ums Christentum (über)lebt. Die ostdeutsche »Christenlehre« war solch ein Überwinterungsprogramm. Kinder lieben Geschichten. Rituelle Fantasie fügt sie ein in Abläufe und Räume, von denen sie vielleicht ein Leben lang zehren. Ein Teil der Eltern wird mitlernen.

Wer enttäuscht ist, dass die Kleinen oder die Jugendlichen groß werden und wegziehen, missversteht die Logik von Mission: Wie viele sind hereingeschneit in die eigene Kirche, die woanders inspiriert wurden? Alle leben inzwischen an vielen Orten. Es gibt kein Recht auf Besitz des Erarbeiteten in der »Gemeinde«. Es trägt die Vision, dass uns vieles zufallen wird, wenn wir großzügig hergeben, was wir lieben.

Neue Einübung in Rituale, Stundengebetsformen, Einweisung in praktizierte Spiritualität käme dem neu aufkeimenden Interesse entgegen, dem Leben durchs Üben mehr Gehalt und Gestalt zu geben. Spiritualität besteht zu 10 Prozent aus Inspiration und zu 90 Prozent aus wacher und halbherziger Wiederholung. Menschen fragen Christ*innen nicht nur nach Inhalten, sie fragen auch: Was kann ich konkret immer wieder tun, wenn ich gläubig sein will? Der Verweis auf den Gottesdienst am Sonntag hilft da nicht weiter. Viele wollen richtig üben, den Körper beteiligen, ihre Lebensgewohnheiten auch. Finden sie nichts bei der Kirche, gehen sie zum Yoga.

Verstehen durch Reden

Die Ausbildung der Hauptamtlichen zielt auf *Verständlichkeit* von christlichen Geheimnissen *durch Reden.* Es wird nicht alles heller dadurch, denn Geheimnisse werden von Natur aus größer, je näher man ihnen kommt. Vieles an unserer Botschaft bleibt wunderbar unerklärlich. Aber wir setzen mit einem gewissen Recht auf Verstandes- und Gemütsbildung. Die Ausbildung zielt stark auf den *Sprechakt* im Gottesdienst (immerhin tun das sechs Jahre lang vier Disziplinen im Studium). In der Predigt am Sonntag sagen Pastores regelmäßig Dinge, für die sie ausführlich gelernt haben. Sitzen da aber wenige oder Menschen ohne intellektuelle Ansprüche, ahnen sie ihr Legitimitäts-Problem. Manche bestehen dann um so ängstlicher auf der Tradition, andere finden neue Orte für ihre geistliche Rede. Es gibt immer mehrere Lösungen.

Gottesdienst selbst ist wesentlich *unverständlich,* schon gar in der Form, wie die alte Agende ihn wöchentlich prägt. Man kann ihn erklären, aber das nützt nichts, denn diese Formen wollen lange *geübt* sein – wie Tanzschritte. Die lernt man auch nicht aus einem Artikel im Gemeindebrief.

Deshalb wenden sich Jugendliche im Anti-Übe-Alter mehrheitlich davon ab – sie sind systematisch überfordert. Kinder unter zehn Jahren können und wollen üben – Pubertierende nicht. Das verstehen Katholische mit der frühen Firmung eindeutig besser als Evangelische.

Die Predigt mit der Lust am Fabulieren und Begreifen von Unbegreiflichem findet sich also in einem eher unzugänglichen Gewächs mit Namen Agenden-Gottesdienst, das am Rande gesellschaftlicher Gewohnheit dämmert.

Wo aber käme denn stattdessen gültig und auch in der Breite an, was Verkündigende zentral gelernt haben? Wen interessiert das außer ein paar Eingeweihten, deren ungebrochenes Einverständnis sogar den Pastores manchmal verdächtig ist: »Versteht ihr eigentlich oder döst ihr nur?«

Was folgt? Vierter Ausblick

Finden sendungsbewusste Leute *andere Orte als den Gottesdienst,* wo sie lebendig und einsichtig von Glauben und Leben *sprechen* können? Nicht nur im Gesprächskreis für die ältere Generation, sondern offensiver – in *Foren,* bei kommunalen Treffen, auf Kongressen und Festen. Vor allem im aktiven Diskurs mit den anderen örtlichen Sozialträgern. Nicht nur Andacht, sondern auch Vorträge über christliche Lebenskunst, Lebenskunst-Seminare. Wie gestalten Menschen eine wache Bürger*innengesellschaft mit? Aber wo hätte die Zunft so etwas gelernt? Welche Pastoralkollegs haben das im Programm?

Gottesdienst »nach außen« und »nach innen«
Man kann Gottesdienst einerseits als *darstellendes Handeln* verstehen: Ich zeige nach außen etwas von eingeübter Frömmigkeit und predige auf einer Art Bühne.

Andererseits ist der Agenden-Gottesdienst eine *Hochform des Stundengebets,* das immer weiterläuft, damit die Kirche im Dorf belebt wird. Dies geschieht unabhängig vom Applaus. Es wärmt die Anwesenden und die Welt ohne Geräusch. Das fordern z. B. Menschen ein, die zahlen, aber nicht hinkommen. Sie mögen es, wenn in der Kirche etwas ist, das ihnen guttun könnte.

Beide Formen sind gültig und archaisch wirksam. Keine kann auf die andere reduziert werden.

Was folgt? Fünfter Ausblick

Kirchliche Leute können *Menschen vor Ort fragen, welche Gottesdienste im Dorf/in der Region* sie wollen und besuchen würden. Mit der Bitte um eine ehrliche Antwort. Das sind in der Regel ca. zehn im Jahr. Diese wird man herzhaft bewerben, planen und feiern. Alle anderen setzt man aus. Es gibt bereits gelingende Modelle dafür im Osten.

Am Sonntag würden Kirchliche eine der vielen Kirchen öffnen, Kerzen anzünden, Musik spielen lassen, aus dem Evangelium lesen, einen Choral singen, ein Vaterunser beten – als Form des Stundengebets, das auch Ehrenamtliche leiten können.

Menschen fühlen sich geehrt, wenn *Kirche zu ihnen kommt.* Der lebendige Adventskalender z. B. findet in Gemeinden viel Zuspruch. Gastfreundliche Menschen laden an je einem Abend im Advent Leute aus der Gemeinde in ihre Wohnung oder ihren Garten ein und gestalten eine kleine Begegnung mit Schmuck, Lied, Wort, Musik. Entsprechend wäre ein Modell von Gottesdienst in den Häusern, Höfen und Gärten von Menschen denkbar: *Hauskirche* nach alter Art – so wie es einst begonnen hat vor knapp 2000 Jahren. Die größten Häuser sind Gastgeber. Ein Abendmahl, die Bibel, ein Leuchter wandert von Haus zu Haus.

Der Zeigelust von Menschen entspricht es, *Gottesdienste rund um Menschen* zu feiern, die etwas erzählen. Das sind Kasualien, aber auch Themengottesdienste. Das wird eine der vitalen Formen werden, die überleben. *Segnungsrituale* beginnen bereits damit, den Menschen in die Mitte zu stellen. Aber da geht viel mehr (siehe z. B. Gottesdienste mit »Lebensexpert*innen« vom gottesdienst institut nordkirche). Kasualien sind die Gottesdienste der nahen Zukunft. Menschen und Lebenskunst sind da Thema, nicht »Perikopen«. Die Bibel tritt zur Biografie dazu und zeigt in ihrem Gegenlicht andere Horizonte.

Gottesdienstgestaltende fragen sich und einander: Wo stehen wir selbst? Eher auf der Seite mit der *Lust am Zeigen*, die Aufmerksamkeit weckt und anregt, oder eher auf der Seite der *religiösen Gewohnheit*, die in homöopathischen Dosierungen die Seele neu justiert?

Wie sind diese beiden Begabungen in der Region verteilt? Darüber zu reden und strukturell Aufgaben je nach Begabung zu entwickeln, würde lohnen.

Das bedingt, dass man einander großzügig anerkennt im jeweils Andersartigen, einander vielleicht sogar darin mag. Bislang stehen sich diese Zelebrationstypen eher feindlich gegenüber. Aber es gab noch nie so viel verstecktes Interesse am jeweils anderen wie jetzt in den Pfarrkonventen. Gebraucht würde eine Kultur duldender, vielleicht sogar gewogener Anteilnahme. Die kommt nicht von selbst. Es wäre Aufgabe der Leitenden, über Jahre eine Kultur gegenseitiger Duldsamkeit und Vielfalt zu entwickeln. Denn die Einsamkeit der Profis wächst.

Verarmter Adel

Niemand muss Programme und Modelle für den Wandel der Kirche vorhalten. Manche Amtsträger*innen sind es leid, sich von Maßnahme zu Maßnahme scheuchen zu lassen. Sie möchten in Ruhe ihren gelernten Dienst verrichten. Das hat eine eigene Dignität, sofern es nicht nur das Ergebnis von Behäbigkeit ist. Es gibt den Adel, der es hinnimmt, dass Leute sich abwenden von dem, was er liebt und pflegt – und der es weiter liebt und pflegt. Oft sind das Kolleg*innen, die selbst öfter als am Sonntag beten. Von ihnen geht eine Würde aus, die etwas Vergehendes durchträgt. Dies gebärdet sich aber heiter und ohne Neid oder Ressentiment. Nur das macht wirklich Eindruck, verhindert Bitterkeit und ergibt im Rückblick eine saubere Bilanz.

Der Begriff von Kirche
Der Protestantismus hat im Grunde keinen ausgearbeiteten Kirchenbegriff. Er lebt seit 500 Jahren von ein paar ungenauen Grundsätzlichkeiten der Confessio Augustana und vom Protest. Aber Reform(ation) ist keine Struktur, sondern die Weise, sie dauernd zu überholen. Niemand kann sich ständig selbst infrage stellen. Das muss man verstehen und durchhalten ohne Atemnot und Bitterkeit. Schon Johannes Bugenhagen hat das begriffen und schnell eine Ordnung nachgereicht. Faktisch regiert seitdem in der evangelischen Großkirche eher behördlich-weltlicher Pragmatismus. Aber theologisch durchdrungen für neuzeitliches Handeln ist »evangelische Kirche« kaum. Hier entsteht gerade neue Kirchentheorie.

Noch in den 1950er-Jahren gab es ein selbstverständliches Ansehen der Kirche und der Pfarrerschaft. Man war auch ohne Handlung »jemand« durch die Repräsentanz des Ganzen. Überhaupt konnten große soziale Gebilde wie die Parteien suggerieren, sie repräsentierten »das Ganze«. Das funktioniert nicht mehr, weil jetzt jeder Mensch selbst auch »das Ganze« ist oder sein will, ein Schöpfer der eigenen Welt – mit einem relativen Existenzrecht. Viele Berufsgläubige möchten selbst konstitutiv anders sein, unterschieden von dem, was »die Kirche« will. Aber dann muss eben auch jede*r beweisen, dass er*sie da zu Recht ist, wo er*sie ist, und dass er*sie »jemand« ist. Kein »Ganzes« stützt mehr, weder innen noch außen. In der Folge versuchen viele Verantwortliche, den Niedergang der Kirche persönlich mit ihrer Originalität oder ihrem Fleiß aufzuhalten und landen in der Reha. Hier lauert zu viel hybrider (eigener) Anspruch an das Funktionärsindividuum, die Kirche zu »retten«.

Gegenbewegungen entstehen durch Initiativen zu *geistlicher Gemeinschaft*, die den einzelnen Menschen rückbindet in ein selbstgewähltes Ganzes im kleinen Rahmen – und dadurch stützt.

Was folgt? Sechster Ausblick

Gemeinde soll sich bilden können, wie sie es selbst kann und will – z. B. wie es in Frankreich von den Katholiken erprobt wird: Wo fünf zentrale Felder der Kirche (Seelsorge, Gottesdienst, Diakonie, Katechese, Leitung) von normalen Menschen verlässlich reguliert werden, bekommt dieses Gebilde den Status »Gemeinde« und auch Unterstützung – ohne Pastor*innen. Oder wie in England mit den anglikanischen »Pionieren«, Leuten, die eingelassen in die Welt der Leute ganz bei null starten mit Zuhören und Dasein.

Gemeinde bildet sich um eine *Initiative* herum, die auch eigene Formen des Ritus entwirft, möglicherweise auf Zeit.

Geistliche Gemeinschaften mit Menschen, die sich einander verbindlich versprechen, steuern einen sozial-religiösen Komplex im Stadtteil, in einer Institution, auf dem Dorf, am Urlaubsort.

Gemeinde versteht sich zunehmend als *Mitspielerin, vielleicht sogar Drehscheibe* in sozialen Geflechten. Sie ist nicht die, die Wahrheit (und damit vermeintlich sich selbst) behauptet – im Gegensatz zur Kommune –, sondern die, die Wahrheit und Lebensweisheit aus alter Quelle *aufzeigt im Diskurs*. Sie bewährt sich also mitten *im* Gewühl als eigenartige Figur und nicht »jenseits« der Lage in abständigem Stolz.

Eine *theologisch qualifizierte Ekklesiologie* für den Zusammenhang dieser Formen steht aus und wird seit ein paar Jahren anfänglich gedacht: »Gemeinde im Plural«, das heißt kollektive inhaltliche Leitung (auch im Gottesdienst), neue Formen in der Werkstatt Gemeindekolleg Neudietendorf, Mecklenburg mit Erprobungsräumen, Kirche hoch 2 usw.

Am Ende und am Anfang: Gemeinde ist schön

Dass die »große Kirche« nicht mehr das Ganze des Glaubens repräsentieren kann (konnte sie das je?), ist eins. Dass Gemeinden weiter gut funktionieren, ist ein anderes. Beides ist zueinander kein Widerspruch. Es geht hier nicht um den Abgesang der Ortskirche, die Menschen etwas Halt gibt, Dinge verbindet, die scheinbar nicht zueinander gehören, die das alte Wort unverdrossen wieder-holt und geheimnisvolle Riten pflegt. Das soll selbstverständlich weiter da sein – wenn es innerlich lebt. Aber es lebt nur, insofern es nicht zum »Club« verkommt, sondern sich einlässt auf die vermeintlich »verlorenen Söhne und Töchter«. Viele Gemeinden haben sich auf den Weg gemacht mit anderen Klängen, kommunaler Einmischung, gut organisierter Öffentlichkeitsarbeit, mit vertiefter geistlicher Arbeit und als Drehscheibe für Soziales.

Aber es wird Zeit, dass Alternativen dazu nicht mehr diffamiert werden. Und das geschieht nahezu überall im Feld der Angst vor Bedeutungsverlust. Wird das Geld knapper, verschärft sich der Geschwisterstreit zwischen »ortsfest« und »überregional«. Menschen behaupten, die Art von Glauben, den sie in einer Gemeinde pflegen, sei die einzige und daher zwingend zu verteidigende Art, selig zu werden. Das stimmte noch nie. Ortsgemeinden ahnen oft gar nicht, was frei flottierende Einrichtungen dafür getan haben, dass bei ihnen Menschen auftauchen und vielleicht bleiben.

Es gibt sehr vitale andere Formen gültiger spiritueller Gemeinschaft an Akademien, klosterähnlichen, diakonischen und weiterbildenden Einrichtungen, um Personen und Gruppen, im Netz und auf Zeit, in Kursen und Urlaubsphasen. Nur weil das verfassungsmäßig nicht regulär mit der Kopfpauschale gesponsert wird, ist es trotzdem hochwirksam. Es entspricht der Flüssigkeit und Spontaneität neuzeitlicher Lebensart – genauso wahr, wie die Gemeinde dem Wunsch nach Heimkehr entgegenkommt.

»Und« ist wie oft das bessere Wort für künftige Vorstellungen von Kirche: »Und« statt »oder«.

Würdigen, wie viel Übersetzungsarbeit geleistet ist

In alldem ist auf der Habenseite weiter wichtig: Die christliche Weltkirche hat allen Ernstes behauptet, Gott könne auf einem Gesicht erscheinen. Und damit Jesu Geburt auf jedem Gesicht. Damit hat sie die Individualisierung entscheidend vorangebracht, die sie jetzt gelegentlich bejammert. Die Kirchlichen selbst gehören oft den Milieus an, die sich am stärksten individualisiert haben. Also: Es ist unendlich viel erreicht. Einzelne Menschen gelten etwas. Andere Länder kämpfen gerade darum, diesen Standard überhaupt zu schaffen.

Auch ist mithilfe der Kirche und der Sozialdemokratie halbwegs gewährleistet, dass niemand verhungern muss in Europa. Auch hier ist viel gelungen. Nur wählt man weder Sozialdemokratie noch Kirche, weil man vergessen hat, woher die Initiative für die Umverteilung des Wohlstands stammt.

Wie viel Übersetzungsleistung ins Agnostische, wie viel Denken zwischen den Fronten ins Seelsorgerliche ist inzwischen verlangt und bereits gelungen unter den Haupt- und Ehrenamtlichen. Da gibt es gewaltige Schritte in den letzten 30 Jahren. Der Selbstherrlichkeit mancher Typen im Amt ist die Neigung zu mehr Kollegialität und Einfühlung gefolgt. Vom anderen her denken, ist keine Schwäche mehr, sondern Tugend.

Aber wie viel Kraft kostet es, immer auch das andere mitzudenken? Welche Kulturleistung auch im Kontakt mit Kommunen und allen Fernen ist verlangt! Wie unbefangen einseitig konnte ein Pastor 1954 noch auftreten und dem Sportverein ein Fußballspiel am Sonntagvormittag verbieten? Die Nachfolgenden können und müssen ständig alles diplomatisch austarieren. Das kostet viel Kraft.

Also: Niemand sollte es sich daher als Schmach anrechnen, neben dieser Transformationsarbeit nicht nebenbei noch die Kirche zu retten. Wir sind endliche Wesen, Ersatz-Jünger*innen, Vorübergehende. Und darin vergnügt und teilhaftig der großen Geheimnisse.

Weil sich die Stile auffächern, weil Leute gern verschieden und eigenmächtig Gott feiern, weil manche ängstlich werden, wenn die Standardformen hohl wirken, weil es eine Lust an der Vielfalt gibt – lasst uns gemeinsam darauf schauen, welche Formen sich anbahnen. Was sie eröffnen und verschließen.

1.3 Sonntagsgottesdienst im Feld spiritueller Praxis – Einordnung eines Urgesteins in die neu entstehende Landschaft der Gottesdienste

Die Thesen:
- Dass sich die Stile auffächern, ist keine Form des Niedergangs, sondern Abbild der trinitarischen und schöpfungsgemäßen Entfaltung des einen Gottes.
- Diese Gestaltungen müssen miteinander in Beziehung bleiben – so wie Gottes Schöpfung das zeigt. Nur so entsteht ein neues lebensfähiges Geflecht der Spiritualitäten.

Der evangelischen Kirche, den Protestant*innen, fehlt eine ausformulierte praxis- und zukunftsfähige Theorie ihrer Gemeinschaft. »Protest« gegen Hierarchie begründet noch keine eigene Verfassung guter Kirche und Gemeinde.

Fragt man Evangelische nach ihrem Verständnis von Gemeinde und Kirche, so wird es jede*r anders sagen. So auch im Bereich Gottesdienst. Der agendarische Sonntag war und ist eine alle einbindende Übereinkunft. Aber es kann sein, dass er seine stil- und gemeindebildende Kraft verliert.

Diese liturgische Bindekraft geschah weitgehend von oben, war also doch *hierarchisch,* denn Agenden wurden konsistorial *verordnet.* Erst das Gottesdienstbuch der unierten und der lutherischen Kirchen legte zum ersten Mal zum Ende des Jahrtausends eine Konsensagende auf den Tisch. Die Entstehung war so konziliar wie möglich. Das war ein kirchengeschichtliches Novum und wurde prompt von den Eine-Form-Anhänger*innen als »Baukasten« beschimpft.

Parallel dazu hat sich in sehr kurzer Zeit eine wilde Wiese von Gottesdienstblüten entwickelt. Dies bereits jenseits von Konsens-Agenden – und das deutschlandweit. Vielleicht zeigt sich hier evangelische Freiheit von einer schönen Seite. Menschen erfinden Gottesdienst neu, sie flirten mit Methoden und Stilen der Neuzeit. Sie landen dabei manchmal an Orten, die sie nicht wollten, ein andermal auch in einer zarten Liebe.

Kirchenleitungen schauen dem hinterher. Sie fragen, wie es ihre Art ist, ob man einfach etwas »erfinden darf«, aber regulieren können sie es schon lange nicht mehr. Die Kirche gebärdet sich als treue Buchhalterin der liturgischen Fantasie: Sie schreibt auf, was es gibt, integriert, wo es geht, und formt es zu agendarischen Leitlinien, die aber in immer schnelleren Abständen wieder erneuert werden müssen. Manche fragen bereits, ob es überhaupt noch gedruckte Agenden geben soll. Keine Restauration des Festgeschriebenen wird bewirken, dass man das wiederhaben will. Unsere Reichweite hat sich enorm erhöht – man kann so viele Alternativen kennen wie nie zuvor. Und niemand lässt sich verbieten, zu finden und zu imitieren, was andere mit Erfolg zelebrieren. Das wird kein Kirchenamt und keine Agende mehr allein verbindlich regeln können. Das ist kirchengeschichtlich wirklich neu.

Aber dieses Treiben wird beziehungslos, wenn sich die Strömungen nicht aneinander reiben und einander beleben in Foren, Konventen, regionalen Gottesdiensttagen und anderen verbindlichen Begegnungen.

Für solchen Austausch will ich ein Koordinatensystem anbieten (siehe Abb. 1). Es soll helfen, die Landschaft der Gottesdienststile zu sortieren. Denn ich möchte, dass jeder Stil in dem erscheint, was er kann und was er verhindert. So lernen wir Gaben und Grenzen derselben Sache kennen. Wir rücken ab von der Fiktion, eine einzige Form könne alle glücklich machen.

Viele Flirts und viele Stile erzeugen auch viel Angst, Neid und in der Folge Rechthaberei. Wer über die Stile miteinander im Gespräch bleibt, beugt dem vor und erzeugt unter der Hand ein neues Kirchenbild des 21. Jahrhunderts. Wir sind die, die regional Gaben aufblühen lassen, und uns dabei konziliar und zentral darüber verständigen. Das muss jede Ehe, jedes dauerhafte Arbeitsverhältnis schaffen, sonst zerfallen beide.

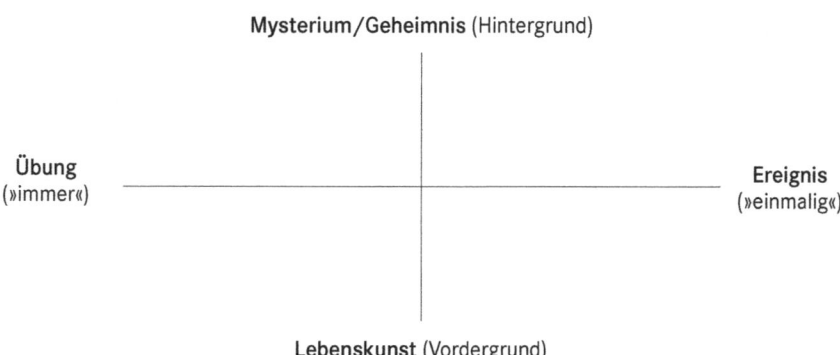

Abb. 1: Leeres Koordinatensystem zur Landschaft der Gottesdienste

Die Idee: Jeder Gottesdienst zeichnet sich je nach Typus tendenziell ein in den Bereich der Feier des *Geheimnisses* oder den der Feier der *Lebenskunst*, in die quantitative Kategorie von kontinuierlicher *Übung* bzw. besonderem *Ereignis*. Jeder Typus gehört also zur senkrechten wie zur waagerechten Achse. Damit man die Eckpunkte dieser Skizze besser versteht, folgen hier Erläuterungen und Beispiele dazu:

Mysterium/Geheimnis

Mit dem Hinweis auf das »Mysterium« (lateinisch »Sakrament«) will ich das Unergründliche der wesentlichen Inhalte andeuten, die Christ*innen glauben und in ihren Gottesdiensten feiern. Die Geheimnisse, die in einem Christenleben offenbar werden, können in den Themen des Kirchenjahrs, in der Liturgie selbst und im gesamten Evangelium wiederholt aufgespürt, aber nie erschöpfend gedeutet werden:
- Tod und Auferstehung als Deutung des Todes und des Lebens,
- Licht in der Dunkelheit zu Weihnachten,
- Entzug und gleichzeitige Offenbarung des Geheimnisses (Himmelfahrt und Pfingsten),
- Schuld und Vergebung in Passion und Buße,
- Teilhabe durch Verlustgewinn und Hingabe im Abendmahl usw.

Diese »Mysterien« sind so komplex, dass sie den Menschen ein Christenleben lang in Atem halten können, ohne dass er sagen könnte, er hätte es ganz verstanden.

Dass all das ein *Geheimnis bleibt*, ist *gewünscht*, nicht geduldet. Hier liegt ein Wesenszug des Christentums als Offenbarungsreligion: Man wird damit nicht fertig und das ist gut so. Keine partikulare Form – auch die evangelische Kirche nicht – füllt den Ozean der Offenbarung letztgültig in ihre kleinen Flaschen ab. Diese Mysterien erscheinen in den Lesungen, den Gebeten und Liedern ständig.

Eine Predigt, die die alten dogmatischen Begrifflichkeiten wie »Gnade«, »Rechtfertigung aus Glauben« usw. selbstverständlich verwendet, gehört in die Kategorie der Mysterien-Rede – mit allen Grenzen und Chancen.

Übung

Das *einmalige* Heilsgeschehen in Jesus Christus und der Offenbarung des einen Gottes im 1. und 2. Testament wird *systematisch* in Raum und Zeit über die Strecke des eigenen Lebens bzw. über die Zeit der Christenheit hin *angeeignet* (die Theologie nennt das »Heiligung«).

Hierfür gibt es schon vor- und nebenchristlich Übungswege aller Art mit dem Ziel: das Heilsgeschehen erinnern, vergegenwärtigen, wiederholen, durcharbeiten, in sich und in der Gemeinschaft umsetzen.

Man kennt es: Ein Lieblingsgedicht auswendig, also »by heart« zu lernen, das lässt den Text in mich hineinwachsen, bis ich nicht mehr unterscheiden kann, wer wem gehört.

Oder man bedenke, wie lange es gedauert hat, bis spontane Hilfeleistung gegenüber Versehrten vorgeschrieben und unterlassene Hilfeleistung strafbar wurde. Das sind vom Zeitpunkt der Erzählung vom barmherzigen Samariter bis zur Gesetzgebung ca. 1800 Jahre. So lange braucht manchmal der Geist um sich zu inkarnieren.

Kirchliche wöchentliche Übung: Der Auferstehungssonntag wird aufgerufen – wie auch der Ruhetag der Schöpfung – und als Rhythmus ins Christenleben implantiert:

Nichtstun und Warten auf die neue Schöpfung, die Re-Generation, das Schweben über den Wassern einerseits von der Schöpfung her, die Gewissheit des österlich neuen Lebens und der Start ins Neue von Ostern her andererseits. Diese Praxis lässt sich als Übung verstehen, die äußerlich stützt und das Mysterium in die Biografie eines Menschen und einer Gemeinschaft einzeichnet.

Das ist weitgehend gelungen über die Jahrhunderte durch die Installation des freien Sonntags und in ihm des Gottesdienstes. Neuerdings steht dieses Werk der Jahrhunderte leider infrage. Auch wenn der Sonntagsgottesdienst zu schwächeln scheint – das geordnete Auf-Hören am Sonntag ist eine der großen Errungenschaften, die die durch Wahlmöglichkeiten ohnehin überforderten Menschen wirksam stützen kann.

Eine populäre Verbindung zwischen Gottesdienst- und Alltags-Spiritualität bilden z. B. die Tischgebete oder die Abendrituale am Bett der Kinder und manche kleinen Stoßgebete. Hier könnten Kindergärten und Gemeinden formale Ähnlichkeiten zwischen Haus und Kirche pflegen, beibringen und erneuern. Das würde beide Felder beleben.

Ereignis

Jeder Gottesdienst versucht, mit den vielen Klängen, Gesten und Reden das Ursprungsereignis, also jede Art von christlich-religiöser Bekehrung neu zu beleben. Oder er will eben selbst hier und jetzt der Ursprung für »Bekehrung« sein.

Die *einmalige* Handlung Jesu, die Heilung, die *erste* Liebe, die *erste* Geburt, die blitzartige Erkenntnis – all das sind unvergessliche Eindrücke. Der göttliche Mensch Jesus selbst ist solch ein bleibender Eindruck im Zeitraum der menschlichen Geschichte.

Wer in einer Religion über die Schwelle treten, wer später auch wiederholt Gottesdienst feiern will, braucht eine Ahnung davon, wie es ist, wenn man einmal vordringt zu der ungeahnten Kraft des *ersten* Erlebens: von Gottes Gegenwart ergriffen oder konfrontiert zu sein. Wer also erst- bzw. einmalig einen

Magier aufsucht, eine Schwitzhütte, ein Trance-Camp, ein Bekehrungszelt, eine Kirche in der Osternacht, sucht eine Art Ursprungserlebnis. Das entbindet eigene Kräfte, die so nur durch eine existenzielle Begegnung mit der anderen Kraft geweckt werden können.

Spezielle Gottesdienste als religiöse Ereignisse wollen einen Zeitraum herstellen, innerhalb dessen Ur-Erfahrung selbst möglich ist – nicht nur das *Zitat* von Ur-Erfahrung, wie es im agendarischen Gottesdienst zelebriert wird. Also Heilung, Bekehrung, Einsicht oder auch Schrecken z. B. – und das live und jetzt. Die Erfahrungsseite des Glaubens ist gefragt und wird hier aufgenommen.

Menschen suchen Unterbrechung in der Weise der Ergriffenheit. Sie greifen nach dem, was nach ihnen greift. Der (Wieder-)Einstieg soll möglich sein, die Schwelle, die das Mysterium umgibt, wird (zunächst) gesenkt. Jede*r soll mitmachen können und es soll unmittelbar einleuchten.

Wer z. B. in Sportstadien geht, spürt etwas von dieser Unmittelbarkeit der Erfahrung. Das Ursprungsereignis passiert jetzt in der Mitte und auf den Rängen. Auch hier gibt es Liturgien, Wiederholungen, Rauminszenierung usw. Aber die Kraft des unmittelbaren Kampfes ist real, sie ist weder bloß rezitiert noch verschlüsselt.

> Die gesamte alternative Gottesdienstszene setzt mehr auf den Ereignis- und Offenbarungscharakter des jeweiligen Ereignisses als auf die Zelebration und Rezitation von chiffrierten Mysterien.

Weil die überlieferten Formen schwächeln, wünschen sich Menschen Initiation. Das ist nötig geworden, weil die Mysterien und ihre Inszenierungen für viele Menschen nicht mehr aus sich selbst heraus sprechen. Sie brauchen einen eigenen und neuen Zugang und das nicht nur im Unterricht, sondern mit anderen zusammen in größeren Kraftzentren, auch im ausgeführten Handeln im Gottesdienst selbst. Da mögen Menschen gern sehen, wie es auch andere oder gar alle ergreift.

Insofern sind die meisten Gottesdienste des »2. Programms« tendenziell katechetische und missionarische Veranstaltungen. Dort kann man ohne Vorkenntnisse mitmachen.

Außerdem wissen mehr Menschen – ob kirchlich oder nicht – darum, wie die Form den Inhalt mitprägt. Daher stammt die neue Wachsamkeit für die Inszenierung der Wahrheit. Kirche kann auch schön oder eindrücklich sein. Im evangelischen Bereich was das lange geradezu verpönt. Was das reine Wort durch Schönheit, Inszenierung oder Atmosphäre verschleiert, ist zu entfernen. Die Folgen kennen wir.

Lebenskunst

Wir leben in unübersichtlichen Zeiten. Denn wir können immer mehr wissen und erreichen, aber ohne Überblick.

Menschen in Mittel- und Nordeuropa möchten mehr Umgang mit dem normalen Leben lernen, Lösungen für ihre eigene Optimierungsnot, für das Leben in Gemeinschaft. Nicht nur die Frage »Wie lebe ich mit Schuld und Tod?«, sondern auch »Wie lebe ich mitten im Leben klug und einigermaßen glücklich?« ist entscheidend. Heute, hier, diesseits. Also die Frage nach der Lebenskunst jetzt. Das ist die Außen- bzw. Gebrauchsseite des Mysteriums.

Auf der Geheimnisseite wird *prinzipiell* angedeutet, welches die Ab- und Urgründe des Lebens sind. Das will *aktuell* im Konkreten und Normalen lebbar werden. Das lehrt die Lebenskunst.

Wenn das knapp formulierte Mysterium heißt: »Christ ist erstanden«, dann will die Kunst der Erneuerung mitten im Leben in jeder Biografie jeden Tag neu erlernt sein, z. B. konkret beim Aufstehen.

Dort lernt die 17-Jährige nach eingehender Seelsorge, den Tag beim Aufwachen nicht mit einem Fluch auf den Lippen zu beginnen, sondern mit einem Trostwort. Das ist ihre persönliche Lebenskunst-Lektion aus der Auferstehung.

Die bekannten Formen von Gottesdienst lassen sich in dieses Muster einordnen und man merkt: Jede Ausformung hat ihre eigene Chance und die entsprechende Grenze. Der klassische Sonntagsgottesdienst hat Gesellschaft bekommen. Das muss man nicht fürchten. Wenn sich die Verantwortlichen in ihren verschiedenen Stilen aufeinander beziehen, dann ergibt das ein schönes geistliches Geflecht. Das ist die Chance fusionierender Gemeinden: Sie können in einem Bereich verschiedene Akzente setzen, die aber verbunden sind in einem gemeinsamen Konzept.

Mysterium/Geheimnis (Hintergrund)

	Agende 1,	*Osternacht, Taufe,*	
	Stundengebet,	*Trauung, Bestattung*	
	Herzensgebet	*u. a. Kasualien*	
Übung			**Ereignis**
(»immer«)			(»einmalig«)
	Regelmäßiger Meditations-	*Heilungsgottesdienst,*	
	gottesdienst, Themenreihen zu	*Kirchentagsgottesdienst,*	
	Lebensfragen im Gottesdienst	*Kasualpredigt*	

Lebenskunst (Vordergrund)

Abb. 2: Einordnungen der Stile ins Koordinatensystem

Empfehlung: Gottesdienstwerkstatt

Mir geht es darum, im Sortieren zu ermitteln, wo wir, die wir Gottesdienst entwerfen, jeweils stehen. Damit wir einander wiedererkennen als Schöpfer*innen und Verwalter*innen von Traditionen im *selben* Raum der Resonanz auf Offenbarung. Damit also niemand mehr lässig behaupten kann, ein anderer Stil als der eigene befinde sich »außerhalb der Kirche«.

Aber ich möchte auch, dass sich die Experimentellen einbinden, zumindest befragen lassen. Das eigene Königreich der Traditionellen wie das der Erfinder*innen hat neben sich eine Menge anderer Königreiche, die auch etwas wissen. Wer sich dem verweigert, tut nichts anderes als die Gralshüter*innen. Dafür bräuchte es Lernschritte in wertschätzender Erkundung. Das ist u. a. möglich in Gottesdienstwerkstätten, die in einer Region, vielleicht sogar einer Landeskirche, regelmäßig angeboten werden.

Der Kirchentag z. B. versucht das seit Jahren:
- Gruppen und Gemeinden zeigen auf einer Art Marktplatz, was sie im Gottesdienst tun bzw. entdeckt haben.
- Sie feiern mit allen Anwesenden und stellen es zur Disposition.
- Zuschauende würdigen kritisch, was sie verstanden und erlebt haben.
- Ggf. entstehen gleich im Ausprobieren vor Ort Alternativen für Teile im Gottesdienst, die unklar erscheinen.
- Bewertung wird weniger wichtig. Lieber beschreiben Menschen, was sie erleben, wo sie innerlich ausgestiegen sind oder hineingezogen wurden.

Dieses vergleichende Schauen macht Arbeit und in der Regel viel Freude. Es hinterlässt den Eindruck von kirchlicher Fantasie.

Es zeigt:
- Wir sind viele, die etwas wollen.
- Es stärkt alle durch Ideen und Korrektur.
- Der kirchlich-regionale Gesamtkurs wird sicherer.
- Man erfährt auch überregional Beachtung.
- Das spornt an zu weiteren Entwicklungen für die Gottesdienstpraxis.

Allein kommt man schneller voran, aber gemeinsam kommt man weiter.

Dazu gehört der Stil des *Beschreibens*: Was habe ich erlebt? Was habe ich nicht verstanden? Das ist etwas anderes als *werten*. Alle Formen der Bewertung tragen in sich das Motiv des Rechthabens, oft der Rechthaberei. Das liegt nahe in einer Bekenntnisgemeinschaft wie der Kirche. Es ist stark angelegt durch sechs Jahre theoretischer Ausbildung an einer Konkurrenzanstalt, der Uni.

Aber zu beschreiben, wie reich und vielfältig sich das Bekenntnis in den verschiedenen Gruppen und Menschen bricht und inkarniert, ist im Moment wichtiger, als Grenzen zu sichern. (Natürlich ist es möglich, dass durch totalitäre Entwicklungen Grenzziehungen wieder nötig werden. Hoffentlich nicht ...)

Diesen beschreibenden und empathischen Stil lernen auch kirchliche Leute erst allmählich. Daher kommt die Angst oder Überheblichkeit der Gottesdienstleitenden, sich mit ihren Produkten zu zeigen. Sagen, was man sieht und dabei fühlt, muss man üben, nur dann entsteht eine Atmosphäre vertrauensvollen Austauschs.

Eine zentral organisierende freie Gottesdienststelle (nicht das Kirchenamt) kann solche Treffen einfädeln. Das hilft den Pastor*innen bzw. Gottesdienstleitenden im Gemeindealltag.

Gibt eine Kirche den Spielraum Gottesdienst frei, dann mischen neben den Pastores auch andere mit. Da Gottesdienst in Gemeinden oft der letzte Ort ist, an dem Hauptamtliche noch allein sagen können, was zu gelten hat, regt sich öfter Widerstand. Evangelische Geistliche müssen schon auf etlichen anderen Feldern ihre Kompetenz teilen (Seelsorge, Unterricht, Leitung). Manche fragen sich dann, wo sie das mühsam Erlernte exklusiv vertreten können. Dazu kann man verschiedene Lösungen denken. Aber vielleicht hilft es zunächst, diese Regung zu kennen und zu respektieren. Der Berufsstand »Pastor*in« macht eine gewaltige Wandlung durch. Da kann einem schon mal die Luft ausgehen.

Deshalb folgen hier ein paar Notizen zu der Frage.

1.4 Gottesdienst und Leitung – Wer leitet Gottesdienst und mit welcher Haltung?

Vom Paradox, öffentlich fromm zu sein

Ein Mensch leitet den Gottesdienst. Man sieht ihm dabei zu. Er faltet die Hände, er sagt wichtige Dinge, segnet, betet vor allen. Das tut er stellvertretend für alle, die in der Kirche sitzen. Sein Einzug in die Kirche ist ein darstellendes ernstes Spiel: Er nähert sich dem Heiligen. Er ist von der Kirche abgeordnet und bezahlt, damit er das hauptberuflich tun kann. So können alle Sitzenden im Geist mitvollziehen, was eine Person anleitet.

Alle sehen einem Menschen dabei zu, wie er ausdrücklich fromm ist, und finden das erbaulich. Denn sichtbare Spiritualität ist hier zu Lande eher selten. Da ist Religion Privatsache und gehört ins Kämmerlein. Stellt man z. B. die Bänke so auf, dass die Menschen einander sehen können, gibt es oft genug Protest: Man werde abgelenkt durch die anderen. Das ist nicht ganz einsichtig, denn der Frömmigkeit von Pastor*in schaut man ja auch gern zu. Warum sich also nicht inspirieren lassen von anderen, die innig beten oder schmunzeln oder gar lachen?

Aber man lässt sich nicht gern beim Frommsein zuschauen. Das soll jemand tun, der es professionell kann und abgehärtet ist gegen Blicke. Dies ist vielleicht einer der Hauptgründe, warum es so schwer ist, Menschen für die Beteiligung im Gottesdienst zu gewinnen. Denn viele andere sitzen dann in den Bänken und gucken – und wer sich spirituell exponiert, steht im Scheinwerferlicht. Zusätzlich wirken oft archaische und wenig reflektierte Regungen, die bremsend auf Initiative beim Mitmachen wirken:

- Die priesterliche Figur im Talar ist von besonderer Art. Mit weniger, das heißt, mit einem ehrenamtlichen Menschen, mag man sich nicht zufriedengeben.
- Im Kirchraum gelten andere Regeln als in der Demokratie: Hier ordnet man sich unter. Denn »Gott fordert Gehorsam«.
- Im Gottesdienst gilt »alte Moral«: Keuschheit, Schweigsamkeit, Fügsamkeit, Sündlosigkeit.
- In der Kirche gilt noch die Monarchie: Ein Spitze vorn, mit der man nicht redet – in den Reihen von vorn nach hinten herrscht abnehmende Bedeutung.

Neues Autoritätsverständnis

Die Lufthoheit über die rituellen Formen gehört im Christentum nicht mehr allein den hauptamtlich Frommen, sondern inzwischen auch vielen anderen. Das ist für Pastor*innen manchmal schwer verdaulich. Sogar die Fragen des Christlich-Religiösen überhaupt gehören nicht mehr allein den großen Konfessionen. Menschen machen sich ihre eigenen Gedanken, jedenfalls in den aufgeklärten westlichen Regionen.

Das geht einher mit einem kritischen Verständnis von Autorität. Wer heute gehört werden will, muss seine Wirkung beweisen. Früher war ein Pfarrer im Dorf allein wegen seines Standes im Rahmen der Kirche anerkannt. Weil Zugehörigkeit zu einem »Stand« überhaupt mehr bedeutete. Das war eine andere Art von Autorität – eine eher äußerliche. Jetzt muss Kirche, jetzt müssen kirchliche Leute *zeigen, was sie können,* sonst wendet man sich einfach ab.

Aber auch die Gegenbewegung gibt es: Manche Menschen müssen unter der Woche so vieles selbst entscheiden, dass sie froh sind, wenn sie sonntags eine

Stunde abhängen und abschalten können. Allerdings suchen sie oft einfachere Formen der Meditation wie Taizé-Gebete auf.

Oder man wendet sich fundamentalistischen Strömungen zu, da werden einem alle Entscheidungen abgenommen.

Das alles ist für viele Ehrenamtliche eine Herausforderung. Sie können sich nicht auf einen Stand berufen, sie werden allein an dem gemessen, was sie leisten, und dafür nicht bezahlt. Das muss man mögen und dazu gehört Berufung.

Allerdings sind Ehrenamtliche im Gottesdienst per se ein lebendiges Zeugnis: Sie müssten das nicht tun, sie müssten Jesus nicht gut finden. Aber sie tun es, freiwillig. Das hebt sie vom Hauptamt ab: Dieses muss Jesus gut finden und Gottesdienst leiten, denn es wird dafür bezahlt. Das Ehrenamt kann also einen ganz eigenen Charme entwickeln. Es darf sich Fragen erlauben, die eine Pfarrerperson nicht sagen darf. Es kann aus einem Leben erzählen, das die Hauptamtlichen so nicht kennen. Und die Freiheiten in der Gestaltung nehmen zu – allein schon wegen des Kontrollverlusts seitens der kirchlichen Einrichtungen. Ehrenamtliche nutzen das erst zögerlich, weil sie gern Pfarrpersonen imitieren. Aber genau das steigert Konkurrenz. Ausbildung und Praxis sollten deshalb neben der Anleitung, die Tradition zu bedienen, persönliche Stile fördern.

»Betreutes Wohnen«, also flächendeckende »Versorgung«, kollabiert
Die flächendeckende »Versorgung« mit Gottesdienst an jedem Sonntag in jeder Kirche bricht allmählich zusammen. Diejenigen, die geübt sind in der klassischen Liturgie und sie auch so haben wollen, werden weniger. Das Interesse an erlebbarer und im Alltag wirksamer Spiritualität aber wächst. Man vermutet sie jedoch kaum in der Kirche.

Welche Leitung macht sich diese Gesamtlage zu eigen und beginnt zu handeln? Welche Rolle haben hier Ehrenamtliche, die vielleicht spirituell geübter sind als manche Hauptamtliche?

Welche Formen von Gottesdienst erlauben welche Art von Leitung und Beteiligung?

Der Gottesdienst nach Agende
Er hat seinen Ursprung in der katholischen Messform und ist das wöchentliche Training für geübte Turniertänzer. Er stammt aus dem jüdischen Ritus und wurde besonders in Klöstern poliert und bewahrt, wo man täglich formell betet und am Sonntag den Hauptgottesdienst begeht. Jeder versteht die lateinischen

und griechischen Chiffren, die geheimnisvollen Anspielungen, die Dramaturgie der Abfolge aus Öffnung zu Beginn, Einfall des anderen im Wort, Kommunion im Mahl und Geleit im Segen.

Wenige leiten das, eigentlich leitet die Tradition. Es geht nicht ums angeregte Erleben oder um Mitwirkung, sondern ums stilvolle Wiederkäuen guter alter Wahrheiten. Deshalb kann man diese Form nicht ohne Ende strapazieren. Sie will kein Event sein, sondern stete Übung im Geheimnis.

Die Formen der Mitwirkung sind entsprechend begrenzt: Ehrenamtliche können Teile im Eröffnungsbereich ausgestalten (Psalm, Kyrie, Gloria). Sie können Lesungen neu formen und auch predigen, sie können beten. Mehr Spielraum gibt diese Art Gottesdienst nicht her, denn alles ist von langer Hand geformt und nicht einfach wandelbar. Aber Mehrstimmigkeit tut dieser Form gut. Und wer sich in Maßen einsetzen will, ist hier vorlesend, laut betend, psalmgestaltend, sprechend und musizierend gut aufgehoben.

Gottesdienst frei von agendarischer Vorgabe

Im deutschsprachigen Raum gibt es zigtausende alternative Gottesdienstformen an allen Wochentagen. Fast jede Region hat so etwas entwickelt. Die Kirchenämter der Volkskirche kommen kaum mit dem Wahrnehmen nach, geschweige denn mit Prüfungen, ob dort alles auch kirchengemäß zugeht.

Hier darf jeder etwas erfinden. Man kann in der Gruppe zusammen entwickeln, was noch nicht da war. Eine Nähe zur klassischen Agende wird dabei eher vermieden.

Niemand hat das Gefühl, er wisse zu wenig oder benehme sich wieder falsch in der Kirche. Man steigt einfach ganz neu ein im alten kirchlichen Raum. Oft aber auch nicht einmal das: Dann geht man in die örtliche Festhalle oder Schule, damit möglichst wenig vermeintlicher Ballast am neuen Projekt klebt.

Planungsteams von 30–60 Menschen gestalten mit, es gibt technischen Aufwand, moderne Bands, Begrüßungskomitees, Umfragen und gemeinsames Essen nach dem Gottesdienst, Hauskreise in der Folge – all das nur als Andeutung.

Hier leitet eine Projektgruppe, oft zusammen mit dem regionalen Klerus, aber sie fühlt sich allein dem Erfolg *dieses Projekts* verantwortlich und will kirchliche Verordnungen und Maßstäbe für sich ungern gelten lassen. So etwas kommt einer Neugründung gleich und hat den Reiz des Aufbruchs. Hier nimmt sich eher ungezügelte Energie selbst einen Spielraum im Christlichen. Der ist nicht so besetzt wie die Spielfläche »Gottesdienst am Sonntag«. Denn dort müssen etliche Instanzen gefragt und beteiligt werden, bevor man mit seinen Ideen überhaupt zum Zug kommt. In agendenfreien Alternativen ist also Musik drin. Aber es kostet mittelfristigen Aufwand.

Welche Leitungsinstanzen können Gottesdienst lenken?

Gottesdienstausschüsse vertiefen das eigene liturgische Wissen, sind aber nach außen nahezu wirkungslos. Sie basteln ein wenig an der vorhandenen Liturgie. Das befriedet kleine Fragestellungen (z. B. »Warum kommt das Halleluja nach der Epistel und nicht vor dem Evangelium?«). Das ist etwas für Leute, die innerhalb des Bestehenden bewusster feiern wollen. Aber es braucht ganz andere Initiativen, wenn man Gottesdienst neu beleben will.

Die Gemeindeleitung hat Verantwortung für die Gestaltung von Gottesdienst, aber auch für Regenrinnen, Rücklagen und den Friedhof. Sie weiß oft nicht, was es gottesdienstlich alles gibt, was woanders gelingt, was kirchenrechtlich geht und was nicht, was liturgisch geboten ist usw. Entsprechend vorsichtig reagiert sie meist auf Vorschläge.

Um diese Aufgabe angemessen wahrnehmen zu können, braucht sie gute Fortbildung. Das macht Arbeit und interessiert nie alle gleichermaßen. Besonders strategische Fragen des Gottesdienstes, Alternativen usw. können nicht in 20 Minuten zwischen anderen Sitzungspunkten bearbeitet werden.

Etliche Leitungen betrauen einen Gottesdienstausschuss, sich stellvertretend zu informieren und Entwürfe zu erarbeiten. Der kümmert sich dann nicht nur um das Halleluja, sondern auch um Bürgerbefragungen (z. B. »Welche Hochfeste sollen wir nur noch in der Kirche begehen? Würden Sie dazu auch wirklich kommen?«), die Best Practices anderer Regionen und Gemeinden usw.

Am besten funktioniert eine *Projektgruppe Gottesdienst*. Sie hat Mitglieder aus der Gemeindeleitung, aber auch ganz andere Leute an Bord. Vielleicht auch Kirchenferne mit Gestaltungslust. Halb verfasst, halb wild. Sie agiert mit dem Einverständnis der Gemeindeleitung. Die Traditionellen dürfen nicht zu festgefahren sein.

Eine solche Projektgruppe kann auch überregional zusammengesetzt, das heißt, von mehreren Orten beauftragt sein, Gottesdienst weiterzuentwickeln: Sie trifft sich monatlich auf Dauer, holt sich zunächst Fortbildung, schaut nach Handlungsfeldern, plant exemplarisch Gottesdienste, mit denen sie durch die Region zieht. Oder sie bespielt leere Kirchen, macht Vorschläge, aber *handelt* exemplarisch selbst. Hier steckt mehr Musik, das heißt Gestaltungsspielraum drin. Aber es ist Neuland und braucht ein paar Pioniere.

Prädikant*innen und Lektor*innen sind meist darauf angesetzt, Lücken im vorhandenen Pfarrversorgungssystem zu schließen. Das funktioniert leidlich, aber dieser Stand könnte *als Gruppe* mehr bewirken, wenn es um Renovierung der Gottesdienstlandschaft geht. Etwa als regionale Projektgruppe im o. g. Sinn.

Als einzeln Tätige bestätigen sie das vorfindliche System und gehorchen oft dem, was der Klerus ansagt – öfter jedoch mit der Faust in der Tasche.

Dieses System befindet sich im Sinkflug. Manche möchten lieber allein agieren, aber in einer Ausbildungsgruppe gibt es immer gruppenwillige Menschen. Die sollten bereits in der Ausbildung befähigt werden, auch als Gruppe Gottesdienstkonzepte für eine Region anzustiften und durchzuführen.

Man wird von Menschen in Gemeinden öfter verlangen, den Gottesdienstort zu wechseln, weil nicht mehr jeder Ort bespielbar ist. Das werden viele aber nicht wollen, wenn es nicht auch die Leitenden im Gottesdienst tun.

Pastor*innen, Prädikant*innen und Lektor*innen sind also dringend gewiesen, ihren Horizont in Sachen Gottesdienst zu erweitern. Wenn sie freie Zeit bekommen, sich auch andere Modelle anzusehen und Fortbildungen zu besuchen, kommen sie auf neue Ideen. Sie sind weiter die Instanz, die die meiste (bezahlte) Zeit hat, sich mit dem Thema zu beschäftigen. Sie können vieles torpedieren und fördern.[1]

Konkrete Fragen zur Planung einer Gottesdienstrenovierung im Kirchengemeinderat/Kirchenvorstand – z. B. für eine Gruppenarbeit

- Gibt es in Ihrer Umgebung ernsthaftes Interesse bei Hauptamtlichen, sich inhaltlich und gestalterisch von Ehrenamtlichen im Gottesdienstleben begleiten zu lassen? Mit wem ginge das am ehesten?
- Wenn Sie eine eigene Idee für die Gestaltung von Gottesdienst haben, mit wem würden Sie das am liebsten realisieren? Nehmen Sie beim Finden der Personen keine Rücksicht auf Zuständigkeiten in Ihrem Bereich. Es können auch kirchenferne Leute sein.
- Welche Gottesdienst-Frequenz würde Ihnen selbst am Sonntag genügen – wöchentlich, zweiwöchentlich, monatlich, seltener? Vergleichen Sie Ihre Wahl mit der Realität und den Wünschen um Sie herum.
- Unter welchen Bedingungen und mit welchen Zielen wären Sie bereit, zwei

---

1 Weiterführende Links: Anleitung in Lektionen für Gruppen, die im Gottesdienst auf Dauer mitwirken wollen: Thomas Hirsch-Hüffell, »Gottesdienst verstehen und selbst gestalten«, vergriffen, das Manuskript gibt es hier: https://unglaeubigesstaunen.wordpress.com/2017/09/03/gottesdienst-verstehen-und-selbst-gestalten/ (Zugriff am 21.09.2020); Gottesdienst-Elemente zum Mitmachen und Gottesdienst-Didaktik: https://unglaeubigesstaunen.wordpress.com/2017/09/03/gottesdienst-verstehen-und-gestalten-materialteil/ (Zugriff am 21.09.2020).
Weitere Arbeitsstellen für Gottesdienst in Auswahl: Gottesdienst-Institut Nürnberg; Michaeliskloster Hildesheim mit den Schwerpunkten Kirchenmusik und Gottesdienst; Zentrum Verkündigung der EKHN in Frankfurt mit Kunst und Kirche, Gottesdienstgestaltung und Veröffentlichungen.

Jahre lang in einer monatlichen »Projektgruppe Gottesdienst« mitzuarbeiten? Nennen Sie genaue Bedingungen.

Während manche ins Neue starten, bewirten andere ihr Biotop unter einfachsten Bedingungen. Sie halten eine Form aufrecht, die wenige beständig aufsuchen. In fast monastischer Weise treffen sich alle Beteiligten zum unverdrossenen Gebet, hören ein paar Worte, singen Choralstrophen und gehen wieder. Solch ein Gebet wärmt den Ort. Etliche, die nicht hingehen, freuen sich still, dass es das gibt. Manche der Seltengänger treten allein deswegen nicht aus der Kirche aus, weil in der Kirche regelmäßig etwas Sinniges geschieht.

Dieser Kasus hat es also still in sich.

Aber wir wollen nicht schönreden, dass das manchmal auch Frondienst ist. Pastores erzählen, dass sie öfter bis fünf nach zehn warten und nach einem einsamen Gebet wieder losfahren, einfach weil niemand kam. Oder die, die kommen, können kaum noch singen. Oder sie wollen nicht weiter nach vorn kommen, weil der verstorbene Gatte auch immer hinten mit im Kirchenschiff saß. Und die Leitenden trauen sich nicht, das Geringste zu verändern – aus Furcht, dass die Letzten dann vielleicht auch nicht mehr kämen.

Das ist ein Dilemma, dem man kaum entgeht, wenn man für die Kirche arbeitet. Aber man kann sich flexibler einstellen auf diese Lage. Dafür hier Hinweise.

1.5 Die kleine Form – Wie Gottesdienst mit wenigen gestalten?

Wer im Sommer Gottesdienste leitet oder auf dem Land oder in den graueren Teilen der Vorstädte, wird sich öfter auf kleine Besucher*innenzahlen einrichten müssen. Andere müssen das nicht nur im Sommer, sondern fast immer. Das erfordert etwas Spontaneität.

Ich habe dafür zwei Versionen im Gepäck, eine kleine und eine große. Meine Predigt ist so angelegt, dass ich sie im Erzählton auch im Sitzen sprechen kann. Sie hat inzwischen häufiger ein Symbol zum Gegenstand, ein Bild, eine Musik, also etwas Drittes, dem die Anwesenden und ich uns gemeinsam zuwenden können und wozu sich Leute vielleicht auch selbst äußern mögen.

Ich gehe in die Predigt und deren Planung mit ganz anderer Haltung: Man wird von mir keinen geschlossenen Block wohltemperierter Rede bekommen. Der Text des Tages ist mit mir gegangen über die Woche. Ich habe mir Notizen gemacht, sie gegliedert. So ist ein lockeres Strickwerk entstanden. Anfang und Schluss habe ich genauer bedacht. Und die Pointe. Das genügt mir.

Ich bin eingerichtet auf Liturgie im kleinen Abstand und in Augenhöhe und habe das vorher geübt mit einem vertrauten Menschen. Versorge ich z. B. auf dem Land zwei Kirchen unterschiedlicher Größe, muss ich das alles sowieso lernen.

Hinweis zur eigenen Haltung

Bin ich gekränkt, weil so wenige da sind? Warum eigentlich? Ist mein Auftritt verdorben? Habe ich studiert oder gelernt, um viele zu erreichen, und muss mich nun bescheiden? Was will ich überhaupt im Gottesdienst? Wirken oder da sein oder beten?

Leite ich den Gottesdienst »für« die anderen, also von mir weg wie eine Vorführung? Oder gehe ich in die Kirche, um dort zu beten und mit denen zu sein, die auch da sind bei Gott – als eine kollektive Geste, die einübt in Hingabe, Dasein und Würde? Diese uralten Bewegungen führen sich von selbst auf. Sie werden nicht »vorgeführt«. Das Leben bei und in Gott inszeniert sich hier im Kleinen von selbst und nach alten Regeln. Wer sie leitet, lässt sich mit aufführen. Der Ablauf erschöpft sich nicht in der Predigt – sie rechtfertigt den Gottesdienst weder noch stellt sie ihn infrage, wenn sie nicht so gut ist.

Die Stille im Raum, den wir nicht erfunden haben, die Rufe, die Worte und Lieder der Menschen vor uns aufzurufen, ist in sich heilsam und wirkt in homöopathischen Dosen von Mal zu Mal tiefer. Dann kommen noch ein paar freie geistliche Worte hinzu, aber daran hängt das Gelingen nicht. Trotzdem lohnt es die Mühe, mindestens einen einzigen lauteren Gedanken zu sagen, der das eigene Herz bewegt. Das reicht oft. Und die kleine Runde birgt die Chance, sich diskret aufeinander *und* auf Gott zu beziehen – wie es von Jesus empfohlen ist: »… Gott, deinen Nächsten und dich selbst«.

Hinweise zum Raum

Wenn drei bis acht Menschen kommen, ist es absurd, wenn sie sich im Kirchenschiff in homogener Dichte verteilen. Wer fromm sein will, braucht keine ganze Bank für sich allein. Man wird einen Stuhlhalbkreis im Altarraum, vielleicht auch einmal um den Taufstein aufstellen, nicht zu eng, nicht zu dicht am Altar, denn viele (zumindest die Älteren) sind auf Distanz zum Heiligen hin erzogen. Wir dürfen uns beim Beten in den Augenwinkeln sehen. Das ist gar nicht so schlimm wie befürchtet. Man muss auch nicht ausschließen, dass etliche, die zuerst befremdet waren, das nach einiger Zeit ganz gernhaben.

Ist der Altarraum zu klein, werden auf Dauer die ersten zwei bis vier Bankreihen entfernt. Da sitzt sowieso selten jemand. Dann entsteht Raum für uns. Vielleicht auch für die Kinderkirche auf Teppichen, Stuhlanordnungen oder für anderes, was dort einfallen möchte.

Ein Halbkreis braucht einen kleinen Fokus in seiner Mitte, z. B. eine Sandschale für Kerzen, die man im Gottesdienst anzündet.

Wer am Raum nichts für den kleinen Gottesdienst ändert und die paar Leute sitzen lässt, wo sie wollen, wird als kommunikationsorientierter Mensch auf Dauer an der Verlorenheit und Absurdität des Arrangements scheitern. Wer vom Typ her eher auf Distanz im Gottesdienst angelegt ist, wird nichts vermissen. Aber die Generation der Gemeindeglieder, die strikt auf Abstand und am angestammten Ort feiern möchte, stirbt aus.

Ich leite den Gottesdienst heute. Ich entscheide, wenn möglich, *vor* dem Eintreffen der Menschen nach Intuition, ob ich die kleine oder die große Variante feiere – wo also der Gottesdienst im Raum stattfinden soll. Ein paar Stühle dazustellen kann ich immer noch, wenn es mehr Menschen werden. Ich stehe vor Beginn am Eingang, begrüße und weise nach vorn, damit jede Person weiß, wo heut Gottesdienst stattfindet.

Weil ich in den Gemeinden verschieden viele Menschen erwarte und unsicher bin, mit welcher Zahl ich zu rechnen habe, habe ich mit denen, die oft kommen, ein Seminar zur Sitzordnung und Theologie des Raums gehalten. Die Anwesenden fühlen sich anschließend für die Raumordnung des Gottesdienstes verantwortlich und gestalten sie nach zwei bis drei Mustern selbstständig (Bankreihen, Halbkreis, Stühle bereithalten usw.). Wir haben alle Varianten durchgespielt, die eintreten können. So finde ich eine Entscheidung vor und muss sie nicht allein treffen und vorbereiten. Das ist mein Kompromiss zwischen Zeitnot bei mehreren Gottesdiensten und meinem Gestaltungswillen.

Auf Dauer werden wir nicht an einer strukturellen Entscheidung vorbeikommen, wie viele kleine Gemeinden wir in sinnvoller Form »bedienen« können und wollen.

Der Talar

Ich habe als Hauptamtlicher meinen Talar an. Dieses »Rollenkleid« hängt in seiner Bedeutung nicht von der Zahl der Anwesenden ab. Es entprivatisiert mich und sagt den Anwesenden ohne Worte, wo sie sind. Die vorwiegend traditionell eingestellten Menschen, die kommen, werden es sofort verstehen. Fehlt er, bin ich unter Umständen in der Versuchung, durch Virtuosität das Rollenkleid zu ersetzen. Manche, die noch kommen, fragen auch, ob sie es nicht wert sind, dass die Leitung Talar trägt, nur weil sie so wenige sind. Dies alles schließt andere *gemeinsam getroffene* Abmachungen nicht aus.

Die Musik
Wenn die Orgel besetzt ist, spielt sie zu Beginn allein, und wir hören. Dann kommt der*die Kantor*in herunter, setzt sich zu uns und hilft mit seiner*ihrer Stimme beim Singen. Das animiert mehr als eine Fern-Orgel. Ich sitze und singe an der Seite mit im Halbkreis. Von hier aus führe ich alles. Ich muss nicht dauernd aufstehen und mich vor dem Altar aufstellen. Jetzt gelten andere Regeln: Jede Person hier hat einen eigenen Zugang zum Heiligen. Die Ferninszenierung der bisherigen Form im ganzen Kirchenschiff ist tendenziell in eine Beteiligungsinszenierung verwandelt.

Ein Gottesdienstentwurf
Eröffnet wird auf Augenhöhe im Sitzen.
    Ich sage: *Im Namen Gottes, des Vaters, des Sohnes und des Heiligen Geistes.*
Alle antworten: *Amen.*
Ich: *Gott sei mit euch.*
Alle: *Und mit dir.*
Ich fahre fort: *Wir sind da. Gott ist da. Das genügt. Lasst uns da sein bei Gott, eine Stunde singen und träumen vom Leben und von der Würde des Menschen in Gottes Reich.*

Ich verkneife mir bzgl. der Anzahl der Anwesenden die üblichen Verlegenheiten wie:
- Krankmeldungen: *Leider sind wir heute nicht genug, um den Kanon singen zu können, den ich mitgebracht habe.*
- Enttäuschungsvernebelungen: *Wie schön, dass doch so viele da sind.*
- Weinerliche Kommentare: *Ja, die Kirche schrumpft, darauf müssen wir uns einstellen. Gut, dass Sie wenigstens da sind.*

Die da sind, sind die Richtigen. Aber auch dazu sage ich nichts. Ich vertraue auf den Ritus, der jetzt folgt, und auf die Kraft Gottes, die uns hier mit gutem Grund zusammengeführt hat.
    »Es ist, was es ist«, sagt die Liebe. »Wahrscheinlich würde ich hier jetzt auch ohne euch beten«, denke ich.

Ich setze mit dem *Vorbereitungsgebet* ein: *Wie immer sind wir einen Moment still und halten Gott hin, was in uns ist an diesem Morgen. Was immer es ist, alles hat hier Platz – Wut, Langeweile oder Vergnügen. Wer eine Kerze anzünden mag, tut es für sich, für andere oder für beide. Jetzt.*
    Wir sind eine Minute still oder zwei. Ich mache mit und halte meine Müdig-

keit hin – oder was immer. Jedenfalls beaufsichtige ich nicht die Stille der anderen, sondern nehme daran wie sie sitzend teil.

Drei Frauen zünden sieben Kerzen an und ihr Gesicht wird schön in deren Schein. Ich zünde zwei an. Unsere Blicke ruhen auf den kleinen Flammen. Ich beschließe die Stille:
Lasst uns beten.
Gott, du bist da und du hörst. Nimm uns, wie wir nun einmal sind, und wandle alles zum Guten. Durch Jesus Christus, der mit dir und dem Geist lebt und Leben schafft in Ewigkeit.
Alle: *Amen.*

Den *Psalm* sprechen wir alle gemeinsam ganz – kein Wechsel, der so viel Aufmerksamkeit für Einsatz und Rhythmus verbraucht. Wir bleiben dazu sitzen und ich mache mit wie alle. Oder die Gemeinde bekommt einen Kehrvers und ich spreche oder singe den Psalm allein mit ihrem Kehrvers im Wechsel auf einem Psalmton oder auf einem Ton.

Zum *Kyrie* stehe ich auf. Ich kann jetzt an den Altar treten, um den Ruf der menschlichen Kreatur nach Erbarmen und himmlischer Gegenwart verstärkend nach Osten und himmelwärts zu tragen. Auf jeden Fall werde ich mich dem Altar zuwenden, auch wenn ich stehend an meinem Platz bleibe. Ein gesprochenes kurzes Gebet verbindet zwei Kyrie-Rufe oder leitet den einen ein. Wir singen das Straßburger Kyrie (EG 178.2) oder eine andere Version.

Auch das *Gloria* gilt wie der Talar bei drei bis acht Menschen und wirkt – egal, wie viele dasitzen. Am besten stehen alle dazu auf und singen das *Allein Gott in der Höh sei Ehr* laut (gern auch ohne Orgel) und im echten Walzertakt. Darüber hinaus gibt es noch andere Kyrie- und Gloria-Variationen im Evangelischen Gesangbuch.

Ich gehe wieder an meinen Platz.

Ich grüße vor dem Verkündigungsteil wie gewohnt *Gott sei mit euch*, aber im Kammerton, gesprochen, wie man eben zu sieben Menschen spricht. Im kleinen Kreis, normal, selbstverständlich, ohne Pathos. Die Gemeinde antwortet wie immer (ich habe ihr in einem Themengottesdienst über Stücke der Liturgie in der Predigt gezeigt, warum und wie man auf liturgische Wendungen antwortet).

Der*Die Kantorin oder jemand aus dem Kirchenvorstand/Gemeindekirchenrat oder liest *Epistel und Evangelium*. Dazu bleiben wir sitzen, wenn wir im Stehen singen. Zwischen beiden Teilen kann ein Schweigen liegen, Musik vom Band oder von der Orgel oder der Querflöte oder wir singen einen Vers.

Wir singen oder sprechen das *Credo*.

Ich spreche über einen Bibeltext und über ein Bild oder ein Symbol, das ich mitgebracht habe. Ich spreche in einfachen Worten und Sätzen und wie jemand, der öffentlich nachdenkt. Ich schaue die Leute dabei an. Ich mache Pausen, damit sie mitdenken können. In der Hand habe ich Stichworte, maximal ein paar Gedankengänge – mehr nicht. So kann ich Kontakt zu den Menschen halten. Ich stelle vielleicht auch eine Frage, die ernst gemeint ist, und warte, bis eine kleine Antwort kommt. Die nehme ich auf.

Ich kann von Menschen aus dem Text erzählen und die Anwesenden bitten, sich in die Handelnden hineinzuversetzen. Was denkt Petrus, wenn er starke Sachen schwört? Warum sagt er das? Wie fühlen sich die Umstehenden um Jesus, wenn er vom Abschied redet? Das ermöglicht einfache Identifikation und erschließt das Innenleben einer biblischen Handlung oder einer Figur mit leichter Hand. (Wer die Auslegungsform *Bibliolog* kennt, wird damit kein Problem haben. Sie ist sehr gut geeignet für kleine Gottesdienstgemeinden. Vgl. Pohl-Patalong 2012, 2013)

Ich bin vorbereitet auf diese Predigt und bringe Fragen mit für kleine Gesprächsgänge, aber alles nicht wasserdicht. Ich fürchte mich nicht vor den Fragen der Leute, denn sie werden Schönes zutage bringen, das ich noch nicht wusste. Ich bin eingestellt auf die Müdigkeit der Leute – genauso wie auf ihr Interesse.

Nach der Predigt bzw. dem Predigtgespräch sind wir einen Moment still.

Wir *singen* einen einfachen Kanon oder einen Choral.

Die *Fürbitten* leite ich wie immer ein mit der Frage, wofür wir beten sollen. Zweie nennen Namen und ein Dritter den Hunger. Eine weint. Auf Nachfrage erfahren wir, dass sie so schlecht schläft. Also werden wir für ihre Herzensruhe beten. Ich bete auch für Menschen und Regionen der Welt, die mir wichtig sind. Das alles hat Zeit und Weite und ist durchsetzt mit wiederkehrendem Gesang, der alles aufsteigen lässt.

An dieser Stelle wäre es nun schön, wenn unsere Kirchenkultur immer das *Mahl* bereithielte. Ganz schlicht um den kleinen Tisch, den wir hinstellen und gemeinsam mit den Geräten decken, die auf dem großen Altar bereitstehen. Dann wäre die kleine Form perfekt, wie am Tisch zu Hause und doch ganz anders.

Nach dem *Vaterunser* bekommen alle, die es wollen, einen *Segen* mit Handauflegung. Sie treten zu mir zum Altar. Oder sie stehen an ihrem Platz auf und ich gehe herum und segne. Zum Schluss folgt für alle der Aaronitische Segen im Stehen.

Einen Moment sitzen wir noch und hören der Orgel zu. Oder wir stehen nach dem Segen ein paar Sekunden in der Stille.

Es war vom Ablauf kaum anders als sonst im Gottesdienst mit 20–50 Leuten. Der Raum und die Anordnung der Plätze sind verändert. Der Wohnzimmerton, den ich anschlage, auch. Ansonsten war alles selbstverständlicher, einfacher und ein wenig inniger. Ich freue mich aufs nächste Mal.

Die Kargheit der Verhältnisse erzeugt aber bei manchen auch Träume. Dass wieder »wie früher« alle kommen, auch meine Freund*innen, die mich mögen, aber in diese Sonntagsgottesdienste nicht gehen. Dass es einen Gottesdienst gibt, in den ich selbst gern gehen würde. Dass ich als Pastor*in nicht ständig eine Form bedienen muss, die so gar nicht meine ist. Dass die Generationen zusammen feiern.

Es war früher nicht anders. Es gab nicht so viele Alternativen, die Abläufe waren festgelegt, die Sitten enger gespurt. Wenn es nur eine Sorte Brot gibt, kauft man die halt. Die Kirchen- und Tagebücher der letzten 300 Jahre klagen alle über den »schlechten Besuch« am Sonntag. »Früher« konnte man die Leute noch drängen, weil »man« hinging. Heut entfällt auch das. »Man« tut, was man gern tun möchte sonntags. So viel Freiheit, auch Religionsfreiheit war vielleicht noch nie. Jetzt kommen wirklich nur noch die, die wollen. Und wer ist schon so monastisch gepolt, wöchentlich in einer schlichten Umgebung beten zu wollen?

Aber viele lassen sich das Träumen nicht ausreden und schaffen Anlässe, wo »alle« kommen mögen. Mit der Lust und dem Fiktionalen daran beschäftige ich mich im folgenden Kapitel.

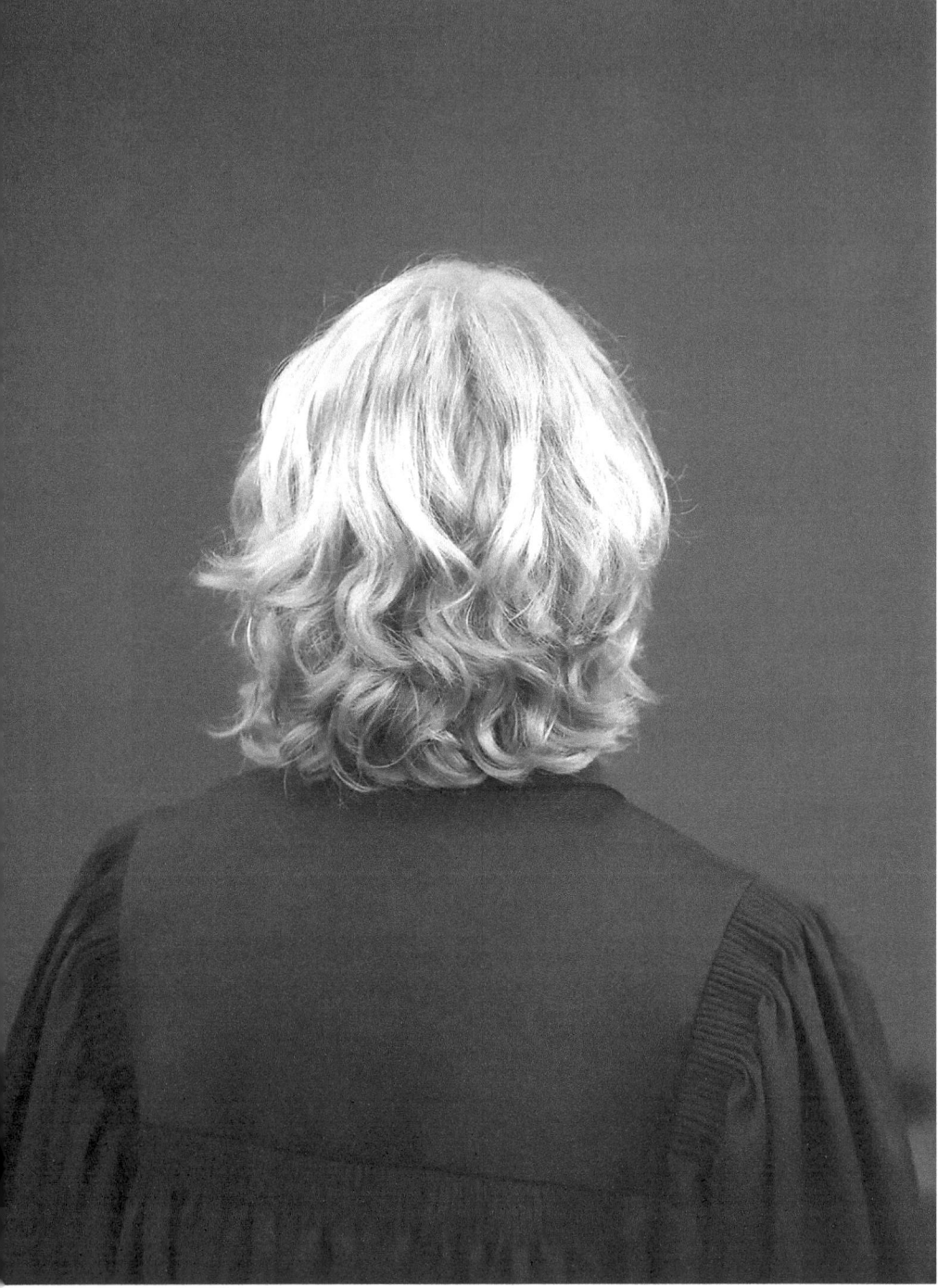

2 Gibt es einen Gottesdienst »für alle«?

2.1 Was ist mit der Sehnsucht von Kirchlichen anzufangen, »alle« Generationen und Gruppen im Gottesdienst zu finden?

Bei einem »Gottesdienst für alle« wird ein Gottesdienst ersehnt, der »alle« anspricht: Kinder, Jugendliche, Erwachsene, Alte, Singles, Familien. Man möchte nach den Zeiten der Differenzierung in Sparten und Zielgruppen eine liturgische Renaissance in Uniform. Diesmal nicht als äußere Uniformität, sondern im Anspruch auf eine willige Rezeption durch die vielen. »ALLE in einem Raum sollen uns und unseren Gott gut finden!«, so der Traum. Er enthält den Wunsch nach Anerkennung wie auch den nach Teilhabe an einer großen Sache. Das ist ambivalent, weil es solch eine Form vermutlich nicht auf Dauer geben kann – und das auch schwer zu leugnen ist. Es ist ehrlich, weil man gern teilt, was man liebt. So mischen sich die Motive.

Legitime Sehnsucht
Die Sehnsucht, alle mögen in einem Haus versammelt sein, ist einer der familiären Urträume der Menschheit: das Dorf als Modell, das Wohnprojekt der Generationen, die Kommune, das Gesamt-Welt-Innen – besonders in zersiedelten Zeiten. Diese Sehnsucht hat es immer gegeben. Die katholische Messform hat darauf eine Antwort zu finden versucht und über Jahrhunderte eindrucksvoll gewirkt. Sie wollte und will die »christliche Weltfamilie« vereinen durch zentralistisch-liturgische Verordnung, aber auch durch jahrhundertelange Erprobung. Wie viele Generationen hat es gedauert, bis die heutige Form stand, und auch sie ist im Fluss. Ihr entstammt unsere evangelische Normalagende.

Aber die prägende bzw. normierende Kraft kirchlicher Frömmigkeitsform ist gebrochen und das ist noch lange nicht ausgestanden. Ebenso die normierende Kraft gedruckter und konsistorial verordneter Agenden. Menschen tun, was sie selbst für richtig halten, Pastor*innen auch. Alle haben mit Vergnügen teil an globaler, ergebnisoffener und selbstbestimmter Sinnfindung. Dieselben evangelischen Pastor*innen z. B., die eben noch über den Zug zum Individualistischen in der Gesellschaft geklagt haben, weigern sich, eine Gottesdienstordnung (nur) für die Region oder die eigene Gemeinde mit zwei Kolleg*innen zu akzeptieren, die das Gesamtbild von Kirche einheitlicher gestalten würde. Sie ertragen es nicht, wenn man ihre Individualität in der Ausführung von Liturgie beschneiden will.

Welche »Form für alle« soll da entstehen?

Ambivalente Motivlage

Wer nur aus einer homiletischen Legitimitätskrise heraus nach dem universalen Gottesdienst verlangt, wo man Gelerntes wieder wie früher – als alles noch gut war – »allen« anbieten kann, wird nicht weit kommen. Alle werden sich wandeln müssen: die Formen, die Sprachen, die Übungswege dahin, die Endverbraucher*innen und die Akteur*innen.

Was schon erreicht ist – Differenzierung

Die Tradition der Spartengottesdienste hat wesentliches Terrain erhalten oder zurückgewonnen, das der agendarische Gottesdienst verloren hat. Wer starke neue Ideen hat und sie im Gottesdienst umsetzen möchte, versucht das meist nicht zuerst am Sonntag. Wer etwas ausprobieren will, um neue Leute oder Leute neu anzusprechen, schlägt sich oft – zusammen mit anderen – eine andere Schneise: den GoSpecial, Oasen-, Krabbel-, Schul-, Heilungsgottesdienst. Dort darf man mehr, als man muss. Die Lust am Aufbruch motiviert auch andere als nur die Hauptamtlichen.

Viele Pastor*innen sind bis an den Rand der Erschöpfung rege gewesen und sind es weiterhin. Sie sollten das selbst würdigen und nicht ständig an etwas fiktiv »Eigentlichem« messen, das wie eine Schimäre »Gottesdienst für alle« oder »Agendarischer Gottesdienst« genannt wird. All diese neuen Formen, die immer weiterwachsen, sind gültige Fingerübungen für einen Gottesdienst der Gegenwart und der Zukunft. Jede Krabbel-Andacht im Kindergarten zählt. Viele Gemeinden bringen es locker auf 500 gottesdienstliche Akte im Jahr, die viele Menschen erreichen, starren aber gebannt auf den Sonntagsschwund. Das ist bizarr. Dieses »alle erreichen« kann zur Daumenschraube werden, wenn man darauf starrt. Also: Gern als Fernziel im Blick behalten, aber erst einmal bilanzieren, was auf dem Weg dahin schon erreicht ist.

Was geht »mit allen«?

Vielleicht ist der Wunsch nach einem »Gottesdienst für alle« zunächst zu reinigen von allen imperialen Motiven, doch wieder *eine* Form bereithalten zu können, die dann auch alle gleichermaßen beeindruckt. Vielleicht ist weiter Entsagung angesagt. Kirche wird »das Ganze« vorerst nicht mehr prägen. Sie hat selbst im christlich Religiösen keinen Alleinvertretungsanspruch mehr. Sie wird selbst eine Marginalie, eine »Zielgruppe«, eine Zwischentexterin. Sie war es schon zur Zeit Jesu und danach. Doch sie hat eine starke Tradition und Erfahrung im Umgang mit dem Himmel, dem Schmerz und der Liebe. Das macht sie zur ernst zu nehmenden Mitspielerin. Keine Herrschaft mehr zu haben, kann schön sein.

Aber – und darin ist dem Begehren nach dem »Gottesdienst für alle« Ehre zu erweisen – man kann in Regionen langsam beginnen, die inzwischen eingeübten neuen Gottesdienstformen nebeneinander zu halten und zu vergleichen. Was gelingt im Kindergottesdienst gut, was sich auch für Erwachsene eignet? Welche sinnvollen Formen hält die alte Agende bereit, die auch Jugendlichen Halt geben können? Welche Mengenverhältnisse legen sich aus all den Experimenten nahe, die für Menschen lebensdienlich sind. Das heißt: Wie viel Altes und wie viel Neues verträgt wer, wo und wie oft?

Das viele Geld, das die deutsche Kirche im Vergleich zu anderen Kirchen der Welt immer noch hat, verzögert und verwischt diese Entwicklung. Man kann hier eine Kirche heizen, in die sieben Menschen kommen, und dafür drei Hauptamtliche finanzieren. Das ist anderswo längst vom Tisch. Die Suggestion, diese Form am Sonntag sei die einzige Möglichkeit, ist widerlegt.

Gleichzeitig kann man in nahezu allen neuen Gottesdiensten die Grundstruktur von Eröffnung/Anrufung, Wort, Mahl, Gebet und Segen wiedererkennen. Eigentlich besteht kein Grund zur Sorge. Die alte Agende lebt, man muss nur genau hinschauen.

Regionale Gottesdienstwerkstätten könnten den Sinn füreinander, auch für den gemeinsamen Nenner in der Form stärken. Man könnte sich korrigieren (lassen) oder etwas abgucken. Pastor*innen würden wie Fährleute zwischen den Schären ihres liturgischen Inselstaates hin- und herrudern und im Er-Fahren der Formen in sich reifen lassen, wie Gottesdienst in Zukunft aussehen kann. Identität bildet sich im Hin und Her, nicht nur durch Behauptungen. Vielleicht sind sie für eine Weile eher Über-Setzer*innen als Gralshüter*innen, eher Fahrende als Landbesetzer*innen. So könnten Formen entstehen, die etwas aushalten, weil sie erprobt sind. Weil man – als Fährmann*Fährfrau – vom anderen Ufer weiß, wo es das andere zu sehen gibt, das genauso wahr ist.

»Alle« dabei dauerhaft zu erreichen, ist und bleibt vermutlich auf Generationen ein Fernziel.

Ist das nun letzte Wort? Nein, es ist der Horizont für die geistreichen und tapferen Anstrengungen unzähliger Gemeinden. »Verkrampft euch nicht, nehmt die Lage wie das Wetter, sammelt euch in Stuben und auf Lichtungen und macht was draus« – so könnte ein Hirtenwort klingen: »Strebt nicht nach dem Unerreichbaren, tut das Mögliche.«

Genau das tun Haupt- und Ehrenamtliche immer wieder – und wenn es nur zweimal im Jahr ist. Sie erfüllen sich kleine Träume von einer Kirche, die viele froh macht. Ein (fiktives) Beispiel dafür folgt jetzt.

2.2 Generationengottesdienst – Fantasie für einen Gottesdienst mit allen

> Auch Funny ist da, der mit den verdrehten Wörtern, der reimen kann ohne Anlauf. »Ich geh an den Fluss«, sagt er: »auch wenn ich nicht muss.« Rüdi mag Funny, und beide sitzen in der Kirche nebeneinander, aber nicht direkt, sondern zwischen ihnen der Mittelgang, damit es knistert, wenn sie sich ansehen. Das mögen sie, kieksen und schauen gleich wieder weg.

Wovon ich geträumt habe, ist gewachsen in etlichen kleinen Versuchen. In Gottesdienstwerkstätten in der Region. Im Kindergarten. Bei den Konfis. Man kann Gottesdienst nicht einfach hinstellen. Freiheit und Leichtigkeit entstehen über die Jahre wiederholten Handelns und durch Versuch und Irrtum.

Ich stelle mir vor, ich komme zur Kirche. Da steht schon eine brennende Fackel vor der Tür. Mitten im Regen. Schön, so ein Feuer im Grau, und man fühlt: Irgendwas ist hier los. Also reingehen, Glocken im Rücken, Kerzen im Gesicht, im Eingang ein wuchtiger Feldstrauß, beschienen von einem Licht, dazu eine freundliche Konfirmandin, die mir ein Gesangbuch reicht, den Eintretenden schüchtern nach vorn verweisend, wo die, die vor mir gekommen sind, Lieder singen.

Von einem Kind bekomme ich ein Stück Brot. Zum Essen. Einfach so. Angenehm, dass das nicht erklärt wird. Also man kommt und es ist schon etwas da. Wenn vorn etwas ist, mag ich auch nach vorn gehen. Da ist Platz, weil Menschen mit freiem Sinn die ersten sieben Bankreihen weggeräumt haben. Rechts und links stehen sie noch längs des Kirchenschiffs Spalier, da kann man alles von der Seite sehen und bei der Predigt quersitzen. Aber was passiert, passiert auf dem neu entstandenen Platz, umrahmt vom Halbrund der Stuhlreihen. Plötzlich wirkt alles viel einladender und offener.

Teppiche liegen in der Mitte und an kleinen Holzpodesten sitzen Kinder auf der Erde wie an Tischen. Ein kleiner Altar steht da auch, weil es hier immer Brot und Wein gibt.

In den hinteren Bankreihen darf man liegen. Wer schnarcht, wird geweckt. Ein Musikant leitet zum Singen an, Neues und Bekanntes. Er stellt uns frei, beim Singen zu stehen oder zu sitzen. Man darf auf- und abgehen. Wichtig ist, dass man sich frei fühlt.

Immer noch kommen welche. Dann sind wir 127 oder 83, Kinder in der Mitte, wie gesagt, die großen Menschen drumherum auf Stühlen. Die Glocken gehen zur Ruhe, der Musikant an die Orgel.

Wir sitzen. Es wird stille, ein Gong tönt satt, wenn er verklungen ist, spielt der Musikant einen Sonnenaufgang auf der Orgel. Oder ein Präludium. Oder beides. Das kann er und endet dann im Eingangslied, von dem wir alle Strophen singen, damit es uns warm wird.

Nun kommt die Geistlichkeit, sagen wir heute: eine Frau im Talar zusammen mit elf großen und kleinen Leuten, die in diesem Gottesdienst offenbar auch alle etwas zu sagen haben.

Sie stellen sich hin, warten, bis es so still ist, dass man aufhorcht, und sagen im Chor: *Unsere Hilfe steht im Namen Gottes.* Wir sagen im Chor: *Der Himmel und Erde gemacht hat.* Dann sagen sie: *Amen.* Wir auch. Dann sagen sie wieder *Amen* und lachen einfach. Wir antworten auch: *Amen.* Dann fangen sie an, *Amen* zu singen, auf einer kurzen Melodie. Wir antworten ebenso, hin und her. Dann zeigen sie uns, dass wir aufstehen sollen, es geht ein Ruck durch die Anwesenden. Wir stehen, sie singen, wir singen zurück und es wird laut. Hoppla, solche Anfänge wünsche ich mir. Da hat man den Eindruck, es könnte wirklich schön werden. Es geht einfach los – und das mit Kraft.

Dann haben wir genug gesungen und setzen uns. Ein aufgeweckter Junge stellt sich vorn hin und fragt: *Wer ist heut zum ersten Mal hier? Die sollen aufstehen.* Ungefähr 15 Leute stehen auf, alles Große – bis auf zwei Jugendliche. Der Junge und die anderen zehn fangen an zu klatschen. Alle tun es ihnen nach. Die Großen wollen sich setzen, da sagt er schnell: *Wir rufen jetzt eure Namen!*, zeigt auf den Ersten, fragt: *Wie heißt du?* – *Wolfgang* – die Leitungsgruppe wiederholt im Chor: *Wolfgang.* Dann zeigt er auf den nächsten, lässt den Namen sagen. Wieder stimmen alle ein beim Rufen, sie haben verstanden. Keine Regieanweisung ist nötig, man sieht ja, was die Gruppe vormacht. Ein Schmunzeln geht durch die Reihen. Den Gerufenen ist es etwas unheimlich, aber sie setzen sich sichtlich berührt. Man wird hier also beim Namen genannt.

Dann ist man wohl auch gemeint. Ich höre, das sei hier immer so, wenn »Gottesdienst für alle« stattfindet.

Eine Kindergartengruppe darf noch aufstehen und ein paar aus dem Kirchenvorstand. Sie werden beklatscht und dann ist Stille. Die Pastorin hat nämlich gesagt: *Seht mal, das sind wir alle. So sind wir hier. Mit unseren Namen und Gefühlen und Gedanken. Haltet jetzt eure Hände wie ein Schale vor euch. Ja, genauso. Legt jetzt, was euch grade bewegt, vorsichtig hinein. Nehmt euch Zeit dafür – und haltet es Gott hin, sodass er es sehen kann. Ganz still.*

Eine Zimbel gibt an, dass die Stille beginnt. Nichts regt sich. Man sieht kleine und große Hände, zittrig und verspielt. Man ahnt Wünsche und gibt dazu, was man hat.

Alles, was wir haben, geben wir zu dir, sagt sie: *Alles, was wir sind, nehmen wir von dir …*

Und nun nehmt eure beiden Hände und legt sie mit den Handflächen aneinander zum Beten. Umschließt euer kleines Geheimnis mit den Händen, schützt es und hebt es auf bei Gott.

Überall Dürers betende Hände. Sie stimmt das Kindergebet an, das die Kleinen gut kennen und mitsprechen: *Wo ich gehe, wo ich stehe, bist du, lieber Gott, bei mir – wenn ich dich auch niemals sehe, weiß ich immer, du bist hier.* Zum Schluss lassen wir unser Geheimnis fliegen und rufen laut *Aaaaa-men.*

Jetzt kommen zwei Trompeten herein, gehen nach vorn und stimmen das alte Kyrie an. *Kyrie Eleison* singen die zwölf, die Gemeinde antwortet ebenso. Wie immer.

Glorialied, die anderen Lieder und Rufe können alle von der Wand ablesen, weil sie mit dem Projektor dorthin gestrahlt werden. Dann starrt nicht jede*r für sich allein in seinen Zettel.

Nicht eine Regieanweisung bisher. Die zwölf vermitteln, dass sie das Ganze gut im Griff haben. Sie machen einfach vor und alle wissen, wie es geht. Aber sie müssen das geübt haben, sonst funktioniert Leitung nicht so geschlossen. Und man merkt, dass solche Gottesdienste hier öfter gefeiert werden.

Eine dicke Bibel wird von einem Kind hereingeschleppt und ein älteres kommt ihm entgegen. Sie treffen sich in der Mitte des Raums. Das kleinere hält dem größeren die Bibel hin, das schlägt die Seite auf, wo der Zettel drinsteckt und fängt an, vorzulesen. Wie also dieser Himmelskratzer errichtet werden sollte und wie Gott die Sprache der Menschen … und so weiter. Pfingsten verkehrt herum. Parallel dazu bläst vorn ein Kirchenvorsteher einen Luftballon auf, bis er fast platzt. Alle schauen gebannt hin: Wie weit kann man es treiben? Der Text bricht ab, wenn die Sprachverwirrung da ist, und der Luftballon platzt.

Stille. Orgel – ganz leise.

Nach der Lesung gehen die zwölf umher und verteilen Pappstücke, auf denen Wörter und Satzfetzen stehen.

Eine fordert auf zum lauten wiederholten Vorlesen der Worte, die auf den Pappen stehen. Kleine und große Leute lesen, laut.

Nun sagt jemand, sie sollen aufstehen und umhergehen, die Worte der anderen hören, die alle gleichzeitig murmeln. Zögernd erheben sich die ersten. Man geht aneinander vorbei, das Sprechgewirr ergießt sich im Raum, sinnlose Sprachfetzen: *Elamiter, betrunken, Brausen*. Jemand ruft, wir sollten unsere Fetzen viel lauter rufen. Viele folgen. Jemand bittet, alle mögen ihr Puzzleteil nach vorn bringen, zur Wand hinterm Altar, da beginne die Geschichte. Die Pappen sind in drei Farben vorhanden, sodass man grob die Bereiche erkennt, zu denen man gehört. Und nun ordnen Große und Kleine ihre Wörter zueinander, bis der Text an der Wand klebt und vorgelesen werden kann.

Dazu stehen alle auf. Zwei Kerzen gehen zum Text an der Wand, alle gucken hin. Der Küster liest die Pfingstgeschichte. Alle setzen sich.

Wenn wir den ganzen Vormittag im Gottesdienst verbringen, also drei bis vier Stunden Zeit haben, dann würde jetzt eine Zeit in kleineren Gruppen folgen, in der man das alles vertieft. Wo Väter und Söhne im Kindergarten nebenan gemeinsam eine Suppe für alle kochen, weil ihre Sprachverwirrung sich am besten beim gemeinsamen Tun löst. Oder wo alte Leute Kindern aus dem Stadtteil erzählen, wie ihnen alles durcheinander kam in der Zeit des Krieges und wie es neu wurde. Andere Gruppen gibt es auch. Gespräch vielleicht und die Kleinen malen selbst Bilder vom Geist und zeigen sie später allen.

Danach käme man wieder in die Kirche zum Zeigen, zum Abendmahl und zum Essen. Abschließend der Segen, gern mit Händen von Kindern, von der*dem Pastor*in und von Kirchenvorsteher*innen auf dem Kopf für alle, die dies mögen.

Heute geht es in der Kirche einfach mit einem Kanon weiter – ein alter Schlager: »Der Himmel geht über allen auf« (von Piet Janssens). Die Pastorin spricht einen Moment über dieses Lied. Sie spricht über die Art, wie wir es gesungen haben: jede Gruppe etwas anderes und dabei doch alle im Einklang. Wie Wohlklang oder Lärm aus dem Vielerlei kommt – je nachdem, wie man hinhört und ob man im Ganzen Sinn erwartet. Wie im Gewirr der gerufenen Satzfetzen merkwürdige neue Sinnfetzen entstehen, die sie grad gehört hatte, z. B. *Erfüllt Sprache!* oder *Muttersprache bestürzt* oder *Geist ratlos*. Sie bezieht sich auf das, was wir gerade erlebt haben. Sie redet nichts Theoretisches vom Heiligen Geist, nennt auch gar nicht die obligatorischen Begriffe »Sünden-

vergebung« oder »Jesu Heilshandeln«, lässt also das ganze ausgedachte Zeug weg und redet einfach davon, wie viel heiliger Reim im Vorfindlichen steckt, wenn man hinhört.
Ein Lied beendet die Wortzeit.

Wir dürfen jetzt still sitzen, Fürbitten aufschreiben und in eine Schale legen oder auch nichts tun. Einige gehen aufs Klo. Die Gruppe, die leitet, holt die Abendmahlsgeräte, deckt den kleinen Altar in der Mitte des Raums. Die Fürbitten werden auf den Altar gelegt. Es ist ein ungeordnetes Treiben, man spricht miteinander – bis die Gruppe ein Kyrie für die Fürbitten anstimmt und Ruhe einkehrt.
Einige Karten werden verlesen, dann singen alle, damit das, was hörbar war, himmelwärts steigen kann. So vergeht einige Zeit. Kinder räkeln sich auf den Teppichen, andere hören hin, Große dösen oder beten. Die Gleichzeitigkeit von Aufmerksamkeit und Ignoranz stört niemanden. Es ist hier wie im Leben. Man kann nicht alles ganzen Herzens mit vollziehen und es gab Spannendes genug. Im Gebet macht man, was man will. Das ist hier so.
Ein Vaterunser im Stehen beendet diesen Teil, und ein Schüler betet vorm Abendmahl.
Die Pastorin spricht die Einsetzungsworte. Die Kinder haben den Tisch gedeckt, jetzt tragen sie Brot, Wein und Saft in die Gemeinde und nehmen selbst an ihren kleinen Tischen von beidem.
Am Schluss gibt es den Segen der geistlichen Frau, einfach und knapp. Besonderes war genug.
Am Ausgang verteilen Kinder das restliche Brot. Ach ja, das gleiche wie beim Reinkommen. Jetzt begreife ich.

Wie Träume so sind. Vieles passt nicht zusammen. Dass da zwölf Leute einen Gottesdienst führen, Kinder auch. Geht das? Und dass Zeit ist – auch Zeit für Unordnung mitten in der Liturgie. Halten denn Kinder so lange still? Nein. Aber mir träumt von einer Kirche, in der sie gehen und wiederkommen können.
Ein wirrer Traum? Ich werde die Vision nicht los, man könnte in der Kirche leben wie in einem großen Raum zum Atmen. Man könnte kommen und gehen, dürfte sich zwischen den anderen bewegen und dösen, sich mitreißen lassen und da sein, wie man ist. Und das ist Gottesdienst.
Diese kleine Fiktion enthält viele erprobte Versatzstücke. Sie wäre nicht möglich ohne einen dafür eigens eingerichteten Raum. Sie verwendet symbolische Handlungen. Sie rechnet mit dem Gemüt der Leute, sie setzt gezielt Sprechweisen und Gesten ein, die die Seele mitinszenieren. Spätestens im Umgang mit Kindern lernt man so etwas.

Zusammen mit der Ästhetisierung der westlichen wohlhabenden Umwelt hat auch die evangelische Kirche gelernt, dass »das Wort« nicht alles ist. Wie jemand agiert, auch wo und wohin, das kam allmählich in den (theologischen) Blick.

Im Folgenden verweilen wir eine Weile im Kirchraum mit seinen Einwohner*innen. Denn er ist im evangelischen Bereich kaum geistlich bedacht.

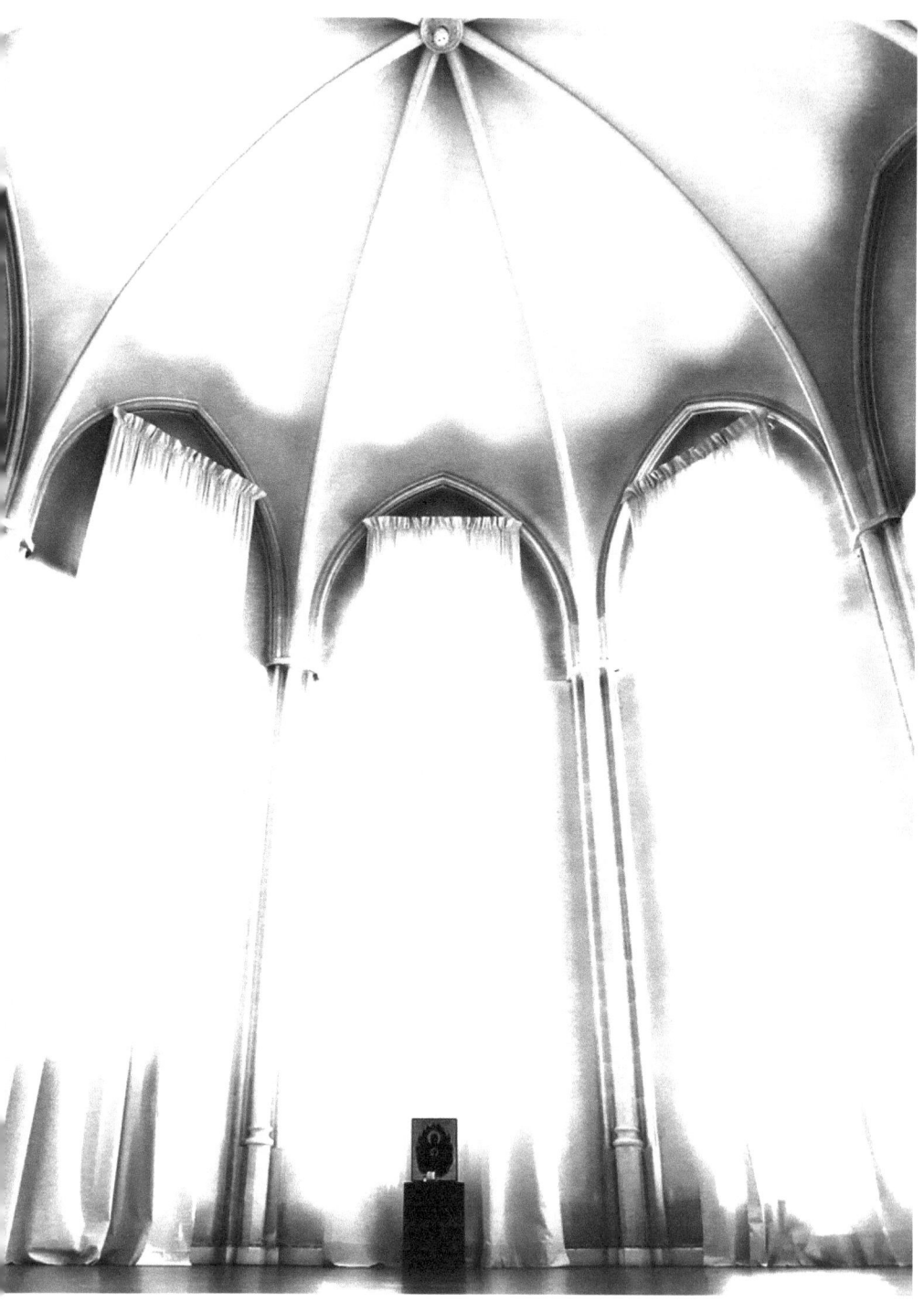

3 Gottesdienst im Raum

3.1 Der Mensch als liturgischer Körper – zur Einübung der geistlichen Präsenz

Gottesdienst aller Art lebt von den Menschen, die ihn teilen, leiten, feiern.
 Die exponierten und die mitgehenden Personen begeben sich mit ihrer ganzen Figur in diesen verdichteten Raum symbolischer Handlung und deutender Rede. Damit sind sie selbst liturgische Ausdruckskörper mitsamt ihren wechselnden Zuständen. Sie stecken einander an mit Affekten aller Art, mit Konzentration oder Langeweile, Freude oder Depression. Man kann diese »Ansteckung« biologisch durch die Anregung der sog. Spiegelneuronen erklären. Das zieht dieses Phänomen aus dem Bereich des esoterisch Spekulativen. Man weiß längst, dass aus Reiz und Reaktion, Gegenreaktion usw. eine Dynamik entstehen kann, die ihrerseits eine Art Eigenleben entfaltet. Diese Regungen sind nicht Thema des Gottesdienstes, aber sie wirken in hohem Maß – oft mehr als die gesetzten Inhalte.
 Die Übungen und Forschungen zur liturgischen und geistlichen Präsenz gelten Gruppen und Einzelpersonen. Diese Disziplin nimmt ernst, dass alle Beteiligten sich prinzipiell mit ihrer spirituellen Haltung sichtbar für andere aussetzen – das aber graduell verschieden. Sie verlassen die Intimität der privaten Frömmigkeit bewusst, sodass man ihnen »beim Frommsein zuschauen« kann. Der klassische Raum der Prozessionskirche schützt die Gläubigen vor zudringlichen Blicken, indem er alle nach vorn ausrichtet, aber er exponiert umso mehr die frontal agierenden Personen. An ihnen soll sichtbar und spürbar werden, »wie man geistlich ist«. Die Leitenden sind stellvertretend und ausgesetzt fromm. Von ihrer Art, temperamentvoll, langsam, schlicht, üppig, nervös, bewegt zu agieren, nimmt die fromme Seele in der Bank das menschlich-geistliche Muster ab, das in diesem Raum gilt. Und das überträgt sich nicht nur durch die Worte, sondern oft sehr viel schneller, direkter und unbewusster über den Körper. Allein die Stimme bereitet z. B. Wohlbehagen, Kopfweh, Nervosität o. Ä. Der körperliche und mentale Zustand der Leitung ist also ein wichti-

ges Instrument. Es kann umfassend von Freude gesprochen worden sein, aber die führenden Personen waren dabei müde. Als Ergebnis wird dann Müdigkeit aus dem Raum getragen – oder Ärger über die Müdigkeit oder Einverständnis oder was immer, aber wenig Freude.

Die Arbeit an den Personen will diese Zustände bewusster machen und nutzen. Denn unbewusste Mentalitäten können der »Sache« schaden, egal welche es sind, sie können den Inhalten »ins Wort fallen«. Besser agiert, wer weiß, was er tut und wie er wirkt. Das gilt ja nicht nur im Gottesdienst.

Ein wesentliches Element ist die Reaktion der übenden Gruppe (Vikar*innen, Pastor*innen, Ehrenamtliche) auf im Labor präsentierte liturgische und homiletische Stücke.

An ihnen kann sich der*die Protagonist*in orientieren. So genau wie von dieser »Laborgruppe« bekommt er*sie sonst selten Auskunft in der Gemeinde. Aufgrund der Resonanzen kann jemand also Haltungen korrigieren und versuchen, sie dem Inhalt anzupassen. Das heißt, sich von außen nach innen formen lassen. Oder die momentane persönliche Stimmung bewusst aufnehmen und in ebendiesem Zustand eine Geste, ein Wort oder einen Gesang zelebrieren, also von innen nach außen ein vorgeformtes Teil »einfärben«. So entsteht in beiden Fällen mehr Kongruenz. Und die wird in der Regel von allen als befreiend erlebt – allein schon deshalb, weil man als Hörer*in die Lücke aus Befindlichkeit und Aussage bei dem*der Pastor*in nicht mühsam kompensieren muss.

Die Übungen erlauben weiterhin, geistliche Aspekte im Raum abzubilden. Jemand kann sich z. B. beim Segen hinter die*den Agierenden stellen und sie*ihn unterstützen. Mit etwas Fantasie kann man sich diese Figur als eine Art »Engel« vorstellen, die die Person mit den Händen segnet, die ihrerseits die Gemeinde segnet. So wird die spirituelle Logik in diesem liturgischen Teil etwas deutlicher: Der*Die Segnende gibt weiter, was er*sie gleichzeitig empfängt.

Das alles ist als übendes Verfahren aus den darstellenden Künsten bekannt. Neu ist, dass Gottesdienstleitende sich in großer Zahl dem interessiert aussetzen und daraus Gewinn für ihre Berufs- oder Rollenidentität ziehen. Man kann das ausweiten zu einem Lehrgang in Mystagogie oder es einfach als Handwerkszeug auffassen.

Im Ergebnis zieht der so gebildete Geistliche keine neuen Massen an, nur weil er oder sie virtuoser zelebriert. Aber die eigene Zufriedenheit wächst und meist auch die der Gemeinde. Jedenfalls kann man merken: Frömmigkeit ist nicht zweigeteilt, sondern sie hat einen kongruent agierenden liturgischen Leib. Und es besteht die Chance, dass im Raum des Gottesdienstes nicht nur etwas behauptet oder zitiert wird (»Freude!«), sondern dass es im selben Raum spürbar eintritt. Das wäre an vielen Orten eine neue Erfahrung.

3.2 Spiritualität des Raums – phänomenologische Ergründungen

> Auch Ahmed ist gekommen, der mit dem Schimmer in den Augen. Die haben gesehen, was man im Leben nicht sehen soll. Aber nun ist es so, und er kommt immer wieder. Und bald tauft ihn die Pfarrerin, weil er es wollte und weil er es satthat, das von gestern, das alles, satt bis an die Augen.

Was ist in meiner Wohnung, wenn ich nicht da bin?
Sucht mich das Glück am falschen Ort?
Muss ich draußen bleiben? – *Peter Fischli/David Weiss*[2]

Im Haus meines Vaters sind viele Wohnungen. – *Jesus Christus (Joh 14,2)*

Der spirituelle Raum ist so groß wie die ganze Welt.
Jede Einschränkung wäre unglaubwürdig. Entweder der Lebendige ist überall und alles oder nirgends. Rabbinisch lautet die Verhältnisbestimmung von Gott und Welt: »Die Welt ist nicht der Ort Gottes, Gott ist der Ort der Welt.« (Ebach 2016, S. 33).

Das Christentum hat sich über 2000 Jahre lang ein begehbares Festland aus konfessionell verschiedenen Schriften, Orten, Gebäuden und Riten erobert und übt darin in der Langsamkeit der Geistesentwicklung Grundzüge des Menschlichen in Beziehungsräumen. Kollektiver Geist wandelt sich nur über viele Generationen. Das Christentum entwickelt sich neben einer Fülle anderer Spiritualitäten, die ebenfalls Räume bespielen und in ihrer Weise Deutung suchen.

Innerhalb der christlichen Welt geht die evangelische Fraktion seit (im Weltmaßstab) kurzer Zeit einen eigenen, zum Teil aufregenden Weg in die Moderne – »Reformation« genannt. Dies nicht einheitlich, sondern in vielen Denominationen. Die Individualität des Geist-Wortes ist diesen Gruppen konstitutiv wichtiger als eine kirchliche Uni-Form, die sich z. B. in katholisch-kirchlichen Räumen abbildet(e). Schon Luther z. B. konnte sich vorstellen, auch am Brunnen zu predigen. Hauptsache, die Botschaft stimmte. Reformierte deuten ihre Räume wieder anders. Darin zeigt sich bereits, wie schwer es ist, ein einheitliches spirituelles Raumkonzept im Bereich des Evangelischen zu ermitteln.

---

2 Fragen aus: Peter Fischli/David Weiss, Findet mich das Glück?, Köln 2007.

Übergreifend lässt sich sagen: Wer Gottes Anwesenheit auf bestimmte Räume beschränkt, hat schon verloren. Alles Lebendige wächst über sich hinaus. Das sieht man bereits an der vorbewussten Natur. Dies begriffen zu haben, ist ein Verdienst der Reformation. Der fixierte Raum fasst den Lebendigen nie. Aber warum soll sich Gott aus eigener Initiative nicht an Orte, Gehäuse und Menschen als Räume binden, wenn dort Empfänglichkeit wohnt (Ex 25,8)? Und wäre dort exemplarisch repräsentativ und – vor allem im Kreuz – zugleich brüchig gegenwärtig, damit man ihn dann auch überall entdeckt, wo etwas bricht oder heilt. Insofern sind alle Separees des Heiligen immer vorläufige Gebilde wie auch ernst zu nehmende Plätze für Zwischenlandungen des Unbedingten. Die Seele braucht verlässlich ausgesparte Räume, in denen sie so etwas wie verdichtete, »geronnene« Gegenwart inszeniert – und vielleicht dann in anderen Räumen wieder-erkennt.

Was an Lebens- und Bauleistung in diese Konzentrationen des Geistes geflossen ist, das hinterlässt bei den Mitbewohner*innen und Nachfahr*innen Eindruck. Es kann ihrem Glauben Fassung geben. Es erinnert an eine der urmenschlichen Möglichkeiten in aller Welt: sich an bestimmten Orten etwas sehr Großem hinzugeben, für das man keine Verantwortung trägt. Entsprechend groß sind viele heilige Räume, größer als jeder Zweck es rechtfertigen würde. Menschen vermuten mit einem gewissen Recht, man könne in der dichten Atmosphäre geronnener Erfahrung aus Stein, Glas, Holz und Stahl selbst etwas unmittelbar anderes erleben. Dazu kommt die Aura der belebten heiligen Orte, denen man die Vielzahl der ehrfürchtigen Menschen aller Zeiten abspürt. Die Orte selbst entstehen und wachsen ja mit ihren Bewunderern.

Die Formen der Räume sind allesamt materielle Resonanzen auf die Gotteserfahrung von Generationen – selbst wenn Protz und Hochstapelei mitspielen. Geist gerinnt zu geformter Materie.

Diese Erfahrung mit dem Raum und mit Gott wiederum darf sich dann an manchen kirchlichen Orten ihrerseits spontan niederschlagen – z. B. in Wallfahrtskirchen mit ihren Sammelecken, wo Gläubige ihre Erlebnisse namentlich dem Höchsten hinhalten. In protestantischen Kirchen entsprechen dem z. B. die freundlichen, oft etwas hilflosen Gestaltungen rund um die Taufe. Man kann dort sehen, wer dazukam und nun mitwohnt.

So entsteht über die Zeiten ein Raum aus vielen Ab- und Überlagerungen und Korrekturen. Das ist sein organisches Wesen im Werden und Vergehen. Man spürt in der Gesellschaft selbst bei Unkirchlichen den Phantomschmerz nach der Auflösung eines geistlichen Raums. Zivilisationen und Volkskirchen sind sterblich.

Deshalb hier nur ein Versuch, das Ungeheure des Themas in ein paar Menuett-Schritten andeutend zu betreten. Keine historische Auslegung der disparaten Formen, sondern eine Fahndung nach Formeln, die all die Räume im Inneren bestimmen.

Die Kategorien »Raum in Gott«, »Gott und Mensch als Räume«, »Raum als Abbild Gottes«, »Raum-Richtungen« und der »Mensch als Raum im Raum« spielen ineinander und sollen mit wechselndem Vorrang besichtigt werden. Blicke auf das heilige Spiel (Gebet, Liturgie) in den Räumen ergänzen diese. Hinweise auf Raumbelegungswandlungen am Ende des verfassten Imperiums Großkirche in Europa folgen.

Der Dia-Logos als Ursprung und Wasserzeichen des geistlichen Raums

- *Im Anfang war das Wort, und das Wort war bei Gott, und Gott war das Wort. Dasselbe war im Anfang bei Gott. Alle Dinge sind durch dasselbe gemacht, und ohne dasselbe ist nichts gemacht, was gemacht ist. In ihm war das Leben, und das Leben war das Licht der Menschen.* (Joh 1,1–4)
- *An jenem Tage werdet ihr erkennen, dass ich in meinem Vater bin und ihr in mir und ich in euch.* (Joh 14,20)

Ich halte die trinitarisch dialogische Theologie für die der Zukunft, weil sie Räume, Beziehungen, Prozesse und Interdependenzen am intelligentesten denken kann. Der göttliche *Raum* mit seinen *Beziehungen* scheint mir inzwischen als Metapher tragfähiger als die (Heils-)*Zeit*. In der jüngeren Weltgeschichte lauert viel globale Vernichtung, sodass die Metapher einer »Heilsgeschichte« verblasst. Sie ist kaum noch zu glauben.

In einem Raum kann man sich viel Ungeheuerliches gleichzeitig vorstellen. Metaphern wie Aura, Entfaltung, Polarität, Spannung, Kommunikation, Kommunion, Verdrängung, Krieg, Frieden usw. haben hier Platz – alles Begriffe, die neuzeitlich verstanden werden wollen. Weltverstehen gelingt nicht mehr allein entlang einer »Heilsgeschichte«. Die Neuzeit inszeniert eine Menge ungleichzeitiger Sensationen, die alle zugleich sichtbar sein können. Das ist der globale netzkommunikative Raum, der erlebt, gedeutet und bespielt werden will von spirituellen Menschen.

Gott wäre in diesem Raum das »Zwischen« der verschiedenen Einmaligkeiten, sie dialektisch einend und unterscheidend, eine »gesellige Gottheit« (Kurt Marti[3]), ein demokratischer Gott (Herman Melvilles Moby Dick, Kap. 26), Raum der Gemeinschaftlichkeit, auch umfassender Raum für Unmöglichkeiten.

---

3 Siehe Kurt Marti, Die gesellige Gottheit: Ein Diskurs, Stuttgart 1989.

Was die trinitarische Theologie tastend denkt, denken wir in Bezug auf den spirituellen Raum nach: Wir vermuten gemäß biblischem Befund – speziell im Johannesevangelium – ein unendliches göttliches *Gespräch,* das sich in Urverbundenheit überzeitlich – sichtbar in der jesuanischen Zeit – abspielt zwischen dem Ursprung, »Vater/Mutter« genannt, und seiner Gegenwart in der Welt, »Jesus Christus« genannt. Der geistliche Raum aus Güte und Austausch zwischen »Jesus Christus« und »dem Vater/der Mutter« wäre Folge und zugleich Ursprung von »Heiligem Geist«, der Ruach, Spiritus Sanctus, Stifter und Kind der Kommunion von zweien. Er geht aus dem Vater und dem Sohn *(filioque)* hervor und zu Pfingsten auf alle über.

Das Prinzip findet sich bei Liebenden, die *in* einem besonderen Geist zusammenkommen, bis dieser am Ende materiell als Neugeborenes stofflich erscheint, als Baby und Heranwachsendes Mann und Frau neu eint, indem es sie zu Eltern macht, also seinerseits die Eltern »ergreift«, sie und das ganze System transformiert, seinerseits später selbst im Geist ein Pendant findet, Kinder freisetzt usw.

Gottes *Wesen* wäre es, immer aus sich heraus in ein anderes und daraus erneuert zu sich zu kommen: Als nie gesehener »Ursprung« käme Gott in der Gestalt Christi durch Geburt, Leben, Tod und neues Leben zur Welt und dabei im Lauf des (Christus-)Lebens zu sich. Sein Wesen ist genau diese dauernde Bewegung. Diese Heilsgeschichte des Seins im Werden wäre das Paradigma aller Heilsgeschichten, diese räumliche Entfaltung zwischen Beziehungspolen wäre die Urpolarität: in Liebe aus sich heraus und in den anderen zu sich.

Die Schöpfung wäre kein Rauswurf der Welt aus Gott, sondern Gott erschuf durch Aufnahme des »Anderen« in sich ein Gegenüber. Gott wäre dabei aber gleichzeitig das »Nicht-Andere« – als Lebensraum der einzelnen Freiheiten im Geist.

Jede Kirche, jeder geistliche Raum kann das in kurzer Form darstellen. Sie birgt, fasst und entlässt die Menschen in ihr zu sich und zu Gott zugleich. Sie ist ihrerseits mit ihrer jeweiligen Andersartigkeit ein Teil im großen Raum Gottes/der Schöpfung.

Das wäre ein Verständnis von geistlichem Raum und von umfassender Kirche, die dem Wandel der Zeiten gewachsen sein könnte. In ihm wäre jeder Mensch atmend (im Geist/Spiritus) als eigenes Wesen anerkannt und – das je andere anerkennend – zu Hause.

Mensch als Raum-Schöpfer und Raum-Kind

Der Mensch *in Christus,* der einen geistlichen Raum betritt, wäre nach diesem Denkmodell *ein* Pol im Raum des Göttlichen. Der »eingeborene« Gottessohn, die Gottestochter, der*die den Kirchen- und jeden Raum betritt und gestaltet.

Er fände sich dabei gleichzeitig vor im »räumlichen Gott«, das heißt in einem symbolischen Gebilde, das andere Menschen ihm als räumliche Repräsentanz für göttliche Gegenwart vererbt haben. Das wäre Symbol des *anderen* Pols: des raumgewährenden Gottes. Des Gottes, der in sich dem anderen seiner selbst das Sein einräumt. Darin bewegt er sich, der Mensch, das Gotteskind in Christus.

Insofern repräsentiert der geistliche Raum eine Art Gestaltungs-, Erinnerungs- und Geburtsort für den gläubigen Menschen. Er weist Grundlinien des Lebens auf, z. B. Hingabe, Stolz, Tod, Liebe. Sie vollziehen sich in der Liturgie, aber auch im Raum ohne Worte, als stille Gegenwart der Symbole, Bilder und Läufe – denn sie alle zeigen, dass dort etwas geschehen ist, was den Menschen birgt und entbindet. Dort kann der eintretende Mensch sich mit einer Herkunft vorfinden, neu entstehen und wieder gehen.

Christus hat mit seiner *Empfänglichkeit* den »göttlichen Ursprung« menschlich ausgelebt. Aber immer »in Gott«, nie außerhalb. Das imitiert und repräsentiert der gläubige Mensch im Raum. Er geht aus der Distanz in die Nähe des Heiligen. Er zeigt sich angewiesen, heilt dort und wird geheilt. Er kehrt zurück in andere Räume, die entsprechend verwandelt werden wollen.

Gleichzeitig ist der Mensch *Schöpfer* dieser geistlichen Räume. Er kann etwas nachbilden, aus dem er selbst stammt: sein aus Gott in Gott. Eine Schöpfung, aus der er nicht herausfällt, obwohl er sie aus sich heraussetzt. Kathedralenerbauer sind Menschen, die es Gott gewissermaßen gleichtun: Sie tragen in sich eine Vision von Raum, die dann konkrete Gestalt annimmt. In der lässt sich leben.

In dieses Spannungsfeld zweier trinitarischer Identitäten (Mensch als Schöpfender und Empfangender) gerät jeder Mensch im geistlichen Raum. Er ist Schöpferin und Geschöpf desselben Raums. Diese Gesamtspannung nenne ich hier »Leben im Geist«.

Diese Doppelidentität des Menschen im Geist ereignet sich immer, wenn Menschen einen geistlichen Raum betreten.

Der Geist als Spielraum und der Mensch als Mit-Spieler im Geist

In einer bestimmten Weise inszeniert Liturgie im Raum *Geist* sichtbar und bleibend mit uns. Sie prägte z. B. einen häufigen Typus von steinernem Raum durch die Entscheidung, einen *langen Weg* vom Eintreten bis zum Altar baulich zu inszenieren. Weil sie annahm, dass nur Annäherung aus der Entfernung der gültige Weg zu Gott sei. Die ersten Christ*innen feierten noch ohne Hierarchie in den Wohnzimmern der Wohlhabenden. Die Verlängerung des Anlaufs geschah in Anlehnung an repräsentative weltliche Bauten (Staatsreligion), die einen Schau-Weg erlaubten. Sie imitierte den Königssaal mit seiner Inszenierung von Distanz und Bedeutungsabfall von vorn nach hinten. Es geschah, als das

Christentum Staatsreligion wurde, also gut 300 Jahre nach dem Osterereignis. Der geschichtliche Abstand vom Ursprungsereignis Jesus Christus wurde größer – der Abstand wuchs, man musste ihn sich folglich als oster-ferne Generation je neu »ergehen« – auf dem langen Weg vom Eingang bis zum Altar.

Damit setzte und setzt die Baukunst bis heute den Menschen »in Stein gemeißelt« in die Spannung von Distanz und Nähe. Die Liturgie zusammen mit dem Raum zelebriert dann das ernste Spiel von Abstand, Annäherung und Einheit.

Der Geist, der hier abgebildet erscheint, wäre ausdifferenzierte Polarität, in der die Pole in Spannung zueinander bleiben: vorn und hinten. Diese Pole gewinnen sich selbst aber erst, indem sie den größtmöglichen Abstand ausloten. Jesus Christus ist das Urbild dafür: Er ist bei Gott – und verreckt am Kreuz. Eben das inszeniert der häufigste christliche Raumtypus, das Langschiff: Liebesspannung durch Abstand, stärker noch durch unergründliche Absenz/Präsenz im Kreuz.

Ein Toter an der Kopfseite eines Raums, der mich respektvoll Fernen zu sich ins innigste Leben locken soll. Göttliche Gegenwart, dargestellt im Spiel aus Offenbarung und Entzug. Paradoxer kann man es nicht inszenieren.

Das entspricht dem, was Menschen erleben, die in der Liebe mit anderen Menschen leben und an und mit ihnen verzweifeln und reifen – im Auseinander (»Warum hast du mich verlassen?«) und Zueinander (»Ich und du, wir sind eins.«).

Und immer wäre Gott zugleich Raum, Ferment, Aufnahmefähigkeit für viele Formen des Zwischens, denn er selbst ist nicht das Eine oder das Andere, sondern selbst das »Nicht-Andere«, die Möglichkeit des »Ein-Ander«.

Durch einen *halbrunden* Raum ohne Abstandsinszenierung z. B. würde ein anderer Aspekt des trinitarischen Geistes abgebildet: Die Präsenz des Heiligen als greifbare Größe, auf die hin die Sitzorte gerichtet sind. Die Mensa (= Welt) als Tisch des Mahls und der Gegenwart Christi. Dahinter die Unverfügbarkeit seiner Herkunft und Wiederkehr aus dem Ursprung (der Osten, die Apsis, das aufgehende Licht). Die Menschen als Aufbrechende, die vor dem Losgehen ins Offene eine Weile rasten. Die multilateralen Verbindungen untereinander erlauben dem Geist, anders von Mensch zu Mensch überzuspringen. Man hat einander in den Augenwinkeln und ist dadurch aktiver einbezogen.

Aus solchen Formen des Geistes entstehen über die Zeiten hinweg angereicherte Orte mit abgewetzten Treppenstufen, je anderen Sitzordnungen, durchbeteten Winkeln, bestaunten Bildern – als Dokument und Palimpsest der übereinandergelegten, abgeschabten und erneuerten Gefühle, Gesänge, Gesten und Gegenstände. Ihr zu Spuren geronnener Geist spricht auch ohne ein liturgisches Geschehen mit dem Menschen, der den Raum betritt.

Menschen als lebende Beziehungsräume
Dia-Logos als Grundbefindlichkeit
Menschen bewegen sich in geistlichen Räumen und sind selbst spirituelle Raumkörper mit realer Ausdehnung. Sie sind Produkte und Träger unzähliger Beziehungsräume. Wir alle sind das Ergebnis einer dialogischen Zeugung. Wir wachsen auf im Raum der Zweiheit von Vater und Mutter. Wir binden allein durch unser Geborensein unsererseits Vater und Mutter aneinander, wir »machen« sie zu einem Vater und zu einer Mutter und darin zu »Eltern«. Wir suchen die Zweiheit lebenslang wieder auf. Gesicht und Körper sind geprägt durch unzählige Begegnungen samt unserer Resonanz darauf. Wir tragen all diese Begegnungen immer am Leib und provozieren ständig damit neue.

Wir spielen als geistige Wesen dabei alle Positionen durch, die die christliche Theologie »in Gott« denken kann:

Wir sind *Zeugende* wie Gott, denn wir setzen Dinge, Ideen, Werke, gar Menschen in die Welt. Prophet*innen und alle Inspirierten folgen solcher Zeugung im Geist.

Wir sind *Geborene* wie Jesus Christus. Wir erben Haltungen und müssen das Erbe antreten und verwandeln wie Jesus. Wir müssen und dürfen unsere Abstammung leben.

Wir sind *Empfängliche*. Gott wird beschrieben als Schöpfer-Gott, der eine Welt aus sich entlässt wie eine (Gebär-)Mutter.

Wir sind *Verbindende und Verbundene* wie der Geist. Wir lernen am anderen, wer wir sind – hörbar im Wort »ein-ander«. So verstanden würden sich die »Ebenbilder Gottes« als lebende Beziehungsräume im großen Raum der Gottesbeziehung, also im spirituellen Raum bewegen.

Diese Beziehungsmacht tragen Menschen stark ein in alle geistlichen Räume. Als Beziehungsgeprägte prägen sie Beziehung und den Raum für Beziehung. Sie bauen Sitzreihen im Gegenüber zum heiligen Bezirk, weil sie diesen Dialog inszenieren möchten. Sie bauen einen kreisrunden Andachtsort, weil sie das Hin und Her der Menschen im Rund lieben. Immer bleibt die Bezogenheit die führende Kraft. Sie erstellt Beziehung in äußeren Formen und lässt sich von dieser erneut inspirieren.

Gott außen und innen
Die kirchliche Tradition hat Gott in der Regel »außen«, »ganz anders« oder als »Gegenüber« bezeichnet. Die Kathedrale samt Personal zelebriert den Abstand der Gläubigen zum Heiligen.

Das ist aber nur eine Hälfte der Wahrheit.

Wer nicht selbst den geistlichen Raum in sich schafft, der Gott ebenda freilegt und wachsen lässt, wird ihn immer nur außen suchen. Die Mystik ist genau darum von der kirchlichen Tradition oft bekämpft worden, weil sie beschreiben wollte, wie sich die trinitarischen Qualitäten auch mitten im Herz des Menschen abspielen, mal schöpfend, mal empfangend, mal verbindend. Paulus macht uns zu Geschwistern Jesu und zu Kindern Gottes. Der Mystiker Angelus Silesius lässt Gott in uns geboren werden.

Dieser »Herz-Raum« als Wohnort Gottes ist subkutan sehr vital, wird aber in der Lehre und Anschauung kirchlichen Denkens nicht ernst genommen. Wer sagt, in ihm wohne Gott – oder aus ihm schaue Gott in die Welt wie durch Jesus –, der*dem wird ein*e Psychiater*in empfohlen. Gäbe es diesen Raum im Menschen jedoch nicht, wo er Gott in sich wirken spürt, würden viele karge Gebetsräume der Kirche veröden. Denn erst der gläubige Innenraum macht den äußeren Raum schön, erst durch ihn wird letzterer das, was mit ihm gemeint war: Gebetsraum. Anders ist die Treue vieler Gläubigen zu einer verloren wirkenden Kirche nicht zu erklären.

Geistlicher Wert von Räumen im Protestantismus – Entwicklung menschlichen Selbstbewusstseins im geistlichen Raum
Die protestantische Tradition hat in einer ersten wuchtigen Bewegung die Idee der stationären Repräsentanz Gottes aus kirchlichen Räumen vertrieben. Tabernakel und andere Symbole mussten weichen. Das war ein Akt neuzeitlichen Selbstbewusstseins. Damit sind Zwänge beseitigt worden, die einem emanzipierten Glauben im Wege standen. Die manifeste Kirche als Bau oder als Organisation sollte nicht mehr Mittlerin für den Glauben sein, sondern die Schrift, die jedem Menschen zugänglich ist.

Aber hat sich damit die Idee »stationär gebundener Spiritualität« erledigt? Man stellt an der Reaktion moderner (auch nicht christlicher) Menschen auf Kirchen fest:

> »Verschlossene Kirchenräume in einer Fußgängerzone oder am Erholungsort lösen regelmäßig tiefe Enttäuschung aus, weil man dort Botschaften erwartet, die zum üblichen Rummel Alternativen setzen […] Die häufig manichäische Einstellung von Theologen hat vergessen lassen, dass in der Tat Räume sehr wohl ›predigen‹ können und ihre Vernachlässigung sehr wohl auf tote Gemeinden schließen lassen.« (Volp 1995, S. 490)

Auf der Suche nach alternativen Raum-Deutungen zu der »papistischen« hat die lutherische Reformation versucht, eine *Unterscheidung* zwischen dem *inneren* und dem *äußeren* Menschen zu treffen. Demnach unterläge der äußere Mensch Gegebenheiten, denen er lebensklug folgen soll.

Der *innere* Mensch sei frei und Gott gehörig.

Aus dieser an sich sinnigen *Unterscheidung* ist mit der Zeit eine *Spaltung* in »den inneren Menschen« und »den äußeren Menschen« geworden. Das ist ein Grunddilemma des Protestantismus mit weitreichenden Folgen. Denn wenn das sog. »Äußere« hinter den gottverbundenen innerlichen Menschen zurückfällt, verfallen auch alle anderen »äußeren« Gegenstände: Bauwerke z. B. sind bloße Hüllen. Entscheidend ist und bleibt dann das »Wort« als Innerlichkeit, als Gesinnung, als virtuelle oder reale Glaubensgemeinschaft. Nur sie konstituiert den Gottesdienst, der Kirchbau nicht. Er ist kein substanzieller Beitrag des Glaubens, sondern bestenfalls Schutzraum fürs Gemüt. In ihm ist kein Gott, es sei denn, Glaubende wären dort anwesend. Daher kann man Kirchen auch abschließen, denn da ist ja für den einzelnen Wandernden nichts, was lebt.

Wo sich die Gemeinschaft dieser in guter Gesinnung Vereinten trifft, das ist im Grunde zweitrangig. Das erklärt manch ästhetische Willkür im Kirchbau der letzten 100 Jahre wie auch manche Formlosigkeit in der protestantischen Liturgie.[4]

Aber Menschen, egal welcher Herkunft, erleben Räume als Einrichtungen mit einer eigenen Sprache, die sie belebt oder auch verödet. Gläubige verstehen Symbolisierungen als Baukörper mit Sinn, als »Gegenwart Gottes« im Altar, den Gängen, Bildern und Gewölben. Sie ahnen die geronnene Gottesbeziehung in alldem.

Der protestantische Blick wird deswegen wacher für Formen. Das entspricht auch einer neuen Sicht auf den menschlichen Körper mit Übung und Pflege. Schließlich begreift der neuzeitliche Mensch mit oder ohne Religion, dass er nur seinen eigenen Körper als Referenzraum für alle Sorten von Wahrnehmung hat. Ohne Sinne wüsste ein Mensch nichts von einer Welt, auch nichts über sein Inneres. Das macht Körper-Resonanz (nicht den Körper-Kult) und differenziertes Gefühl zur wesentlichen Ressource. Man muss die Fähigkeiten pflegen, die körperlichen Empfang garantieren. Sonst fällt man aus der Welt. Das muss evangelisch Bedeutung gewinnen, sonst fällt auch dieser Glaube aus der Welt.

---

4   Entsprechendes gilt für die beweglichen »Gefäße« des Glaubens, das Gebet, die Prozession, die Wiederholung, die Übung. All die Formen von Spiritualität im äußeren Raum (atmen lernen, Meditation usw.), die Geistliches ins Leben umsetzen, geraten unter den Verdacht der Werkerei. Allein das Innere zählt.

»Schutz« als Metapher für den geistlichen Raum

Wir können anthropologisch das Sein im *Mutterleib* als *ersten* Raumaufenthalt betrachten.

Das Sein außerhalb des Mutterleibes in unserer *Kleidung* wäre der *zweite* Raumaufenthalt mit chronisch defizitärer Hülle als Schutz vor dem Ausgesetztsein (= Ek-Sistenz). Diese Hülle kann die Ureinheit nie ganz wiederherstellen.

Die *Kirche* wäre eine Art *dritte* Haut, die den Menschen samt seinem Körper, seiner Sehnsucht und seinem Defizit auf transzendente Weise birgt. Die Wendung zum Heiligen wäre dann die Wendung zum Ursprung und zum Ende zugleich, also zur (Wieder-)Vereinigung mit dem, was mir Leben gegeben hat, woher ich komme und wohin ich gehe. Der geistliche Raum wäre Aufenthaltsort mit Blick ins Ewige. Man könnte in diesem Bild von einer Art »Gotteshaut« sprechen, die einmal verloren war und nun wieder für kurze Zeiten gefunden wird. Diese Gotteshaut, das Gotteshaus, und in ihr die christliche Bestimmung würde momentan den uneinholbaren Mangel der Zweieinheit stillen zwischen (Gebär-)Mutter und Kind, zwischen Herkunft und Zukunft.[5]

Ist das einmal tief verinnerlicht, so könnten sich geistliche Menschen auch wieder »nackt ins Freie« stellen, verletzlich-unverwundbar wie der kleine Mensch in der Krippe. Viele Heilige und Prophet*innen als lebende Orientierungsmarken stellten so etwas mitsamt ihrem oft brutalen biografischen Geschick dar.

Geistliche Räume und ihre Koordinaten

Der spirituelle Raum gliedert sich u. a. in das Verstehen der *Senkrechten* und der *Waagerechten*. Referenzpunkt ist dabei der Mensch, der den Raum betritt. Durch ihn erscheinen erst diese beiden Dimensionen.

Dazu kommt eine dritte: Die *Sagittale*, das heißt die Gehrichtung, in die ein Mensch eintritt, wenn er sein eigenes Vorne und Hinten und dadurch Nähe und Ferne im Raum realisiert. Ein Einzug im Gottesdienst z. B. zelebriert ausdrücklich diese Dimension. Äußerer Referenzpunkt für diese Richtung ist das Kreuz – in der Regel vorn im Raum installiert.

---

5   S. Funke, in: Albert Gerhards (Hg.), Communio-Räume, Regensburg 2003, S. 101

Die Senkrechte

Phänomenologie

In der *Senkrechten* erkennt der gläubige Mensch im geistlichen Bau unter sich die Welt der Verstorbenen. Die Grabplatten und Krypten in den alten Kirchen sind vitale Totenwelten, auf denen der gegenwärtige Mensch läuft. Im übertragenen Sinn verlässt sich sein Glaube auf die Welten der Toten: Das meiste, was ihm die Tradition anträgt – Bibel, Lieder, Gesten und Bauten –, sind Erbschaften von verstorbenen Menschen. Der lebende Mensch spürt, dass man in einem Leben allein so viel Weisheit nicht aufhäufen kann. Die geronnenen Formen geben ihm Halt und Orientierung, selbst wenn er nur einen Bruchteil davon versteht.

Über sich finden Gläubige ein Gewölbe, das in alten Kirchen öfter dem (geistlichen) Himmel nachempfunden ist. Das ist die Dimension, in der der Mensch Gott vermutet, wohin das Bild von der Himmelfahrt Jesu führt, wo der Blick nach neuen Erkenntnissen ins Unermessliche führt, nach alten Erkenntnissen ans »Himmelszelt« oder ins bebilderte Jenseits.

Dazwischen, also auf dem Fundament der Toten und unter freiem Himmel, ergeht sich der Mensch mit anderen in seiner Winzigkeit und Erhabenheit.

Die Schwerkraft prägt rein natural die Senkrechte objektiv verlässlich – verlässlicher als die Waagerechte, die keine eigene geomantische Kraft hat. »Oben« ist nicht von selbst zu erreichen, »unten« dagegen leicht – man muss nur nachgeben in Schlaf, Tod, Schwachheit oder für die Liebe. Aufrecht bleiben ist Arbeit, Emporstreben noch mehr und manchmal Fron. Diese Vertikalspannung ist dem Leben eingeschrieben. Menschen agieren zwischen Todessehnsucht und Himmelsglück. Ihre Neugier und ihr Trieb, »aufwärts« weiterzukommen, ist bestenfalls stärker als ihre Schwerkraft.

Vorstellungen der Bibel

Das Erste Testament prägt die Traditionen des Kirchbaus implizit stark. Deshalb soll das auf kürzestem Raum berücksichtigt sein (siehe Jooß 2005).

In den Vorstellungen vom Kosmos und vom Tempel erscheint der Mensch grob gesagt eher als Gegenüber zu Gott; dies aber bei unverbrüchlicher Zuwendung Gottes durch alle wandelvollen Phasen der jüdischen Spiritualität.

Für die *Senkrechte* können wir Vorstellungen finden:
- *Er aber hat die Unterwelt gemacht durch seine Kraft und den Erdkreis durch seine Weisheit und den Himmel ausgebreitet durch seinen Verstand.* (Jer 10,12) Das sind die Bereiche, die wir auch in spirituell geprägten Räumen vorfinden.
- »Oben« als »Hoheit« bzw. »Hybris« des Menschen wird gedämpft durch Gottes »Herabschauen in die Tiefe, sodass auch die Tiefe in den Bereich der

Wirkmächtigkeit JHWHs gehört.«[6] Entsprechend stark ist die Vorstellung, Gott »wohne« im Himmel.
- Die Tiefe (Ps 88,7) beherbergt die Toten und ist weitgehend unergründlich. Nur Gott hat dort etwas zu melden.[7]
- Nachexilisch gilt: »Der himmlische Raum wird zum Aufenthaltszentrum JHWHs erklärt, seine Präsenz also stärker in die Vertikale verlegt, dem irdischen Tempel bleibt jedoch die Funktion einer Gebetsstätte erhalten.«[8] Und: »Der irdische Tempel wird davon entlastet, alleiniger Wohnort der Gottheit sein zu müssen, indem ihm ein neues Verortungsmodell beigesellt wird, der Himmel.«[9] (Amos 9,5 f. und Ps 104)

Dem entspräche neuzeitlich der Übergang ins Protestantische, das Gottes Wohnsitz einzig in der Kirche bestreitet und seinen Ort universalisiert.

Seit Christus und seit sich Menschen »in Gott« lebend im Glauben verstehen und er in ihnen, erscheint der Mensch im spirituellen Raum in einer komplexeren Raumstruktur. Was er im Raum (meist vorne) anstrebt, ist nicht mehr allein mit den topografischen Angaben »außen« beschreibbar. Der Standpunkt des Subjekts, des Menschen, ist als mobiler Wohnort Gottes nun christologisch auch qualifiziert. Ziel und Ausgangspunkt eines Weges in einer Kirche z. B. ist »Christus im gläubigen Menschen/gläubiger Mensch in Christus« wie auch »Christus am Kreuz« vorn. Hier greift der trinitarische Gedanke, wir seien als »Kinder Gottes« und »Geschwister Christi« auf dem Weg zu uns selbst und zu ihm – aber nur »in Christus als Gekreuzigtem und Auferstandenen« als dem Gesprächspartner Gottes. Dieses »in Christo« in der paulinischen Diktion bezeichnet eine geistig-räumliche Dimension. Die äußeren und inneren Ortschaften und Räume laufen quasi ineinander und werden zu einem dia-logischen Gesamtraum, weil Gott sich im Raum und nun auch in einem Menschen verortet hat. Und er hat einen Ort in der Raumsymbolik (z. B. das Kruzifix), aber er ist gleichzeitig überall, wo Personen sind.

Oder verschärfter ausgedrückt:

»Er [der Mensch, THH] kann nicht verstehen, dass der Theo-Logos hier, an diesem Nicht-Ort wesen soll, so handgreiflich und alle Grenzen des Anstands, alle Definitionen des Liebwerten sprengend, was doch zugleich

---

6 Ebd, S. 135
7 Ebd, S. 135
8 Ebd, S. 156
9 Ebd, S. 157

heißt, dass er nirgends mehr, nicht im Tempel, nicht im Gesetz, nicht im Wort, behaftbar ist und gerade deshalb überall, und sei es im Unmöglichen, brennend nah sein kann.«[10]

Die Waagerechte

In der *Waagerechten* sehen wir die vorfindlichen Symbolisierungen im Raum auf Augenhöhe, wir unterscheiden rechts und links, die wichtigere und die unwichtigere Seite. Wir sind zugehörig zu anderen in der gleichen Ebene. Wir beziehen uns auf Objekte und Linien. Diese Dimension ist stärker als die Vertikale subjektiv bestimmt, auch weil ihr die natürlich-zwingende Schwerkraft fehlt. Rechts und links sind eher selbst verantwortete Kategorien, die Wahl zwischen den Möglichkeiten auch. Sie beschreibt das Habhafte, die Gestaltung und die Entscheidung.

Dies gilt, sofern sich der betende Mensch in senkrechter Position im geistlichen Raum aufhält. Eine andere Perspektive entsteht, wenn er liegt. Dann spielt sein inneres Koordinatensystem mit. Subjektiv »oben« und »unten« ist jetzt für Liegende die Waagerechte des Raums, also Wände, Türen bzw. der Horizont. »Vorne« ist der Himmel, »hinten« der Boden.

Priester bei der Weihe, Konfirmand*innen in der Kirchennacht, Kranke im Hospital in Beaune in Burgund lagen mit Blick auf Rogier van der Weydens Jüngstes Gericht. Die Position der Ohnmacht, gleichzeitig die des Vertrauens als Kranke oder Schlafende. Die Position der Übergabe an eine andere Macht, dargestellt im Liegen auf dem Bauch vor dem Kruzifix.

Diese Positionen heben die Selbstmächtigkeit real oder symbolisch auf. Sie drehen die Koordinaten um 90 Grad und versetzen den Menschen aus dem gespannten aufrechten Sein und weg vom Weg – ins An-Vertrauen.

Diese Position wird behutsam als eine geistliche Seinsform entdeckt. Entsprechend könnten Kirchen Liegeflächen enthalten, die Pause, Hingabe oder Gebet erlauben, vielleicht sogar Kirchenschlaf.

Die Sagittale
Phänomenologie und Bibel
Die *Sagittale* beschreibt die *Bewegungsrichtung des Subjekts zwischen hinten und vorne*. Außerdem die Kategorien *nah* und *fern*.

Im *Ersten Testament* wird der Tempel als geostet beschrieben (Ez 8–11) – und Gott kommt von Osten (Ez 43,2).

---

10 Elmar Salmann, Der geteilte Logos, Rom 1992, S. 246

»In theologischer Perspektive erlangt der Begriff [der Ferne, THH] insofern Relevanz, als die Vorstellung des Entferntseins Gottes nicht nur ein absolutes Entzogensein Gottes impliziert [...], sondern auch eine heilvolle Distanz, um in der unmittelbaren Gottesgegenwart nicht zugrunde gehen zu müssen (Ez 20,18.20).« (Jooß 2005, S. 138)

Dem entspräche die intuitive Platzwahl heutiger Gottesdienstteilnehmender weiter hinten im Langschiff. Vorn ist »das Heilige« stark, es rückt Menschen so zu Leibe, dass sie Abstand nehmen.

In dieser sagittalen Dimension erkennt der gläubige Mensch im üblichsten christlichen Kirchbau, der Prozessionskirche mit Langschiff, hinter, neben und vor sich zeit-räumliche Vorstellungen. Die Apsis mit Fenster im Osten richtet den Blick beim Hereinkommen auf die aufgehende Sonne, *sol invictus* – Christus am Ostermorgen und am Jüngsten Tag.

Der gläubige Mensch verlässt den Kirchbau mit Blick auf den Sonnenuntergang im Westen. Zwischen Eingang und Apsis erstreckt sich sein Glaubensweg neu. Was als Ziel und Gottesgegenwart symbolisiert wird in Altar, Fenstern vorn und Kruzifix, ist ihm beim Eintreten fern. Ein Weg steht offen, aber auch aus. Er will im Lauf der Liturgie beschritten werden.

Umsetzung der Gehrichtung in der Messliturgie

Die *liturgischen Schritte* der (lutherischen) Form, die sich aus der Messform zusammen mit dem Langschiff entwickelt haben, sind im Grunde räumliche und seelische Annäherungssequenzen zugleich. Tauferinnerung am Eingang – auf der Schwelle der Kirche in Form der Tauformel –, Sündenbekenntnis als »Fußmatte der Seele«, Psalmen als literarisch geronnene Kollektiv-Zelebration menschlicher Zustände im Rückraum, in der Mitte der Kirche das Kyrie als exaltierter Ruf der Liebe nach der Gegenwart Gottes, die aussteht, und noch ein paar Schritte weiter das Gloria als Jubel über das Wiederfinden göttlicher Gegenwart und Herrlichkeit. Diese Form oder eine entsprechende andere Annäherungsliturgie ließe sich von hinten nach vorn auch räumlich zelebrieren. Angelangt etwa auf der Höhe der Kanzel oder des Ambos hören wir das Wort und reagieren in Predigt und Bekenntnis. Die letzte Näherungsstufe ist das Mahl am Altar. Von dort aus geht man gesegnet nach draußen.

Faktisch *sitzt* man in Bänken, aber der Raum zeigt den Wandel im Wandern nach vorn und wieder nach draußen. Die leitenden Personen vertreten in der Regel die Gemeinde mit ihren Handlungen im ganzen Raum und tun ausdrücklich, was im Prinzip alle tun könnten. Der Einzug leitender Menschen z. B. zeigt dies noch.

Sitzend symbolisiert sich der *Wartestand* der Christ*innen auf den Ostermorgen bzw. das anbrechende Reich. Die Gemeinde erwartet in der Symbolik dieses Raums eigentlich gar nichts *in* ihm, sondern eher eine Ankunft *von außen*. Insofern sind für die frontal sitzende Gemeinde diese Kirchbauten überdimensionierte Wartehäuser.

Andere Bauten symbolisieren andere Theologien bzw. Glaubenswege.

»Im Warten prägt sich dem hingehaltenen Leben sein Ethos ein: dass es sich verbrauchen lassen muss von etwas, das seinshaltiger und zeitmächtiger ist als es selbst. [...] Damit ist die Grundsituation des traditionellen metaphysischen Empfindens umrissen: Wer darauf wartet, dass die Dinge reifen, denkt unweigerlich an eine Ernte höheren Typs, in der er selbst wie ein gereiftes Korn erwartet wird.«[11]

Summe der Richtungen

Sieht man *Senkrechte, Waagerechte und Sagittale zusammen*, so sehen wir den gläubigen Menschen als einen, der sich in der langschiffigen Kirche auf dem Fundament der Toten »unter freiem Himmel« in Christus und mit Christus *gehend* in Gottes Gegenwart vertieft. Auf diesem Weg mitten in der Entfernung zur Ostermorgen-Sonne und zur Wiederkunft Christi erlebt er die größtmögliche Nähe zu den anderen, zu Gott und Christus im *Mahl*.

Unterwegs lotet er im Raum – z. B. in den homiletischen Reflexionen – Lebensentscheidungen rechts und links aus.

Das ist gleichzeitig ein großes Paradigma lebenslanger Liebe unter Menschen – in der Gegenwart des anderen mit ihm gehend immer weiter zu sich selbst entbunden werden. Dabei immer stärker in den Zustand des »Ein-anders« zu geraten, das heißt, innig zu sein bei gleichzeitiger Wahrung des wachsenden Geheimnisses. Denn wer den anderen »voll verstanden« hat, ist mit ihm fertig. Das Geheimnis wächst nur in der Liebe. Und die Liebe nährt sich am Unergründlichen. Paradoxer geht es nicht, aber genauso funktioniert lange Liebe.

Insofern ist ein Kirchraum, der Abstand, Geheimnis und Nähe in einem symbolisiert bzw. inszeniert, ein Liebesgehäuse.

---

11 Peter Sloterdijk, Sphären III, S. 516

Raum im Raum – Formen des Sitzens, Stehens, Betens und Feierns

Der *frontale Aufbau des Raums* mit seiner hierarchischen Struktur und seiner Distanz zum Zentrum ist der im Kirchbau vorherrschende. Er erlaubt einfach zugängliche und altbewährte Meditation. Man kann für sich allein sein, selbst wenn andere da sind. Dasein ohne Leistung oder Beobachtung ist eine Sehnsucht, der dieser Raum entgegenkommt. Diese Raum-Logik distanziert aber auch die Gläubigen voneinander. Sie können einander nicht wahrnehmen und auch keinen Blickkontakt aufnehmen. Man ahnt den Preis dieser Ordnung.

Überblick der gängigsten Raum-Konzepte und ihrer Wirkung auf Menschen
Taufe und Abendmahl als Räume im Raum
Tauf- und Abendmahlsorte können sich aufeinander beziehen. Entweder durch große Spannung, das heißt, die Taufe steht *eingangsnah,* also als Einlassfigur in die christliche Welt, nicht nur in die Gemeinde. Hier könnte man eher den »Existenzwechsel (Umkehrritual mit Schuldbekenntnis)« bzw. den »Herrschaftswechsel (Auferstehungsritual)« (Volp 1995, S. 503) abbilden. Der Weg zum Altar ist dann auf langer Strecke – in sich stets erneuernder Taufe – zu gehen. Das Mahl ist und bleibt auch räumlich der Fluchtpunkt eines Glaubens, der sich die großen Geheimnisse leiblich aneignet. Die Taufe ist Station und Initiation (vgl. Volp 1995, S. 502).

Oder die Taufe steht *mitten im Raum* als Station für die Erinnerung und gegebenenfalls als Taufort »inmitten der Gemeinde«. Das könnte den kleineren »Perspektivwechsel (Initiation als Aufnahme in die Kirche und stellvertretend in die Gemeinde)« (Volp 1995, S. 503) abbilden.

Oder sie ist *vorn* positioniert, damit vor aller Augen eine Art »Darstellung« des herausgehobenen gläubigen Einverständnisses zelebriert werden kann – eine Art Bekenntnis.

Hier wäre zunehmende Sorgfalt im Umgang mit der Symbolik hilfreich. Taufe ist nicht nur »Aufnahme in die Gemeinde«, das heißt Eingemeindung in eine Provinz des Glaubens. Sie ist geografisch entgrenzte Zugehörigkeit und Wandlung hin zum Gott der Christen. Statistisch haben nur wenige der Täuflinge im Weiteren etwas mit der Taufgemeinde zu tun, wohl aber oft mit der weltweiten Kirche.

Frontalstellung
Beim *frontalen Aufbau* der Sitzanordnung gilt die klare Hierarchie der Werte: Was vorn ist, ist wichtiger als Hinteres. Der alte Königshof erscheint. Vorn die Majestät im Sonderraum auf dem Thron (in den katholischen Kirchen der

Priestersitz). Gestaffelt von vorn nach hinten die Eminenzen in der Abnahme ihrer Bedeutung. Durch die Entrückung (Stufen, Lettner), also dadurch, dass die heiligen Zone den Menschen vorenthalten bleibt, wird sie im Empfinden der Menschen im Hauptschiff größer. Was entzogen ist, wird in der inneren Resonanz bedeutungsvoller (s. geschlossenes Weihnachtszimmer). Menschen verstehen sich als (vorerst) abständige Teilnehmende, nicht als wichtige Figuren im Geschehen. Sie wollen außerdem im stark geprägten langen Raum Überblick behalten.

Gleichzeitig ordnen die Bänke den Raum so zwingend, dass es kein Ausweichen gibt. Das diszipliniert und entlastet – und schafft bei Menschen oft den Eindruck, man werde hier ausgerichtet, vielleicht aber auch indoktriniert. Andere entspannen genau in dieser Anordnung.

Die zwischenmenschlichen Beziehungen entsprechen der Distanz zwischen hinten und vorn: Man schaut sich bei der Glaubensausübung nicht zu, sondern nimmt einander eher indirekt wahr.

Halbkreis

Der Aufbau im *Halbkreis* deutet die Präsenz des Heils (meist durch den Altartisch bezeichnet) in der Mitte an – bei offener Haltung hin zum Unverfügbaren dahinter (Kruzifix, Fenster usw.). Das inszeniert Halbdistanz. Menschen reagieren darauf instinktiv mit der Platzwahl weiter vorn. Nach vorne hin ist auch Aufbruch denkbar. Gleichzeitig kann von da etwas einfallen. Man nimmt die anderen und sich darin deutlicher als Gemeinschaft wahr, die auch miteinander etwas anfangen kann. Der*Die Mitchrist*in kann mir möglicherweise durch ihren liturgisch mitagierenden Körper zur Erbauung dienen. Man kann anderen gelegentlich beim Glauben zusehen und dadurch abgelenkt oder erbaut werden. »Das Heilige« rückt näher und gerät eher in eine Art »Wohnzimmeratmosphäre«. Es ist habhafter, kleiner und provoziert weniger Ehrfurcht.

Kreis

Der *Kreis* feiert das Heil in der Mitte, fokussiert die Gemeinde und hält das Unverfügbare quasi über allen offen – meist in entsprechend konstruierten Kirchen durch einen Lichtschacht über dem Altar. Das inszeniert Nähe – auch Nähe zueinander. Ihm entspricht ein Gottesbild, das uns aus der Mitte eint (z. B. im Mahl). Die symbolisch dargestellte Transzendenz ist in der horizontalen Ebene schwer zu ermitteln. Andere Menschen sitzen neben dem Altar. Diese Ordnung enthält Hierarchie unter den Menschen. Die Mitte ist die Autorität, aber Leitende z. B. müssen sich in den Sitzkreis *einreihen*, damit sie die Anwesenden komplett in den Blick nehmen können.

Ellipse
Die *Ellipse* hält die Spannung offen zwischen rechts und links, zwischen vorn und hinten. Altar und Ambo auf den Brennpunkten der Ellipse zeigen die Polarität und Einheit von Wort und Sakrament. Diese Anordnung inszeniert Dialog innen und außen. Gegenwart Gottes im Dia-Logos, also das trinitarische Gespräch, in das die Gemeinde gerät, das ist die Symbolfigur dieser Ordnung. Es ist eine spannungsreiche Logik, die Vertrautheit mit dem Heiligen voraussetzt und fördert, es dabei in einer Art fließenden Hin- und Her-Prozess darstellt. Man trifft sie in Predigerseminaren, Klöstern und anderen konventikelartigen Versammlungen. Die Hierarchie ist hier fast aufgehoben. Formen des Wechselsprechens und -singens sind hier sinnvoll aufgehoben. Eine entsprechende Form ist das *Spalier* (Westminster London). Die autoritative Mitte eines Kreises dehnt sich hier zur (Spiel-)Fläche.

In den letztgenannten drei Formen gilt, was für die Spannung von Taufe und Abendmahl oben gesagt ist. In der *Ellipse* ist das Taufbecken als zentraler Fixpunkt zwischen den Polen Mahl und Wort denkbar – wie in Christophorus[12] Westerland realisiert. So bekommt die Taufe einen grundierenden Ort inmitten einer Wechselspannung.

Freiraum
Räume ohne Sitzgelegenheiten ermuntern zum Wandeln. Das kann man zu einer geordneten Prozession im Raum formen (z. B. Kreuzweg). Dezentrale Anlaufstellen (z. B. Seitenkapellen) können Gläubige zeitweise oder dauernd anlocken (z. B. die Form der Thomasmesse).[13]

»Zentrifugale Ausrichtung, also *Orientierung* und zentripedale *Versammlung* (circumstantes) werden […] oft gegeneinander ausgespielt. Die architekturtheoretischen Schriften des Kirchenbaumeisters Rudolf Schwarz aus der Zeit der Liturgischen Bewegung zeigen jedoch, dass Ausrichtung und Sammlung keinen ausschließenden Gegensatz bilden können. Sie gehören zur Liturgie wie zum menschlichen Leben insgesamt. Der Kirchenraum sollte den unterschiedlichen Zuständen Entfaltungsspielraum geben. Dabei muss man sich jedoch im Klaren sein, dass kein Raum allen Ansprüchen gleichermaßen genügen kann.«[14]

---

12 Klemens Richter, Kirchenräume und Kirchenträume, Freiburg 1998, S. 67 ff. sowie Liturgisches Institut Trier, In der Mitte der Versammlung 5, Liturgische Feierräume, 1999, S. 44 ff.
13 Präziseres zu allen Raumaufteilungen z. B. bei Klemens Richter, Kirchenräume und Kirchenträume, Freiburg 1998
14 Albert Gerhards in A. Gerhards und. a., Communio-Räume, Regensburg 2003, S. 22

Haus- und Situationskirche
Die konstantinische Wende hat die christliche Liturgie-Praxis drei Jahrhunderte nach dem Osterereignis entscheidend verändert, an vielen Orten auch aufgebläht. Kult-Räume und Liturgien mussten im größer werdenden Abstand zum Ursprungsereignis neu geklärt und befestigt werden. Gebetsformen, die vorher informell abliefen, wurden repräsentativ. Die Verfolgten waren auf einmal staatstragend. Viele Gebetskreise in der ganzen Welt, Versammlungen unter einem Baum in Afrika, Bastelstuben mit verdecktem Glaubensgespräch in Diktaturen atmen noch heute eine schlichte und direkte Spiritualität. Die neuzeitliche Kirche entdeckt dies wieder mit Gottesdiensten am Strand, Hochzeiten an der Steilküste und Taufen im See. Die Raum-Logik ist oft der Kreis (Vergewisserung, Zentrierung, Mahlfeier und Perspektive des aufsteigenden Gebets) oder Halbkreis (Vergewisserung mit einer offenen Seite, die den Aufbruch nahelegt). Der geistliche Raum ist die Natur, das Wohnzimmer, der Hinterhof, die Prozession durch die Stadt. Was geschieht, ist eingebettet ins Vorfindliche. Gleichgesinnte magnetisieren den öffentlichen Raum, indem sie mit ihrem Gebet einen Fokus benennen, beschwören, herbeirufen. Der ist nicht von dieser Welt und durchwirkt dadurch alles Vorhandene, egal ob man dem Gebet folgen mag oder nicht. Ausgesetzt sind diese Formen, schutzlos und dadurch zwingend. Denn so leben wir alle: ex-sistent – geworfen ins Vorfindliche. Ungefragt sind wir am Leben, und der Halt der Gläubigen muss sich eben an diesem Ort bewähren. Das ist das Raum-Programm des situativen Gottesdienstes: Das kleine Feuer des Gebets zentriert den großen Natur- bzw. Kultur-Raum. Neue oder gewohnte Unmittelbarkeit zum Heiligen, zur Welt und zueinander.

Hier findet man keine Inszenierung des Abstands wie in einer klassisch gotischen Kathedrale. Keinen Schutz durch dicke Wände, Orgeln oder eine Armada von Heiligen zu allen Seiten. Dort (über)definiert und sichert der (über)große Raum durch Ausdehnung und Umzäunung das, was innen passiert. Die Gläubigen finden sich von außen nach innen geformt. Unter dem Baum in der Dorfmitte eher von innen nach außen. Beide Räume sind archaisch und sinnvoll. Denn beide Formungen gelten gleichzeitig und immer wieder kirchengeschichtlich in Wellen nacheinander.

Diese unmittelbaren Formen werden neu wichtig in der Kirche, die ihre großen Häuser und Liturgien nicht mehr flächendeckend mit anderen teilen kann. Der große Kult brauchte immer das Gebet der Einzelnen und der Gruppen, auch ihre ungehobelten Formen der Nahbarkeit. Die sog. »Andacht« z. B. hat vor diesem Hintergrund eine enorme Zukunft. Sie kann allen alles sein, überall, ohne feste Regel, jede*r darf sie vollziehen. Sie erprobt und zelebriert die situative Spiritualität in Fluren, auf Felsgipfeln und im Tattoo-Studio.

Wo das fehlt, verkommt der Sonntagsgottesdienst zu einer Kultur-Messe. Gelingt der Zusammenhang von »wild« und »geordnet«, werden die kleinen Formen sich immer wieder einspeisen lassen in die elaborierten Gestaltungen mit den vielen (s. auch Kirchentage).

Topografie des Gebets

Gottesdienst besteht zu wesentlichen Teilen aus Gebet. Das ist durch die Dominanz des zentralen Sprechaktes im Protestantismus etwas verschleiert. Aber drei Viertel der Zeit singt und spricht man sich kollektiv betend bzw. durch die Leitung vertreten Gott entgegen. Wo und wohin Menschen als Einzelne oder in der Gruppe beten, sagt viel über den Geist der Gemeinschaft.

Wir betrachten verschiedene Orte in der häufigsten Bauform, der langschiffigen Kirche, aber vieles wird auch in anderen Bauformen ähnlich wirksam.

Der betende Mensch kann sich einerseits in und mit Christus betend zu Gott wenden, andererseits kann er sich zum kosmischen oder wiederkehrenden Christus wenden. Beides ist traditionell im Osten symbolisiert. Wählt man für die Logik der Architektur vorwiegend eine theozentrische Ausrichtung, so spielt für die Orientierung der Menschen im Raum der Osten/Orient die stärkste Rolle.

Wählt man eine christozentrische Orientierung, so ist die Gegenwart Gottes in Christus (z. B. im Mahl) auch im Raum selbst anzusiedeln und zu symbolisieren. Christus inmitten der Gemeinde. Dies aber im Horizont des unverfügbaren Ursprung-Gottes – hinter dem Altar im Osten angesiedelt.

Denkt man christo- und theozentrisch zugleich, so erhält man als Kristallisationspunkt für das Gebet das Kreuz in der Apsis am Ende des Schiffes – im traditionellen Langschiff. Es symbolisiert die Unverfügbarkeit der Wiederkunft Christi wie auch die Unverfügbarkeit Gottes. Gleichzeitig die Gegenwart des Menschen- und Gotteskindes im Raum. Das Kreuz wäre dann der im Raum angesiedelte Osten des Glaubens.

Am Altar mit dem Gesicht nach Osten

Wer am Altar steht und betet, übernimmt an exponierter Stelle das Gebet der Gemeinde. Stellvertretend für sie betet jemand an dem Ort, der im Gottesdienst nicht automatisch für alle zugänglich ist. Wer sich in der Nähe des Altars aufhält, symbolisiert den von der Gemeinde gesandten Menschen, der sich in eine ausgesetzte Position zu Gott begibt und dort anstelle der Gemeinde ruft und dankt. Die Gemeinde unterstützt dies aus dem Raum heraus still oder mit Zwischenrufen. Diese archaische Form besagt: »Du Ausgesonderte*r, sprich für uns. Sprich vollmächtig, tritt für uns ein, nenne, was uns umtreibt, und sage es möglichst so, wie wir es nicht sagen könnten.« Der erhöhte Ort (*altus* = Altar) suggeriert eine erhöhte Wirksamkeit. Die Ausrichtung nach Osten symbolisiert die gesamte Gebetsrichtung einer normalen langschiffigen Kirche.

Eine Nebenwirkung dieses Ortes: Wer dort betet, geht weg von der Gemeinde und kann sie dabei auch »abhängen«. Die Exposition im Auftrag der Gemeinde kann umschlagen in Einsamkeit vor Gott. Auch das kann eine sinnvolle symbolische Geste sein, aber in der Regel möchte sich die Gemeinde vertreten wissen. Besonders lange und elaborierte Betrachtungen und Gebete »da vorn« können den Rest des Raums »abblenden«, das heißt deaktivieren. Dann reißt die Verbindung zwischen Vorbetendem und allen im Raum. Darauf reagieren Menschen, indem sie abschalten und Eigenem nachgehen. Das kann intendiert sein – es entspräche dem Gestus der vorkonziliaren katholischen Messform. Die priesterliche Figur übernimmt komplett und ausschließlich die Initiative der Gläubigen wie Mose auf dem Horeb (2. Mose 19,20). Stellvertretung ist und bleibt ein elementarer Gestus, selbst dann, wenn er Menschen scheinbar »abhängt«. Denn jemanden ganz und gar für sich eintreten lassen, ohne dass man mitbekommt, was die Person mit Gott für uns tut, kann ein gültiger geistlicher Wunsch sein. Ebenso aber mögen Menschen im Gebet inhaltlich mit dem mitgehen, was vorn hervorgehoben wird. Manche möchten auch selbst laut beten.

Ein besonderer Fall sind die *Einsetzungsworte im Abendmahl*: Luther nennt sie »Verkündigung«, die mit dem Gesicht zur Gemeinde gesprochen werden sollen.[15] Wer sie nach Osten, also mit der Gemeinde im Rücken spricht, vollzieht eher ein eschatologisches Mahlgebet, eine Berufung auf Jesu Heilsworte im Angesicht des wiederkehrenden Christus. Das muss man wissen, wenn man so handelt.

Hinter dem Altar mit dem Gesicht zur Gemeinde
Wer mit dem Gesicht zur Gemeinde steht, lenkt alle Blicke auf sich. Die Gemeinde folgt dem Blick des betenden Menschen vorn und wendet sich dem zu, was auch dieses Gesicht anschaut. Was hinter dieser Person liegt, wird unwichtiger (Kruzifix, Fenster, Osten). Die architektonisch intendierte Gebetsrichtung der ganzen Kirche wird gewissermaßen aufmerksamkeitstechnisch auf der Vorderseite der zelebrierenden Person gestoppt. Jemand betet von vorn in den Raum hinein. Der Bezugspunkt ist nun nicht die aufgehende Sonne, son-

---

15 Luther, Deutsche Messe: »Des Sontags fur die leyen – Da lassen wyr die Messgewand / altar / liechter noch bleyben / bis sie alle werden / odder vns gefellet zu endern wer aber hie anders wil faren / lassen wyr geschehen / Aber ynn der rechten Messe vnter eyttel Christen / muste der altar nicht so bleyben / vnd der priester sich ymer zum volck keren / wie on zweyffel Christus ym abendmal gethan hat. Nu das erharre seyner zeyt.« (zitiert nach Herbst 1992, S. 76)

dern etwas im Raum. In diesem Fall der Altar zwischen Gemeinde und Betendem. Göttliche Gegenwart wird tendenziell eher im Raum symbolisiert, nicht draußen. Der Tisch der Kirche mit Kreuz ist die Mensa, die die ganze Welt abbildet. Folgt gleich das Abendmahl, also die Feier der Gegenwart Christi unter uns, so ist solche Gebetshaltung besonders einleuchtend. Hinter dem Altar stellt die Figur immer auch den historischen wie den in Emmaus und dereinst wiederkehrenden Christus des Abendmahls dar: du mit uns, wir mit dir. Dieser Ort will symbolisieren, dass sich Gemeinde um eine Mitte stellt und in dieser transzendenten Mitte ihr Heil sucht und aufruft – in der langen Wege-Kirche allerdings als Schau-Objekt von Weitem, kaum als erlebbare Gemeinschaftspräsenz.

Man entgeht also der Hierarchie der Distanz von hinten nach vorn und umgekehrt nicht, indem man sich hinter den Altar stellt und rein verbal betont, die Gemeinde umgebe das Heilige dort.

Leitende können im Verlauf des Gottesdienstes verschiedene Orte einnehmen: für die Eröffnung mit dem Rücken zur Gemeinde und dem Gesicht nach Osten beten und singen. Dadurch zeigen sie, dass alle sich gemeinsam annähern. Wenn der Gottesdienst fortgeschritten und die Annäherungsphase vorüber ist, kann man auf diese Weise die Andere Gegenwart gültig durch die frontal gegenüberstehende Gebetsposition andeuten.

Vor dem Altar mit dem Gesicht zur Gemeinde
Wer so steht, lenkt die Aufmerksamkeit auf die eigene Front, besonders auf das Gesicht und verdeckt für die Gemeinde alles hinter sich, in diesem Fall auch den Altar. Die Frage entsteht: Wohin betet dieser Mensch jetzt, wo ist sein Bezugspunkt? Hier bleibt die Richtung diffus. Am ehesten betet da jemand in sich hinein oder über sich hinaus – wie man das außerhalb des Kirchraums z. B. auch zu Hause oder im Freien täte. Oder er betet nach oben, das heißt aber nach Westen in die untergehende Sonne. Jedenfalls nicht in die Augen der Gemeinde, denn das wäre eine Lesung oder eine Predigt.

Eindrücklich ist an dieser Position die freistehende ausgesetzte Gestalt des betenden Menschen in der Bedeutungsmitte der Kirche. Sie zeigt »Ek-sistenz«, den freien Stand, ausgeliefert und gleichzeitig geborgen im Gebet wie der Vogel auf dem Dach. Die Richtung spielt hier keine so große Rolle mehr. Die Person selbst ist das inspirierende Modell, das die imitierende Gemeinde ins Gebet versetzt.

Die Position der Mitte und vorn allgemein
Alle drei Positionen vorn und zentral fixieren das Handlungszentrum und den Blick der Gemeinde auf den stellvertretend agierenden Menschen. Ohne ihn geht nichts voran. Wer auf der Mittelachse steht, hat die größte Bedeutung. Er

wirkt an dieser Position wie die engste Stelle in der Sanduhr. Da hindurch läuft das ganze Gebet, denn er vertritt uns an zentraler Stelle exklusiv. Schon wenn dort mehrere Menschen stehen, verbreitet sich der Gebetsausdruck und Platzanspruch äußerlich (und auch sprachlich).

Der unmittelbare Zugang der betenden Gemeinde zum Altar ist dadurch aber verstellt. Die exponierte Figur »besetzt« diesen Zugang, sie übernimmt für alle die Rolle der Zugangsuchenden. Wer an diesen Ort geht, gerät durch diesen Kontext eher zu einer entzogen-priesterlichen Gestalt und schränkt die Zugänge der Gemeinde zum Heiligen ein. Das ist der Preis der Stellvertretungsgeste. Der Gewinn ist, dass man Gebet als darstellendes und entlastendes Handeln erleben kann. Archaisch sowie offenbarungstheologisch ist die Nähe zu Gott eine große Sache. Die Ankunft des Umfassenden kann sehr bedrängen, das wird bei vielen Wünschen nach »Gottes Nähe« leicht vergessen. Auch deswegen inszeniert das traditionelle Kirchenschiff den Abstand. »Vorn« gottnah ist es so »heiß«, dass man »verbrennen« kann.

Aus der ersten Reihe an der Seite
Wer als Vorbeter*in *an die Seite* der Gemeinde tritt, wird sich dort in die Gebetsrichtung der Kirche einordnen. Aber die Mitte vorn ist jetzt frei für die Gemeinde, die ihren eigenen Zugang finden kann. Das Beten ist nicht ohne Führung, diese nimmt der*die Liturg*in wahr, aber eben *bei* der Gemeinde. Viele Menschen empfinden das als gültigen Beistand in ihrer Nähe. Sie merken, dass der Raum, an dem sie sitzen, aktiviert wird. Einige bedrängt es, weil sie die Leitung als »aufgeladen« erleben und sie lieber vorn sehen – dann haben ihre Augen Halt und die Seele hat Ruhe. Ist sie nicht zu sehen, fühlen sie sich etwas verwaist. Aber vieles an diesen Formen ist Gewohnheitssache.

Die Mitte zwischen den ersten Bank-/Stuhlreihen ist auch ein geeigneter Betplatz mit Blick nach vorn, besonders wenn die Reihen in einem Halbkreis geschwungen stehen. Hier hat die Position des Vorbeters mehr Bedeutung, weil die Mitte wichtiger ist als die Seite.

Aus den Reihen oder von hinten
Wenn Menschen aus der Gemeinde vorbeten, aktiviert das den Gemeinderaum am deutlichsten. Die Rolle Leitende*r beschränkt sich z. B. auf Anfang und Schluss des Gebets, alles andere kommt aus dem Raum. Dafür steht die Leitung am besten an der Seite bei der Gemeinde (vgl. Volp 1995, S. 505). Das ist im Stehen wie im Sitzen möglich.

Gebet kann auch von einer einzelnen Person *von ganz hinten gesungen* werden, z. B. ein Psalm (z. B. bei Bestattungen). Das inspiriert oder beruhigt die

Gemeinde von hinten. Sie gerät ins Träumen, das heißt in sich selbst und zu Gott. Die Leitung ist nicht zu sehen, daher kann sich in jedem Anwesenden ein inneres Bild oder Wort bilden. Beten als Hörstück, das von hinten nach vorn den ganzen Raum einspannt.

Sitzformen: Bänke, Stühle, freier Raum
»Insbesondere das Umfeld des Altars und des Chorplatzes braucht Entfaltungsraum« für Mitgestaltung. »Am wenigsten Platz brauchen Redner.« »Je kleiner der Raum ist, desto wichtiger wird die Beweglichkeit des Gestühls, sodass die unterschiedlichen Arten des Zusammenwirkens je nach Erfordernis in der Sitzplatzanordnung ›getextet‹ [im Sinn von »verstehbar abgebildet«, THH] werden können.« (Volp 1995, S. 505)

Verwendungen des Kirchraums bilden sich in drei denkbaren »Raumhorizonten aus:
- als *Herberge* im Sinne von Zuflucht, Nische, privater Kontemplation und Nestwärmekommunikation,
- als *Halle* im Sinne von internem wie öffentlichem Versammlungs- und Kontemplationsraum und
- als *Hof* im Sinne von öffentlicher Kommunikation, informell und formell, Treffpunkt diverser subkultureller Gruppen sowie städtischer beziehungsweise regionaler Gestaltungsort für Höhepunkte von Pilotprojekten der Kultur.« (Volp 1995, S. 506)

Gleichmäßig nach vorn aufgestellte Bänke
So aufgestellte Bänke strukturieren einen Raum und seine Nutzung stark. Sie ordnen und regulieren, wo durch eine diffuse Masse von Menschen Chaos drohen könnte. Sie zwingen zur Ausrichtung. Sie erlauben halbwegs entspannte Formen des Zuhörens und Schauens in Bezug auf Präsentationen allerorten. Sie regulieren den Empfang und domestizieren Initiative. Das kann der Konzentration und dem Sicherheitsbedürfnis dienen. Gläubige und Neugierige können auf Zeit in Bänken »wohnen« wie in Glaubensboxen.

Bankreihen schützen Menschen voreinander, indem sie sie in der Frontalaufstellung gleichmäßig zu einem dritten Ort hin ausrichten. Sie befördern eine auf gerichtetes Hören und Sehen angelegte Glaubensform. Die sieht im Wortsinn ab von den Banknachbarn. Das kommt dem Wunsch vieler entgegen, anonym mit anderen zusammen dem Glauben oder Suchen öffentlich nachgehen zu können.

Die rein topografische Ausrichtung der meisten Bankblöcke provoziert eine Meditation der Ewigkeit, denn die Aufmerksamkeitsradien der Sitzenden weisen geradeaus nach draußen, Osten bzw. in die Unendlichkeit der parallelen Blickrichtungen.

Optisch lassen Bankblöcke die Säulen bzw. die tragenden Elemente der Kirche »schweben«. Man sieht nicht, worauf die Wände gründen. Denn der Blick über einen Bankblock endet an dessen Oberkanten. Der Blick auf den Boden wird verdeckt, das Gefühl für den Raum wird so »entgründet«. Man wird abgelenkt vom Streunen. Man muss mit Willenskraft den Bänken ausweichen, wenn man den Raum körperlich ergehen und dabei verstehen will. Zentrale Teilnahme im Raum hat sitzend und eingereiht zu geschehen oder gar nicht.

Stühle
Gleichmäßig wie Bänke nach vorn ausgerichtete Stuhlreihen haben eine ähnliche Wirkung wie Bänke. Aber sie sind für das Auge durchlässiger. Man kann meist den Boden und die Wände oder Säulen sehen. Das lässt mehr Spielraum für die Fantasie oder für eine Geh-Initiative. Stuhlreihen bieten weniger kastenartigen Schutz. Das Arrangement ist zarter. Sie geben der einzelnen Person ihren Platz und betonen etwas mehr die Individualität im Vergleich zu den gleichmachenden Bankreihen.

Ihr entscheidender Unterschied ist: Man kann sie einzeln verwenden und ohne großen Aufwand anders stellen. Das geht mit Bänken nicht so leicht. Der Stuhl in der Kirche repräsentiert etwas von der neuzeitlichen Selbstständigkeit des Menschen in der Kirche. Er könnte sich auch quer zur Rederichtung setzen oder abseits. Er könnte sich eigen verhalten – das jedenfalls symbolisiert ein einzelner Stuhl in seiner Beweglichkeit. Damit befeuert er leicht die Angst vor dem Unwägbaren. Menschen könnten im Raum ausgeprägter tun, was sie wollen. Deswegen werden Stühle meist wie Bänke starr verbunden.

Fragen an kirchliche Räume und ihr Mobiliar
Diese Fragen erfordern eine *geistliche Antwort*, nicht nur eine organisatorische.
- Wie viel Gleichschaltung ist nötig, um Glauben zu praktizieren im öffentlichen Raum?
- Wie viel Gleichzeitigkeit von Verschiedenheit (z. B. Stehen, Sitzen, Knien, Gehen) ist möglich und zuträglich für neuzeitlich-selbstbewussten Glauben?
- Warum sollen sich Menschen möglichst nicht bewegen im Gottesdienst?
- Welche Art von Menschen möchte man durch welche Ordnung anziehen?
- Wer ist vorherrschende Bau-Autorität im Kirchraum – eher die tradierte Materie (oft unter der Kuratel des Denkmalschutzes) oder eher die Kunst, Gott zu feiern?

Längst entstehen Gottesdienste, die ausdrückliche Kommunikation der Menschen untereinander erlauben – beim Essen, Sprechen und mit Aktionen. Etliche Kinder und Erwachsene möchten sich beim Glauben bewegen.

Andachten passieren mit Ortswechsel oder im Stehen. Menschen übernachten gemeinsam in Kirchen. Sie möchten tanzen oder in Prozessionen den Raum begehen. Inspirierte Leute aus der Region möchten Kirchen mit-nutzen. In der Kirche wird der *Dialog* entdeckt als Ursprung von spiritueller Erkenntnis – nicht nur der Monolog. Glaube möchte sich aus dem Zusammenklang verschiedener Autoritäten entwickeln, nicht ausschließlich durch eine einzige.

Das alles müssen Gemeinden bewusst entscheiden, sonst taumeln sie wie Dinosaurier blind in den neuen riesigen freigelassenen Raum des Spirituellen, der sich überall zwischen den Kirchen auftut.

Stillhalten und Bewegung im Gottesdienst
Der Kontrast aus Stille, Stillhalten und Bewegung ist für Meditierende im Zen selbstverständlich. Eins bedingt das andere. Entsprechend wären diese symbolischen Haltungen im geistlichen Raum möglich: Modelle wie die »Thomasmesse« erlauben eine dezentrale Aktion aller. Sie löst die konzentrierte (und oft etwas starre) Haltung der sitzend Hörenden auf und legt einen Gang zu seitlichen Orten nahe, wo etwas geschieht – eine Segnung, ein schriftliches Gebet usw. Danach kommt man wieder zusammen – zum Mahl oder zum Segen. Diese beiden Formen zeigen, wie das individualisierte Aneignen des Glaubens kreuz und quer im Raum sich dialektisch zum kollektivierten Hören und Mitvollziehen verhält. Wahrnehmung und Handlung ergänzen einander. Die Frontal- oder Halbkreis-Situation löst sich auf und erlaubt freies Spiel. Das ist eine noch zu entdeckende Option. Zu lange waren Gläubige in ein einziges Ordnungssystem geformt, wenn nicht überformt. Das ist ergänzungsbedürftig. Wer orthodoxen Gläubigen im Gottesdienst zuschaut, wird sehen, wie oft sie sich bewegen, im Raum gehen, rausgehen und wiederkommen. Bei evangelischen Christ*innen hat der Predigtgottesdienst den Kult zu einer Hör- und Sitzveranstaltung degradiert.

Entsprechend wären Segnungsorte im Gottesdienst denkbar, vorn und seitlich. Tauferinnerungen, bei denen man sich mit anderen zusammen etwas abholt, Speisungen, Abendmahl als dezentrales Mahl an mehreren Tischen, Tanzbewegungen, Prozessionen, Läufe mit Stationen usw.

Nie würde es darum gehen, Einzelne vorzuführen, sondern der Impuls würde eine Gruppe von Menschen bewegen, die mit einem gewissen Eigensinn unterwegs sein dürfen. Das bedingt eine freigiebige Haltung des*der Leitenden. Nur wer erträgt, besser noch mag, dass Menschen im geistlichen Raum ihren eigenen Regungen nachgehen, wird so etwas erfolgreich anleiten können. Wer ausschließlich auf die Rolle der Alleinunterhaltung gepolt ist, wird so einer Selbstständigkeit immer misstrauen. Denn es ist nicht kontrollierbar, was da geschieht. Aber neuzeitlicher Glaube basiert schon länger auf eigenständigen Subjekten. Die mögen manchmal »Schäfchen« sein und sich führen lassen, aber eben nicht nur. Nachfolge heißt nicht mehr nur hinterhergehen, sondern sich auf eigenen Wegen weiter als Teil eines übergeordneten Ganzen zu verstehen. Diese Dialektik abzubilden, steht in den gängigen geistlichen Räumen aus.

Geistliche Räume im Lebensraum neuzeitlicher Menschen
Der postmoderne Mensch betritt die geistlichen Räume zunehmend (im positiven wie im schwierigen Sinn) selbstbewusster. Durch die Botschaft, jeder Mensch sei einzig und christusverwandt göttlich, fühlen sich Menschen bestärkt. Sie profitieren auch als Nicht-Gläubige von einer christlichen Idee, die sich säkular umsetzt. Man hat Menschen gesagt, sie seien Sünder*innen, aber auch betont, die Kirchen seien so hoch gebaut, damit sie mitsamt ihrer Krone dort hineinpassen. Das nehmen sie seit 500 Jahren für bare Münze. Sie wählen nun herrschaftlich und wählen auch ab, sie fügen sich nicht mehr fraglos in den Gewohnheitskörper einer gläubigen Menge. Sie finden Räume, Handlungen und Agierende »schön« oder »langweilig«, das heißt, sie stellen sich immer wieder neben die angeordneten Abläufe kirchlicher Zonen und trauen sich, eine eigene Haltung dazu zu haben.

Insofern sind Menschen wandelnde Entscheidungszentren, die ihre je eigene Welt als geistigen Raum um sich tragen. Und so ein Raum beschränkt oder verdrängt gelegentlich andere raumgreifende Konzepte. Die Mündigkeit, die die Kirche mit beförderte, ist also an vielen Orten der westlichen Welt an ihr Ziel gekommen. Das führt zu neuen Reibungen. Inhalte, Bauten und Kulte, die früher als gegeben und sakrosankt galten, müssen verhandelt werden. Räume werden freimütiger, bewusster, aber manchmal auch rücksichtsloser entlang des eigenen Zeitgeistes umgestaltet. Dadurch entstehen menschlichere und bewusster durchgestaltete geistliche Orte, aber auch kühle Architektendenkmäler oder bei Entwidmungen Schwimmbäder und Cafés in Kirchen.

Kirchraum im weltlichen Resonanz-Raum
Das Selbstbewusstsein des mündigen Menschen ergibt insgesamt einen wuchtigen und gleichzeitig diffusen *Resonanz-Raum*. Die großen Kirchen als Raum für Sinn müssen sich anderen freimütigen Sinn-Räumen stellen. Sie finden sich als Mitspielerinnen im Raum der Menschen wieder, nicht mehr als hauptsächlich prägende Kraft des Geistlichen, auch im Stadtbild nicht. Der geprägte

geistliche Raum mit seinem quasi innerchristlichen Gespräch ist gesprengt und auf die ganze Welt gewiesen.

Das zu begreifen, wird noch dauern. Vielleicht wiederholen sich Prozesse, die Paulus in seinem Römerbrief Kapitel 9–11 für die damalige Zeitenwende deutend beschrieb: Die sich berufen wähnten, sind es nicht mehr allein. Die sog. »Heiden« wissen auch etwas und sind Christus unter Umständen näher als die Eingeweihten.

Jedenfalls sind im spirituellen Raum und um ihn herum Resonanzen und Gegenentwürfe von Menschen hin- und auch ernst zu nehmen. Mündige wollen mitreden, gegenreden, selbst erfinden. Sie zahlen für anderes als für die Kirche, sie bauen ihre Konstruktionen daneben. Kirchen müssen sich oft neu behaupten lernen, ohne die alte flächendeckende Dominanz zu beschwören, denn die ist unwiderruflich vorbei. Widerstand und Ergebung in die Wandlungen von geistlichem Bau und seinem Umfeld zu lernen, wird ein langer Weg aus Versuch und Irrtum. Deutungskraft wird sich im Dia-Logos der (Denk-)Räume erweisen müssen, nicht allein im Mono-Logos der Selbstbehauptung.

Manch kultische Stetigkeit bekommt für dermaßen der Freiheit ausgesetzte Menschen einen neuen Sinn. Menschen finden die Kirche, in der sie getauft sind, nach jahrelanger Abstinenz wieder und freuen sich, dass alles beim Alten ist. So geraten freiheitliche Leute in die Ecke der *Form-Konservativen*, während viele Verbundene den *Wandel* ersehnen. Das zeigt, wie energisch die Individuen als eigene geistliche Körper mitsprechen und prägen. Aber aus keiner dieser Regungen ist ohne Weiteres ein neuer Standard abzuleiten. Einstweilen wird es alles nebeneinander geben – Synchronizität des Verschiedenen als Wasserzeichen einer Wendezeit.

3.3 Der Umbau eines Kirchraums und die Selbstvergessenheit der Gemeinde – übliche Fehler und blinde Flecken beim Renovieren von Kirchen

Umbau religiöser Gewohnheiten und Röhrenblick

Das Innere einer Kirche neu zu gestalten, ist für eine Gemeinde eine große Herausforderung. Der Prozess der Einigung über Formen, Farben, Materialien und Richtungen kann eine Leitung schon mal innerlich zerreißen. Da sind die »Ureinwohner«, die an allem hängen, was sie einst mit beschlossen haben. Die Kirchenmusiker*innen wittern die einzigartige Chance ihres Berufslebens in Richtung eines musikalisch brauchbaren Aufführungsraums. Diejenigen, die mit Kindern arbeiten, freuen sich auf flexible Verhältnisse. Die Feng-Shui-Begeisterten wissen, wo alles zu stehen hat und wo nicht. Die Ikea-Fraktion besteht auf freundlichen Polstern. Die Diakonin möchte in die Kirche gleich eine Küche für die Armenspeisung einbauen. Der Bauingenieur im Team besteht auf der Erneuerung der elektrischen Leitungen. Pfarrer Müller möchte unbedingt das Kirchencafé im Rückraum der Kirche, damit die Leute auf dem Weg zum Gemeindehaus nicht verloren gehen. Mütter verlangen nach einer Sandkiste während des Gottesdienstes für die Kleinsten. Relativ moderat treten oft die Pastores auf. Sie sind zufrieden, wenn man ihnen die Kanzel lässt oder etwas Entsprechendes. Theologisch sagen sie zum Raum meist wenig. Man bräuchte geistliche Kenntnisse. Aber der Protestantismus entdeckt die Raum-Theologie erst allmählich.

Man sammelt all diese – oft disparaten – Kriterien, man möchte es heller, man wünscht andere Beleuchtung und einen schicken Altar vorn. Mehr weiß man oft nicht zu wünschen. In allem geht es um funktionale oder dekorative Kriterien. Damit wendet man sich an ein Architekturbüro. Das nimmt alles freundlich auf und unterbreitet nach einiger Zeit ein Exposé. Die Gemeindeleitung ist entsetzt und/oder entzückt und/oder ratlos und merkt oft erst anhand des fertigen Entwurfs, was sie auf keinen Fall will. Ist das Büro flexibel, wird es Variationen präsentieren. Aber manchmal waren die Vorgaben im ersten Anlauf so vage, dass die Bauprofis ganz von vorn anfangen müssten, wenn sie die erste Reaktion des Vorstands auf die Idee hören. Das klappt nicht immer. Man trennt sich – oder es geht gemeinsam anders weiter. In jedem Fall kostet das erste Exposé schon mal einen vierstelligen Betrag – egal, was später passiert. Das sollte man wissen. Manche zahlen dieses Lehrgeld und wechseln zu neuen Architekt*innen.

Dieserart Krebsgang ist vielleicht nötig für die Bildung des Bewusstseins. Nur ist er oft teuer und erzeugt auch Frust. Man könnte sich vor allen Aufträgen etwas gründlicher intern beraten lassen, wie ein kirchlicher Raum auf Dauer funktioniert. Der hat eine etwas andere Logik als ein Wohn- oder Spielzimmer. Darüber wissen auch Pastores nicht immer Bescheid. Die Beratungsstellen für Gottesdienst oder in seltenen Fällen auch theologisch bewanderte Angestellte des Kirchenkreises für Bau können helfen (wenn sie raumtheologisch und nicht nur formal denken können).

Umbau als innere und äußere Fortbildung

Ein Gottesdienst-Raum ist einerseits ein Baudenkmal, das in seiner bestehenden Logik und Geschichte als gegeben genommen werden will. Darum kommt man nicht herum, wenn man nicht alles neu bauen will. Man braucht also eine Einweisung in die Chancen und Grenzen des vorhandenen Raums.

Das betrifft auch die Gestaltung des vorderen Teils der Kirche. Der ist in der Frontalanordnung der Prozessionskirche der zentrale Aufmerksamkeitsort. Dorthin werden durch die Bänke meist alle ausgerichtet, während sie im Gottesdienst sitzen.

Dazu kommen Rückräume und Seitenschiffe. Sie sind marginaler bespielt oder gar nicht, daher auch weniger umkämpft. Was *vorn* steht, hängt, leuchtet oder lockt, das ist oft Gegenstand erbitterter Auseinandersetzungen. Dieser Gestaltungsfokus bannt eine Gemeinde oft so sehr, dass man von einer Art Röhrenblick sprechen kann.

Was wertig und dauerhaft vor Augen besteht und die Gläubigen erbaut, das ist schon wichtig, aber es ist dem Geschmack der Normalbürger eher entzogen. Der Gummibaum als Spende von Oma Piepenbrink oder das Gehäkelte am Altar haben eine kurze Halbwertzeit. Viele denken in den Kategorien, mit denen sie zu Hause ihre Schrankwand bestücken. Das ist charmant, aber es trägt nicht immer.

Dagegen kann etwas zunächst Fremdartiges auf Dauer die Gemüter tiefer bewegen und einhegen als das, was ein Kompromiss-Konsens leistet. Deswegen bestellt man ja externe Architekt*innen und Künstler*innen. Sie geben die örtlichen Ideen der Gemeinde verfremdet zurück. Sie haben sich lange vertieft in die Dauerwirkung von Materialien und Formen und kennen viele andere Modelle, von denen sie erzählen können. Auf diese Weise sieht die Gemeinde dann nicht nur ihren eigenen Geschmack gespiegelt, sondern bekommt einen neuen Anstoß. So müssen sie nicht immer dasselbe sehen, denken und tun. Das ist ein wichtiger Prozess.

Denn kaum etwas ist hartnäckiger als eine religiöse Gewohnheit oder Blickrichtung. Hier kann und muss Gemeinde untereinander mit *Argumenten* ringen, nicht nur mit Geschmacksurteilen. So lernen alle, die guten Willens sind, zu *begründen,* was sie fühlen. *Nur das* macht Gemeinde sprachfähiger. Das Gespräch über religiösen Ausdruck ist meist unterentwickelt. »Religiös ausdrücklich« ist man im Kämmerlein, wo keine*r guckt. Oder versteckt in der Bank. Dadurch fehlt es an Sprache für solche Empfindungen. Aber man kann das ansprechen und einander damit erhellen. Anschließend ist man erschöpft, aber man hat sich neu zusammengerauft, Menschen staunen freudig übereinander – all das belebt.

Am Ende verliert man mit einer bestimmten Entscheidung des Öfteren Menschen. Das ist der Preis von Erneuerungen. Nie werden alle gut finden, was (um)gebaut wird. Darauf sollten sich alle von Beginn an einstellen. Das ist normal, wenn es passiert. Die Neigung, immer alle mitnehmen zu wollen, ist tapfer, aber völlig unrealistisch. Wenn man es lässt, wie es ist, verliert man auch Leute. Jede Form hat einen Gewinn und einen Preis.

Gestaltung der Gemeindezone im Kirchraum

Erstaunlicherweise gerät bei dieser hypnotischen Fixierung auf den Altarraum die viel größere Zone der Kirche aus dem Blick: Ein Gottesdienst-Raum hat den umfangreichsten geistlichen Spielraum dort, wo normalerweise Bänke stehen und Menschen sitzen. Die Gemeinde vergisst oft, sich selbst als Menge im Raum zu gestalten. Wie wollen wir beten? In welcher Haltung? Wohin? Was und wen wollen wir sehen und hören? Wie können wir singen, damit es uns und andere erbaut? Wie räumlich umgehen mit kleinen Menschengruppen in der Kirche?

Die Sitzordnung steht oft gar nicht zur Debatte. Die Frontalstellung der Sitze nach vorn scheint fast immer vorgegeben, auch die Bank als Möbelform. Diese Selbstvergessenheit ist Ergebnis eines jahrhundertelangen Trainings. Man hat immer nach vorn geschaut, wo wichtige Symbole und auserwählte Personen religiöse Abläufe stellvertretend vorführen. Der »Zuschauerraum« ist erlahmt und enteignet, weil ihm alles abgenommen wird. Die Akteur*innen dagegen sind hoch belastet allein und vorn.

Wendet man sich also – am besten unter Anleitung – der »Gesellungsform« Gemeinde in der Kirche zu, so entdeckt man einen sehr vitalen Gestaltungsraum, der ganz eigene, starke geistliche Dimensionen darstellt.

Es macht einen großen theologischen und gemeindlichen Unterschied, ob man »das Heilige« weit vorn ansiedelt oder näher an der Gemeinde, beispielsweise als Fokus eines *Halbkreises* oder gar als Doppelbrennpunkt (z. B. Wort und Sakrament) in einer *Ellipse*.

Es lohnt also, eine Weile abzusehen von der Altarraumgestaltung und sich der sakralen Aussage der Sitzordnung zuzuwenden. Denn Menschen können in ihrer Haltung noch anders glauben als eingereiht und ausschließlich von vorn angesprochen. Manche möchten andere sehen beim Gottesdienst, wieder andere wollen auf die Erde (Kinder z. B.), oder es soll zeitweise dialogisch zugehen. Gemeinsamer Glaube ist in den Gemeinden unter der Woche längst deutlich symphonischer, vielgestaltiger und demokratischer, als die Sitzordnung in der Kirche es abbildet. Die erinnert an Königshöfe. Einer thront vorn, alle anderen kauern gehorsam und still gegenüber. Und der eine Gott als Haupt regiert. Dabei geht es selbst in der göttlichen Trinität demokratischer und geselliger zu als in unseren Thronsälen.

Raumkunde als Anregung

Der Raum der Gemeinde ist also genauso liturgisch und geistlich bedeutsam wie der Altarraum. Das ist für viele ein neuer Gedanke. Sie kennen nur, dass alles Wesentliche vorn angesiedelt ist. Aber der Raum der Gemeinde prägt das

Geschehen mindestens so stark wie die Personen vorn und die Prinzipalstücke, Kruzifixe und Fenster.

Der Spiel-Raum Kirche ist zu Stein geronnene Theologie bzw. Ekklesiologie. Ob man direkt oder indirekt kommuniziert beim Gottesdienst, in welchen Abständen man vom Zentrum sitzt, welche Gebets- und Gesangsrichtungen allein durch den Raum festgelegt sind – all das prägt die geistliche Praxis spielentscheidend.

Der frontale Aufbau des Raums mit seiner hierarchischen Struktur und seiner Distanz zum Zentrum vorn ist der im Kirchbau vorherrschende. Er erlaubt einfach zugängliche und altbewährte Meditation. Man kann für sich allein sein, selbst wenn andere da sind – ähnlich wie im Wald. Dasein ohne Leistung oder Beobachtung ist eine Sehnsucht, der dieser Raum entgegenkommt. Man nähert sich – so die Logik der Prozessionskirche – durch das Schiff von hinten nach vorn dem »Heiligen« an. Das tut auch die Liturgie durch ihren Eingangs- und Wortteil bis hin zum Mahl, das die größtmögliche Nähe zelebriert. So die Idee der Architektur. Faktisch *sitzt* man aber dauerfixiert auf Abstand.

Wenn sich 5–30 Menschen im 200-Menschen-Kirchenschiff in homogener Dichte verteilen und auf freier Platzwahl bestehen, dann muss die Frage erlaubt sein, ob das noch Sinn macht. Gemeindegesang ist z. B. dann kaum noch möglich. Diese Form wird aber als so selbstverständlich empfunden, dass allein die Frage irritiert, ob man auch anders sitzen und damit ein anderes Bild von Gemeinde (und von Gott) abbilden könnte.

Jahrhundertealte Gewohnheiten nordeuropäischer Frömmigkeit wirken. Hier gibt es noch viel zu entdecken. Das ist ein Generationenprojekt. Einige Andeutungen im Hinblick auf den Sitz-Raum mögen hier genügen. Etliche Gemeinden haben sich bereits (mindestens in der Winterkirche) auf den Weg gemacht und erproben neue Sitzformen.

Um es deutlich zu sagen: Die Frontal-Form ist sinnvoll. Es wird sie zu Recht immer geben. Wenn Gemeinden aber keine anderen Raum-Formen denken können, die ihrer und der Wandlung ihres Gottesbildes auch entsprechen, dann ist es bedenklich.

Will man andere Raumordnungen probieren, so braucht man Stühle. Mit Bänken funktioniert das nicht. Investiert man also in den flexiblen Raum, so wird man die Bänke ab- und Stühle anschaffen. Es gibt Stühle, die sehen gekoppelt wie Bänke aus. So werden auch die Bank-Liebhaber beruhigt. Aber man kann bei Bedarf auch anders – das ist der große Vorteil. Meist wird die einmal beschlossene neue Anordnung für die normalen Anlässe am Sonntag dann nur noch selten geändert. Es entsteht also kein erhöhter Umräumbedarf.

Manche Gemeinden stellen nur etwa so viele Stühle auf, wie am Sonntag Leute kommen, plus 20 Prozent. Dann wirkt nicht alles so leer. Der freie Rückraum wird schön gestaltet mit Kerzen, Blumen, einem Spielteppich für Kinder usw.

Für die übrigen Stühle wählt man einen Container o. Ä. als Stuhllager. Bei großen Anlässen müssen dann zeitig alle anfassen und den Raum voll bestuhlen.

Wie weiter?

Solch ein Spektrum möblierter Optionen strapaziert und erweitert den Horizont der Gemeinde enorm. Sie kann und muss ihre eigene Gemeindegestalt neu abbilden und dabei bedenken lernen. Das ist Theologie als Gemeindelehre.

Die Predigt kann das zeitig thematisieren, wenn ein Umbau ansteht. *Geistliche* (nicht nur architektonische) Beratungen können bereichern. Leitende können ihren Blick auf die wirklich vitalen Gestaltungsräume wenden, statt sich nur in Material und Formfragen zu verrennen. Gottesdienstkultur gerät ins Fließen. Neue Konzert- und Andachtsformen legen sich nahe.

Manche Gemeinden leeren die ganze Kirche und stellen verschiedene Formationen probehalber eine Weile zum Bewohnen auf – als ausgewiesene Findungszeit für angewandte Raum-Theologie. Eine Gemeinde, die verantwortungsvoll zukunftsfähig werden will, wird sich diese Zeit nehmen. Sie wird Gemecker, hohe Gemütszustände, Diskussionen und Seligkeiten durchleben. Das ist eine große interne Fortbildung.

Wer die lange Strecke über den kirchlichen Raum mitgegangen ist, wird jetzt vielleicht an die frische Luft gehen wollen. So geht es vielen Gemeinden auch. Kirchenferne Menschen empfinden Kirchen häufig als »überprägt« und sind eingeschüchtert. Sie kennen die Verhaltenscodes nicht und assoziieren im Raum Gleichschaltung – nicht zuletzt wegen der starren Bänke. Geht man mit ihnen ins Freie und feiert dort Gottesdienst, so sind sie deutlich bereiter, einmal dabei zu sein. Das zeigen Tauffeste, Pfingsten oder Himmelfahrt im Grünen usw. Gottesdienste dieser Art funktionieren nach anderen Prinzipien als im Kirchraum.

3.4 Kirche aus dem Häuschen – Gottesdienst draußen und seine Regeln

> Die alten Schmitzes sind da. Sie kommen nicht oft, sie helfen dem Sohn vom Piet beim Rechnenlernen und der Marguerita beim Deutschlernen. Rüdi war auch schon bei ihnen, als ihr Hund morgens tot im Garten lag. Da kann man weinen und bekommt Kakao.

Pastorin Madruschat klemmt ihr Manuskript in den Aufsteller vor Edeka. Ein Rollator schiebt sich an ihr vorbei. Zwei Kinder bleiben stehen, eine Papiertüte reißt, Tomaten kullern.

Sie schaut auf den Betrieb um sie herum und beginnt, laut zu sprechen. Wie sie eine ganze Stunde im Laden stand, die Preisschilder ansah, wo alles draufsteht, was drin ist. Chinin und Soren, Morin und Uran oder wie das alles heißt. Alles weiß man. Aber was weiß man schon? Sie erzählt. Wie der kleine Kerl im Laden auf sie zukommt und sie fragt, was sie da macht. Und wie er sie auffordert, zu raten, wie er heißt. Wie sie nach Namen sucht und seine Freude an ihrem Bemühen bemerkt. Wie seine Oma kommt und er der Pastorin eine Lehrstunde im Markt gibt: »Oma weiß, wie ich heiße.« Oma nickt. »Ja, Freddy« sagt sie – und raus ist es. Der Kleine triumphiert. »Oma weiß, wie ich heiße, siehste.« So redet sie, das Manuskript in den Aufsteller geklemmt, der für Würstchen wirbt: 99 Cent, ohne Konservierungsstoffe. Die Leute bilden inzwischen eine Traube. »Und seht ihr«, sagt die Pastorin, »wir wissen so viel über all diese Sachen da drinnen, alles steht auf den Schildern. Aber den Namen, den weiß immer ein anderer, das steht nicht auf dem Menschen. Den Namen weiß jemand, der einen kennt oder liebt. Und es reicht, den zu wissen. So wird man froh. Wenn einer dich bei deinem Namen kennt und dich ruft, Freddy z. B., dann weißt du, wer du bist. So ist das mit Gott. Amen«

Die Leute klatschen. Der Rollator ist nochmal umgekehrt. Man wendet sich zum Gehen. Seltsame drei Minuten am Eingang des Supermarkts.

Szene eines kleinen Gottesdienstes »aus dem Häuschen«. Die Pastorin hat fast zwei Stunden im Markt verbracht und geschaut, was da passiert. Dann ihr Kuvert geöffnet, auf dem ein Bibelspruch draufstand: »Ich habe dich bei deinem Namen gerufen, du bist mein.« Und daraus ein geistliches Wort geschnitzt. So wurde aus Ort und Wort eine kleine Ansprache – am Ort.

Die Teilnehmenden des Pastoralkollegs mit dem Thema »Gottesdienst überall« gehörten zum Publikum. Man zog danach zu einer stillgelegten Post, wo jemand anderes über »Effizienz« predigte, die so vieles überflüssig macht. Auch hier eine Traube von Leuten, ganz schnell, fast flashmobartig.

Köpfe nicken. Jemand fragt: »Seid ihr von der Kirche?« Ja. »Das ist gut, wenn ihr euch zeigt«, sagt der Frager. Er gehe nicht in die Kirche, aber wenn sich solche Prediger hinstellen und keinen Quark reden, sondern was an den Ort passt, so wie hier – das fände er richtig. Das sollten sie ruhig öfter machen. So rede ja sonst keiner.

Man kennt Gottesdienst außerhalb der Kirche meist als grüne Lustbarkeit. Pfingstsingen im Wald, Trauung am Steilufer und Taufe am Strand. Das gibt es alles, und selbst eingefleischte Liturgiker*innen finden das inzwischen normal. Fast immer haben diese Gottesdienste draußen oder an ungewöhnlichen Orten großen Zulauf. Vor einigen Jahren am Elbstrand von Hamburg wurden 350 Menschen getauft. Fast 4000 Menschen waren erschienen, herbeigefahren mit Bussen. Fast 100 Pastor*innen waren beteiligt. Leute aus den Gemeinden waren an Tischen die Gastgeber*innen für ein Strandfest. Anfangs herrschte ob der Idee einiger Mutiger blankes Entsetzen, am Ende größtmögliches Glück bei den Beteiligten. Die Kirchensynode erhob sich nach dem Bericht mit Applaus von den Sitzen. In dem Thema steckt also Musik, und mehr Pastor*innen als früher trauen sich nach draußen. Es muss ja nicht immer so riesig ausfallen.

Die Ortskirche hat mit ihrem geprägten Raum eine bergende Funktion für die Liturgie. Engel, Kerzen, Orgel sind Zeugen einer uralten Form – das stützt enorm. Alle wissen, wo sie sind, alle wissen instinktiv, was hier geht und was nicht. Das hilft den Eingeweihten. Aber viele andere empfinden den Raum als überprägt und sich selbst darin überreguliert. Draußen kennen sich alle aus, am Strand z. B. weiß jedes Kind, wie man sich verhält. Draußen kann man nicht so viel falsch machen wie in der Kirche. Und irgendwie wird man dort auch immer ein wenig bewertet oder zurechtgewiesen – so jedenfalls die Erwartung der Seltengänger*innen. Daher oft das Erstaunen, wenn es in der Kirche »locker« zugeht. Geht man vor die Tür, so sind alle gleich aufmerksamer. Aha, Kirche aus dem Häuschen. Na, da gucken wir mal.

In den östlichen Gemeinden der Nordkirche hatte und hat das Thema manchmal eine eigene Brisanz. In den Knochen stecken noch Demütigungen, die Kirchenleute erlitten haben. In die Kirche gingen christliche Menschen eher wie in eine Zufluchtsstätte. Politisch Linientreue dagegen nie. Nach der Wende schien es vielen Pastor*innen unerträglich, an öffentlichen Plätzen des Ortes Gottesdienst zu feiern. Da hatten immer weltanschaulich andere regiert. Es brauchte Zeit für neues Vertrauen.

Allerdings ging und geht in vielen Gemeinden im Osten nichts, wenn Kirche nicht mit allen kommunalen Einrichtungen zusammenarbeitet. Hier hat sich viel bewegt in den letzten Jahren und Jahrzehnten. Gemeinsam entwirft man neue Formen kommunaler Fürsorge. Davon können westliche Kirchengemeinden lernen, die sich immer noch gern ein wenig einigeln.

Für die Pastor*innen ist Gottesdienst draußen ein Wagnis, weil sie ihre Formen oft nur im abgeschirmten Raum kennen und können. Und schließlich sind liturgische Formen immer auch ein Geheimnis – das streut man nicht einfach unter die Leute. Geht ein Kyrie draußen? Wie funktioniert da überhaupt das Singen? Kann ich so ausgefeilt sprechen wie sonst? Kann ich mich überhaupt auf eine Perikope beziehen? Die kennt doch keiner. Es fehlt oft das Handwerkszeug, das erlebe ich in Seminaren zu dem Thema. Aber immer mehr Pastor*innen möchten das können: draußen, quasi »ohne Rüstung« bestehen mit dem, was man zu bieten hat. Weil sie selbst Vergnügen haben dabei. Sie fangen an, die Herausforderung zu mögen: der Gottesdienst im Fitness-Center, beim Pilgern oder Radfahren. Finde ich das Thema, den Ton, das Timing? Zwischen Anbiederung und Abständigkeit gibt es viel zu entdecken. Das hilft dann auch für die Prägnanz im normalen Gottesdienst »zu Haus«. Und die Leute sind meist offen, hören zu, geben Resonanz.

Die folgenden *Entdeckungen* stammen aus Seminaren, in denen Pastor*innen gemeinsam geforscht haben, unter welchen Bedingungen Gottesdienst draußen bzw. am anderen Ort gelingen kann:
- *Vertrag:* Es braucht eine Art Vertrag zu Beginn, denn die Leute kommen nicht in die Kirche, sondern die Kirche kommt zu den Leuten. Sie muss sich legitimieren, auch dann, wenn sie beim Marktfest offiziell gebeten wurde, die Andacht zu Beginn zu gestalten. Legitimieren heißt: Ich gehe auf die Situation ein, innerhalb derer ich als Kirchenvertreter*in zu Gast bin. In meinem Kirchenhaus bin ich »Hausherr*in«, am Markt bin ich Teil von vielen mit verschiedenen Interessen. Da stehen auch Menschen, die wollen nur Bier trinken und sonst nichts. Ich leite mich, die Kirche und das Thema einfach und selbstbewusst ein, sodass plausibel wird, dass ich hier agiere. Davon hängt viel ab.
- *Währung:* In der Planung versuche ich, die Währung zu finden, in der am anderen Orten die Werte der Leute zählen. Die erlauben mir, mit meinen Themen daran anzuknüpfen bzw. sie zu kontrastieren. Bei der Andacht in der Fleischer-Innung scheint die »Währung« Fleisch zu sein, aber vielleicht geht es denen gar nicht darum. Sondern es geht um die Bestimmungen im Euro-Raum, die Berufsplanung erschweren. Die »Währung« ist dann der Umgang mit Gesetzen und Freiheit. Das bekomme ich aber nur heraus, wenn ich mit jemandem vorher präzise spreche.
- *Neugier:* Dafür zählt mein größtes Talent für diese Gottesdienst-Form: Neugier. Leute merken, ob sie mich interessieren. Sie merken auch, ob mein Inte-

resse echt oder gespielt ist. Ich kann und muss nicht wissen, was Schausteller*innen bewegt, wenn ich zu Beginn des Jahrmarkts das Treiben segnen soll. Aber ich kann fragen und darf dabei herzhaft neugierig sein. Ich lerne dazu und staune. Allein das freut Menschen schon. »Jemand von der Kirche interessiert sich für mich, toll.« So erfahre ich schöne Details. Wie viele Monate jemand für einen Seillauf üben muss und mit welchen Tricks. Und schon habe ich ein Thema: Geduld und Balance.

- *Ernst nehmen:* Die Leute merken auch, ob ich sie ernst nehme. Ob ich den Fleischer*innen eher abständig moralisch begegne oder sie in ihrer Sicht der Welt und der Tiere verstehe. Indem (nicht bevor) ich verstehe, kann ich dann auch öffentlich Fragen stellen an Haltungen, die mir fremd bleiben. Aber nicht »von außen« und in flüchtiger Kenntnis irgendetwas behaupten. Das ist auch eine Herausforderung an meine Milieuzugehörigkeit. Denn ich begegne z. B. Helene-Fischer-Fans und finde die Sängerin vielleicht grässlich, muss aber kapieren, was die Leute an ihr bewegt. Sonst gibt es keine Verständigung. Das betrifft auch alle Amtshandlungen. Manche Musikwünsche enthalten eine überraschende Erkenntnis, das kann ich nutzen. Hochnäsigkeit gegenüber »dem Schlager« z. B. wirkt arrogant und nützt niemandem. Ich sehe lieber genau hin.
- *Wertung:* Leute haben der Kirche gegenüber ein altes und berechtigtes (Vor-)Urteil: Kirche (be)wertet. Das stimmt ja auch, und darum bittet man Kirche oft – z. B. in ethischen Bereichen, im Bundestag usw. Aber gleichzeitig will man es auch nicht so gern hören, schon gar nicht, wenn das Jubiläum des Schützenvereins ansteht und man nichts zur Ethik des Schießens zu hören verlangt hat (s. Vertrag). Menschen sind ambivalent. Sie hören schon hin, wenn jemand kompetent ethisch redet, aber sie lassen sich ebenso gern nichts sagen. Das heißt, wer wertet, muss richtig gut Bescheid wissen über das Thema, sonst wird es peinlich. Man sagt: »Siehste – Kirche wieder. Wissen alles besser, haben aber keine Ahnung!«
- *Bibel:* Und der Anlass muss stimmen. Geht es vorwiegend um Frohsinn und Gemütlichkeit, werde ich mich in der Regel ethisch zurückhalten. Lauert unterhalb des Frohsinns ein verschwiegenes Thema, kann das meine Chance sein, etwas öffentlich anzufassen, wie es keiner sonst tut. Spreche ich auf der Markteröffnung über den Markplatz in Korinth, wo Paulus (»Wie heißt der? Wer ist das? Lebt der noch?«) gesprochen hat, kann ich auch gleich Baskisch reden. Die biblischen Bezüge verhallen. Besser finde ich ein einfaches biblisches Motiv, das ich dann auch ganz erzähle. Der Geschichte traue ich die nötige Wirkung zu und zerrede sie anschließend nicht. Ich setze keine Bibelkenntnis voraus, nicht einmal die Weihnachtsgeschichte. Man kann das bedauern, man kann als Kirchenprofi gekränkt sein, aber so ist es. Ich vermeide also

alle biblischen Anspielungen. Das ist besser, als den Leuten mit Querverweisen zu zeigen, dass sie keine Ahnung haben. Episteltexte sind nahezu ungeeignet als Bibellesung, die versteht niemand. Es hilft mir auch nicht, in der Konkordanz nach »Fleisch« zu suchen, denn da lande ich beim Kreuz oder beim Johannes-Prolog, und beides ist bei der Innung vermutlich untauglich. Ich muss schon nach dem Thema unterhalb des Anlasses bzw. der offensichtlichen Überschrift fragen, dann werde ich die geeignete Bibelstelle finden.

- *Zeugnis:* In der Kirche kann ich regelmäßig sprechen und ein Thema im Lauf der Monate von mehreren Seiten angehen. Beim Gottesdienst aus Anlass des kommunalen Wandertages im ehemaligen Ost-West-Grenzgebiet habe ich nur eine einzige Chance, und die kann ich vergeigen oder nutzen. Eine zweite bekomme ich nicht. (Das betrifft auch Kasualien.) Solche exponierten Auftritte können gewinnen, wenn ich mich zeige – als Mensch der Kirche, der als geistliche Person in einer Rolle ein eigenes Gesicht hat. Dafür hilft manchmal ein Zeugnis. Das kann formal ausfallen. Ich singe und bete einen Psalm allein, weil ich ihn liebe. So etwas passiert im öffentlichen Leben so gut wie nie. Oder Zeugnis ist Teil meiner Rede. Ich sage dann (mit Schmunzeln, aber ernst): »Ich habe wie viele hier gelitten unter den Grenzkontrollen, und ich glaube, Gott höchstpersönlich hat sie abgeschafft. Chefsache.« Ich sage also gern auch einmal »ICH«. Denn ich habe um mich weder Puttos, Altar oder Orgel, die mit mir von etwas zeugen könnten. Es kommt auf mich als Person in meinem geistlichen Auftrag an. Und die Leute mögen Zeugnisse – sofern sie echt sind.

- *Frei sprechen:* Ich spreche bei öffentlichen Anlässen kurz und knackig. Und ich schaue die Leute dabei an. Ich verwende vielleicht ein Manuskript, aber das ist nicht ausformuliert, sondern zeigt den Lauf der Rede möglichst grafisch. Das muss ich vorher laut sprechend üben, damit ich merke, welche Formulierungen im Mund funktionieren und welche sich sperren. Ich spreche in Hauptsätzen, jedenfalls in Sätzen, die maximal 14 Wörter enthalten. Ich vermeide Verneinungen, weil die Seele kein »Nein« versteht. Ich sage also nicht: »Dieser Ort ist alles andere als ein friedlicher«, weil die Seele nur auf das letzte Wort achtet und auf die Schnelle des Hörens nicht mit mir um die Ecke denken mag. Ich sage es positiv: »Dieser Ort war ein Ort des Kampfes.« Aha. Ich werde nicht länger als fünf Minuten sprechen, eher weniger – je nach Konzentration. Ich werde darauf achten, dass pro Minute mindestens ein markanter Spitzensatz oder eine Pointe aus mir herauskommt, denn ich muss jede Minute erneut um Aufmerksamkeit werben, manchmal sogar darum kämpfen. Das verbietet langatmige Erläuterungen. Das alles fordert von mir Mut zur Unvollständigkeit, zur Einseitigkeit und Freude an der Pointe.

- *Zeugen:* Gelegentlich werde ich mir eine zweite Person, z. B. den Hauptfeuerwehrmann dazu holen. Der muss reden können vor Leuten. Sein Auftritt ist Zeugnis dafür, dass er Kirche anerkennt. Sonst würde der Mensch nicht in meiner Andacht im Spritzenhaus sprechen. Dadurch bin ich am anderen Ort nicht der einzige Vertreter des Geistlichen. Die andere Person kann gern ihre Sicht zum Thema »Lebensrettung« oder dergleichen sagen. Die muss auch nicht christlich sein. Aber sie tut es neben mir, und dadurch gewinnt meine Position eine Relation zu jemandem, der mich und die Veranstaltung ernst nimmt. Das macht den Gesamtauftritt glaubwürdiger und mir das Leben leichter.
- *Ökumene:* Sind viele Konfessionen in der Kleinstadt zu einem Gottesdienst am anderen Ort gebeten, so muss man peinlich genau auf alle Sprechakte achten. Der gängige ängstliche Proporz gebiert Gottesdienstmonster. Bei fünf Kirchenvertreter*innen z. B. darf jeder nur zwei Minuten sprechen, und das wird vorher ausgiebig geprobt. Tut man das nicht, läuft die Predigt in der Regel völlig aus dem Ruder, und alle sind genervt. Und der ökumenische Frieden ist gestört, denn man lästert übereinander. So ist genau das passiert, was man verhindern wollte, weil man aus Unentschiedenheit jede*n so lange reden lassen wollte, wie sie*er's braucht. Klare Regie ist eine Form der Rücksicht auf alle. Da ist noch Luft nach oben in der Kirche des milden Proporzes. Liturgisch kann man z. B. die Kompetenzen der Katholik*innen in Sachen Prozession nutzen, also mit allen von der Kirche zum Markt o. Ä. ziehen mit Gesang und Kapelle.

Diese Hinweise sollen ein Anfang sein für die Erforschung der Regeln von Gottesdienst am anderen Ort. Die »Riskanten Liturgien« – so heißen die Gottesdienste draußen nach dem Amoklauf in Erfurt von 2002 und anderen Notfällen – haben einen bemerkenswerten Sinn für Symbolisierungen gezeigt, in dem sich Kirche und Gesellschaft unmittelbar getroffen haben. In der Notfallseelsorge bemühen sich die Agierenden um eine Art »liturgischen Faktor« am Unfallort, das heißt, sie entwickeln kleine Rituale, elementare Haltungen mit Gegenständen, Klängen, Tönen, Kleidung usw. Im Zusammenhang mit Bundeswehreinsätzen ist Gottesdienst wichtig und muss sich auf dem schmalen Grat zwischen Vereinnahmung und Bedeutungslosigkeit bewähren. Da entstehen sinnvolle Formen, die sehr genau wahrgenommen werden. Immer geht es um die Personen, die mit minimalem Aufwand einen geistlichen Raum entstehen lassen müssen.

Den Evangelischen ist es – anders als den Katholischen – nicht in die Wiege gelegt, »Gottesdienst außer Haus« zu feiern, aber sie haben andere Freiheiten und holen in Sachen Symbolsicherheit und Inszenierung flott auf. Das lässt hoffen und verschafft dem Gottesdienst einen völlig neuen Wirkungskreis in der Gesellschaft.

4 Gottesdienst und der ganze Mensch

4.1 Körper im Gottesdienst – Umgang mit einem halb vergessenen Instrument

Das ist nach protestantischem Verständnis eine Nebensache. Wie unser Leib, die Sinne, das Schwer- und das Gleichgewicht sich im Gottesdienst vorfinden, das spielt eigentlich keine Rolle. Immer wieder wird anderes behauptet, aber wer in einer normalen Kirche am normalen Sonntag Gottesdienst erlebt, ist aufs Nachdenken im Sitzen angewiesen. Dieses wird durch die Ohren eingeschläfert, verwirrt oder inspiriert, aber mehr Sinne sind nicht erforderlich, um zu folgen. Im Grunde ist unser Gottesdienst ein Hörstück, und unsere Religion findet im Sitzen statt. Es gibt zahlreiche Initiativen, das zu ändern, aber im Normalfall bietet sich das Hören im Sitzen so gut an, weil es berechenbar und unaufwendig ist. Und was anderes hat auch kaum jemand gelernt.

Würden sich die Leute im Raum bewegen, wären sie und die Abläufe im Raum schwerer zu kontrollieren. Man müsste über Bewegung und alles, was dadurch ausgelöst würde, nachdenken, auch theologisch. Dafür fehlen Kategorien und Erfahrungen. Über den Zusammenhang von Leib und Seele müsste man auch neu denken, über prozessorientierte Theologie. Man müsste den eigenen Kirchraum neu erkunden, inwiefern er den ganzen Menschen anspricht, müsste sich selbst bewegen und das sogar mögen und vieles mehr. Es würde erst mal unruhig. Das liegt nicht allen. So geschieht der Aufbruch der Kirche meist weiter im Sitzen.

Körper ist Sinn und hat Sinn

Den Anregungen, denen unsere Sinne ausgesetzt sind, wohnt eine tiefere Logik inne. Alle Sinne enthalten eine Analogie zum ganzen Leben, jeder Sinn eine andere. Die Umgangssprache verbindet klug Körper, Seele und Geist, wenn sie formuliert: »Ich kann sie nicht riechen.« – »Ich habe dich zum Fressen gern.« –

»Das hat mich berührt.« – »Ich bin sauer.« Hier blitzen existenziale Zusammenhänge auf. Denen gehe ich im Folgenden nach.

Es ist für Heil und Heilung des Menschen und auch für den Gottesdienst nicht gleichgültig, ob ein Sinn oder mehrere angesprochen werden. Jede Entwicklungspsychologie spricht heute davon, wie wichtig Gerüche, Berührungen usw. für Menschen sind.

Im Folgenden versuche ich eine thematische Annäherung, die die fünf Sinne wahrnimmt. Sie verbinden den glaubenden Menschen mit den vier Himmelsrichtungen, mit Gott, den anderen, der Welt und sich selbst. Ohne sie ist Leben (mit Gott) nicht vorstellbar.

Leib, Geist, Seele

Leib *ist* Seele, beseelter Leib. Die Seele und der Geist zeigen sich im Leib. Ohne Leib haben wir weder Seele noch Geist. Hier ist gespeichert, was Gene und Erfahrung in unser Leben eintragen. Es gibt ein Gedächtnis, das sich in Sprache und Geschichtsbewusstsein niederschlägt. Es gibt ein Körpergedächtnis, das vorsprachlich und in den meisten Fällen schneller und unmittelbarer reagiert als der Verstand.

Der Körper ist lebenslang unser einziger Referenzraum. Niemand fühlt, sieht, riecht außerhalb seines eigenen Körpers. Auch wenn die Eindrücke »von außen« kommen, der Körper allein ist das Wahrnehmungsorgan.

Beispiel Riechen: Gerüche der heimischen Küche versetzen Gefühl und Vernunft unmittelbar in Erinnerung. Ich rieche Thymian, das Körperprogramm von damals wird aktiviert und entlässt ohne mein Zutun Bilder und Assoziationen: Ich bin versetzt in meine Vergangenheit, sehe die kochende Mutter, fühle den Hunger des heimkehrenden Schülers, spüre im Moment des Riechens aber auch den jetzigen Dank für die Gegenwart der Köchin, die mit ihren Speisen mehr in den Kleinen einflößte als nur Nahrung.

Also: Riechen z. B. ist vorsprachliche Wahrnehmung, die sich im Zusammenhang mit Bewusstsein zu einer prägnanten Erinnerung formt. Es enthält immer alle Stufen unserer menschlichen Erkenntnis in sich. Was ich erinnere, erinnere ich körperlich (über die Riechzellen), dabei gleichzeitig mit dem Gefühl und dem Verstand, die auch schon damals beteiligt waren, jetzt aber zu neuen Deutungen fähig sind. Der Vorgang des Riechens selbst enthält aber noch andere Analogien zum Denken und Erleben. Davon gleich mehr.

> Die Pfarrerin kommt gleich. Sie hat lange, schöne Haare, so wie aus Bronze, sie steckt sie nicht hoch, sie lässt sie laufen. Das hilft schon, wenn man sie sieht in ihrem großen Schwarzen.

Ein Durchgang durch die Sinne

Haut und Tasten

Neben manchen Tempeln in Thailand gibt es ein Massagestudio. Auf dem Campus der Kirche. Man betet und geht zur Massage oder umgekehrt.

Dieser Sinn ist der am wenigsten distanzierte. Die Nähe eines Gegenstandes oder eines Menschen ist Voraussetzung. Dieser Sinn ist gewissermaßen »blind«. Er sieht nicht, was ihn berührt, kann es aber mithilfe der Erfahrung und statt nur der Augen mithilfe anderer Sinne identifizieren. Er ist flächenmäßig der größte Sinn und zur Reizaufnahme und Anverwandlung fähig. Der Körper kann Berührung empfangen und sich mit ihr gleichschalten (Assimilation), solange er die Berührung einordnen kann – man denke an warmes Wasser, dessen Eigenschaft der Leib annehmen kann. Sind Berührungen fremd, bedrohlich, schmerzhaft und nicht zu verhindern, versucht der Körper, sich durch Akkommodation dem neuen Reiz anzupassen. So wird Fremdes zu Gewohntem, selbst wenn es wehtut. Dazu gehört in der Regel auch eine neue Deutung auf höherer Ebene. Man ahnt hier bereits anhand des Tastsinns die Schichten der Bedeutung.

Berührung ist vermutlich der erste vom Embryo empfundene Reiz überhaupt (vielleicht gleichauf mit dem Hören) und kann deshalb als der elementarste gelten.

Der Körper kann nur insofern fühlen, als er eine definierte Grenze hat. An seiner Grenze nimmt er auf. Dies lässt sich analog zum geistig-seelischen Erleben verstehen. Unmittelbarkeit des Berührtseins kann eine Metapher für religiöses Erleben darstellen. Dies bei vorläufiger *Unschärfe* des Eindrucks: keine Schau, aber ein Ahnen im Kontakt an der Grenze. »Ich bin berührt«, sagt man. Aber man weiß vielleicht noch nicht wovon.

Dass das nur an der eigenen *Grenze* möglich ist, kann existenziale Analogien nahelegen. Übertragen kommen Menschen oft (erst) an ihren Grenzen in eine neue Berührung mit sich selbst, zu einer neuen Idee, einer Eingebung.

Wer sich z. B. Hände zum Segnen auflegen lässt, begibt sich an die Grenze seiner eigenen Machtbefugnis und lässt eine andere, Gottes Kraft genannt, an sich heran – selbst wenn er oder sie noch nicht weiß, was das im Moment der Segnung bedeutet. Die Berührung gilt. Mit ihr ist beim Segen ein Wort verbunden, das den Kontakt deutet, damit Berührung nicht numinos oder dumpf bleibt, sondern identifizierbar wird als (christlicher) Segen. Das Wort ist wichtig, weil die Haut allein nicht klar unterscheiden kann, was die Berührung am Ende meint. Im christlichen Sakramentsverständnis verbinden sich Geste und rituelles (nicht erklärendes) Wort miteinander zu einem sinnvollen Akt. Die »wortlosen« Hände eines*einer Segnenden allein sind mehrdeutig. Das Wort *Gott segnet dich und behütet dich* gibt an, worum es geht.

Berührung zwischen Menschen lebt auch vom Energiezustand des anderen Körpers: Wärme, Spannung, mentale Konzentration.

Man kann während eines Essens mit anderen am Tisch nach einer Weile nachspüren, ob sich die Außenseiten ihrer Oberarme gleich warm anfühlen. Wenn nicht, schauen Sie, neben wem Sie sitzen und wer von beiden Ihnen sympathischer ist. Vergleichen Sie diese Erkenntnis mit dem Wärmezustand Ihrer Arme oder gar der Körperhälften. Manchmal werden Sie bemerken, dass Ihr Leib durch Erwärmung (im Doppelsinn des Wortes) bereits entschieden hat, wohin er möchte, bevor Sie darüber nachgedacht haben. Er zeigt es (Ihnen), indem er dort mehr Wärme aufnimmt und abgibt.

Der Tast- und Berührungssinn kann gleichzeitig als basaler Sinn des religiösen Empfindens betrachtet werden. Wie ein Säugling an der eigenen Grenze entlang durch die Berührung anderer begreift, dass er lebt und willkommen ist (und vergeht, wenn das fehlt), so braucht auch der religiöse Mensch an seiner Körper-, Seelen- und Geistgrenze die Berührung durch den, der das Leben selbst ist. Die braucht er als Ersterfahrung einmal und als Vergewisserung im Weiteren immer wieder. Und er braucht die Berührung als ganzer Mensch, körperlich, seelisch und geistig, im Taufwasser, durch segnende Hände, im Tanz, im Sitzen der Meditation, in der Liebe. Dies alles sind Vermittlungen, denn »Gott selbst« ist nicht erfahrbar, aber unsere Resonanz in allen möglichen Berührungen sagt, dass da etwas sein muss, selbst wenn man es nicht sieht. Religiöse Existenz braucht in Abständen Berührung, neues Tasten, vorsichtiges Fühlen.

In der Kirche möchte ich nicht inflationär berührt werden, aber es soll in diskreter und ritueller Form möglich und selbstverständlicher sein. Mein Körper ist auf elementarster, berührbarer Stufe religiös, wenn die getaufte Vernunft es so sieht. Dass ein großer Teil der Menschen in unseren Kirchen mit Berührung nicht einverstanden ist, das ist eine Folge unseres eindeutig körperlosen Angebots. Wären wir körperlicher, kämen auch körperorientierte Menschen. Aber etwa seit Augustin ist der Körper in der christlichen Lehre verdächtig. Man muss ihn ständig zähmen, niederhalten, kontrollieren.

Es gibt einige alte Riten, die gar nicht neu eingeführt, sondern nur sinnlicher und dadurch geistlicher verstanden und vollzogen werden könnten: *Aufgelegte Hände* sind ein Gestus an der (Körper-)Grenze. Es kommt in der Berührung des*der Austeilenden körperlich das Geglaubte nahe, ohne verfügbar zu sein, aber doch so nah, dass (existenziell) fühlbar wird, was gemeint ist: Wärme, Zuwendung, Behütung, Begabung und auch so etwas wie Vergewisserung, im Nahbereich Gottes zu sein.

Die *Salbung* der Getauften und der Kranken symbolisiert die Begabung mit dem Heiligen Geist, der den Menschen geschmeidig und elastisch gegenüber dem Leben oder dem Tod hält – wie das Öl die Haut dem Sturm und dem Streicheln gegenüber. Salben kann man an den Stellen, wo der Mensch leicht verhärtet, z. B. am Kopf (Stirn), in der Faust (Handfläche innen) oder im Nacken. Eine Fundgrube für solche Dinge ist z. B. das alte »Rituale Romanum«, das vorkonziliare Zeremoniale der Katholik*innen.

In der Arbeit mit Pastor*innen an ihrer liturgischen Präsenz ist oft eine Veränderung der Stimme und der gesamten Haltung zu bemerken, wenn sie es z. B. wagen, den *Altar mit ihren Händen zu berühren*, sich dort zu verankern, während sie beten oder singen. Sie empfinden ihn meist als Stütze, als Orientierungspunkt und Halt im Raum. Der ganze Mensch bezieht sich auf die Topografie des Ortes, der Leib empfindet Sicherheit und Respekt in der Nähe des Zentrums, und die religiöse Präsenz der Zelebrierenden kann sich Kraft holen.

Gestaltungen mit Berührung
Formen der einfachen und rituellen Berührung kennen z. B. koptische Christ*innen, wenn beim Friedensgruß eine Person der anderen mit beiden Händen über die zur Dürer-Gebetsgeste gefalteten Hände streicht.

In mancher Osternacht, bei Taufen oder einfach zum Beginn des Gottesdienstes ist in einigen Gemeinden das in die Hand oder auf die Stirn gezeichnete Wasserkreuz üblich (beides Körperzonen mit dichtem Nervengeflecht).

Es gibt längst Gottesdienste in normalen protestantischen Gemeinden, die einen eigenen Segensteil enthalten. Man kann sich einzeln einen Segen unter Auflegen der Hände »holen«, entweder in einem Seitenschiff der Kirche oder in der Mitte.

Eine andere Erfahrung machen Menschen, die in einer kleinen Vorstadtgemeinde am Sonntag zum Gottesdienst kommen. Es geht um die Erinnerung der Taufe: Im Eingangsbereich ist das Taufbecken aufgestellt. Eine freundliche Kirchenvorsteherin zeichnet mit dem Finger und dem Wasser aus dem Becken ein Kreuz in meine geöffnete Hand und sagt: »Nimm das Zeichen des Kreuzes – zur Erinnerung an oder als Vorgeschmack auf deine Taufe im Namen Gottes, des Vaters und des Sohnes und des Heiligen Geistes.« Ihr Finger malt im Rhythmus der trinitarischen Formel kreuz und quer in meine Hand. Die Spur des Wassers bleibt lange in den Nervenbahnen meiner Handfläche hängen. Ich spüre, wie das Wasser kühl verdunstet, und wage nicht, es abzuwischen. Eine kleine Prägung. Das Gegengift zum Kainsmal. Ich drücke die Hand mit der Wasserspur gegen meine Stirn. Ich bin bezeichnet mit dem Kreuz. Ich habe Anteil an einer Geste, die einen Christen sonst nur einmal im Leben trifft – bei der Taufe. Ich schweige nach dem Empfang der Geste automatisch. Die Berührung vertieft mich historisch und geistlich ohne weitere Kommentare.

Eine weitere Erfahrung mit Menschen in der internationalen lutherischen und bankfreien Kirche in Genf: Sie sitzen in einem Dreiviertel-Rund um den Altar. Der Gottesdienst ist fortgeschritten. Wir haben beim Singen gestanden und bei den Gebeten und Lesungen gesessen. Bei manchen Liedern haben wir geklatscht oder uns gemeinsam etwas bewegt und uns dabei umgesehen. Es inspiriert, wenn man anderen beim Singen ins Gesicht sehen kann. Ich bin mit ein paar Gesichtern schon nach einer halben Stunde vertraut. Innerhalb der Liturgie des Abendmahls folgt jetzt der Friedensgruß. Der kommt wie eine Folge der zunächst distanzierten, aber wohlgesonnenen Wahrnehmung. Man geht herzlich aufeinander zu, die Hände treffen sich, eine Hand geht manchmal zusätzlich an die Schulter des Gegenübers. »Friede mit dir – und mit dir.« Die Leute grüßen ihre ganze Umgebung. Keine Sekunde der Peinlichkeit – eher Vergnügen und Selbstverständlichkeit prägen hier den Gruß. Die Sitzordnung im Raum hat anfängliche Distanz bei gegenseitiger Wahrnehmung und Mitempfinden zugelassen, nun beim Abendmahl geht mehr Nähe, und sie ist auch sinnvoll.

Hätten wir aufgereiht in Bankreihen gesessen – wir wären auf Abstand zu den anderen gepolt gewesen und hätten es außerdem schwer, aus der Reihe herauszukommen, um mehr Menschen als die beiden vor und hinter uns zu grüßen. Das zeigt: Berührung lässt sich nicht gegen die anderen Grundintentionen des Raums inszenieren. Sie muss angelegt sein.

Noch eine weitere Erfahrung mache ich, als wir in einem normalen deutschen Gottesdienst im Kreis nach dem Empfang des Abendmahls stehen und gebeten werden, uns an den Händen zu fassen. Der Pastor sagt etwas zu diesem Gestus: »Bitte lassen Sie die Arme entspannt sinken, ohne die*den andere*n loszulassen.« Schweigen. »Spüren Sie die Hände einen Moment. Ich stehe hier nicht allein. Andere gehen in ihrer Suche nach Gott mit mir einen ähnlichen Weg.« – Es folgt ein Moment Stille. – »Wenn wir uns gleich loslassen, geht die

Kraft der anderen Christ*innen hier mit Ihnen.« Schweigen. »Geht im Frieden Gottes, er ist mit uns.« Dann lösen sich die Hände.

Ich bemerke, wie wenig genügt, eine Geste zu qualifizieren und zu vertiefen, die vielen aufgesetzt erscheint. Wichtig war auch das Schweigen, denn alle körperlichen Gesten brauchen etwas Zeit, um zu wirken. Der Körper geht zu Fuß. Allein, sich offiziell entspannen zu dürfen, wenn die Arme angestrengt der Forderung zum Körperkontakt nachgekommen sind. Und auch nicht gleich wieder loslassen – Hauptsache, es ist vorbei. Nein, am Ende lerne ich vielleicht doch noch, es zu genießen, dass ich auch körperlich mit anderen Christ*innen verbunden bin. Der Kreis beim Abendmahl hat dies ermöglicht. Wir wurden genährt aus der transzendenten Mitte und realisieren das im Kontakt miteinander. Das ist eine der Grundgesten des Mahls.

Das alles sind Beispiele für ritualisierte Berührungen, die im Lauf der Zeit zum normalen Repertoire einer Gemeinde gehören können, ohne dass sich jemand bedrängt fühlen müsste. Wenn diese Rituale überdies freigiebig und ohne moralischen Druck, aber doch selbstverständlich angeboten werden, können Menschen jeweils selbst entscheiden, was sie wollen.

All diese Praktiken sind natürlich neu zu denken bei ansteckenden Viren. Die distanzierten rituellen Gewohnheiten haben vieles verhindert und schließen Menschen aus. In infektiösen Zeiten machen sie neu Sinn. Aber sie dürfen nicht der Maßstab werden für eine Kirche, die sich noch ausschließlicher im Kopf abspielt als bisher. Im Gegenteil, im Zeichen der Pandemie werden Sinne im Ritus noch viel aufmerksamer bedacht werden müssen.

Riechen

Am Anfang war die Rede vom Riechen. In protestantischen Gottesdiensten gibt es eigentlich nichts zu riechen. Vielleicht Kerzen, Modergeruch oder Bohnerwachs. Weihrauch finden viele schön, aber »katholisch« (was immer das ist). So liegt dieser Sinn als Sinngeber für unsere Frömmigkeit brach. Dabei könnte er viel vom Anbrechenden und noch nicht vollständig Anwesenden künden: Was man riecht, das ist ja rein physikalisch immer ein kleiner, aber originaler *Teil* dessen, was man riecht. Reale Moleküle, nur eben so feinstofflich, dass man sie nicht greifen kann.

Jeder, der an einer Bäckerei vorbeigeht, weiß, was eine Geruchsverheißung oder -erinnerung ist und was sie auslöst. Der Geruchssinn provoziert unser Nervensystem so unmittelbar, dass man sich bei bestimmten Gerüchen sofort, ohne Denken, in einer anderen Sphäre wähnt. Dann hat man Erinnerungen oder auch einen Vorgeschmack – immer mit den entsprechenden Gefühlen und Gedanken.

Die Schnittmenge von körperlichem Riechen und seelisch-geistigem Vorahnen oder Erinnern kommt im Gottesdienst in wenigen Momenten zum Tragen: Wenn man einen Raum betritt, z. B. die Kirche, dann hat er einen typischen Geruch, und die Nase sagt: »Ja, hier ist es. Ich bin wieder drin im alten und bekannten Ort.« Mit möglichen Konnotationen wie »langweilig«, »heimisch«, »heilig« oder »geborgen«. Oder die Nase vergleicht am neuen Ort, was bekannt und was neu ist. Beim Abendmahl erinnert der Geruch des Weines an andere, frühere Tischgemeinschaften und zieht den kommunizierenden Menschen ins Schmecken.

Denkbar wäre am Ende doch der Einsatz von Weihrauch. Vielleicht kann z. B. bei einer Bestattung zum Ende hin neben dem Sarg ein Räucherfass stehen. Rauch steigt auf. Er zieht unsere Assoziationen mit sich – »spricht« eventuell vom Leben, das allmählich davonzieht und darin noch einmal sichtbar wird oder vom Heiligen Geist, der den Raum füllt und die Liebe ermöglicht.

Sicher ist es nicht gut, einen Raum von vornherein mit Gerüchen zu »besetzen«. Wer riecht, kann das nicht einfach abstellen und fühlt sich leicht ausgeliefert. Deshalb sollten Gerüche vorsichtig und erst nach längerer eigener Erprobung eingesetzt werden. Allerdings ist zu beachten, wie muffig und staubig manche Kirchräume riechen. Auch dem sind Menschen ausgeliefert. Manchmal reicht es, wenn Kerzen mit hohem Honiganteil verwendet werden, um der Raumatmosphäre aufzuhelfen.

Schmecken

Das ist meist mit Nahrungsaufnahme verbunden und bedeutet so etwas wie Anverwandlung des Äußeren ins Innere. Der Geruch hat den körperlosen Vor- oder Nachgeschmack gegeben, im Schmecken nimmt einer auf, was er riechend geahnt hat.

Biologisch verwandelt der Körper Speise bis in die kleinsten Verzweigungen hinein in eigenes Fleisch, in Energie und Handlung. Äußeres, vom Menschen aufgenommen, wird zu eigenem. Was nicht verdaulich ist, wird ausgeschieden.

Das ist ein Symbol für ein christliches Leben, das hörend, sehend und schmeckend gute Kost aufnimmt und in sich zu kraftvollem Leben verwandelt. Dazu bräuchte es natürlich Übung, spirituelle Übung, die dem Kauen und Verdauen verwandt ist, die die goldenen Worte der Predigt und des Evangeliums auch real umsetzen lernt in die Atmung, den Schritt, die Zeiteinteilung in der Woche, die Redlichkeit der Beziehungen und die Leichtigkeit des Seins. Daran fehlt es in der protestantischen Kirche noch. Der genügt bislang das Hören. Sich etwas übend aneignen in leibliche Nähe und existenzieller Einübung – das wäre Werkerei. Entsprechend unheimlich (im Wortsinn) ist dann auch das Abendmahl in den meisten Gottesdiensten, weil es genau auf die Frage nach der Aneignung Christi stößt. Man ließ es im evangelischen Gottesdienst lange weg.

Mit diesem Sakramentsymbol Abendmahl entfällt aber auch die Pflege des ganzen Bereichs der Praxis pietatis, heute Spiritualität. Menschen beginnen, woanders zu suchen, wie man den Sinn des Lebens so erfährt, dass man ihn »fressen« kann, dass er wirklich nährt, Fleisch vom eigenen Fleisch wird und am Ende aus dem Menschen in Ausstrahlung, Wort und Handlung heraustritt wie etwas Originales. Verwandlung des Äußeren ins Innerste ist die Analogie des Essens und Schmeckens. Viele Menschen fragen neu danach, ob man in der Religion etwas lernen kann, das *anwendbar* ist. Worte reichen ihnen nicht.

Wer schmeckt, lernt unterscheiden, was mundet, spuckt Faules aus (siehe die Exorzismen des römischen Ritus bei der Taufe: Man spuckte gen Westen – Satan – und verbeugte sich gen Osten), genießt, was Nachgeschmack hat, zehrt, verkostet. Alles geistige Vorgänge.

Denkbar wäre Brot am Eingang für alle. Wegzehrung auf dem Weg in das Leben, der im Gottesdienst symbolisch begangen wird. Dann das gleiche Brot als »Leib Christi« im Abendmahl. Die Reste am Ausgang.

Warum wird in der Kirche so wenig gegessen und getrunken? Vielleicht kochen Väter und Söhne beim nächsten Familiengottesdienst für alle die Suppe, die nach oder vor dem Abendmahl in der Kirche aufgegessen wird. Wer nicht Vater und Sohn ist, spricht solange über den Bibeltext oder spielt ihn. Wir symbolisieren so viel Ernährung, und das ist auch rituell wahr, aber real satt werden in einer Kirche prägt und erfüllt genauso gut wie eine manierliche Predigt. Nicht immer, nicht als neues Gesetz, aber immer wieder mal.

Sehen

Der weitreichendste Sinn und zugleich der distanzierteste. Die Möglichkeit der Augen, komplexe Körper im Raum klar zu unterscheiden, lässt diesen Sinn am ehesten mit dem Denken verwandt erscheinen. Die Dinge trennscharf voneinander zu halten und dabei gleichzeitig den Raum dreidimensional zu erfassen, das ist so nur den Augen gegeben. Die Fähigkeit des Denkens, Hintergrund und Vordergrund zusammenzuhalten, die Dinge dabei aber voneinander zu unterscheiden usw., ist dem ähnlich.

Gleichzeitig wird bei Bildern und Szenen das Gefühl stark angefasst, wenn der Bildinhalt auf Wesentliches reduziert und in seiner Konfiguration symbolisch-mythisch gestaltet ist. Man erkennt im Teil das Ganze (z. B. die Bilder von verölten Vögeln im Golfkrieg). Die Werbung weiß das alles längst und nutzt es.

Die Optik des Inneren ist bei der Mehrheit der Kirchen z. B. in einer Stadt wie Hamburg belanglos. Etwas wahllos und pseudorätselhaft beschriftete Paramente vorn, ein abgestelltes Redepult, eine für die kleine Anzahl Menschen im Raum überhöhte und entrückte Kanzel, der Altar mit obligatorischer Nelken- und Leuchtersymmetrie, vollkommen spannungslose Anordnung all dieser Dinge, ein herumstehendes Mikro, ein angestrengtes Kunstwerk über allem oder ein überbordender Hochaltar, kahle Bankreihen, die zwischen Altarstufen und erstem Sitz kaum Platz zum Atmen lassen, alles eingetaucht in Neon oder eine ähnlich diffuse Bahnhofsbeleuchtung, der Raum nach außen abgeschirmt durch dicken Stein, irgendwo bunte Glasfenster.

Dagegen gibt es Kirchgestaltungen, die eine starke Farbfläche als Hauptakzent in die Mitte des Altarraums stellen, eine andere Kirche ist komplett in Blau gehalten – mit zum Teil rötlichem Fußboden. In einer weiteren steht ein blühender Baum im Wasserbehälter, Licht wird mit einfachen Scheinwerfern gezielt auf ein bis zwei Objekte im Raum gerichtet, die hervorgehoben werden sollen – so gewinnt der Raum an Tiefe und Geheimnis, Kerzenbäume gliedern den Raum usw.

Wenn in einer Kirche das Auge mitessen soll, dann braucht es optische Haltepunkte, Flächen, auf denen es verweilen kann, Objekte, die neugierig machen und zum Nachsinnen anregen. Die oft steif angeordneten Prinzipalstücke (Kanzel, Altar, Taufe) und das Parament stellen keine ernst zu nehmende Gegenwelt zu den optischen Sensationen der Kinowerbung dar. Die Stille einer monochromen, großen tiefblauen Leinwand z. B. schon eher.

Gemeinsame Raumgestaltung mit Gemeindegliedern unter Anleitung eines*einer Künstlers*Künstlerin ist in einigen Kirchen beliebte und aufschlussreiche Übung. Sie erschließt dem Auge und dem geistlich gesinnten Verstand ganz neue Welten. Der weiße Talar kann Taufe und Trauung auch farblich deuten (Tauf- und Brautkleid in Bezug auf Gott). Der schwarze Talar die Bestattung und den lehrhaften Gottesdienst.

Die Augen sehen auch, wenn Pastor*innen oder Gottesdienstgestaltende nicht stehen, sondern schwanken, wenn sie verlegen umherstehen und nicht wissen, wohin mit den Händen.

Die den Augen verwandte innere bildliche Vorstellungskraft sieht etwas, wenn Lektor*innen selbst beim Vorlesen etwas vor dem inneren Auge sehen – sonst bleibt nur frommes Geräusch.

Hören

Das ist der Sinn, der Verläufe wahrnehmen kann. Ebenso Tonfolgen. Tonschichtungen, die übereinanderliegen (Wahrnehmung von komplexer Gleichzeitigkeit).

Die Person entsteht, sie entfaltet sich und reift – gerade im protestantischen Verständnis – durch das Hören des Wortes, aber auch der Musik und aller Geräusche, die die Welt bedeuten. Hier liegt kirchlich evangelische Stärke. Die Choräle, das Singen, die Chorwerke, das geschliffene Wort – all das kann den Menschen über Jahre formen. Geschichtliches Verständnis ist im Hören begründet, denn keine Überlieferung gelingt im Prinzip ohne das gesprochene Wort. Denn das Hören kann in besonderer Weise *Abläufe* begreifen. Es versteht »Nacheinander«, indem es winzige Etappen des Klangs aneinanderreiht – vorwegdenkt, während es noch nachhört.

Per-sonare = Hindurchtönen ist ein Synonym für den Menschen. *Personare* lässt sich als Symbol für die Person verstehen, deren Identität darin besteht, dass etwas von außerhalb ihrer selbst durch sie hindurchtönt und sie »intoniert«. Auf diesen Anruf Gottes oder der religiösen Botschaft reagiert ihre eigene Vitalität, indem sie sich auf die des Himmels einstimmen lässt. Eine Art existenzielle Resonanz, die wiederum im eigenen Wort mündet. Wie es in sie hineintönt, so wird sie und so tönt es heraus. Man denke nur an herumkommandierende oder stille Kinder.

Mit dem Hören korrespondiert deshalb das eigene Sprechen und Singen. Stimme – Kehle – Seele sind im Hebräischen gleichgesetzt und bezeichnen den engen Zusammenhang von existenzialer Befindlichkeit und Stimmklang.

Hier ist noch manches zu entdecken. Ich denke an den salbungsvollen Kirchenton, der viele Reden zu schlechtem Laienspiel verkommen lässt. Als sei das ein Markenzeichen religiöser Rede, dass sie daherkommt wie ein Märchenonkel, der zu Kindern spricht.

Die ganze Gemeinde kann tonlos werden, wenn sie zum Singen selten wirklich die Stimme erhebt und dann oft von der Orgel zugeschaufelt wird, die oben ergänzen will, was unten fehlt. Oder wenn man so weit verstreut sitzt, dass niemand die*den andere*n hört.

Das Hören ist nicht abschließbar. Mit dem ganzen Körper (nicht nur übers Ohr) sind wir über die Schwingungen der Töne verbunden. Der ganze Körper hört, die Haut auch, die Organe durch die Vibration. Daher will sich auch der ganze Leib bewegen, wenn er aus sich Töne entlässt.

Predigt und Wort sowie Orgel und Choral im Gottesdienst stellen ein starkes, aber beschränktes Segment von Tonalität dar. Andere Klänge, v. a. Kombinationen aus unbekanntem Klang und bekanntem Wort, können ergänzen. Sie machen neugierig, beleben das Vertraute, z. B. durch Unterlegung von Text durch Musik, Zwischenspiele oder Geräusche (Zimbeln, Windräder) beim Lesen des Psalms u. v. a. m.

Folgen für ergänzende und belebende Arbeit an der Sinnlichkeit im Gottesdienst
Manchmal ist es sinnvoll, einen Sinn vorübergehend auszuschalten, damit sich die Wahrnehmung mithilfe anderer Sinne schärfen kann. Das Sehen würde ich zuerst ausblenden, weil darüber die Kontrolle am stärksten funktioniert. Christ*innen in Mittel- und Nordeuropa sind sehr kontrolliert. Da hat der Heilige Geist kaum Chancen, in andere Regionen als die des »sehenden« Verstandes einzudringen.

Jugendliche und Erwachsene lernen ihre Kirche neu kennen, indem sie einander in Paaren (eine Person führt eine andere, die die Augen geschlossen hält) durch den Raum geleiten. Tasten, Hören und das Gleichgewicht, der Sinn für wichtige Orte im Raum, all das wird angeregt, wenn die Augen nicht dominieren.

Der ganze Mensch reagiert auf Botschaften. Wenn z. B. ein*e Pastor*in probeweise in der Kirche stehen und gehen darf, wo und wie er*sie will, dann führt ihn*sie sein*ihr Körper meist noch an andere Orte als an die räumlich verordneten (Kanzel, Altar usw.). Nicht immer sind Kanzeln oder Redepulte an den Stellen angebracht, die für den Raum und die Menschen entscheidend sind. Viele Kanzeln und Redepulte, die ich gesehen habe, stehen in Energielöchern, außerhalb von Konzentrationsfeldern. Wer dort spricht, muss gegen den Ort kämpfen und ist erstaunt über den unerklärlichen Kraftverlust (vgl. Jordan 2004). Man kann sich – als Pastor*in wie als Gottesdienstteilnehmer*in – die Freiheit nehmen, den Raum selbst neu zu entdecken. Dadurch erschließt sich oft erst dessen Kraft und Botschaft wie auch die eigene Stellung zum Raum und dessen Aussage. Die Kirchenpädagogik hat da vieles entdeckt und vermittelt.

In der Arbeit an liturgischer Präsenz, die Hauptamtliche brauchen, um Gottesdienst halten zu können, zeigt sich immer wieder, was für überraschend neue Einfälle entstehen, wenn man den Körper in der Kirche machen lässt, was er will:

Ein Pastor z. B. war zu Beginn des Gottesdienstes immer sehr unsicher, wo er stehen und was er sagen sollte. Der ganze Altarraum war ihm fremd. Als er nach etwas Anwärmen und unter Aufwendung seines Mutes im Talar durch den Altarraum gekullert war, den Altar blind gestrichelt hatte, den Klang des Raums – ohne zu schauen – mit der eigenen Stimme erkundet hatte (wie Kinder es oft in Kirchen tun) und sich lange an den großen Altar gelehnt hatte, wusste er fortan genau, wo er stehen musste. Das alles fast, ohne hinzusehen, nur der körperlichen Intuition nachgehend. Diese Entdeckung war für ihn beglückend und gab ihm einen neuen Ausgangspunkt (räumlich und geistlich) für seine Art,

Gottesdienst zu halten. Beglückend vor allem deshalb, weil die Entdeckung nicht erdacht, sondern vom ganzen Menschen gefunden und dadurch evident war.

Andeutung des Gleichgewichtssinns
Diesem Sinn entspricht das hochkomplexe Feld der Dramaturgie im Gottesdienst. Wie es der Körper über seinen Sinn im Mittelohr versteht, auf Schieflagen zu reagieren und sich auszubalancieren, so kann sich auch das Geschehen im Gottesdienst aus Schlagseiten erheben.

Es ist wichtig, ein Gleichgewicht herzustellen zwischen Spannung und Entspannung, zwischen laut und leise, Trauer und Heiterkeit, dichter (Gedicht, Stille) und episch breiter (lange Lesungen, Pachelbel-Musik) Zeiteinteilung, zwischen Zentrierung im Raum (nach vorn oder in die Mitte) und Ausbreitung (gehen im Raum, Seitenaltäre verwenden), zwischen Spannungshöhepunkt und Anlauf bzw. Abgang, zwischen einem*r und vielen, zwischen Gesang und Wort, zwischen Handlung und Hören, natürlich zwischen Bewegung und Verweilen am Platz usw.

Kein Körper erträgt die gleiche Lage oder Haltung über eine lange Zeit. Er verlangt nach Wandel und Ausgleich. Der Gleichgewichtssinn im engeren Sinne hält den Leib aufrecht und lässt Orientierung zu. Oben und unten sind identifizierbar, die Stellung im Raum wird verlässlich.

Im weiteren Sinn sorgt er für Abwechslung bei Körper, Geist und Seele. Das Gleichgewicht der Impulse möchte jeder Mensch mitbestimmen, indem er sich sucht, was er jeweils braucht.

Die Kirche insgesamt wird gegenüber dem Ungleichgewicht der weltlichen Informations- und Bilderflut in ihrem Kult eher mäßigend auf die Menschen wirken wollen. Verlangsamung, sorgsame Rhythmisierung, Einfachheit der Impulse und Innehalten stellen gesellschaftlich im Moment den Pol dar, der im normalen Leben weniger vertreten ist.

Aber wenn es ausschließlich besinnlich wird, langweilt es auch. Wer kennt nicht die intensive Stille nach einem starken Impuls. Hier stärken die Gegensätze einander dramaturgisch, so wie sich Grün und Rot nebeneinander in einem Bild komplementär steigern. In unseren Gottesdiensten haben wir eine Schlagseite hin zur epischen Breite ohne punktuelle Spannung, zum Stillsitzen und Stehen ohne Bewegung, zum Hören ohne Handlung, zur (künstlichen) Depressivität und entsprechend zur (oft künstlichen) Freude, statt echt durch Trauer zu gehen und sich dann auch echt zu freuen. Außerdem sind wir zu leise und selten frech.

Auch der »Leib Christi« hat ein Gleichgewichtsorgan. Es meldet Schieflagen und kann für eine gute Lebensbalance, z. B. über den Gottesdienst, sorgen.

4.2 Erinnerung speist sich aus sinnlicher Wahrnehmung – Wertschätzung nonverbaler Vorgänge im Gottesdienst

Ich habe in 20 Jahren überregionaler Beratungsarbeit am Gottesdienst ca. 350-mal Gruppen zu Beginn der Arbeit am Gottesdienst gefragt: *Was erinnerst du aus einem Gottesdienst als sehr dicht und berührend?* Da saßen Prädikant*innen, Pastores, Ehrenamtliche, Diakon*innen, Bischöf*innen, Kirchenrät*innen, Konfis, Konfessionslose, Gottesdienst-Teams u. v. a. – insgesamt ca. 4500 Menschen –, das ist schon fast repräsentativ. Man konnte etwas aus der Leitungsrolle im Gottesdienst wie auch etwas aus der Konsument*innenrolle sagen. Jede*r konnte erwähnen, was er*sie wollte.

Über 90 Prozent haben sofort *Atmosphären* und *Szenen* geschildert: wie ein Kind im Mittelgang tanzte, wie jemand Hände auflegte, wie ein Groove entstand beim Singen, wie das Licht in die Kirche fiel, wie die Orgel ganz leise tönte, wie sich die verschiedenen Hände Brot und Wein entgegenstreckten, wie etwas schiefging und gerettet wurde, wie eine Prozession alle bewegte usw.

Deutlich unter 10 Prozent erwähnten die Predigt. Selbst die Profis, die ihren eigenen Gottesdienst erwähnten, sprachen ganz selten von ihrer Predigt als einem dichten Moment, sondern nannten etwas Szenisches. Das waren ausnahmslos freiwillige Selbstauskünfte zu der immer gleichen Frage.

Man ahnt: Die Bedeutung der Predigt für die nachhaltig-vitale Erinnerung ist überschaubar. Viele erinnern z. B. eine schöne Stimme, aber kaum Inhalte. Sie können auf Nachfrage sagen, dass sie mal eine eindrückliche Erkenntnis bei der Predigt hatten, aber dann selten, welche.

Das ist vom Genre her einleuchtend, denn Predigt ist diskursiv und spricht in Deutschland eher den Intellekt an. Die gesamte weitere Ausstattung des Gottesdienstes und der Kirche wirkt eher auf die Sinne. Das Körper- und Seelen-Gedächtnis ist auf Dauer einfach das stärkere.

Das wertet Predigt nicht ab, denn man kann sehr wohl Gutes erleben im Hören auf ein Wort, selbst wenn man später nicht erinnert, was es war. Es bleibt ein Gefühl, gelüftet worden zu sein. Das reicht vielen. Aber dass die überwältigende Mehrheit, die Szenisches, Körperliches, Räumliches und Akustisches nennt, wenn sie Dichte im Gottesdienst (beschreiben) will, gibt schon zu denken.

Das große Übergewicht evangelischer Theorieausbildung an der Uni gilt der *Predigt* (Erstes und Zweites Testament als Schriftgelehrte*r auslegen, Kirchengeschichte kennen und verstehen, philosophische Theologie denken können). Betrachtet man die Wirkung geistlicher Vorgänge allgemein, so fragt man sich, wo die *Ausbildung für Inszenierungen, Klänge und Atmosphären* bleibt. Man kann die Schlagseite zum Reden bei den Anwärter*innen aufs Amt im Vikariat kaum mehr korrigieren. Sie trauen dem deutenden Sprechakt nahezu alles zu und merken dann teilweise enttäuscht, dass es das in der Hauptsache eben nicht ist. Seit das Rede-Genre sich auf mehr Poesie, Poetry-Slam und auch auf Dramaturgie besinnt, ändert sich da etwas.

Die vorfindliche Liturgie ihrer Gemeinden empfinden Amtsanwärter*innen oft als steif und leblos. Wie ein Raum aufgebaut ist, wie das Licht geführt wird, wie und wo man sitzt, die Temperatur des Raums, wie die Musik eingespielt und angeleitet wird, wie eine Dramaturgie aussieht, die atmet, wie Tempowechsel und Pausen wirken – all das ist den meisten Profis und Ehrenamtlichen auch im fortgeschrittenen Alter ein Rätsel.

Wo hätte man das auch nachhaltig gelernt?

Klar, die Leute wollen die Predigt, sie wollen auch Anregung für ihre Gedanken. Das soll selbstverständlich weiterentwickelt werden. Aber die Nachlässigkeit an vielen Orten mit dem sog. »Rahmenprogramm« scheint mir sträflich.

Dabei leben wir alle in einer durchinszenierten Welt. Wir genießen gestaltete Räume und weltliche Liturgien aller Art in Konzerten, Events, im Kino und in den Medien. Da predigt ja selten jemand. Und das verlangt auch niemand, sondern man ersehnt eine anrührende Szenerie, Geschmäcker und Klänge, oft auch Bewegung. Besonders Menschen mit kleinerer Bildung (öfter in den Kasualgottesdiensten vorfindlich) reagieren stark auf Atmosphären jenseits des Wortlauts. Kirchenferne entern Bach-Passionen. Da gibt's keine Predigt. Da gibt's große Gefühle.

Es hat sich vieles getan in den letzten 30 Jahren. Kirchliche sind deutlich bewusster für diese Dinge. Aber ihnen fehlt weiter das Handwerkszeug. Sie reagieren verschnupft, wenn jemand fordert, Spiritualität solle spürbarer sein, Atmosphären möchten bitte inszeniert werden. Sie geben dann oft vor, dem Heiligen Geist nicht ins Werk pfuschen zu wollen. Aber ich glaube, das ist eine Ausrede. Denn sie wollen ja mit großer Energie sprachlich bei der Predigt dem Geist wirken helfen, da haben sie kaum Scheu zu sagen, was und wie es geht. Obwohl ein Schweigen oder eine Andeutung manchmal dem Geist mehr Raum gäbe.

Man kennt sich einfach in den Dramaturgien nicht so gut aus und verlegt sich dann lieber aufs Reden. Solange Menschen das weiter haben wollen, ist dagegen nichts zu sagen. Aber die Zeiten ändern sich gerade empfindlich. Originalerfahrung und Gemütswelten sind stark gefragt inmitten einer stark medial vermittelten und abgesicherten Welt. Viele kleine Menschen müssen erst im Kletterkurs lernen, dass sie einen Körper haben.

Kirchräume und das Erleben darin bieten eine Chance, sinnlich zu sich und etwas Großem auf die Spur zu kommen. Spirituelle Kirchenführungen, Pilgerwege, Musik-Erlebnisse, freies Singen ohne Noten – all das und vieles mehr geben Spuren vor, denen man auch im Gottesdienst folgen kann. Nicht gegen die Predigt, aber deutlicher für das Gesamtkunstwerk Klang-Schau-Körper-Spiel-Raum.

4.3 Spiritualität und Bewegung – jede Bewegung verändert Denken und Glauben

Frau Ebert setzt sich morgens vor der Arbeit vor ihr großes, offenes Fenster, das bis zum Boden reicht. Das kleine Metallkreuz auf der Schwelle. Im Winter hockt sie da im Mantel. So verbringt sie stille 15 Minuten. Jeden Tag. Die leise Bewegung der Bäume, davor das Kreuz. Was immer ihr in den Sinn kommt, das nimmt sie wahr und hält es Gott hin, damit er's nimmt. Bei alldem sitzt sie still. Zum Schluss ein Lied, das sie liebt.

Diese Form hat sie für sich entdeckt zusammen mit anderen, die neun Monate eine kleine nordelbische Gebetsschule besucht haben.

Ich möchte im Folgenden den Gestaltungsspielraum für individuelle Frömmigkeit/Spiritualität etwas erweitern, speziell in dem Spannungsfeld Bewegung und Bewegungslosigkeit.

Herr Konze aus dem gleichen Kurs will sich beim Beten bewegen. Er möchte auch nicht drinnen sitzen. Er macht sich vor der Arbeit fertig, geht in den kleinen Park nebenan und setzt seine Füße leicht und rhythmisch voreinander. Nach zwei bis drei Minuten hat er den eigenen Takt gefunden, jetzt kommt sein Geheimsatz dazu. »Gott, ich gehe dir entgegen.« Immer wieder sieht man ihn heiter und murmelnd eine Viertelstunde lang durch seinen Park mit dem kleinen versiegten Springbrunnen … ja, was sieht man ihn? Es hat etwas von einem Tanz, der einem tiefen inneren Takt folgt. Da er das nun schon zwei Jahre wiederholt, ist es ihm so selbstverständlich wie Anziehen oder Atmen. Zum Schluss die Arme strecken gegen den Himmel, auch bei Regen. Dann ins Haus, Aktenkoffer holen und los.

Herr Konze hat anfangs auch still gesessen. Aber er wurde zappelig. Dann sagen natürlich die Gelehrten, da müsse man durch, das gehöre dazu usw. Aber er war sich schnell sicher: Ich will nicht bewegungslos beten.

Die behutsamen Einweisungsversuche der Kirche ins Beten fallen inzwischen auf fruchtbare Böden. Wer Inhalte und Formen der eigenen Spiritualität klar zeigt, ohne sie verbindlich für alle Anwesenden machen zu wollen, wird gehört. Er*Sie muss an der Stelle natürlich etwas zu bieten und Erfahrung haben. Wer offen, warmherzig und transparent Menschen zu einer eigenen Gebetspraxis führt, wer dabei wach und freigiebig bleibt für ihre eigenen kleinen Entdeckungen bei der Suche, wird viele Interessierte finden. Die kommen nicht unbedingt aus dem kirchlichen Raum. Aber sie sagen: Wenn mir einleuchtet, was du zeigst, wenn du mich klar und frei von Absichten führst, versuch ich es. Und dann sitzen da plötzlich Menschen, die man sich sonst immer in der Kirche gewünscht hat, und es geht los. Und sie sind auch dankbar für jede Klarheit, die christlicher Spiritualität ein Gesicht gibt.

Sehen wir Formen an, die Gebetsinitiativen der Kirche unterrichten, so erkennen wir eine Tendenz:
- Es geht oft still zu. Mal ist die Stille Versatzstück zwischen Impulsen, dann ist sie Hauptgebetsweise – stilles Sitzen z. B. bis hin zu einem oder mehreren Tagen mit Pausen. Laute Impulse habe ich noch nie erlebt.
- Es geht meditativ zu, das heißt, wenn Worte kommen, dann aus dem Lauschen und mit langsamerem Tempo als normal.
- Man singt, aber auch keine kirchlichen Schlager, sondern Kreisgesänge, Rufe und Gregorianik, die eher in die gedämpfte Schwingung führt.
- Die Raumordnung der Anwesenden ist tendenziell zentriert, in die Mitte, nach vorn, nach oben. Manche Meditationsweisen brauchen keine äußere Richtung im Raum.
- Wenn die Menschen frei gelassen werden hin zu ihrem Eigenen, dann meist im Schweigen.
- Gelegentlich ist eine Sitzung verbunden mit dem Gehen im Kreis. Ohne Worte.

Ich sehe eine Tendenz:
- Kirche führt bewusst heraus aus dem Trubel. Sie entkoppelt die Stressfäden, die die Marionetten von einem Termin zum anderen schleifen.
- Kirchliche Spiritualität sucht gern den »Ander-Ort« auf, eine stille Kapelle, den abgedunkelten Seitenraum der Ortskirche, manche Krypta erlebt eine neue Hochzeit.
- Sie eröffnet die »Andere Zeit«, die nicht durch Forderungen getaktet ist. Sie erlaubt es, sein zu lassen, was sein will. Oder sie wendet sich – für Alltagsverhältnisse lange – einer Sache zu.
- Kirchliche Spiritualität geht in der Tendenz von der These aus, man müsse die Menschen erst mal aus dem Getöse der Alltäglichkeiten heraus zu sich und Gott gleichzeitig und dann wieder heraus in die eher feindliche Welt geleiten.

- Etliche Menschen haben mir gesagt: »Ich würde so gern mal beten. Aber ich mag nicht still sitzen.«
- Andere markieren etwas Typisches: »Hoffentlich kann ich mir das im Alltag erhalten, was ich hier gelernt habe« – oder besser noch: »Ich möchte es *hinüber*retten« (z. B. das Schweigen im Kreis). Als wäre die Welt »draußen« im Prinzip eine ganz andere und ich Meditierende*r in einer Art »Gnaden-Blase«.
- Versuche ich von dem Gefühl der Einheit mit mir und der Gegenwart des Heiligen Geistes »draußen« etwas wiederzufinden, so gelingt das oft erst nach längerer Übung. Wenn überhaupt. In der Straßenbahn kann ich mich an die Weise, zu atmen, erinnern, die mir in der Stille so geholfen hat. In gewissem Sinn »steige ich aus«, blende die quakenden Schulkinder neben mir ab und komme mehr zu mir.

Wenn diese Transformation klappt, erleben Menschen oft ein stilles Glück, denn sie können das Heilende mitten im Getöse wieder er-innern.

Anderen gelingt das nie so recht. Fragt man, warum, dann kommt neben mangelnder Disziplin (leider eine unangenehme Bedingung für wirksame Spiritualität) öfter heraus: »Die bewegungslosen Übungen entsprechen nicht meinem Körper. Der will die Stimmen und Termine anders loswerden.« – »Ich werde nur frei für etwas, wenn ich vorher in Wallung gerate. Sitz' ich still, dann koch ich über.« Manche Jugendlichen wünschen sich z. B. eine heiße Tanzphase zu harter rhythmischer Musik in der Kirche – und dann erst Stille. Will sagen: Es gibt eine Dialektik zwischen laut und leise, zwischen still und bewegt im kirchlichen Raum. Nicht nur als Gegensatz von Welt und Kirche.

4.4 Zur Logik und Konsequenz bei der Findung und Ausführung von Riten – bezogen auf die Arbeit mit Kindern und Jugendlichen

Rituale sind gefragt, weil sie Entscheidungen abnehmen. »Wie machen wir's heute? Wer bin ich? Warum sind wir hier? Wie geht es weiter mit mir und den anderen?« Solche Fragen bedrängen Menschen Tag für Tag. Wir müssen im normalen Leben ständig mehr selbst entscheiden, weil sich immer weniger von selbst versteht. Das muss nicht schlimm sein. Die Fantasie der Leute sucht sich Lösungen.

Rituale schaffen Voraussetzungen für einen Fluss des gemeinsamen Handelns, weil sie nicht immer neu hinterfragt werden. Man kann sich hineinbegeben, muss nicht immer alles verstehen, bleibt aber in Verbindung mit den anderen, die es auch praktizieren, und mit Gott und dem Gottesdienst.

Rituale helfen bei der Aneignung – »by heart« – komplexer Heilsbotschaften. Was als steter Tropfen immer wieder rituell vollzogen wird, prägt sich ein und trägt in selbstverständlicher Weise, ohne dass man darüber nachdenken muss. Das gilt für Gruppen wie für Einzelne.

Wer z. B. jeden Morgen seinen Atem übend reguliert und dabei ein geistliches Wort zusammen mit dem Atmen »wiederkäut«, wird dies Mittel zur Balance der Seele auch in kritischen Situationen erinnern und anwenden. Schließlich wird vielleicht sogar die ganze Person in ihrer Grundhaltung besser ausbalanciert.

Dazwischen haben andere, einmalige und spontane Aktionen und Reden Platz. In der Abwechslung beider Formen, der rituellen und der spontanen, liegt ein Geheimnis einer guten Gottesdienstkultur für Große wie Kleine.

Praktische Hinweise für Leute, die Rituale (er)finden wollen – für sich oder andere

- Ritual lebt von sorgsam gestalteter *Einführung* und von der *Wiederholung*: Überlegen Sie, ob Sie das Ritual monatelang wiederholen können und wollen, ohne sich und die anderen zu überfordern. Wenn Sie alle paar Wochen neue Rituale einführen, schaffen Sie keine Basis für Vertrauen in den Ablauf. Sie reißen ja auch nicht monatlich Ihre Tapete von der Wand und ersetzen Sie durch eine neue.
- Überlegen Sie genau, wie das Ritual verlaufen soll, und vollziehen Sie es vorher real im Raum, sonst vergessen Sie wichtige Kleinigkeiten. Die sollen möglichst immer die gleichen sein. Besonders Kinder achten darauf, aber auch Große.

Ein Beispiel: Wenn man am Anfang eines Gottesdienstes Kerzen in der Sandschale anzünden lässt, muss sie gut stehen, erreichbar sein. Eine Anzündkerze muss brennend in Sand stehen, kleine Kerzen müssen greifbar daneben liegen, das Arrangement muss den Raum zentrieren, darf also nicht in einem entlegenen Winkel des Raums stehen, wo es keine Bedeutung hat, es müssen genug Kerzen für alle und ein paar zusätzliche dabei liegen.

Und Sie werden überlegen, mit welchen Worten Sie einleiten. Beim ersten Mal sagen Sie vielleicht mehr, später werden Sie es knapp halten, denn die meisten kennen sich aus. Und wer neu kommt und sich noch nicht auskennt, wird an den anderen sehen, wie es geht. Eine mögliche Einleitung ist z. B.: »Am Anfang unseres Gottesdienstes ist Gelegenheit, eine Kerze anzuzünden. Für sich

selbst. Für jemanden, der es braucht. Vielleicht für beide. Wenn alle, die das wollen fertig sind, schweigen wir einen Moment und lassen Gott zuschauen, wie wir hier sind.«
- Rituale am Anfang einer wiederkehrenden Veranstaltung sollten gleich sein, damit man wiedererkennt, wo man ist. Ebenso die Rituale am Schluss und bei den Übergängen eines Gottesdienstes (Ankommen, Rausgehen, Wieder-Reinkommen, Wechsel zum Abendmahl, Wechsel zum inhaltlichen Teil, Wechsel von Plenum und Gruppe). Dazwischen können Sie variieren und spontan sein.
- Ein Kindergottesdienst z. B. sollte nicht weniger als drei, aber auch nicht mehr als sieben feste und dauernd wiederkehrende Rituale enthalten. Sonst stellen Sie sich mit lauter Zwängen zu, die Sie immer wieder erfüllen müssen. Man kann eine Veranstaltung »überformen« durch zu viele Rituale. Aber wo sich nichts wiederholt, entstehen weder Struktur noch Heimat.
- Die besten Rituale sind schlicht: ein Segensspruch z. B., den man langatmig auswendig lernen muss, der vielleicht noch mit 10 verschiedenen Bewegungen verbunden ist, prägt sich nicht ein. Es wird mühsam. Wählen Sie eine Geste, die nicht mehr als 3 Einzelteile hat, und strukturieren Sie den Spruch so, dass er in max. 3 kleinen Abschnitten zu sprechen ist. Wählen Sie zum Segen ruhig die alten Worte der Bibel. Die sind für fast alle neu.

Ein Beispiel: Ich-Form als Segen, der anderen zugesprochen wird/Du-Form als Gebet um den Segen in Kreisform.

Gott segne dich/uns und behüte dich/uns.
Gott lasse leuchten sein Gesicht über dir/uns.
Gott erhebe sein Gesicht auf dich/uns und gebe dir/uns Frieden.

Dazu reicht eine einzige Geste, die durchgehalten wird (alle halten die Hände nach oben offen o. Ä.). Oder Sie finden einen Ablauf von drei Gesten (eine für jeden Abschnitt), die auseinander hervorgehen. Die Beteiligten können dazu z. B. auch auf einem Ton summen, Sie sprechen oder singen auf einem Ton darüber.
- Wenn Sie alle Einzelheiten eines Spruches durch entsprechende Bewegungen illustrieren wollen, ist man Ihnen gegenüber höflich und folgsam, empfindet aber nichts, weil man nur mit der Technik und dem Gedächtnis beschäftigt ist.
- Erklärungen verderben ein Ritual. Eine Karikatur: »Die Kerzen am Anfang bedeuten, dass wir alle fröhlich sind und Gott uns ein Licht aufsteckt. Der Sand ist wie der Sand des Meeres, das Gott gemacht hat, und wir alle stecken

darin. Wenn wir unsere Kerzen anzünden, dann bedeutet das, dass unser Glaube und unsere Hoffnung auch entzündet werden durch seinen Heiligen Geist.« Entweder ein Ritual leuchtet von selbst ein oder es stimmt nicht. Dann lässt man es weg, versucht es neu zu verstehen oder ändert es. Ein Ritual lebt davon, dass seine Bedeutung »unscharf« bleibt. Was es meint, entsteht im Betrachter – jede*r macht sich einen eigenen Reim darauf. Kein*e Pastor*in und kein*e Gottesdienstleiter*in hat das Recht, ein Symbol oder ein Ritual für alle zu deuten. Man erklärt seinem*seiner Liebsten ja auch nicht, warum man ihn*sie küsst. Trotzdem spürt man eine bestimmte Grundbedeutung oder einen Bedeutungsrahmen, aber der darf nicht erläutert werden, sonst ist das Geheimnis weg.

- Wenn Sie ein Ritual eingeführt haben, soll es auch in regelmäßigen Abständen wiederkehren. Rechnen Sie in Zeiträumen von Monaten. Neun Monate braucht eine Schwangerschaft, neun Monate braucht der Mensch in der Regel, bis er etwas so in sein Gefühl und seine Haltung übernommen hat, dass er darüber nicht immer neu nachdenken muss. »By heart« sagt die englische Sprache.
- Wenn Rituale »hohl« werden, also nur halbherzig oder unkonzentriert vollzogen werden, dann kann es an Ihnen liegen. Vielleicht sind Sie nicht bei der Sache. Prüfen Sie sich. Es kann auch sein, dass man zu lange immer das gleiche getan hat. Dann kann man etwas ändern. Aber nicht gleich alles. Manchmal reicht eine Kleinigkeit im gleichen Ritual, die anders ist, um das Ganze zu beleben. Manchmal muss es ganz verschwinden. Vielleicht wird es nach längerer Zeit wieder ausgepackt und lebendig.
- Im Prinzip werden Rituale auf Dauer immer nur »halb« vollzogen. Wenn Sie Ihrem Kind zum Abschied immer mit der Hand über den Kopf streichen wie zum Segen und »Mach's gut« sagen, dann wird das über die Jahre nicht mit der gleichen Innigkeit geschehen wie beim ersten Mal. Aber es wird deswegen nicht an Bedeutung verlieren. Das Kind wird sich daran immer erinnern, vielleicht grade dann, wenn Sie nicht da sind. Seien Sie also nicht »super-authentisch«. Viele wichtige und gewohnte Dinge tut man beiläufig. Man kann trotzdem wach dabei sein und muss nicht gleich alles ändern, nur weil mal einer gähnt.
- Wir sind in Summe zu meditativ und zu brav in unserer Kirche. Seien Sie doch bitte frecher und lauter.

Das Interesse vieler Ritualisierungen in unseren Gottesdiensten zielt darauf ab, Menschen einzugliedern in eine gute Ordnung. Diese Ordnung ähnelt aber manchmal auch einem Käfig. Alles muss in der Mitte sein, symmetrisch mit

Bügelfalte, alles muss so laufen, wie wir uns das überlegt haben, alles soll still sein, konzentriert, manierlich. Ritual, Artigkeit und meditative Stimmung werden fast immer gleichgesetzt.

Jede*r kennt aber auch Rituale, die Kraft und Lärm provozieren. Sie gehören genauso in die Kirche wie die stillen Bräuche. Stampfen, Tanzen, rhythmisches Bewegen und Klatschen, Rufen – das ist in allen Kulturen Bestandteil religiösen Rituals, nur in Mittel- und Nordeuropa nicht. Also keine falsche Scheu. Kirche kann auch frech und laut sein.

Themen und Rituale

Wir haben gute und kraftvolle Rituale in unserer eigenen christlichen Tradition:

Das *Abendmahl*. Es ist leider bei den Evangelischen etwas verkommen in den letzten 100 Jahren, aber jetzt wird es als nährendes und gemeinschaftsstiftendes Ritual wiederentdeckt, auch mit Kindern. Dazu gehört ein bisschen Unterricht und Einübung, aber dann ist es bald selbstverständlich und für viele Gestaltungen offen – auch für Kinder und Jugendliche. Dafür lohnen sich gemeinsame, schön gedeckte Essenstafeln, an denen man die Ursprungsszene, das letzte Abendmahl Jesu, nachempfinden kann.

Die *Taufe*. Sie ist zwar einmalig im Leben der Christ*innen, aber etliche Riten können an sie erinnern – oder auch einen Vorgeschmack darauf geben. Beispielsweise können Menschen ein Kreuz in die Hand oder auf die Stirn gezeichnet bekommen – mit Taufwasser. Sie können mit dem Wasser besprizt werden (z. B. im Anschluss an eine Taufe) – wie es in vielen Kirchen in der Osternacht üblich ist. Taufgedächtnisse ein Jahr nach der Taufe können allen Täuflingen zuteilwerden, die eingeladen sind zu einem speziellen Gottesdienst dafür. Der Name eines Täuflings kann bei der Taufe oder am Taufgedächtnistag in der Kirche von allen gerufen werden– durcheinander oder im Chor.

Der *Segen*. Es gibt eine Fülle von Segensformen und -texten. Wenn ein Segen mehr als fünf Sätze hat, wird er langatmig. Wählen Sie lieber kürzere, die sich auch für zu Hause einprägen. Es gibt kaum heimische Ritualkultur, die Mütter und Väter ohne Aufwand z. B. mit ihren Kindern betreiben können. Ein kurzer Segen mit einer klaren Geste hilft Menschen vielleicht als Modell, es einmal selbst an- oder miteinander zu versuchen.

Segen wird nicht abgelesen, er wird frei zugesprochen. Beim Auswendiglernen werden Sie selbst merken, welche Formeln zu kompliziert sind. Sagen Sie nur das, was Sie selbst auswendig wiedergeben können. Nur das können sich auch andere merken.

Kinder können Erwachsenen die Hände auflegen und einen Segen sprechen. Umgekehrt ist es üblicher, aber warum nicht einmal so?

Das *Beten*. Gebetszeit ist heilige Zeit. Leiten Sie sie klar ein (z. B. durch einen Klang, einen Ruf, einen wiederkehrenden Gesang). Lehren Sie die Gesten, die möglich sind. Diese müssen nicht alle gleich sein. Menschen einer Gruppe dürfen gern *gleichzeitig* in verschiedenen Haltungen beten – liegend, stehend, kniend, sitzend. Augen können geschlossen oder offen sein. Kirche ist keine Kaserne. Respektieren und erforschen Sie, dass Kinder und Große verschiedene Bedürfnisse haben, wenn sie in sich und zu Gott gehen. Lassen Sie Stille beim Beten aufkommen. Es muss nicht immer etwas (von Ihnen) gesagt werden. Strukturieren Sie stille Gebetszeit durch kleine Zwischengesänge für alle, dann wird der*die Einzelne an die Gemeinschaft erinnert. Wenn Sie beten, beten Sie direkt zum Himmel, verpacken Sie keine Lehrsätze in Ihr Gebet.

Ein Ruf wie »Gott, wir möchten so gern, dass Melanie gesund wird. Bitte hilf!« ist mehr wert als ein Satz wie »Gott, du gedenkst der Großen und der Kleinen. Gib, dass wir alle mehr begreifen, wie wichtig das Zusammenleben in der Gemeinde ist.« Das ist ein versteckter Appell, kein Gebet.

Jeder *Raum* spricht, ohne dass man darin etwas sagt. Wenn Sie in lieblosen Räumen feiern, können Sie noch so nett sein, Sie kommen schwer gegen den Raum an. Wenn Sie ihn nicht gestalten, kann er Ihr Gegner werden.

Man kann überall Gottesdienst feiern, klar. Aber Menschen sind ihrer Kirche oft entfremdet. Gehen Sie, wo und wann immer es geht, in die Kirche. Das ist ein wesentlicher Ort für Gottesdienst. Richten Sie sich dort ein. Räumen Sie Bänke weg, damit Kinder auf den ausgelegten Teppichen miteinander und mit Ihnen sitzen können. Holen Sie die anwesenden Erwachsenen beim KiGo auch dazu. Besetzen Sie Ihre eigene Kirche mit den Kindern. Erforschen Sie den Raum blind und mit anderen kreativen Mitteln. Übernachten Sie dort mit den Menschen Ihrer Wahl, z. B. mit Konfirmand*innen oder einer Kindergruppe – (Kirchen-)Schlaf ist gesund und schafft Vertrauen in den Raum und seine Rituale.

Wir haben viele heilige *Geschichten*. Ritualisieren Sie das Vorlesen oder Erzählen. Ein Vorspruch, ein Klang, eine besondere Sitzform, wie Sie die Kerze entzünden, wie Sie oder jemand anderes das dicke Buch holen, wie Sie nach dem Text suchen – all das kann Aufmerksamkeit anregen und Geschichte einleiten.

Gehen Sie sparsam mit Bildern um. Wir sind immer schon von vielen Bildern umgeben. Lesen Sie lieber so langsam oder erzählen Sie so, dass Sie selbst innere Bilder sehen. Dann sehen Ihre Zuhörer*innen auch welche. Wenn Sie bei der Sache, bei der Person, bei der Handlung, bei dem Licht in der Geschichte sind, sind die anderen auch bei der Sache und hören hin.

Das Ende einer Geschichte kann mit einem Spruch bezeichnet werden, gern auch mal laut. Manche verwenden einfach einen Satz wie »So hat es Gott gewollt, und alles kommt von ihm. Amen.« oder »Wort des lebendigen Gottes.« – Alle rufen: »Aaaaaa-men.«

Haben Sie keine Angst vor alten Sprüchen – im Kontrast mit der Ausdrucksweise der Kinder und der normalen Sprache können Sie gut und heilsam wirken (z. B. Luthers Morgensegen im Ev. Gesangbuch Nr. 815). Das Leben wird eintönig, wenn es nur in unserer Sprache klingt. Die alten und zum Teil schrägen Sätze zeigen auch andere und spannende Welten.

Teil B

Gottesdienst im Detail

1 Liturgie verstehen

1.1 Kraftschreie – der Unterschied von Information und Proklamation

Die Abi-Klasse hat sich nach allen Prüfungen in drei Strandhäuser im Süden Dänemarks eingebucht und feiert miteinander das Ende der Gemeinschaft und der Schulzeit. In diesen Tagen geschieht viel: Zwei Beziehungen gehen aus dem Leim, vier neue entstehen, einer war plötzlich verschwunden und wurde weinend am Strand gefunden, einige singen andauernd zusammen Nena-Lieder. Nachts tiefsinnige Gespräche, Schreie am Strand, kleine Schwüre des Vertrauens und immer wieder der Blick ins Leere gegen fünf Uhr morgens. Hennestrand heißt der kleine Ort, dessen Weite und Ortlosigkeit auch manch inneren Zustand der Leute beschreibt.

Wenn sie nachts gefeiert haben, singen sie gegen Ende einen selbstgebastelten Schlachtenruf, der endet mit dem Kehrvers *Mund und Hand am Hennestrand*. Soweit diese mehrdeutige Symbolbildung.

Zuhause stellt sich der Sozialkater ein, manches erscheint im Nachhinein, als hätte man geträumt. Die Augen glänzen, wenn eine*r erzählt. Geile Zeit. Wenn sie sich in kleinen Gruppen treffen, bildet sich bei ihnen ein Gruß aus, den niemand außer ihnen versteht: *Mund und Hand am Hennestrand*. Laut kommt dieser Ruf, die Hände klatschen sich ab, und auf den Gesichtern liegt Glanz. Jeder hat Bilder bei diesem Ruf, und die ganze Reise ist mit diesen paar Worten präsent. Mehr noch: Alle sind gleich wieder eingetaucht in die Atmosphäre der Tage – wie in einen Geruch oder einen Klang, der alle Glieder durchdringt. Dieser Gruß hat für eine Weile alle anderen Grußformen ersetzt, die sonst üblich waren (Hi, Moin, Schweigen). Sie sagen auch nicht: *Hallo – Mund und Hand am Hennestrand*, sie sagen nur das Codewort, und das reicht.

Soweit diese kleine Beobachtung aus dem wirklichen Leben. Man könnte hier liturgischen Hintersinn aufspüren.

Die Kraft, die den 18-Jährigen aus der unvermittelt ausgestoßenen Formel zuwächst, hat damit zu tun, dass sie unmittelbar an eine Erfahrung anknüpft. Würden Sie sagen: »Hallo, welcome, Mund und Hand ...« oder »Wir sind ja heute hier in Erinnerung an Mund und Hand ...« – die unmittelbar evidente Wirkung des Slogans wäre dahin. Aus dem puren Aufruf der vergangenen und gegenwärtigen Wirklichkeit einer großen Reise ins andere Leben würde Magerkost: schale Information, in bürgerliche Formen eingepasster Kraftschrei.

Auch in 40 Jahren werden sie beim Klassentreffen wieder diesen Ruf pur verwenden. So etwas verbraucht sich nicht.

Kann es sein, dass die alte und wuchtige Formel »Im Namen Gottes, des Vaters, des Sohnes und des Heiligen Geistes« fein und wortreich kastriert werden soll durch allerlei Infos wie: »Wir feiern heute im Namen ...« oder »Ich grüße Sie im Namen Gottes ...« oder »... weswegen wir nun feiern im Namen Gottes ...«?

Hätten auch ein paar der Anwesenden mit diesem Wort etwas Wichtiges erlebt, z. B. auf einer Konfi-Freizeit, wo diese Formel immer nachts beim Gottesdienst draußen dreimal laut geschrien wurde – sie würden sich diese Einebnung ihres Kraftspruchs nicht gefallen lassen. Aber niemand verbindet mit der Tauffformel vitale Bilder, es ist weichgekochtes Gemüse unter anderen Gemüsen, man schluckt es, ohne zu kauen. Es ist nun Teil eines Stroms aus Informationen, der über uns rinnt zu Beginn des Gottesdienstes. Alles geht weiter wie im (un)wirklichen Info-Leben.

Gern geraten Kraftschreie so ins allgemeine Moderationsgemenge – z. B. »Wer sein Leben verlieren wird, wird es gewinnen, mit diesem Wochenspruch begrüße ich ganz herzlich alle Eltern und Konfirmanden, die Kollekte des letzten Sonntags erbrachte 82 Euro 38 Cent, wir danken allen Gebern, wir feiern heute den Gottesdienst mit Heiligem Abendmahl, zuerst kommt der Kelch mit Saft und beim zweiten Tisch dann der Kelch mit dem Wein, danke auch dem Kantor A. und der Küsterin F. sowie dem Altenkreis unter der Leitung von Frau H. für alle Vorbereitungen ...« (Live-Mitschnitt).

Es gibt Gemeinden, die haben die trinitarische Tauffformel zu Beginn des Gottesdienstes der Gemeinde übergeben. Alle sprechen sie im Chor und laut auf ein Zeichen (Orgel-Tusch oder Wink). Ohne »Wir feiern«. Nur diese Formel – pur. Dazu vielleicht sogar die Sitte, sich zu bekreuzigen (wer will), damit Kraftspruch und Aneignung eine Einheit bilden.

Auch der Wochenspruch (wenn er denn Kraft hat) lässt sich stückweise vor- und von allen nachsprechen – »call and response«.

So bilden sich im Gottesdienst selbst ähnliche Traditionen wie bei den Abiturient*innen in Dänemark. Man muss nicht warten, bis Menschen außerhalb des Gottesdienstes initiatorische Erlebnisse mit dem Dreieinigen haben, das geht auch im Gottesdienst selbst.

So könnte die alte Form der »Proklamation«, des Aufrufs einer starken Wirklichkeit, wieder an Kraft gewinnen. Diese wunderbar unerklärlichen Kraftschreie werden einfach zelebriert, aufgerufen, nachgerufen, und alle wissen plötzlich wieder, wo sie sind: bei Gott.

1.2 Hinweise auf liturgische Kleinigkeiten – abgegriffene und missverständliche Formeln

Wer etwas sorgfältig zeigt, singt oder erzählt, verbreitet Atmosphäre. Als Teilnehmende*r im Gottesdienst kann ich ausspannen, mich leiten lassen, ich muss keine Angst um den Ablauf haben und kann mich anvertrauen. Wenn das durch Stolperer und Ungeschicklichkeiten immer wieder durchkreuzt wird, komme ich nicht zur Ruhe. Ich überlege, ob ich etwas falsch verstanden habe, ob ich helfen kann usw. Eine klare Führung entbindet mich davon.

Deshalb lohnt es sich, auch im Kleinen liebevoll zu sein. Nicht um der Genauigkeit selbst willen, das wäre zwanghaft. Das gibt es auch im Gottesdienst. Dann wird es kalt.

Es gibt eine Liebe zum Detail, die entspringt aus der Liebe zur Sache. »Die Sache« wäre hier der gute Fluss des Gottesdienstes, der Menschen in ihr Eigenstes führt, indem er sie bei Gott ankommen lässt. Insofern ist die warmherzige Sorgfalt die, die einen Raum eröffnen möchte für das Dasein bei Gott. Wer dies übt, lernt viel über die Regeln der Kommunikation überhaupt. In der Folge ein paar Hinweise, die auf der Reise durch unzählige Gemeinden entstanden sind.

Begrüßung und Eröffnung

Begrüßung

Die *Begrüßung* im Gottesdienst gilt den Anwesenden auf mitmenschlicher Ebene. Wenn ich an der Tür schon begrüßt habe, muss ich das in der Liturgie nicht mehr tun. Ich beginne dann gleich liturgisch (s. u.).

Ich begrüße im Gottesdienst eher nicht mit »Ich begrüße Sie ...«, sondern etwas offener mit »Willkommen – in der Kirche, in Gottes Haus, im Gottesdienst ...« Ich bin weder Autor noch Veranstalter. Ich führe durch Räume, in die ein anderer eingeladen hat.

Meine Begrüßung erfolgt *mit einer Pause abgesetzt* von der Eröffnung.

Eröffnung

Die *Eröffnung* benennt den geistlichen Raum, in den wir jetzt mit der Liturgie gehen. Das geht frei oder mit den bekannten geistlichen Formeln (s. Gottesdienstbuch).

Der Wochenspruch ist keine agendarische Form, wird aber oft verwendet. Wenn ich einen solchen Spruch sage, dann nicht in einem Atemzug mit der Begrüßung: »Ich begrüße Sie mit dem Wochenspruch *Wer sein Leben verlieren wird, der wird es gewinnen.*« Seltsamer noch: »Ich begrüße Sie sehr herzlich im Namen Gottes, des Vaters, des Sohnes und des Heiligen Geistes!« – als käme ich gerade vom Frühstück mit dem Lebendigen. Dieser Stilsalat aus direkter und symbolischer Rede banalisiert geistliche Kernsätze.

Entweder ich begrüße – dann freundlich informell und zugewandt – oder ich stelle geistliche Wertstücke in den Raum – das dann klar und abgesetzt von allem anderen.

Ich finde viele Wochensprüche am Anfang des Gottesdienstes nur bedingt geeignet. Sie eröffnen auf die Schnelle gesprochen nichts und wirken oft wie eine Wasserstandsmeldung.

Lieber sage ich *einen überlegten Gedanken* (keine Predigt), der das Thema des Tages aufnimmt und neugierig macht, und beschließe das mit der Salutatio und der trinitarischen Formel (die an die Taufe erinnern will).

Wenn ich die Salutatio verwende (»Gott sei mit euch« oder »Friede sei mit euch«), dann *spreche* ich. Die gesungene Salutatio überrascht die Gemeinde fast immer, wenn sie als erste und einzige liturgische Äußerung am Anfang ertönt. Das wirkt leicht etwas aufgesetzt. Oder die ganze Eingangsliturgie ist gesungen – dann ist man sowieso in einem bekannten Lauf.

Die *Begrüßung* ist vom liturgischen Standpunkt aus entbehrlich, die *Eröffnung* nicht, denn sie unterscheidet unsere Zusammenkunft von der eines Vereins.

Der Ort der ersten Worte

All das spreche ich *aus der Mitte des Altarraums,* nicht vom Pult, denn ich will keine amtliche Verlautbarung hinter einem Katheder geben, sondern den geistlichen und menschlichen Raum eröffnen. Ich spreche ohne Ringbuch frei, damit man mir die Aufnahme von *Beziehung* glaubt. Eine Begrüßung oder Eröffnung mit Ringbuch ist wie ein Kuss mit Mundschutz. Wer so viel Text spricht, dass er ihn sich nicht merken kann, will zu viel.

Rhetorische Regel: maximal drei Bewegungen in dieser Startrede, z. B. Liturgische Formel, Begrüßung, Eröffnung. Innerhalb der Eröffnung wiederum maximal drei kleine Bewegungen. Die kann man sich gut merken.

Beispiel für Liturgische Formel, Begrüßung, Eröffnung

Liturgische Formel

Im Namen ... – Amen
Unsere Hilfe steht ... – der Himmel und Erde gemacht hat
Friede sei mit euch – und mit deinem Geist

Begrüßung
Gott ist da, wir sind da.
Das genügt.
Lasst uns Gottesdienst feiern.

Eröffnung
a) Heute hören wir von den Palmzweigen, die die Leute Jesus beim Einzug in Jerusalem ausgelegt haben sollen. Eine Menge Erwartungsflora.
b) An unserer Krippe standen sie auch Spalier und hofften, mit uns werde sich etwas erfüllen: ein Rechtsanwalt, ein Eherettterin, ein sorgenfreies Geschwister.
c) Wir enttäuschen Erwartungen – und siehe, es entsteht etwas Ungeahntes.

Pause
Wir singen das erste Lied.

Beispiel für die Liedansage:
Wenn ich ein Lied ankündige, spreche ich die erste Zeile des Liedes und nenne erst dann die Nummer.
»Wer nur den lieben Gott lässt walten und hoffet auf ihn allezeit ... Wir singen Lied Nr. 369.«
Das ist weniger technisch und erleichtert den Anschluss an vorhergehende geistliche Worte.

Psalmgebet
a) Bei der *Ankündigung des wechselweisen Psalmlesens* genügt folgender Wortlaut:
»Wir beten den Psalm – Sie finden ihn unter der Nummer xxx (im Gesangbuch).«
Alle blättern und schlagen die Seite auf. Ich warte solange und gebe keine weiteren Anweisungen, weil sie im Suchen untergehen würden. Wenn die meisten fertig sind, sage ich:
»Wir beten den Psalm im Wechsel – ich beginne.«

Dann geht es los. Indem Sie beginnen, zeigen Sie, dass eine*r mit allen im Wechsel spricht. Also am besten handeln und nicht so viel erklären.

b) Bei der *Ankündigung des Psalms im Wechsel von rechter zu linker Seite* sage ich:

»Wir beten den Psalm im Wechsel zwischen rechter und linker Seite.«
Ich gehe dann für alle sichtbar auf eine Seite und sage:
»Wir beginnen.«
Dann wende ich mich zum Altar, nehme also die gleiche Richtung ein wie alle, hole tief Luft, damit alle sehen, dass es losgeht, und beginne.
Ich verlasse mich auf meine Körpersprache, die zeigt, wie es geht.
Wenn sich jemand aus der Gemeinde verabredet vorn hinstellt und synchron die andere Seite führen mag – umso besser.

Ein Tipp: Verwenden Sie wochenlang denselben Psalm (gern auch in verschiedenen Variationen) – je nach Kirchenjahreszeit. Zunächst ist es wichtiger, dass die Gemeinde mit einigen Psalmen übers Jahr »warm« wird. Später kann man differenzieren. Viele empfohlene Psalmen sind seltsam und prägen sich nie im Leben ein. Sie »passen« zwar zum Thema des Tages. Aber die Kraft guter Wiederholung »by heart« halte ich spirituell für wichtiger, als dass sich alles einem Thema unterordnet. Die ganze Woche kann man thematische Abwechslung haben – im Gottesdienst leben wir tiefer und langsamer.

Kyrie und Gloria

Diese beiden verstehen sich für die meisten Menschen nicht von selbst. Die gängigen liturgischen Gesänge sind im Grunde Rahmenstücke für das aktuelle Beten. Ich füge echte gesprochene oder gesungene Gebete ein ins Kyrie und zwischen Kyrie und Gloria. Das Gottesdienstbuch bietet dafür Beispiele.

Eine thematische *Liturgiepredigt* erzählt an einem bestimmten Sonntag vom Sinn dieses Teils und übt – während der Predigt – gleich Alternativen dafür ein. Das wäre eine Fremdenführung in der eigenen Heimat – aus Erfahrung bei denen sehr beliebt, die in die Kirche kommen.

Weitere Anweisungen im Gottesdienst

Im Gottesdienst Anweisungen zu geben, die verständlich und knapp sind, ist eine eigene Kunst – für Einzelne, erst recht für Gruppen. Gut Gemeintes geht oft unter in einem Schwall von Anweisungen, verlegene Leiter*innen oder Gruppenmitglieder stehen vor ratlosen Gemeindegliedern. Bevor die Gemeinde nachvollziehen kann, was geplant ist, wird ihr bisweilen erklärt, wie sie es empfinden und verstehen soll.

Viele ertragen es nicht, dass immer ein Teil der Gemeinde solchen Versuchen nicht folgen mag. Das ist normal und hinzunehmen wie das Wetter. Mit einer Aktion oder einem Vortrag stellt man maximal 70 Prozent der Anwesenden zufrieden. 20 Prozent dulden, 10 Prozent sind dagegen. Das ist die höchstmögliche statistisch erhobene Quote. Jesus hatte in seinen besten Zeiten wohl maximal 30 Prozent Zustimmung. Gottesdienstleitende wollen 100 Prozent Zustimmung, das ist vermessen.

Meiner Erfahrung nach ist es wichtig, solche Anweisungen für Bewegung oder Handlung sorgsam (z. B. in einer Gruppe) vorher zu üben.
  Will man viel von der Gemeinde, so ist es klug, beim Anweisen freigiebig zu bleiben: »Jeder kann, niemand muss.«
  Beschreibe ich wiederum alle Absichten zu vorsichtig (»Sie müssen auch nicht, aber vielleicht versuchen Sie es doch einmal, aber vielleicht auch nicht.«), dann erhöhe ich die Schwelle, weil alle denken, es drohe nach so viel voreilender Rücksicht etwas Gefährliches.

Die Richtung der Ansage oder der Handlung
Wer von vorn zur Gemeinde hin etwas ansagt, zelebriert oder vorführt, »verdeckt« durch seine Frontstellung zur Gemeinde die Region hinter sich (z. B. den Altar), weil er*sie die Aufmerksamkeit auf sich zieht. Das gilt besonders für Gruppen, die bisweilen in einer Front aufgereiht vorn stehen (Chöre, Vorbeter*innen usw.). Das macht nur Sinn, wenn es um Darstellung geht und um Rede/Predigt oder Musik zu den Menschen hin.
  Wer z. B. betet, wer also stellvertretend etwas tut, was auch alle anderen tun könnten, sollte besser den *Raum zum Altar hin freigeben* und sich selbst ausrichten, zusammen mit allen (Credo, Fürbitte usw.). Deshalb beten Menschen mit dem Rücken zu den anderen. Das ist nicht zu verwechseln mit Desinteresse. Diese Haltung bedeutet eine Konzentration auf das Heilige – zusammen mit den anderen.
  Wenn Menschen z. B. *vom Platz aus beten*, in eine szenische Lesung hineinsprechen oder singen, ist die Gemeinde deutlicher mit hineingenommen ins Geschehen, als wenn ihr von vorn ein »Gebet vorgeführt« wird.

a) Wenn *Gruppen* etwas *einleiten*, sollen nur die erscheinen, die auch sprechen. Sonst stehen die passiven Leute verlegen herum.
b) Der beliebte Ausdruck »Wir wollen (z. B.) beten« für Aufforderungen setzt von seiner grammatischen Logik her eine aktuelle Vereinbarung voraus. Die gibt es nicht. Selbst wenn Menschen freiwillig in den Gottesdienst kommen,

so überlasse ich es ihnen doch von Moment zu Moment, was sie zu tun bereit sind, und verwende daher die unübertroffene Aufforderung »Lasst uns (z. B.) beten«. Der kann man sich widersetzen. Dem »wir wollen« nicht, weil es im Vorwege vereinnahmt.
c) Wenn ich *anweise,* erkläre ich nicht, was dabei zu fühlen sei (z. B. »Das wird Ihnen bestimmt gefallen!« oder »Dieses Lied macht uns alle frei!«). Das überlasse ich den Menschen selbst.
d) Die besten *Anweisungen* für Handlungen sind die, die *Schritt für Schritt* vorgehen und immer nur so viel erklären, wie im Moment für den nächsten Handlungsschritt nötig ist, damit sich die Gemeinde nicht so viel auf einmal merken muss.

Ein Beispiel:
»Heute beschließen wir den Gottesdienst in anderer Weise als gewöhnlich. Ich möchte mit Ihnen nach alter kirchlicher Weise in einer kleinen Schreitprozession aus der Kirche ziehen. Dafür bitte ich alle, die das können, aufzustehen und in den Mittelgang zu treten. Wer sitzen bleibt, schaut zu.«
Die Gemeinde folgt zu 70 Prozent.
»Nun bitte ich Sie, sich in eine lange Reihe hintereinander zu stellen, die Gesichter zum Altar gerichtet.«
Die Gemeinde tut dies. Es dauert, bis es sich fügt, die Vorbereitungsgruppe befindet sich zwischen den Leuten und steuert von dort aus mit.
»Greifen Sie nun bitte je eine Hand vorn und hinten, aber nicht die eigene.«
Die Gemeinde schmunzelt und reagiert.
»Die Orgel spielt nun gleich in ruhiger Weise. Nach ihrem Rhythmus schreiten wir in einer kleinen Prozession um den Altar und dann nach draußen. Ich gehe vorn und leite an. Sie können nichts falsch machen, kommen Sie einfach mit. Draußen vor der Tür erwartet uns ein kleiner (Sekt-)Empfang.«
Ich gehe langsam los, die Gruppe denkt und geht mit, die Gemeinde hineinnehmend.

Nach der Predigt
Direkt nach der Predigt kann man gut schweigen. Ich mag – selbst wenn nichts Berauschendes gesagt wurde – gern noch meinen Gedanken einen Moment lang nachhängen. Die Katholik*innen haben die Pause in der Messe nach ihren Predigten (wie auch nach der Austeilung des Abendmahls) eingeführt. So entsteht Platz für Nachhall. Vereinbartes Kollektivschweigen kann entlasten und ist im gesellschaftlichen Leben sehr selten.

Die Abkündigungen

Der Zusammenhang zum ganzen Gottesdienst
Abkündigungen und Kollektensammlung werden im Gottesdienst oft nicht als liturgische Teile empfunden, eher als Unterbrechung der geistlichen Vertiefung, manchmal auch als Störung.

Abkündigungen hatten vor der Zeit der Zeitungen und Medien eine andere Bedeutung. Heute wiederholen sie oft nur, was sowieso schon irgendwo verzeichnet ist. Trotzdem stellen sie im Gottesdienst aktuell – mitten in die Besinnung aufs Wesentliche hinein – *Anliegen* vor, die vom Wesentlichen, Gottes Gegenwart in Wort und Sakrament, betroffen sein sollen. Ein Fest im Ort z. B., an dem die Kirche aus ihrem Fundus heraus einen Akzent setzt, oder das Ergebnis einer wichtigen Sitzung. Auch *Namen* und Gruppen, die sich mit Ereignissen verbinden, können im Zusammenhang zu dem stehen, was uns Christen wesentlich ist – die Kasualien sowieso, aber auch der Abschied eines langgedienten Kirchenvorstehers oder ein Bürgerbegehren, das die Gemeinde betrifft.

Kollektenzwecke können auf andere Welten hinweisen, die aus unserer hinaus in globales christliches Leben führen – wenn sie es anschaulich tun.

Wer Abkündigungen nicht ähnlich sorgfältig vorbereitet wie z. B. die Gebete im Gottesdienst, wird der Zettelwirtschaft des Moments ausgeliefert sein und schnell Belanglosigkeiten repetieren.

Kurz, der *Zusammenhang zu dem, was uns im Gottesdienst sonst bedeutsam ist*, entscheidet darüber, ob die Abkündigungen als Störung oder als integrativer Teil empfunden werden.

Im Gottesdienst Geld zu sammeln, ist lange Tradition. Sie integriert das Handeln ins Hören, auch wenn sie die immer gleiche Form hat und Menschen nur unspezifisch zur Aktion anleitet, die aus dem Evangelium folgt. Aber über diese Münzen und Scheine werden Großprojekte der Kirche auf Erden ermöglicht, und die kleine Gabe findet sich weltweit wieder. Das begreift, wer den Beutel oder den Korb *im* Gottesdienst und nicht danach bedient. (Etliche Gemeinden sammeln inzwischen an beiden Orten.)

Gestaltung im Gottesdienst
Abkündigungen haben verschiedene Anliegen:
a) *Statistische Nachrichten und Serientermine*
   Das sind Kollektenergebnisse z. B. sowie regelmäßige Kreise und Gruppen. Immer mehr Gemeinden veröffentlichen diese Informationen *schriftlich als Aushang oder auf einem Blatt als Beigabe (auf der Rückseite der Predigttexte der Woche zusammen mit einem schönen Spruch).* Man kann sie mit-

nehmen und sich die Termine dadurch besser merken. Die mündlichen Abkündigungen selbst fallen dann straffer aus.

Der Wunsch, die Gemeinde in der Vielfalt ihrer Aktivitäten zu zeigen, wirkt oft aufdringlich und rückt die Abkündigungen in die Nähe matter Selbstdarstellung. Allenfalls in Urlaubs- oder Citykirchen, die jeweils andere Menschen im Gottesdienst vorfinden, kann es sinnvoll sein, den Betrieb der Woche anzusagen.

b) *Kasualien*
Namen und Anlässe sind am besten direkt vor der Fürbitte aufgehoben.
Die Ansage leitet über ins Gebet für die Benannten und Weiteres.
So verhindert man die – im Genre disparaten – Kurzgebete mitten in den Ansagen (z. B. bei Trauernden). Sie wirken oft wie eine Karikatur von Gebet oder als Pflichttakt und werden durch die nachfolgenden Nachrichten sofort wieder relativiert.
Menschenschicksale und Fürbitte sind inhaltlich und formal im Gottesdienst eine Einheit.

c) *Ereignisse*
Die Ansage des *aktuellen Kollektenzwecks* ist eine mündliche Mitteilung, die auch etwas Werbung intendiert, genau wie die Ansage *besonderer Ereignisse der Gemeinde und ihres Umfelds,* die Aufmerksamkeit brauchen und etwas Wesentliches wollen.
Manchmal ist eine Ansage zum *Verlauf des Abendmahls* nötig.
Dies unter c) Benannte ist an der Stelle sinnvoll aufgehoben, die wir traditionell für die Abkündigungen reserviert haben: *Nach der Predigt* hat der Gottesdienst eine offene Zeit. Es ist vieles gesagt, man kann ausruhen. Eine Musik spielt oder wir singen. Dann die Abkündigung von Ereignissen und Kollektenzweck. Danach die Kollekte mit Lied. Diese alte Folge ist bislang unüberboten.
Oder dieserart Abkündigungen liegen direkt vor dem Sendungsteil.

Abkündigungen zu Beginn des Gottesdienstes (»... damit sie dann erledigt sind«) zeigen den Leuten, die Stille und Konzentration suchen, dass es in der Kirche genauso weitergeht, wie es zu Hause aufgehört hat: mit Nachrichten. Deswegen sind sie nicht gekommen.

Alte *rhetorische Regel* dabei: Man bringt *nicht mehr als drei Impulse* hintereinander bei den Hörer*innen zur Geltung. Alles darüber verfällt der Amnesie. Also empfiehlt sich auch hier: auswählen, ordnen und wissen, was man redet.

Fazit:
- Eine bewusste Vorbereitung der Inhalte von Abkündigungen ermöglicht die Integration von Ansage, Wort und Sakrament.
- Eine Entflechtung der Gattungen innerhalb der Abkündigungen schafft Ordnung und angemessene Aufmerksamkeit.
- Qualität macht leider Arbeit.

Hinweise im Gottesdienstbuch:
- S. 48, Abs. 4: Abkündigungen von Terminen im Sendungsteil (vgl. auch S. 34, Sp.2, Abs. 2)
- S. 43, Abs. 4: Ankündigung des Dankopfers
- S. 44, Abs. 1: Abkündigung insb. von Kasualien nach dem Dankopfergebet oder direkt in den Fürbitten

Die Ansage der Lesung

Der*Die Pastor*in sagt: »Wir hören aus dem Evangelium nach Matthäus im 12. Kapitel.«
Keine Versangabe, die überkorrekt wirkt und niemandem nützt.
Der*Die Pastor*in stellt sich in die erste Reihe und hört der Lesung zu, wenn jemand anderes liest als sie. Sie »bewacht« die lesende Person nicht von erhöhter Warte am Altar aus.

Die Rahmenstücke zu den Lesungen

Das *Halleluja* nach der Epistel ist traditionell eigentlich der vorbereitende Gesang für das Evangelium. Das ist etwas verrutscht.
Dieses üblicherweise einmalig gesungene *Halleluja* ist das Rahmenstück zu einem gesungenen Psalmvers, der sich mit der Kirchenjahreszeit ändert. Es klingt schöner, wenn jemand ihn auch wirklich singt, und es gibt der Gemeinde die Chance, das *Halleluja* zweimal zu singen – dann kommt sie hinein. Man kann auch einen Liedvers singen (EG 320, 8)

Erhalt uns in der Wahrheit,
gib ewiglich Freiheit,
zu preisen deinen Namen
durch Jesus Christus. Amen.

als Möglichkeit, die Epistel zu beschließen.

Die gesungenen Rahmenstücke des *Evangeliums* (*Ehre sei dir, Herre* und *Lob sei Dir, o Christe*) sind auf ein gesungenes Evangelium abgestimmt. Sie wirken daher immer ein wenig deplatziert, wenn normal gelesen wird. Hier ist zu überlegen, wie man nach der Lesung des Evangeliums eine lobende Antwort der Gemeinde einsetzt, die den rituellen Jubel deutlicher werden lässt.

Auch hier könnte eine Choralstrophe helfen wie z. B. der Anfang des Liedes EG 289:

Nun lob mein Seel den Herren, was in mir ist den Namen sein.
Sein Wohltat tut er mehren, vergiß es nicht, o Herze mein.

Oder auch etwas Modernes, das fröhlich und niveauvoll wirkt.

Es hat sich bewährt, auf Gesprochenes sprechend zu antworten, auf Gesungenes singend.

Manche Leitende im Gottesdienst haben regelrecht Angst vor einer Sprechantwort der Gemeinde, weil sie fürchten, sie blieben im Regen stehen. Ihre Art zu sprechen, lädt dazu nicht ein, weil sie den Kopf gesenkt halten und am Schluss auch noch die Stimme senken, statt sie gehoben zu lassen.

Wer gelesen hat, sagt das *Credo* an, geht auf seinen Platz und spricht es wie alle anderen mit. Ist der Weg zu weit, richtet er, sie sich zum Altar aus und beginnt (mit dem Einatmen und Lossprechen).

Steht der*die Pastor*in nach dem Vollzug der Eingangsliturgie noch am Altar, geht sie auch an ihren Platz, sonst sieht es aus, als bewache sie die lesende Person.

Liturgisch antworten kann man lernen und lehren

Themenpredigten zu den liturgischen Teilen (z. B. zu den Wort-und-Antwort-Stücken wie Salutatio, Entlassung, Wechselgebeten usw.) erlauben eine Deutung und Übung dieser Stücke. Von selbst ändert sich nichts. Wer will, dass die Gemeinde respondiert, muss ihr im Gottesdienst *in der Predigt* (nicht an der Stelle, wo das Stück gesprochen wird) zeigen, wie es und warum es so geht. Kleine Übungen für Liturgie und Lied funktionieren gut vor Beginn des Gottesdienstes.

Verantwortlich dafür, dass es funktioniert, sind einzig die, die Gottesdienste leiten. Wo die Gemeinde Liturgie übt im oder vorm Gottesdienst, da klappt call and response, und das macht Spaß.

Nach dem Segen
Ich nehme Abschied aus meiner Rolle als Liturg, indem ich mich noch einmal kurz betend, dankend zum Altar/nach Osten wende – wahrscheinlich habe ich das am Anfang auch getan.

Ich verzichte auf alle Verlegenheitssprüche. Nach dem Segen ist Schluss mit meinem öffentlichen Reden. Das Kirchencafé ist während der Abkündigungen avisiert. Nachdem ich am Altar verweilt habe, wende ich mich den Leuten im Einzelnen zu. Dann bin ich frei zum Gespräch, aber eins zu eins und auf Augenhöhe, das mögen sie auch viel lieber.

Oder ich gehe ohne Worte aus der Kirche und erwarte die Menschen am Ausgang oder im Rückraum.

Über diesen Punkt gibt es verschiedene Ansichten. Flotte Sprüche nach dem Segen empfinde ich als *Auflösung der Spannung*, die im Segen aufgebaut wurde – vergleichbar mit dem Klatschen an jeder nur möglichen Stelle bei Konzerten. Viele Menschen können die Konzentration nicht halten und müssen sie wegklatschen oder wegreden. Es ist ein Wert, wenn nach einer eindrucksvollen Geste (z. B. Segen) ein Moment der Stille einkehrt und alle die Gelegenheit haben, das nachwirken zu lassen. Kirche ist ein »Ander-Ort«, der die Dauermoderation und das Gequassel unseres Lebens unterbricht und heitere Konzentration erlaubt.

Einführung von neuen Liedern, Kehrversen usw.
Bevor der Gottesdienst beginnt, ist Zeit zum Üben. Die Glocken sind noch nicht verklungen, aber so leise im Raum zu hören, dass man über sie hinweg sprechen und singen kann.

Andernfalls warte ich die Glocken ab und leite dann in den Übungsteil ein. Das ist nicht der Beginn des Gottesdienstes.

Wird ein Lied geübt, hilft ein Ansingechor am besten, wenn er *in der Gemeinde* sitzt. Vorn leitet eine Person alle an.

Wenn ich der Gemeinde einen Singvers für den Psalm oder das Fürbittengebet beibringen möchte, erkläre ich vorweg gar nichts. *Ich singe einfach los.* Dann werden alle still. Ich wiederhole dann den Vers, bis er geläufig ist, und sage am Ende: *Dies ist der neue Kehrvers für den Fürbittenteil.* Ende der Durchsage.

DU und SIE
In allen liturgischen Teilen gilt das »liturgische Du« – z. B. »Lasst uns beten.«

Das ist symbolische (An-)Rede, die der Bibel entlehnt ist.

Gott sagt ja auch nicht: *Ich habe Sie bei Ihrem Namen gerufen, Sie sind mein.*

In den Teilen, die nicht symbolische Rede enthalten, also z. B. bei den Abkündigungen, in der Predigt oder in der Begrüßung, wo ich die Menschen direkt anrede, verwende ich die gängige Höflichkeitsform »Sie, Ihnen«. Manche Kolleg*innen haben das Charisma, dass sie auch dort die Menschen mit »Du« anreden können – und man findet es angemessen.

Ausgetretene Sprachpfade

Es gibt eine Reihe von Sprüchen, die nur bei kirchlichen Leuten zu hören sind, dort aber in einer Häufung, dass es manchmal schmerzt. Eine kleine Aufzählung als Anfang einer Liste von Worten, die zu vermeiden sich lohnt:
- »Immer wieder neu …« (Was man beschwört, weist immer auf einen Mangel des Beschworenen hin, z. B. die Aufschrift *ofenfrisch* bei Aufbackbrötchen in der Plastikfolie.)
- »Ich möchte Sie einladen …« (Vielleicht sage ich gleich, was ich will. Das wirkt auf den ersten Blick ein wenig ruppiger, aber auf Dauer ist es viel klarer und barmherziger als der Weichspüler, der mich als Hörer*in nervt.)
- »Ich möchte Sie ermutigen …« (versteckte Form der Moral. Meist folgt ein Appell.)
- »ein Stück weit …« (völlig entbehrliche Verlegenheitsminimierung)
- »ganz persönlich …« (Beschwörung)
- »Wir wollen …« (Vereinnahmung)
- »mit allen Sinnen …« (Beschwörung durch die Repräsentanten von Wort- und Kopf-Kirche, während man im Gottesdienst nur sitzt und hört.)
- »Gemeinschaft« (oft eine Beschwörung)
- »sich einmischen«
- »ins Gespräch kommen«
- »Aber als Christen wissen wir …« (es besser?)
- »Begegnung«
- »Sollten wir nicht … auch … lieber … alle« (Vereinnahmung, Suggestion, Moral)
- »lebendig« (Beschwörung)
- »Leben«
- »lebendiges Leben« (doppelt hält besser?)
- »Unser Predigttext des heutigen Sonntags …«
- »Dabei ist mir … eingefallen.« (Besser gleich die Geschichte erzählen)
- »zutiefst« (Beschwörung)
- »aber/vielleicht/auch …«
- »Gott hat uns längst erkannt.«
- »Gott/Jesus lädt uns ein.«
- »Wir dürfen gewiss sein, wir dürfen uns Gott anvertrauen.«
- »Wie Gott uns gemeint hat./Wie wir von Gott gemeint sind.«

- »Jesus war da ganz anders.«
- »Mir fällt dazu eine Geschichte aus der Bibel ein.«
- »Gott/Jesus weiß um uns.«
- »Auch Jesus, (Paulus, Gott, der bürgernahe Polizist) weiß um unsere Schwächen.«
- »Jesus will uns Mut machen.«
- »Gott lädt uns ein, den Weg in die Zukunft im Vertrauen auf seine zugesagte Liebe zu gehen.«
- »Wir werden durch diese Botschaft in die Pflicht genommen.«
- »Jesus ist uns hier einen großen Schritt vorangegangen. Wir sind aufgefordert, ihm zu folgen.«
- »Gottes Zuneigung wächst in unsere menschliche Existenz hinein.«
- »In Jesus Christus (im Tod am Kreuz) hat Gott dem Tod die Macht genommen.« (Gut, dass es noch mal gesagt wurde, wir wussten das nicht.)
- »Gott will, dass wir uns in Freiheit auf sein Angebot der allumfassenden einenden Liebe einlassen.«
- »Gottes endgültiger Friede, Gottes ewige Treue, Gottes unerschöpfliche Gnade, Gottes grenzenlose Barmherzigkeit ...«
- »Gott will uns einladen, damit wir mit Vertrauen und Zuversicht bereit sind, uns dem undurchsichtigen Alltag zu stellen. Er will uns durch Jesus Christus Hoffnung machen und uns durch die Gnade der Vergebung auf seine Freiheit und Gerechtigkeit verweisen. Auch in unseren Verfehlungen dürfen wir gewiss sein, dass er uns durch Leid und Not begleitet, so wie Christus uns Bruder geworden ist und uns in seiner Heilszusage auf das Reich Gottes einstimmt und uns in seiner Güte auf unserem Wege leitet.«

Wohin mit den Händen?

Etliche Leitende leiden unter ihren Händen. Am liebsten würden sie sie vorher abgeben, vergraben oder verstecken, damit sie nicht »rumhängen«. Das Problem sind nicht die Hände, sondern es ist die *Scham*. Niemand hat ein Problem in der Gemeinde, wenn vorn jemand steht, der die Hände ruhig neben dem Körper hängen lässt. Nur die Akteur*innen. Weil sie ihre Frontseite bedecken möchten, weil sie Angst haben, weil sie schüchtern sind, weil sich die (Über-)Spannung besser »halten« lässt durch Hände, die sie vor den Schamteilen verschränken. Das wirkt eher verlegen und verschlossen – als warte jemand ab.

Die Hände hängen am besten in der »Grundstellung« neben dem Körper. Oder sie liegen direkt über dem Bauchnabel locker ineinander gefügt mit den Handflächen nach oben offen – auch, wenn ich irgendwo sichtbar stehe und noch nichts oder nichts mehr zu tun habe.

Mehr Grundhaltungen gibt es nicht. Von hier aus kann ich alles tun, segnen, gestikulieren, grüßen usw. Dazu stehe ich mit beiden Beinen auf der Erde – hüftbreit. Das ist stabil und lässt jede Bewegung zu.

Kirchenmusik und Liturgie

a) Das *Präludium* ist kein Auftrittsort für die Künste der Organist*in, sondern sonntagsgebundene Klangtür. Das Postludium kann länger sein.
b) *Choralbegleitung:* Angemessene Atempausen zwischen den Strophen lassen den Liedern Luft. Meist atmen die Organist*innen nicht mit.
c) Das *Credo-Lied* kann nach Ankündigung ohne die übliche Intonation der Orgel sofort beginnen. Der Zusammenhang zwischen Lesung und Credo bleibt so gewahrt. (Das gilt natürlich nur, wenn das Credo dem Evangelium direkt folgt.)
d) Das *Liedersingen während der Austeilung des Abendmahls* riecht nach Beschäftigungstherapie für die sitzende Gemeinde. Es teilt sie überdies entzwei – in Kommunizierende und Singende. Also entweder Orgel-, Chor- oder Instrumentalmusik. Oder schweigen. Oder Wiederholgesänge (Taizé, Ansverus-Psalter), die auch von den Kommunikant*innen mitgesungen werden können.
Ein Problem dabei ist die Koordination von oft zu lauter Musik und der von Liturg*innen gesprochenen »Entlassung« der Abendmahlstische. Das Schreien gegen die Musik entwertet beide. Wer an der Orgel improvisiert und in den Orgelspiegel schaut, kann sich nach dem »Tischrhythmus« richten und den Raum freigeben für das Entlassungswort der Liturg*innen. Beides – Musik und Wort – behalten so ihre Würde.
e) Ein neuer Versuch, der sich bewährt hat: das *Agnus Dei* (oder einen entsprechenden Gesang) *als Prozessionsgesang* beim Gang zum Altar singen. Das rhythmisiert und trägt die Annäherung an das Mahl ein wenig. Der Friedengruß folgt darauf – bei denen, die schon vorn stehen sowie bei allen anderen.
Überhaupt könnte man die ganze Abendmahlsliturgie erst dann feiern, wenn die Gemeinde um den Tisch steht. Einige Stühle im Kreis helfen den Stehschwachen.

1.3 »Sagen Sie jetzt nichts« – zum Umgang mit Stille im Gottesdienst

Eine Szene: 141 Mitarbeitende erheben sich im kahlen Saal der Spedition. Betriebsversammlung, unter anderem, weil sie einen der ihren ehren wollen. Er rutschte im Eis auf die Gegenfahrbahn. Die Gesichter kennen keine Liturgie, aber sie wissen, was ein Gedenken ist. Eine Minute stillstehen. Was geht alles vor in den Gemütern? Wut, Erinnerungen, die Hoffnung, verschont zu werden, ein kleines Gebet?

Eine andere Szene: Mama hat geschrien, weil Tobias mit seinem Tretmobil frohgemut über die vierspurige Fahrbahn zwischen Bahnhof und Bäckerladen gestrampelt ist – nach ihrem Schrei sofort zurück zu Mama. Sie reißt ihn an sich und hält ihn still. Wie sieht es wohl gerade aus in den beiden?

Dritte Szene: Tobias wird sechs Wochen später getauft. Mama hat nachgedacht. Nach der stillen Minute am Rand des Verkehrs, der kein Erbarmen kennt. Wasser ist über Tobias' Köpfchen geflossen, ein Kreuz des Segens ist gezeichnet, Hände lagen auf ihm. Alle setzen sich. Eine Minute Schweigen im Gedenken an das Leben. Was passiert gerade in der Mama, die an der Pforte der Spedition arbeitet?

Es wirkt manchmal wie ein Verdikt, das über unseren Gottesdiensten liegt: *bloß keine Stille*. Immer muss Geräusch sein. Liebende schweigen nach der Liebe, der*die Katholik*in schweigt nach dem Abendmahl. Der neuen »Kirche der Stille« in Hamburg laufen die Leute die Türen ein. Aber im normalen Gottesdienst sucht man sie mit der Lupe. Immer muss man etwas singen, sagen, hören.

Nach vielen Debatten hat sich eine Gemeinde dazu durchgerungen, im Fürbittenteil eine Phase stillen Gebets einzuführen. Die dauert genau 15 Sekunden – länger hält es die Leitung nicht aus. Was soll da entstehen? Gebet?

Kann es sein, dass in der Pause – unter anderem – der Tod ahnbar wird? Wird sie deshalb gefürchtet?

Kann es sein, dass die agendarischen Gottesdienste so pausenlos vor sich hinplappern, weil die ganze Welt mit ihren Inszenierungen so pausenlos vor sich hinplappert?

Kann es sein, dass in der Pause kirchlich nicht kontrollierbare Regungen entstehen, die sich selbstständig zu Gott hin aufmachen? Darf das geschehen?

Kirche ist einer der wenigen Orte in der Gesellschaft, wo man kollektiv still sein kann, ohne dass es peinlich wäre. Wir reden viel vom Unterbrechen und von der Sonntagsruhe, aber es gibt kaum wort- und klangfreies Innehalten in unseren Gottesdiensten. Die Verabredung hieße: *Wir hören hier zusammen auf* – im Doppelsinn von Beenden (des Alltäglichen) und Hinhören.

Mögliche Zeiträume für Stille im Gottesdienst
Der Gottesdienst verträgt mehr Stille als man denkt. Im Folgenden ein paar Hinweise dazu, an welchen Stellen das möglich ist.

Das musikalische Vorspiel ...
... kann in sich Pausen enthalten. Das ist kein Widerspruch zur Lautstärke. Es kann etwas Furioses geben und danach Stille. Beide Klänge steigern einander.

Die Musik, der Solo- oder Chorgesang kann laut beginnen und immer leiser werden, bis man nichts mehr hört. Dann nichts mehr.

Der Anfang mit Worten ...
... kann Pausen enthalten. Zwischen biblischem Wort und Begrüßung – drei Sekunden Pause. Ohne Überleitung. Zwischen trinitarischem Votum und Start der Begrüßung – drei Sekunden Pause. Ohne Moderationsgemüse und Wetterbericht. Bewusst das eine vom anderen absetzen. Wirkt in feiner Dosierung sofort konzentrierend.

Im Vorbereitungsgebet ...
...nach der Begrüßung und vor dem Psalm kann der Mensch in einer Stille von mindestens einer Minute (besser zwei) zu sich finden.

Ankommen, Gott hinhalten, was ist. Gern alles, was aufsteigt, nicht nur »Sünde«.

Bei den Lesungen ...
... kommen die Hörenden innerlich nur mit, wenn sie nach Sinnabschnitten oder Höhepunkten des Textes drei Sekunden nichts hören. So bekommt das Letztgesagte Bedeutung. Der Groschen fällt. Die Seele kommt mit. (Kaum ein*e Lektor*in lernt, Pausen zu machen. Das kann man ändern. Viele Ehrenamtliche fühlen sich ernst genommen, wenn sie tiefer eingewiesen werden. Die Unbelehrbaren sollten nicht vorlesen.)

Nach der Evangeliumslesung ...
... kann sich der*die normale Kirchgänger*in einfach hinsetzen und zusammen mit der Leitung lautlos nachhören. Mindestens 30 Sekunden, sonst wirkt es nicht.

Bei der Predigt ...
... darf ja auf keinen Fall geschwiegen werden. Der ununterbrochene Redefluss beweist Eloquenz. Mag sein.

Erfahrungen aus entschieden meditativen Gottesdiensten zeigen: Nach einer Zeit der Stille wirkt *ein* schlichter Gedanke zehnfach eindrücklicher. Menschen merken sich das ungleich klarer und können es mitnehmen, weil die knappe Rede in eine deutlich tiefere Bereitschaft zum Hören fällt. Diese Erkenntnis steht nicht gegen die flüssige Rede, aber sie zeigt, was auch geht.

Nach der Predigt ...
... sollen Menschen meist schnell ein Buch aufschlagen, Nummern finden, Noten und Text lesen. Warum darf ich nicht eine Minute lang still sitzen?

In der Fürbitte ...
... spricht oft eine*r vorn für alle. Man kann auch einfach Themenfelder ansagen (z. B. »Für die Menschen aus der Gemeinde, die krank sind.«) – danach Stille 15 Sekunden, damit jede*r jeweils an die denken kann, die man im Blick und im Herzen hat.
Üblicher ist inzwischen eine Phase der Stille nach den gesprochenen Fürbitten, aber diese ist meist zu kurz. Ich brauche mindestens eine Minute, um selbst ins Beten zu kommen. Vorher haben es mir ja andere abgenommen. Die gängige Praxis (schnell noch eine kleine Stille zum Ende) finde ich unentschieden und mutlos.

Nach dem Abendmahl ...
... kann man still sitzen. Alle haben bekommen, die Leitung setzt sich, die Orgel schweigt, nichts passiert. Mindestens eine Minute, sonst wirkt es nicht!

Bei Kasualgottesdiensten ...
... gilt das alles auch. Nach starken Handlungen bricht die Welt erwiesenermaßen nicht zusammen, wenn alle schweigen und lauschen.
Bei der Taufe nach der Taufhandlung – stehen bleiben oder hinsetzen, nichts geschieht.
Das Abschiedsgedenken bei der Bestattung – Stille danach im Stehen.
Nach der Aussegnung – Stille.
Bei der Trauung nach dem Jawort – Stille.
In allen Kasualien sind Menschen erbaut, wenn sie am Anfang eine verständliche Art von Vorbereitungsgebet mit Ruhe erleben. Sie kommen im fremden Raum an, finden mehr zu sich und werden offener.

Bei großen Anlässen ...
... das heißt, bei Familiengottesdiensten, Marktgottesdiensten usw. geht Stille selbstverständlich auch. Vielleicht nicht so oft, aber einmal am Anfang nach einem Klang auf die Ruhe lauschen, zusammen mit 100 Kindern, das ist für alle ein großes Erlebnis. Wo gibt es das sonst? Fragt man nach dem Gottesdienst Eltern und Kindern nach ihrem persönlichen Höhepunkt im Gottesdienst, so sagen meiner Erfahrung nach mindestens 50 Prozent: »Die Stille zu Beginn.«

Bei Übergängen in der Liturgie ...
... z. B. wenn jemand auf die Kanzel geht oder einen langen Weg zum Altar hat: keine Orgel, der Musik der Schritte lauschen, wahrnehmen, dass sich jemand auf einen Weg macht. Die wortfreie Zone auskosten.

Die Regel sagt: Drei Mal ein stiller Moment im Gottesdienst reicht erst einmal.

Gottesdienst mit Stille entschieden gestalten
Dramaturgie
    Wer einen Gottesdienst mit vertiefenden Elementen plant, muss sich entscheiden: Soll es *vorwiegend* still zugehen, *vorwiegend* bewegt, *vorwiegend* lehrreich?
    Die meisten misslungenen Gottesdienste haben sich nicht entschieden. Sie wollen irgendwie allen alles bieten.

Wer z. B. *Stille* als Hauptakzent will, fügt dies als wiederkehrendes Element wie eine Art »Gerüst« in den ganzen Gottesdienst ein. Anfangs fällt die Stille zum Gewöhnen etwas länger aus, später kann die Stille kürzer ausfallen, weil dieses Element schneller greift – das heißt, die Leute sind es nun gewöhnt und brauchen weniger Zeit, um zu sich zu kommen. Denn auch die anderen Elemente sind zum Vertiefen geeignet – wenn sie Raum bekommen, nachzuklingen. An die Stille lagern sich nachgeordnet andere Elemente an.

Beispiel: Gottesdienst am Heiligen Abend um 18:00 Uhr in der Kirche der Stille
A1
Orgelvorspiel
Begrüßung
Lied: »Es kommt ein Schiff geladen« (EG 8)
Jesaja 11 (gesungen)
Gebet (max. zwei Hauptsätze)
Stille (mindestens fünf Min.)
Lied: »Es ist ein Ros entsprungen« (EG 30)

B
Lesung Lukas 2,1–7
Orgel
Lesung Lukas 2,8–14
Orgel
Stille (mind. drei Min.)

Lesung »Paul auf den Bäumen« (Hanns Dieter Hüsch)[16] (zwei Min.)
Stille (mind. zwei Min.)
Ein Gedanke zum Weihnachtsgeschehen (max. zwei Min.)
Stille (mind. zwei Min.)
Lesung Lukas 2,15–20

A2
Lied: »Ich steh an deiner Krippen hier« (EG 37)
Fürbitte in Stille (Kerzen anzünden)
Vaterunser
Lied: »Fröhlich soll mein Herze springen« (EG 36)
Segen
Orgelnachspiel

In diesem Gottesdienst wirken die Stillephasen wie Inseln. Was gesagt oder gesungen wurde, kann hier in den Leuten nachklingen. Gleichzeitig öffnet sich der Mensch für Weiteres, das gern traditionell daherkommen kann. Am Anfang und Ende (A1 und A2) des Gottesdienstes sind die Menschen aktiver beteiligt, in der Mitte (B) hören sie. Die Dramaturgie baut auf die Wirkung knapper Lesungen, die jeweils in Ruhe »verdaut« werden können. Es gibt keine (lange) Predigt, sondern Impulse. Maximal zwei Minuten Rede.

Diese Form nimmt positiv auf, was Menschen aus ihrer Alltagsumgebung kennen: kurze Sequenzen. (Die heutige Aufmerksamkeitskurve sinkt bei Menschen im Durchschnitt nach ca. drei Minuten ab.) Der Unterschied zum Alltag ist jedoch: Die Stille lässt die Sequenzen wirken.

Der Gottesdienst im Ganzen ist dem Wechsel aus Hören, Mittun und Innehalten verpflichtet (A1 – B – A2).

---

16 Die Geschichte findet sich in: Hanns Dieter Hüsch, Der Fall Hagenbuch, Düsseldorf 2008.

2 Eingang – ein handlungsorientierter Durchgang durch die Eingangsliturgie des lutherischen Gottesdienstes

2.1 Das Vorbereitungsgebet – vor Gott halten, wie ich da bin

> Es riecht ein bisschen wie in Piets Keller hier, wo nie gelüftet wird. Eine Hummel liegt rücklings unter der vorderen Bank.
> Die Holzengel hinten an der Empore sind nur zu sehen, wenn man sich mittendrin umdreht, aber dann gucken alle und man guckt schnell wieder nach vorn.

Einleitung

Das Orgelvorspiel ist verklungen, das Eingangsvotum gesprochen, es folgt ein typisches Vorbereitungsgebet:

> »*Du hast uns gerufen, und wir haben nicht auf dich gehört.*
> *Deine Herrlichkeit ist erschienen, und wir sind blind gewesen.*
> *Du hast deine Hand nach uns ausgestreckt, und wir sind davor zurückgewichen ...*
> *Wir sind deiner Liebe unwürdig.*« (Gottesdienstbuch S. 495)

Wir sehen Alte, vielleicht Kriegserfahrene in dem Gottesdienst sitzen, in dem dieses Gebet gesprochen wurde, dazu zwei Konfirmand*innen, einige Kirchenvorsteher*innen. Sie sehnen sich nach irgendetwas, die Älteren vielleicht wirklich nach Vergebung für die Schuld der schlimmen Zeit. Aber was thematisiert solch ein Bußgebet wie das Obige? Es rekurriert auf persönliches Versagen. Wieder haben wir irgendwie nicht genügt. Z. B. Frau Schneider-Lützgendorf, die ihre uralte Mutter dieses Jahr nach langer Pflege in den Tod begleitet hat. Oder Elli, die Konfirmandin, die das erste Mal im Leben verliebt ist. Ihr neuer

Freund sitzt jetzt neben ihr, weil man sich in der Kirche am dritten Ort treffen kann – ... *deiner Liebe unwürdig*.

Weiß die Liturgie, was sie den Leuten da zumutet? Soll so der Lebensglanz wieder erscheinen, den wir ersehnen mit unseren Versuchen, es gut zu machen? Soll so »Sünde« wieder als theologische Wahrheit re-installiert werden? Es ist ein mittleres Wunder, dass Menschen immer noch kommen angesichts solcher Bezichtigungen. Es ist erstaunlich, dass niemand aufsteht und sich wehrt.

Wenn die Kirche über Sünde und Schuld spricht, muss sie auch ihre Liturgie ins Gebet nehmen. Viele der Wortlaute der neueren Agenden sind verletzend, weil sie Schuld ins Persönliche und gegen die Menschen wenden. »Zu wenig geliebt« – was soll Frau Schneider-Lützgendorf mit diesem Verdikt anfangen? Hat sie nicht lange genug gepflegt? Nicht liebevoll genug? Wenn sie überhaupt einen Hinweis braucht, wäre es vielleicht an der Zeit, die alte Dame daran zu erinnern, sich jetzt selbst zu lieben. Manche Predigten gehen schon in diese Richtung. Die Liturgie bedient sich oft noch der scheinbar hoffähigen Sprechblasen.

Es ist zu prüfen, ob das erste Wort in der Begegnung mit dem Heiligen wirklich noch die große und schöne *Zusage* ist: »Ich lebe, und ihr sollt auch leben.« (Joh 14,19). So war das doch gemeint mit dem »Evangelium first«.

Ist *Unterwerfung* der erste Schritt auf Gott zu oder ist sein *leuchtendes Angesicht* das Erste, auf das wir dann aufrecht reagieren und – danach – von uns schütteln, was hart macht? Diese Reihenfolge sollte die Liturgie allmählich abbilden.

Allgemeine Hinweise

In vielen Gemeinden ist das Vorbereitungsgebet ganz entfallen, weil man den Menschen am Anfang des Gottesdienstes das steile »mea culpa« (Schuldbekenntnis) ersparen wollte, das ursprünglich auch nur zum priesterlichen Rüstgebet, also zu dessen eigenem Reinigungsritual gehörte.

Aber damit ist die Chance vertan, Menschen ankommen zu lassen in Klärung, Stille und einfachem Dasein. Wer sich abständig vorfindet von dem, was heilt, kann das wahrnehmen. Vor aller geformten Liturgie, vor allem Nachsprechen und Mitsingen ist es gut, wenn man sich einfinden und in einem Gestus des »Hinhaltens« Gott zeigen darf, was gerade anliegt. Jede*r für sich – synchron mit den anderen. Das ist nicht immer Sündhaftes. Manche*r ist nur gelangweilt oder vergnügt – auch das hat ihren*seinen Ort in der Stille. Und wenn jemand nichts zu zeigen hat, kann sie*er eben »nichts« hinhalten.

Wir kennen diese Geste aus gesellschaftlichen Zusammenhängen: Wer eingeladen ist und mit starken Gefühlen ankommt, die nichts mit der Einladung zu tun haben, wird gut daran tun, etwas davon zu sagen, damit das nicht im Folgenden zwischen Gastgeber*in und Gast steht. Das gilt auch für den Gottesdienst.

Das Vorbereitungsgebet kann dabei an drei Stellen des Gottesdienstes stehen: a) direkt nach der Begrüßung/Eröffnung, vor dem Psalm; b) vor dem Kyrie (in der Evangelischen Kirche der Union geläufiger) – mit dem Gnadenzuspruch nach dem Kyrie; c) vor dem Abendmahl.

a) *Vorbereitungsgebet nach der Begrüßung/Eröffnung, vor dem Psalm*
Wird das Vorbereitungsgebet an dieser Stelle gesprochen, so wird empfohlen, es (in seinem Charakter als Sündenvergebung) mit der Möglichkeit zu verbinden, die Menschen aus ihrer Situation des Ankommens »abzuholen«. Bevor weitere Texte und Lieder an die Gemeinde kommen, darf sie erst einmal wahrnehmen, wie sie sich menschlich und geistlich vorfindet.

Die Konfrontation mit ihren Sünden, verbunden mit dem Zuspruch der Vergebung am Anfang des Gottesdienstes wird von Menschen traditionell als wichtig empfunden. Andere erleben diesen Ritus als »Ohrfeige«, kaum dass sie die Kirche betreten haben. Zwischen diesen Polen bewegen sich die Meinungen. Es ist gut, auf die Reaktionen der Gemeinde zu horchen. Die rechte Dogmatik tut es an dieser Stelle nicht allein.

Die dialogische Form dieses liturgischen Stückes hält es lebendig. Mit der Wortwahl wird entschieden, wohin es gehen soll: Eher in ein »Abholen aus der Situation«, verbunden mit Selbstbesinnung, oder mehr als ausdrückliche Form der Sündenvergebung.

b) *Vorbereitungsgebet vor dem Kyrie mit Gnadenzuspruch nach dem Kyrie*
Ist das Vorbereitungsgebet mit dem Kyrie-Ruf verbunden, so wird das gesamte Kyrie »eingefärbt« von dem Zweck der Reinigung durch Vergebung. Der Psalm hat mit seinem eigenen Thema die Menschen angesprochen, ehe sie zu sich gekommen sind. Die Gottesanrufung des Kyrie wird etwas eingeschränkt und zugespitzt auf den Wunsch nach Sündenvergebung.

c) *Vorbereitungsgebet vor dem Abendmahl*
Das Vorbereitungsgebet direkt vor der Abendmahlsfeier verstärkt den Sündenvergebungscharakter des Mahls und die Frage nach seinem »würdigen Empfang«. Hier muss die Gemeinde entscheiden, welchen Akzent sie dem Abendmahl geben will. An bestimmten Tagen kann der o. g. Akzent sinnvoll sein, aber immer? Es ist auch möglich, im Abendmahlsgottesdienst das Vorbereitungsgebet ganz am Anfang des Gottesdienstes – gewissermaßen für dessen ganze Gestalt – zu sprechen.

Sprachvorschläge für das Vorbereitungsgebet zu Beginn des Gottesdienstes
Man kann Zerbrochenes vor Gott halten, man kann sühnen, man kann die Sünde neu denken. Wenn das liebevoll geschieht, ist es vielleicht hilfreich. Zur Konkretisierung der allgemeineren Vorbemerkungen gebe ich drei Beispiele zur Gestaltung des Vorbereitungsgebets, wobei ich einmal mehr den Akzent auf die Sündenvergebung, einmal mehr auf das Ankommen lege.

Es ist nicht sinnvoll, diese Formen ständig zu wechseln. Wer eine Form einführt, sollte sie eine Weile durchhalten. Kirchenjahreszeitlich bedingt kann mehr Buße oder mehr einfaches Dasein im Raum bei Gott im Vordergrund stehen.

a) *Vorbereitungsgebet mit Akzent auf Sündenvergebung*
Dieses Gebet folgt auf Lied oder Gruß, in dessen Anschluss sich der*die Liturg*in (L) vor den Altar mit dem Rücken zur Gemeinde betend stellt. Alternativ ist denkbar, dass der*die Liturg*in in der ersten Reihe bei der Gemeinde als Teil von ihr zum Altar hin betend steht.

L: *Wir sind hier zusammengekommen, Dein lebendiges Wort zu hören, zu singen und feiern.*
Wir hören das Wort, das Du zu uns sprichst: Ich lebe, und ihr sollt auch leben!
Dein leuchtendes Angesicht steht vor uns,
und wenn Du uns anschaust, werden wir schön.
Wir sind hier, wie wir (nun einmal) sind: gesegnet und begabt, bedrückt und halb erlöst. Aus uns wissen und können wir viel – aber wir wissen: Deine Liebe wird ergänzen, was fehlt.
L [zur Gemeinde gewandt]: *Lasst uns einen Moment in der Stille Gott hinhalten, was uns jetzt bewegt.*
[L setzt sich selbst hin oder nimmt stehend mit dem Rücken zur Gemeinde teil an der Besinnung][17]
[Etwa eine Minute Stille]
[L steht vor dem Altar mit dem Rücken zur Gemeinde
oder
L steht in der ersten Reihe bei der Gemeinde als Teil von ihr
oder
L setzt sich an den Platz
Gebet zum Altar hin]
L: *Gott, der Du uns Vater und Mutter bist,*

---

17 Dies vermeidet das Gegenüberstehen während der Stille, das missverständlich als Kontrolle ausgelegt werden kann; der*die Liturg*in reiht sich sichtbar ein in die Menge der Erlösungsbedürftigen.

Wenn Du uns anblickst, erkennen wir Dein Gesetz,
wenn Du uns anblickst, werden wir frei vom Gesetz des Todes.
Wenn Du uns anblickst, werden wir schön.
Wir bitten Dich um Dein Freudenwort,
damit Friede und Klarheit in unser Leben einkehrt.

L [betet gemeinsam mit der Gemeinde]:
Gott rücke zurecht, was verdorben ist.
Gott lasse leuchten, was gelungen ist,
und führe uns zum ewigen Leben.

L [wendet sich zu der Gemeinde, spricht zu]:
Gott hat sich unser erbarmt.
Sünde und Härte sind vergeben.
Wir sind frei vom Gesetz des Todes und
frei vom Zwang zur Selbsterlösung.
Was an uns gut ist, soll reifen.
Wort Gottes!
[Gemeinde:] *Amen.*
[Es folgt Psalmgebet]

b) *Vorbereitungsgebet mit Akzent auf Ankommen*
Dieses Gebet folgt auf Lied oder Gruß, in dessen Anschluss sich der*die Liturg*in (L) zur Gemeinde wendet.

L: *Wir sind angewiesen auf Gott, der die Menschen liebt,*
auch wenn sie verkehrt sind.
Darum sind wir hier.
Die einen mit Dank und Freude,
die anderen besorgt oder ängstlich.
In der Stille können wir jetzt Gott sagen, was uns bewegt.
[L wendet sich von der Gemeinde ab – hin zum Altar, 60–90 Sekunden Stille,
sitzend, stehend, in der Nähe der Gemeinde oder vorn am Altar]
L: *Gott, du bist uns Vater und Mutter.*
Höre uns und sprich zu uns, dass wir Mut fassen und deine Güte spüren.
In Dir sind wir aufgehoben mit allen Fragen und Freuden.
Dank sei Dir dafür.
[Gemeinde:] *Amen.*
[Es folgt das Psalmgebet]

c) *Anglikanisches Rüstgebet*
Christus, vor Dir liegt unsere Seele offen.
Du siehst unsere Träume und unsere Dämonen
und die Geheimnisse, die wir sogar vor uns selbst verbergen.
Vergib alles, was der Vergebung bedarf,
heile alles, was nach Heilung schreit,
wecke all das Gute, das in uns schläft,
banne alle Angst, die uns lähmt.
Lass Deine Kraft in unserem Leben wirksam werden für immer
und bekleide uns mit Hoffnung und Liebe.
Lasst uns in der Stille beten.
[Stille]
Wir haben uns ehrlichen Herzens Gott zugewandt
Und unsere Schuld vor ihm bekannt.
Im Namen des lebendigen Gottes: Eure Sünden sind euch vergeben.

2.2 Psalmen, Wut und Beten – zur Auswahl und Zelebration von Psalmen im Gottesdienst

> Ja ja ja ja – nee nee nee nee.
> *Joseph Beuys*

Um es gleich zu sagen: Ich halte wesentliche Teile des Psalters, insbesondere die Wutpsalmen, für den *wiederholten* spirituellen Gebrauch für *ungeeignet*. Ich beziehe mich dabei auf die Verwendung im persönlichen und öffentlichen Gebet bzw. Gottesdienst. Man kann Psalmen als Literatur lesen, man kann sie therapeutisch verwenden, das ist etwas anderes. Hier geht es mir darum, was geschieht, wenn man diese Gebete wieder und wieder in den Mund nimmt. Ich tue das seit ca. 30 Jahren und habe mich inzwischen entschieden, nur noch ca. 30 Psalmen zu beten. Mein Blickwinkel in dieser Bemerkung ist also begrenzt: Er schaut dem *wiederkehrenden* Gebrauch auf die Finger.

Nee nee nee nee

Ich kann die unermessliche Gegenwart Gottes im Psalm mit loben (z. B. Ps 136), ich kann mich verbal verneigen vor etwas sehr Großem um mich herum, auf das ich keinen Einfluss habe. Ich kann mich in das Elend eines Verlorenen mit hineinbeten. Aber ich empfinde das tendenziell theistische Gottesbild vieler

Psalmen dann als christlich nicht kompatibel, wenn es von einem lenkenden Gott ausgeht (»Er schaut von seiner heiligen Höhe«, Ps 102,20) – egal, ob die Beter fluchen oder loben. Ich glaube nicht an einen lenkenden Gott, der meine Flüche umsetzt in himmlisch befeuerte Rache. Ich glaube an einen Christus-Gott, der sich »Feinden« *aussetzt*, statt sie zu vernichten. Das ist etwas anderes, und es verändert meine Gebetssprache.

Ich bin auch nicht umgeben von Peinigern. Und selbst wenn ich meine eigenen abscheulichen, weil selbstkränkenden, Gedankenschleifen als »Feinde« identifiziere, will ich ihnen nicht durch ausgedehnte Psalm-Betrachtungen noch mehr Raum geben, als sie ohnehin beanspruchen. Ich will die Dämonen kurz und scharf anschauen und dann von ihnen weg den Lebensbildern folgen.

Selbstverständlich respektiere ich jede*n, die*der so beten mag und mit ihrem*seinem dunklen und eher fernen Gott in dieser Sprache verkehren möchte. Aber für mich und die, die mit mir regelmäßig beten, ersehne ich etwas anderes.

Denn »Was man lange ansieht, das wird man«, sagt die Weisheit. Wer etwas oft wiederholt, legt eine Spur in der eigenen Seele aus und tritt sie fest. So wird aus einer Vorstellung ein begehbarer Weg: by heart. Das gilt für negative Gedankenschleifen ebenso wie für Trostworte. Dies ist zu bedenken, wenn man Psalmen innerhalb der eigenen Spiritualität als Sprache für den Glauben wählt.

Aus Psalm 11:
2 Denn siehe, die Gottlosen spannen den Bogen
und legen ihre Pfeile auf die Sehnen,
damit heimlich zu schießen auf die Frommen.
3 Ja, sie reißen die Grundfesten um;
was kann da der Gerechte ausrichten?«
4 Der HERR ist in seinem heiligen Tempel,
des HERRN Thron ist im Himmel.
Seine Augen sehen herab,
seine Blicke prüfen die Menschenkinder.
5 Der HERR prüft den Gerechten und den Gottlosen;
wer Unrecht liebt, den hasst seine Seele.
6 Er wird regnen lassen über die Gottlosen Feuer und Schwefel
und Glutwind ihnen zum Lohne geben.
7 Denn der HERR ist gerecht und hat Gerechtigkeit lieb.
Die Frommen werden schauen sein Angesicht.

Die Frömmigkeit hinter diesen Worten ist kindlich. Sie personalisiert das Böse und das Anti-Böse – so wie es Kinder tun. Oder kindlich glaubende Erwachsene. Wer soll das wiederholt beten, gar ein Leben lang?

Wer sich situativ ohnmächtig fühlt wie ein Kind, das der großen Welt nahezu ohne eigene Kraft und Übersicht ausgeliefert ist, wird so denken und beten. Das kann einem auch in erwachsenen Jahren geschehen. Wer da aber stehen bleibt, hat etwas nicht begriffen. Solche Menschen machen vermutlich auch chronisch andere für das verantwortlich, was ihnen widerfährt. Ich weiß, dass viele Menschen so ticken. Aber soll der spirituelle Gebrauch dieser Gebete das fördern? Selbst Menschen in langem Elend haben einen Weg über das Verfluchen ihrer Peiniger*innen hinausgefunden. Als Übergang in bestimmten Zeiten kann man fluchen und anderen die Pest an den Hals wünschen, aber nicht öffentlich und schon gar nicht dauerhaft.

Wenn einer Gemeinde in der Liturgie solche Psalmen wiederholt ohne thematischen Zusammenhang zugemutet werden, muss man fragen, was das soll.

Ja ja ja ja

In einem Gottesdienst zum Thema »sexuelle Gewalt gegen Abhängige« z. B. kann die Gemeinde das als Gebet der Opfer stellvertretend beten, um sich von ferne einzufühlen in deren Ohnmacht.

Es gibt eine ernst zu nehmende Bemühung, solcherart Wut- und Rachepsalmen in Liturgie und Spiritualität zu rehabilitieren. Die Begründung: Christ*innen seien sich der eigenen »Wut im Keller« zu wenig bewusst.

Ich finde es sinnvoll, wenn Seelsorgegruppen und Beratungen damit begrenzt operieren. Alte und kanonisierte Sprache legitimiert und »heiligt« dann gewissermaßen aktuelle Wut. Das kann reinigend wirken, indem es Verdrängtem Sprache leiht. Aber das kann kein Dauerzustand sein. Und wöchentlich vollzogene öffentliche oder eigene tägliche Spiritualität z. B. ist ein Zustand von Dauer.

Die geformte Gebetssprache will aufnehmen und über das hinaus zuführen, was Menschen aktuell und existenziell empfinden. Die Liturgie nimmt immer den Mund zu voll, indem sie allen Mitsprechenden mehr Reife in den Mund legt, als ihnen aktuell möglich ist. Das soll sie auf Dauer in homöopathischen Dosen über sich hinausführen.

Dazu kann es gelegentlich gehören, einen Schritt zurückzugehen und rituell zu fluchen, damit man nicht denkt, man sei schon so, wie das Lob es suggeriert: angekommen im Himmel.

Aber meine Hauptrichtung geht woanders hin: Christlicher Maßstab für die Auswahl der dauerhaft zu betenden Psalmen sind für mich z. B. die Seligpreisungen. Ich komme hinter die Figur Christi nicht zurück. Er flucht nicht gegen die Feinde, er will kein Feuer vom Himmel werfen, auch wenn er solche Szenarien in seiner eigenen Todesnähe ankündigt. Aber das ist eher Prophetie als Fluch.

> Aus Psalm 12:
> 3 *Einer redet mit dem andern Lug und Trug,*
>   *sie heucheln und reden aus zwiespältigem Herzen.*
> 4 *Der HERR wolle ausrotten alle Heuchelei*
>   *und die Zunge, die hoffärtig redet,*
> 5 *die da sagen: »Durch unsere Zunge sind wir mächtig,*
>   *uns gebührt zu reden! Wer ist unser Herr?«*
> 6 *»Weil die Elenden Gewalt leiden*
>   *und die Armen seufzen,*
>   *will ich jetzt aufstehen«, spricht der HERR,*
>   *»ich will Hilfe schaffen dem, der sich danach sehnt.«*
> 7 *Die Worte des HERRN sind lauter wie Silber,*
>   *im Tiegel geschmolzen, geläutert siebenmal.*

Wenn schon über die Zustände schimpfen, dann vielleicht so wie Psalm 12 es versucht. Der*Die Beter*in hat mehr Überblick. Hier wird das Böse, »die Heuchelei« als allgemeine Größe beklagt. Das ist ein anderer Abstraktionsgrad als in Psalm 11. Das Böse kann überall sein, auch in mir. Ein Mensch, der ständig Zeitung liest, kann so reden. Er ist nicht direkt betroffen, nimmt aber wahr, was schief läuft. Das ist eine andere Haltung als die direkte ausgelieferte Betroffenheit, objektiver und bewusster.

Aber die Frage bleibt: Wie oft will man das wiederholen? Wie oft soll ich mir »die Heuchelei der Welt« in Mund und Auge vorführen? Stellen Sie sich vor, Sie würden das einen Monat lang täglich einmal laut beten. Ich finde, das deprimiert. Liturgie und Spiritualität leben aber von Wiederholung.

Ja ja ja ja – nee nee nee nee

Ich möchte in die *Sprache Jesu* einsteigen. Sie ist mir Maßstab für die Auswahl von Psalmen, die ich wiederholt bete. Ich möchte mitsprechend den *Zustand kennenlernen und aneignen, der sich in der Gegenwart Gottes in einem Menschen sprechend zeigt:* »Selig die Entrechteten« … – die Sprache des Paradoxons, die weltliche Zustände umstülpt. In der Liturgie – traditionell im Mittagsgebet von allen gesprochen – zeigt es mir keine Illusion, sondern *die tiefere Wirklichkeit unter unserer sog. Realität* – wieder und wieder memoriert als die *eigentliche Wahrheit*. Nicht als Sprache des Triumphes, nicht als Dank nach Bewahrung (»Dann werden wir sein wie die Träumenden.«, Ps 126,1), sondern als *ruhiger Indikativ*.

Christus steht mit seiner ganzen Existenz ein für eben das, was er grade sagt. Wort und Mensch sind dasselbe. Das gibt diesen Worten eine andere Wucht und Dauer.

Diese Sprache möchte ich »by heart« lernen, bis sie nicht mehr von außen nach innen, sondern von innen nach außen zu wirken beginnt. Deshalb halte ich es für sinnvoll, in unseren Gottesdiensten auch diese neutestamentlichen Psalmen (s. auch Philipperhymnus, Phil 2,5–11, oder Römer 8) aufzunehmen und sie gegebenenfalls an der Stelle eines Psalms miteinander zu beten.

Der geistliche Mensch baut sich auch von außen nach innen auf über Wiederholtes, so wie sich der Alltagsmensch über seine Riten und Einrichtungen sichert und definiert. Aber so wie man sich nicht irgendeine Tapete in die Stube klebt, so will ich auf Dauer auch keine aufgerissenen Rachegebisse in meinem Gebetsduktus.

Ich schließe nicht aus, dass ich in Lebenslagen geraten werde, die mir die Flüche wieder nahelegen. Aber im Normalfall des Gebets will ich dem nachgehen, was von Christus bzw. Christus-Ähnlichem ausgeht. Es ist *letztlich* der Verzicht auf Rache, der selig macht.

3 Wort

3.1 Lesen im Gottesdienst

Als ich im Anschluss an einen Sonntagsgottesdienst die zum Seminar verbliebenen 22 Menschen fragte, welche Inhalte in den beiden Lesungen des Gottesdienstes aufgetaucht seien, trat Schweigen ein. Alle hatten am Gottesdienst teilgenommen und die Lesungen gehört. Niemand wusste, welche biblischen Motive, geschweige denn Texte verlesen wurden. Nur der Predigttext, der erst während der Predigt laut wurde, war noch halbwegs präsent.

Die Epistel stand im Hebräerbrief (5,7–9), das Evangelium bei Markus (10,35–45). Die Epistellesung war fremdartig im Duktus. Das Evangelium aber prägnant. Doch es war gelesen, wie es meist gelesen wird. Der Lektor wollte stimmlich durchkommen, nicht auffallen, keinen Fehler machen und sich möglichst schnell wieder setzen, um nicht so im Blickfeld der Menge (46 Menschen) zu stehen.

Mein Fazit:
- Konzentration auf einen, höchstens zwei Texte, die thematisch zusammenpassen.[18]
- Art des Lesens überprüfen.

Ich meine: Es reicht nicht, beim Vorlesen aus der Bibel Endsilben zu betonen und laut zu sprechen. Die lesende Person soll schon etwas investieren. Aber da bremst oft die Angst, sich zu exponieren.

Manche genießen es zwar, dem Gelesenen beim Lesen nahe zu sein: Sie lesen gern und intuitiv plastisch. Andere wollen hauptsächlich nichts falsch machen – also Augen zu und durch.

---

18 Abgesehen von dem Psalm, dem Gebetstext aus uralter Zeit.

Vielleicht wirken alte Vorbilder: Gottesdienste sind im Grundton gedämpft. Die Worte des Gottesdienstes dienen schließlich alle einem Wort, dem »Wort Gottes«, sind also alle gleich getönt – Grundfarbe grau. Ist das nicht die besondere Patina, dass ein Gottesdienst »feierlich« und »würdig« wirkt und dem Alltag entrückt?

Diese alten Vorbilder haben Anwält*innen in den Reihen der Wissenden: Wir Lesenden sollten uns nur als Gefäß für das Wort Gottes zur Verfügung stellen und nichts Eigenes hinzutun. Darum sei ein Text möglichst gleichmäßig vorzutragen. Wer liest, enthalte sich jedes Temperaments und bleibe mit seiner Stimme den verschiedenen Stimmen der Texte fern.

So sei es also: korrekt und – ungehört?

Das hat Tradition: Bibeltexte wurden lateinisch gesungen.

Doch dann kamen die Protestant*innen: In der Gemeinschaft der Gläubigen sollen nicht nur Rituale gepflegt werden, sondern Bibeltexte so eingespielt werden, dass sie vom Volk gehört und verstanden werden.

Was aber, wenn nun attestiert wird: Dieses Vorlesen im Gottesdienst wirkt wie ein Rauschen. Kognitiv kommt wenig an.

Beim Vorlesen von Texten im Gottesdienst ist das Ziel nicht, dass möglichst immer alle alles verstehen. Aber wenn das Lesen von Texten im Gottesdienst nur als Wortgeklingel ankommt, bleibt das hinter dem Anspruch zurück: Hörer*innen sollen doch passagenweise zu einem inneren Dialog mit dem Gehörten angeregt werden.

Darum muss bei der Auswahl der Texte schon verantwortet werden: Was ist zuzumuten? Und: Welche Sprachgestaltung arbeitet die Stärke eines Textes so heraus, dass er *anregend* und nicht nur fremd wirkt?

Was beim Vorlesen förderlich wirkt
Den Text zur Sprache kommen lassen
Wer sie vorliest, sollte annehmen, dass diese Texte – aus einer anderen Zeit kommend – an irgendeiner Stelle Kraft und Bedeutung in den Situationen von Zuhörenden bekommen haben. Sie enthalten z. B. die Antwort auf eine Frage. Die Parabel vom verlorenen Sohn (Lk 15, 11 ff.) hat Jesus vermutlich nicht unvermittelt in eine Menge von Leuten gesprochen, sondern jemand hat gefragt: »Kann man es sich mit Gott für immer verderben?«

So achte ich auf die *Rolle* eines Textes für Lebenssituationen, damit seine Botschaft möglichst klar werden kann. Aber ich garniere den Text nicht mit einem persönlichen Bekenntnis, um ihn schmackhaft zu machen.

Diese Lese- und Zelebrationsweise, die bemüht ist, das Private – nicht das Personale – aus dem vorgegebenen Heiligen herauszuhalten, bezeichne ich als *beherzte Objektivität* des liturgischen Handelns. Diese Objektivität lebendig zu wahren, ist eine hohe Kunst. Die von der Person mit ihren Eigenheiten gestaltete Objektivität weiß um die *Kraft* der überkommenen Stücke des gemeinsamen Glaubens. Sie hat sie von innen kennengelernt. Das macht sie *beherzt*, das heißt diskret, aber deutlich angereichert durch die Lebenserfahrung des Lektors*der Lektorin, der Pastorin*des Pastors.

Das *objektive* Zelebrieren und Vorlesen kennt oder ahnt die Abgründe und Verklärungen und lässt sie untergründig mitsprechen beim Beten und Lesen. Das ist liturgische und geistliche Präsenz, die aus dem wachen geistlichen Leben erwächst.

Die durch personalen, d. h. durch-tönenden oder durchlässigen, Geist angereicherte Lesung kann sehr schlicht ausfallen, sie kann ohne Überhöhungen auskommen. Das macht sie dem abgestandenen Leseakt scheinbar zum Verwechseln ähnlich. Aber wer Ohren hat, merkt sofort den fundamentalen Unterschied.

Darum müssen sich Vorlesende fragen: Wie lasse ich den Text zu mir sprechen? Und wie bin ich selbst gegenwärtig, wenn ich jenen Text vorlese?

Es braucht Zeit, einen solchen Text nicht nur auf der Benutzeroberfläche aufzunehmen und nicht einfach abzulesen. Es kommt bei den Hörenden an, ob da ein Text nicht nur buchstabenrichtig gelesen wurde, sondern die lesende Person angefasst hat. Genau an diesem Punkt betreten wir den Bereich der *geläuterten Subjektivität*. Damit bezeichne ich den Anteil an Zelebrationskunst, der persönliche Erfahrung ins Vorgegebene einträgt, ohne dessen Eigengestalt zu sprengen.

Es ist zu merken, wenn die Erfahrung eines lesenden Menschen mitschwingt. Ich horche auf, wenn jemand zumindest Teile der Lesung nachempfindet und versteht, *während* er liest.

Es reicht, wenn das an einigen Stellen passiert. Denn niemand kann und muss alles verstehen. Hier ist auch die Grenze der Subjektivität angedeutet: Sie reicht nur so weit, wie das eigene Leben gegangen ist, und das genügt.

Konkretionen – Vorlesen von Erzähltem

a) Mitgehen

Wer sich nur annähernd in Maria, Zachäus oder einen Pharisäer versetzt, wird etwas vom Ton der Geschichte treffen. Das dient gleichzeitig der geistlichen Vertiefung, denn so, wie wir mit unserer Einfühlung und dem Mitdenken den biblischen Figuren unser Leben leihen, so werden sie auch in uns lebendig. Sie korrigieren mich, rufen in mir wach, was ich vergessen hatte, oder provozieren.

Ihr Dialog miteinander nimmt mich hinein, wenn ich bereit bin mitzureden mit meiner Erfahrung.

Ist diese Lesart geläufig, wird sie als feiner Unterton in jede Evangelienlesung eingehen können, ohne dass das Gefühl entsteht, es wirke aufgesetzt.

In Übungen ist das noch mal zu überprüfen. Wird es zu aufgesetzt, zu theatralisch, forschen wir nach dem originaleren Ton, damit es stimmt. Die Demut gegenüber dem Text besteht nach diesem Konzept nicht darin, sich – vermeintlich abstinent – beim Lesen zurückzunehmen und »neutral« sein zu wollen. Die lebendige Demut, die sich vor der Größe der Geschichten von Würde und Sinn freundlich verneigt, entsteht erst, wenn eine*r sich den Geschichten ausgesetzt hat und sie aus dieser eigenen Begegnung heraus zu den anderen trägt. Was lockt denn Menschen zum Hören? Das sind doch immer *Originaltöne von Menschen,* egal, ob sie sprechen, lieben oder singen. Jeder Kinofilm wird danach abgesucht und beurteilt. Unsere Gottesdienste auch.

b) Den Film sehen

Erst sieht man nur Falten, dann das Gebirge darin bis zum Horizont, der Schwenk geht über zwei, drei Gipfel und fährt heran auf ein kleines Dorf neben einem mager sprudelnden Bächlein, Frauen bei der Wäsche, Kinder baden, eine Gruppe Männer debattierend vor einem Hauseingang, die Wände aus weißem Mörtel, kleine Fenster. Es ist später Nachmittag, die Sonne steht tief und blendet die Hauptperson. Die Umstehenden stellen sie: Was steht auf der Münze, und was gilt nun, wem politisch dienen – was sagst du?

Wer liest, sieht beim Lesen gleichzeitig einen Film. Die halbe Vorbereitung aufs Lesen bestand aus einer Art Wachtraum von dem, was am heutigen Evangelium zu sehen ist. »Sieh die Farbe des Sandes, rieche die Körper, taste die Augen des Blinden vor und nach der Heilung, schmecke die Speise am Tisch mit den Aussätzigen, höre die Stimme Jesu!« Die Anweisungen des Exerzitienmeisters Ignatius von Loyola führen in eine innige Betrachtung, die geistliche Tiefe erzeugt. Nicht grübeln über, sondern zuerst sehen, schmecken, riechen.

Nur wenn ich beim Lesen etwas sehe, sehen wir Hörer*innen auch etwas. Auch das braucht ein wenig Übung, aber im Kreis der Lektor*innen lässt sich mühelos prüfen, ob es stimmt, was zu hören ist. Lesen Sie einander vor und sagen Sie, wann Sie als Hörer*innen etwas sehen und wann nicht – und was. Dann wissen Sie, wo die Lesenden ausgestiegen sind und wo ihr Film hell lief.

Übrigens: Das ist der Grund, warum Sie beim Vorlesen des Textes aus der Bibel nicht aufzuschauen brauchen. Anders als bei den Ansagen, mit denen Sie einladen. Beim Lesen des Bibeltextes gehen Sie in einen anderen Film.

c) Pausen

»Wer sein Leben gewinnt, der wird es verlieren.« (Mk 8,35) Solche Sätze brauchen Verdauungszeit.

»Warum habt ihr das Öl nicht für 300 Denare verkauft und den Erlös den Armen gegeben?« (Mk 14,5). Diese Frage muss man einen Moment lang im Raum stehen lassen, damit die Brisanz einleuchten kann. Sie ist nicht dumm, nur weil Judas fragt. Indem wir sie klein machen und schnell weiterlesen, wissen wir schon wieder alles: Judas ist garstig, Jesus ist gut und hat wieder gewonnen. Nein, so leicht bedient lernen wir weniger. So einfach ist Evangelium nicht. Wie Judas fragen viele Menschen, wahrscheinlich denkt die Mehrheit so. Ohne die Wucht dieser Frage ist auch die Antwort Jesu schwach. Erst der echte Konflikt eröffnet Spielraum für den Himmel.

Ein Konflikt kann bewusst werden durch Spannungspausen. Also: Pausen machen. Denn in ihnen ereignet sich viel. Spitzensätze stehen lassen, offene Konflikte offenlassen und einen Moment aushalten, dass nichts kommt. 1–2–3–4 Sekunden zählen, wenn die Nerven das nicht ohne Zählen durchhalten. Das Gemüt und der Verstand müssen nachkommen können. Viele Geschichten sind im Zeitraffer erzählt. Was dort geschieht, braucht in Wirklichkeit Jahre (z. B. alle Heilungsgeschichten).

d) Höhepunkt

Jedes Evangelium hat einen dramatischen und einen theologischen Höhepunkt. Die sind selten identisch.

Bei angedeuteter Salbung (Mt 26,6 ff.) liegt der dramatische Höhepunkt gleich am Anfang, als die Frau reinkommt und sich über den besonderen Gast ergießt. Dieser Höhepunkt wird erst einer, weil ein zweiter dramatischer dazukommt, nämlich der Streit.

Zum Schluss folgt dann – ganz undramatisch und eher lehrhaft – der theologische Höhepunkt (»von ihr wird man erzählen ...«, V. 13) in Form einer eher blassen Deutung.

Ich empfehle, den *dramatischen* Punkt (bzw. die Punkte) anzusteuern, danach eine Pause zu setzen, damit die Spannung im Raum stehen kann. Den theologischen Zielpunkt (bzw. die -punkte) müssen Sie nicht pathetisch oder prätentiös (besonders anspruchsvoll) lesen. Er kommt in der Predigt dran.

Vorlesen von Abhandlungen, Gedichten, Liedtexten, geformten Gebetstexten

a) Ordnung schaffen

Wenn Sie Psalmen laut vor anderen lesen, achten Sie auf Folgendes:
- Sortieren Sie vorher: Was ist die Zielrichtung des Sprachaktes? Mit welchen Worten wird Gott angerufen? Bzw. mit welchen Worten wird etwas von Gott ausgerufen, also in Richtung anderer Hörender? Wo in der ersten Person (Singular oder Plural) gesprochen wird, kann ich immer im Sinn behalten: Die diesen Worten Stimme geben, sprechen sich (und nun: ich mich bzw. wir uns) da vor Gott aus – sie jubeln vor Gott, sie heulen sich vor Gott aus, sie klagen vor Gott, sie zetern und schimpfen mit Gott, sie besingen voll des Lobs Gott und wünschen ihm damit, dass seine Kraft Früchte trägt.[19]
- Was sind Haupt- und Nebenlinien? Mir hilft es, wenn ich den Psalmtext entsprechend aufschreibe.
- Pausen im Versmaß lassen: Eine alte Regel, diese Gebete zu lesen, bringt Spannung hinein, die den Raum vertieft. Dafür lege ich nach jeder Zeile (in der Bibel mit Schrägstrich / gekennzeichnet)[20] eine Pause ein, in der ich den Rest Luft rauslasse und neu einatme für die nächsten Worte.

Wenn Sie biblische Brieftexte lesen, achten Sie auf die Textstruktur.
- Sinnvoll ist eine Analyse der Satzordnungen, also der Hauptlinien, der Nebensätze und Einschübe. Wer es versteht, die Hauptlinien eines Satzes prägnant zu halten und die Einschübe stimmlich abzusetzen, wird selbst besser verstehen, was sie*er liest, und entsprechend besser verstanden.
- Hilfsmittel: Kennzeichnen Sie sich die gedanklichen Hauptstränge der Entfaltung eines Themas (einer Argumentation oder eines Lobgesangs o. a.).[21] Das hilft, mit Stimme und Tempo des Lesens wichtig und nebensächlich zu unterscheiden.

Wer Episteln lesen muss, kennt die Qual der verwinkelten Sätze, die Einschübe und auch die Redundanz. Biblische Episteln gehören nur in begrenztem Umfang zur Weltliteratur. Die Inhalte sind meist groß, aber der Schreibstil ist oft nervig. Diese Lesungen gehen im Gottesdienst fast immer unter. Hier ist mehr Fan-

---

19 Gott loben ist, wie Gott segnen.
20 Wenn es so geschrieben ist wie im Gesangbuch, heißt das: nicht den aus- oder eingerückten Textblock in einem Zug zu lesen, sondern gerade dazwischen (in der Regel: zwischen einer und der nächsten Zeile) die Atempause zu lassen.
21 Wer das aus Kenntnis und Erfahrung nicht gleich sieht, übt am besten so: den Text vergrößert kopieren und die Sätze nach Abschnitten ausschneiden, anschließend in der Logik, die sie vorgeben, neu aufkleben, dann lesen.

tasie gefragt, die Lesungen (gern möglichst drei) durch eine kleine geistreiche Quersumme miteinander zu verbinden.[22] Wer Textlastigkeit fürchtet, predigt einfach kürzer und über alle drei Texte oder führt die Methode der Textcollage ein, wie sie u. a. von Martin Nicol und den New-Homiletic-Kenner*innen empfohlen wird. Hier wird Text geboten, aber in einer Weise, die die Fantasie der Hörer*innen mitinszeniert. Das Gefühl der Textlastigkeit entsteht, weil die vorhandenen Texte bewusstlos zelebriert werden. Immer mehr Kirchen bieten lange biblische Vorleseabende an, die gern besucht werden. Da beschwert sich niemand über Textlastigkeit.

Biblische Episteltexte unterliegen anderen Regeln als Texte mit Handlung. Identifikation mit Figuren ist hier nicht das erste Mittel der Wahl, eher strenge Logik. Wer Kenntnisse hat vom Schreiber, kann versuchen, sich in ihn hineinzuversetzen. Paulus schreibt an die Korinther anderes als an die Römer, und seine Absichten sind entsprechend unterschiedlich. Dies zu begreifen, erfordert mehr biblisches Wissen.

b) Nur eine Wortbetonung pro Halbsatz
Beispiel (Gal 2,16):

 a. Doch weil wir wissen,
 b. dass der Mensch durch Werke des Gesetzes nicht gerecht wird,
 c. sondern durch den Glauben an Jesus Christus,
 d. sind auch wir zum Glauben an Christus Jesus gekommen, ...

Betonen Sie jeweils zwischen Punkt und Komma nur ein Wort, die anderen lassen Sie im Schatten. Das verlangt inhaltliche Entscheidungen.

Betonen Sie »Doch weil wir *wissen*«, ist damit theologisch entschieden, dass hier Leute sprechen, die überzeugt sind und andere überzeugen wollen. Also mehr die missionarische Linie.

Betonen Sie »Doch *weil* wir wissen«, entscheiden Sie sich für die argumentative Linie: Weil ich etwas weiß, steige ich ein in die Begründung.

Entscheiden Sie sich gar nicht, wirkt der Text unentschieden gelesen.

Haben Sie alle Betonungen Ihrer Wahl gesetzt, lesen Sie den Text noch einmal im Ganzen, um zu sehen, wo sich nun Akzente widersprechen oder häufen, sodass das Ganze unnatürlich klingt. Das ist dann der Endschliff.

---

22 Eine interessante Anleitung dazu ist das Buch von Hans Mayr, Tu dich auf, Schlüssel zu den biblischen Lesungen im Kirchenjahr, Göttingen 2003
 Ebenso zu empfehlen das Buch: von Baltruweit, von Lingen und Tergau-Harms, Hinführungen zu den biblischen Lesungen im Gottesdienst, Hannover 2004

Viele Lektor*innen betonen gern viel, möglichst jedes Wort.[23] Stellen Sie sich einen Brief vor oder einen Aufsatz, in dem fast jedes Wort unterstrichen ist. Welchen Sinn hat das? Wer alles betont, betont nichts. Nur Kontraste erwirken Sinn.

c) Pausen

Hier gilt, was zum Lesen von Erzähltem gesagt ist: Bei 3–4 Sekunden Pause stürzt die Kirche nicht ein. Aber sie gibt der Gemeinde die Chance, wenigstens teilweise dem Sinn nachzugehen, den z. B. die paulinische Dialektik entwirft. Hier ist lückenloses Lesen geradezu verboten.

Zur Pause gehört ein bisschen Mut gegen innere Einreden wie: »Vielleicht denken sie, dass ich stocke.« Das sind natürliche Regungen, aber sie dienen dem Text nicht. Etwas Übung im Kreis der Lektor*innen hilft und macht sicherer. Sie probieren miteinander aus, wie lang Pausen erträglich und sinnstiftend sind. Dann sind Sie nicht allein auf Ihre eigene Empfindung angewiesen.

Wer eilig liest, leitet die Gemeinde zur Hast an.

»Ich habe Zeit, den biblischen Inhalt während der Lesung wirken zu lassen.« Wer mit dieser Einstellung an die Lesung herangeht und so liest, wird Zeit *haben* und damit Zeit zum Hören *schaffen*. Erfüllte Zeit.

3.2 Tipps für präsentes Predigen

Predigen ist für viele ein Grund, den Pfarrberuf zu lernen oder sich als Prädikant*in ausbilden zu lassen.

Ich habe Predigen unterrichtet und erlebte Studierende bei ihren ersten Schritten auf die Kanzel, Vikar*innen mit theologisch vollem Ranzen und hellem Eifer, müde und wache Redner*innen in den mittleren Amtsjahren, Pensionär*innen, altersweise oder abgestanden.

Viele fragen nach Alternativen zur Predigt als Monolog. Wer dauernd reden muss, dem wird das Wort manchmal schal. Andere möchten freier reden. Wer kein oder nur wenig Papier braucht, kann sich Menschen zuwenden.

Die Ästhetik, also die Vorführungsseite der geistlichen Rede, ist mehr in den Vordergrund gerückt. Das war überfällig, aber es verführt zu allerlei Schauläufen und Effekthascherei. Keine Redeform entgeht der Frage nach wahrem und ergreifendem Sprechen.

---

23 Und manchmal halten sie die Stimme bis zum Gehtnichtmehr hoch.

Ich habe zwölf Jahre lang regelmäßig predigen müssen. Dann habe ich über 20 Jahre lang gar nicht gepredigt – bis auf ein paar Ausnahmen. Nach vier (!) Jahren der abstinenten Zeit hatte ich das erste Mal das Gefühl, ich hätte wieder etwas zu sagen, was mir selbst neu erschien oder zumindest das Gewusste in frischem Gewand aufführte.

Ich berichte davon, weil ich Respekt habe vor allen, die sich Woche für Woche mühen um Redlichkeit im Wort. Und weil ich gleichzeitig erlebe, wie junge und alte Profis verschlissen werden.

Wäre ich König von Deutschland, ich würde ein einjähriges Predigt-Fasten anregen. Ein Schweizer Kanton hat es eine Weile gewagt: keine Predigt. Stattdessen mehr Musik, vielleicht ein Gedicht, eine Geschichte und vor allem die Bibel. Die immer kommen, applaudierten. Die nie kommen, schüttelten den Kopf.

Eine Zeit der Stille von deutschen Kanzeln – wie wäre das? Keiner, der bisher damit beauftragt war, sagt mehr etwas.

Die Rufe, die dann kommen, die werden belauscht.

Vielleicht vermisst auch niemand etwas. Niemand ruft.

Oder jemand steht auf und weiß etwas – ohne dazu beauftragt zu sein.

Man hätte sie*ihn nie vernommen ohne die Stille.

Vielleicht ist diese andere Stimme längst unter uns, sitzt in fusionierten Kirchen, wartet auf ihre Lücke.

Opulente Predigtlehren werden Jahr für Jahr vom Wissenschaftsbetrieb ausgestoßen und treffen auf Gottesdienste mit 40–70 oder 4–7 Menschen, die von uns konkret und einfach angesprochen werden wollen. Es gibt die bürgerlichen Gemeinden, deren Köpfe einen Vortrag wünschen, aber viel Kärrnerarbeit geschieht im Einfachsten. Dafür sind wir aber nicht ausgebildet. »Einfach« ist in der Theologie immer des Flachsinns verdächtig. Es muss schon komplex sein, vollständig, richtig und vor allem bedeutsam. Dass auch das Komplexe am Ende wieder einfach sagbar ist, das erschließt sich manchmal erst nach vielen Jahren Praxis.

Manchmal wünsche ich mir schon für die Ausbildung eine Theologie im SMS-Format, die Witz und Tiefe hat (»Wichtiger, als dass du an Gott glaubst, ist, dass er an dich glaubt.« – 66 Zeichen). Die am Gartenzaun besteht und in der Kirche (»Was, wenn du vom Paradies träumst und du wachst auf mit einer Blume in der Hand?«). Eine geistliche Konfektschachtel mit den wichtigsten und lebenstauglichsten Weisheiten (»Wer sich nicht in Gefahr begibt, kommt darin um.«).

Bischöf*innen und Superintendent*innen könnten ihre Konvente dazu anleiten, miteinander dialogisch Predigten vorzubereiten – also nicht nur Pflicht-Exegese und Gähnen. Modelle dafür gibt es längst. Die Einsamkeit mancher Kolleg*innen mit der Predigt ist groß. Dem begegnet man nicht mit Kompetenzzentren.

Nach diesem Streiflicht über einen Teil der homiletischen Wirklichkeit nun zum Lebenspraktischen: Wenn ich mir als Hörer etwas wünschen dürfte für die konkrete Predigt, dann wären es die folgenden Punkte. Ich schreibe aus der konkreten Unterrichtserfahrung und nenne eine Reihe von Regeln, die sich uns gemeinsam dort erschlossen haben.

Diese Hinweise sind nicht alle auf einmal verkraftbar! Man kann immer nur das verdauen, was einem grade einleuchtet. Fühlen Sie sich daher bitte nicht bedrängt von der Vielzahl. Die Menge ist ein Resultat aus Jahren. Die meisten Regeln wollen eigentlich entlasten, indem sie konzentrieren auf das wirklich Nötige und die Beziehung.

Die äußere Form und die Organisation des Sprechens

- *Normal sprechen:* Lassen Sie sich von Freund*innen daraufhin abhören, ob Sie auf der Kanzel und im Gottesdienst einen grundsätzlich anderen Ton anschlagen als sonst im Gespräch. Wenn ja, dann ist das ein Indiz dafür, dass Sie mit einer Maske agieren, von der Sie nichts wissen. Bewusste Masken sind ein ernst zu nehmendes Hilfsmittel, unbewusste sind meist eine Karikatur. Sie können anders sprechen als im normalen Leben, weil es um die Dinge hinter dem Normalen geht. Aber dann ist Ihre Rede in natürlicher Weise gehoben – von den Inhalten. Manche versuchen, künstlich Bedeutung zu schaffen durch »extra gehobene Rede« oder lange Pausen mitten im Satz. Das ist schlechtes Theater und nützt weder Ihnen noch der Gemeinde. Der starke Inhalt schafft sich seinen starken Ausdruck und nicht der Ausdruck den Inhalt.
- *Falsche Pausen:* Das sogenannte »pastorale Sprechen« macht zu viele Pausen, die der Sprache Bedeutung verleihen sollen. Der*Die Redner*in braucht sie für sich, um weiterzudenken. Die Pausen sitzen oft mitten im Satz, wo sie nicht hingehören: »Wenn wir – Pause – wieder und wieder – Pause – bedenken, das Gott uns – Pause – ...« Warum solche Pausen mitten im Halbsatz? Das macht die Rede schwerfällig und künstlich bedeutungsvoll. Sprechen Sie in langen Atembögen: pro Sinneinheit (Satz, Halbsatz) ein Atemzug, dabei ein Wort pro Halbsatz wählen, auf das Sie hin-sprechen. So entstehen Spannung, Fluss und Bedeutung. Danach können Sie eine Pause machen, aber nicht mittendrin. Wer einen Halbsatz oder ganzen Satz vorher weiß und als ganzen greift, muss nicht mitten im Satz Denkpausen einlegen. Eine einzige Live-Aufnahme Ihrer Predigt bringt Aufschluss, ob Sie zum »Club der schwermütigen Pause« gehören.
- *Hauptsätze:* Ein Satz mit mehr als einem Nebensatz ist Schriftsprache und verleitet zur Vorlesung. Bilden Sie Hauptsätze. Gelegentlich dazu einen

Nebensatz. Vielleicht denken Sie: »Dafür habe ich nicht studiert.« Es gibt auch eine Kunst der klaren, griffigen Sprache. Sie kommt mehr aus dem *Sprechen* als aus dem Schreiben. Es hilft, in der Vorbereitung den oder die wesentlichen Gedanken *laut auszusprechen*. Dann merken Sie, wie lang Ihre Sätze sind. Wenn Sie einen Satz nicht auf einem Atem sprechen können oder sich dabei versprechen, ist er zu lang und für die Menschheit verloren.

- *Verben statt Substantive:* Viele Substantive der theologischen Sprache erinnern an eine Behörde, nicht ans Leben. Verwenden Sie mindestens so viele Verben wie Substantive, das *belebt*. »Kirchendeutsch« ausgedrückt hieße es: »Das würde uns ein Stück weit mit dem Leben in Berührung bringen.«

Technisches

- *Falsches Licht:* Viele Kanzeln oder Predigtorte sind schlecht ausgeleuchtet. Entweder Sie stehen im Gegenlicht oder die Leselampe neben Ihren Händen lässt Sie wie ein Gespenst erscheinen, weil sie Sie indirekt von unten anleuchtet. Oder Ihr Scheitel glänzt. Ich als Hörer will Ihr Gesicht sehen. Auch bei der Liturgie. Also braucht der »Auftritt« eine Lichtprobe mit konkreten Konsequenzen für die Beleuchtung. Das kostet etwas Geld.
- *Mikrofon-Anlage:* Viele kirchliche Lautsprecheranlagen sind falsch eingestellt – zu viele Bässe oder Höhen. Sprechen mehrere Kolleg*innen am gleichen Ort, sollten sie sich jeweils abhören und an der Anlage einstellen lassen. Kabelfreie Mikros sind besser als Standmikros, weil man mit ihnen freier sprechen kann und nicht so fixiert auf einen Punkt ist. Sie können sich damit beim Sprechen bewegen.
- *Blocksatztext verdirbt den Überblick:* Ausgedruckt sieht das ausformulierte Konzept im Blocksatz schick aus, aber die Augen können sich beim Vortrag nicht orientieren. Sie können kaum aufblicken, ohne die Zeile zu verlieren. Besser sind Sinnabschnitte im Manuskript, die sich voneinander auf einen Blick unterscheiden lassen. Mit großen Überschriften darüber. Je klarer Ihre Konzept-Struktur, desto freier können Sie – selbst beim Ablesen – sprechen.

Die Klarheit der Inhalte

- *Ein wahrer Gedanke reicht:* Warten Sie in der Vorbereitung darauf, dass sich Ihnen *ein* Gedanke erschließt, der Sie selbst ergreift. Den kleiden Sie ein in Vor- und Nachrede, Geschichten, Für und Wider. Das reicht. Ein andermal ist Zeit, Weiteres zu sagen.

- *Innerer Film:* Sehen Sie die Bilder selbst, wenn Sie einen Verlauf erzählen. Lassen Sie sich und mir dafür Zeit (und sprechen Sie möglichst frei). Lassen Sie sich und mir Pausen für den inneren Film (nicht mitten im Satz, sondern nach Abschnitten). Solch eine Pause dauert etwa 2–3 Sekunden. Das ist für die Hörenden wenig, in Ihrem Empfinden aber gefühlt viel Zeit. Sie denken, Sie müssen »pausenlos liefern«. Aber lassen Sie sich nicht hetzen, geben Sie mir Zeit zum Mitschwingen, dann werden Sie von mir mit meiner spürbaren inneren Resonanz belohnt. Die ähnelt dem Hall in der Kirche und gibt Ihnen etwas zurück. Wenn Sie sie nicht zulassen, gehen Sie leer aus – und ich auch.
- *Bilder und Gegenstände am Anfang:* Wenn Sie zu Beginn ein Beispiel oder ein Bild verwenden, dann nehmen Sie es ernst und kommen Sie darauf zurück. Ich gehe mit Ihnen und dem Bild – wenn es schlüssig ist. Es enthält das meiste, was Sie für die Wahrheit brauchen – wenn nicht, ist es zu flach gewählt. Dient es nur als Aufhänger, denke ich, Sie wollen mich fangen – und am Ende kommt doch nur wieder Zigarettenreklame oder das Jesulein. Jedes Symbol, jeder Gegenstand, jede Geschichte am Anfang wird viel deutlicher erinnert als alles andere. Bringen Sie sich also nicht durch aufmerksamkeitsheischende, aber irrelevante Anfänge um meine Resonanz. Fangen Sie lieber nüchtern an, wenn Sie keinen zündenden Einfall haben. Zu Beginn sind eh alle bei Ihnen mit ihrer Wachheit.
- *»Ermutige« mich zu nichts:* Viele verwenden am Schluss der Predigt dieses Modewort. Früher hieß es: »Sollten wir nicht alle mehr …«, dann folgte ein Löffelchen dünne Moral. Jetzt sagt man: »Ich ermutige Sie …« Das ist das gleiche Löffelchen. Lassen Sie es einfach weg, niemand wird es vermissen. War die Wirkung Ihrer Rede bis hierher stark, dann reicht es – war sie nicht stark, wird sie nicht besser durch einen Schlussappell. Ich werde mutig, wenn Sie mutig stehen und reden. Ihre Sicht hat Kraft genug, verlassen Sie sich drauf. So helfen Sie, dass sich im Raum spürbar einstellt, wovon Sie sprechen.

Mehr An-Deuten als Aus-Deuten:

Was sich von Gott sagen lässt, ist und bleibt uns allen entzogen. Gottes Gegenwart ist in Symbolen (»Nimm hin, das ist …«) und symbolischen Worten (»das Reich ist wie …«) im umschreibenden Modus zu haben, nie direkt. Die universitäre Theologie hat uns den Glauben erklärlicher gemacht. Aber wird hauptsächlich erläutert, so wird der Glaube zu plausibel. Ihre An-Deutungen sind oft wirksamer als Erklärungen und Behauptungen, weil sie meine Fantasie mitinszenieren. Sie können Türen öffnen, damit ich hindurchgehe. Sie dürfen etwas vermuten – ich prüfe es selbst. Sie dürfen offenlassen, wie es wirkt, was

Sie sagen – was mir davon einleuchtet, wird mir den Weg weisen. Wir werden *gemeinsam* finden, was gut ist.

Sie müssen nicht alle Motive Ihrer Predigt logisch aneinanderfügen, sondern können Geschichten und Gedanken ineinander verschränken, bis sie in meinem Kopf selbst anfangen, miteinander reden. Jede Bach-Kantate verwendet diese Collage-Technik. Die dramaturgische Homiletik (Nicol/Deeg 2013) macht daraus ein System, das man lernen kann.

Dazu ein Beispiel:
1. Maria, Martha, Jesus und Rilke (Lk 10,38–42)

Zwei Leser*innen
Gast sein einmal …

            Als sie aber weiterzogen, kam er in ein Dorf.
      Da war eine Frau mit Namen Marta, die nahm ihn auf.

Gast sein einmal …

Pause – drei Sekunden

           Und sie hatte eine Schwester, die hieß Maria;
  die setzte sich Jesus zu Füßen und hörte seiner Rede zu.

Gast sein einmal.
Nicht immer selbst seine Wünsche bewirten mit kärglicher Kost.

Pause – drei Sekunden

      Marta macht sich aber viel zu schaffen, ihm zuzudienen.
Und sie trat hinzu und sprach: »Herr, fragst du nicht danach,
dass meine Schwester mich allein sorgen lässt? Sag ihr doch,
                      dass sie mir helfen soll!«

Gast sein einmal.
Nicht immer selbst seine Wünsche bewirten mit kärglicher Kost.
Nicht immer feindlich nach allem fassen.

Pause – drei Sekunden

> Jesus aber antwortete und sprach zu ihr: »Marta, Marta,
> du sorgst und mühst dich. Eins aber ist nötig ...«

Gast sein einmal.
Nicht immer selbst seine Wünsche bewirten mit kärglicher Kost.
Nicht immer feindlich nach allem fassen –
einmal sich alles gefallen lassen und wissen: Was geschieht, ist gut.

Haltung ist Wirkung

- *Alles Gute ist schon da:* Gehen Sie davon aus, dass ich Ihnen mit meinen Sinnen entgegenkomme. Sie müssen mich nirgendwo hinzerren, nicht mit Beweisen überwältigen. Die westliche Kultur will tendenziell in ihren Taten und Gedanken bekehren, überzeugen, oft auch überwältigen. Die meisten amerikanischen Serien, die Werbung, Schulbildungen und Eroberungen verlaufen so. Sie müssen meine empfangsbereiten Nerven nicht entern.
- *Gestehen Sie sich zu, manchmal armselig zu sein:* Uns fällt nicht immer Großartiges ein. Unsere Halbherzigkeit wird umgeben von der anderen, der großen Gegenwart. Verlassen Sie sich darauf – es ist versprochen. Sie haben selbst schon bei anderen erlebt, wie aus halben Sachen unvermutet ganze wurden. Alle, die Ihnen zuhören, bringen ihre Erfahrung und ihren Geist ein. Sie ergänzen, was Ihnen fehlt.
- *Öffentlich glauben:* Wenn Sie etwas glauben, sagen Sie es immer mal wieder. Viele Kolleg*innen sprechen nicht gern über ihren eigenen Glauben. Aber ich möchte Ihnen dabei zusehen dürfen. Jetzt. Das bedingt, dass Sie sich klar sind über das, was Sie selbst glauben – neben oder unterhalb der richtigen Formeln, die Sie beruflich vertreten müssen. Es kann sein, dass Ihr Glaube Sie in einem wahren Moment über das hinaus sprechen lässt, was Sie selbst wissen. Schließen Sie das nicht aus durch falsche Redlichkeit. Auch das ist authentisch. Christ*innen leben davon, dass sie den Mund zu voll nehmen – aus gutem Grund. Sie sollten nur wissen, dass ich Ihnen eher beim öffentlichen Glauben zuhöre als beim Erklären dessen, was man glauben kann.
- *Öffentlich lieben:* Wenn Sie etwas lieben (Hölderlin, Radfahren, Rumhängen oder Jesaja), dann zeigen Sie es mir. Ich werde vielleicht nicht lieben, was Sie lieben, aber durch Ihre Liebe werde ich froh. Sie zeigt mir, dass es sich lohnt, etwas zu lieben.
- *Ihre Probleme beim ersten Lesen des Predigttextes interessieren mich nicht:* Fangen Sie an und sprechen Sie von dem, was kräftig ist. Das kann auch Ihr Widerstand gegen die Bibel sein.

- *Gedanken frisch denken und sagen:* Wenn Sie erklären, dann fassen Sie den Gedanken innerlich so, als wäre es das erste Mal. Auch dann, wenn er schon fertig in Ihrem Konzept steht. Nur Ihr *jetziges* Begreifen inspiriert mein *jetziges* Begreifen. Was Sie gestern dachten und jetzt nur ablesen, wirkt wie ein Zitat und perlt eher an mir ab. Indem Sie wach den Gedanken greifen, machen Sie mich mit Ihnen gleichzeitig. Ihre Präsenz im Moment des Sprechens ist in sich ein kleines Zeugnis. Ich verstehe: Aha, es lohnt sich, ganz bei der Sache zu sein. Das hält Sie und mich frisch.
- *Denkpausen:* Diese sind interessant, wenn Sie wirklich denken. Ich erlebe dann mit, wie etwas geboren wird. Beteiligen Sie mich, indem Sie schweigen, denken und um Worte ringen. Das ist schön. Nicht zu oft, aber immer mal wieder. Denken Sie nicht, es sei Schande, wenn Sie dafür innehalten. Ihre Eloquenz kann mich beeindrucken, aber auch niederdrücken. In Ihr öffentliches, manchmal tastendes Denken hinein kann ich mich entfalten.
- *Ihre Unvollkommenheit ist auch Ihr Charisma:* Wenn Sie auf die Kanzel gehen, bleiben Sie fehlbar, klug, banal und charmant. Manche stehen da vorn und oben wie unter einer Käseglocke aus Ansprüchen. Viele müssen auf der Kanzel ihr ganzes Studium rechtfertigen, den exegetischen Aufwand, die Exaktheit der Sprache. Andere wollen es dem Vater recht machen. Das Kreuz muss auf jeden Fall vorkommen. Die Beine stehen stramm. Der abgesicherte Modus deutscher theologischer Vorlesungen weht mich an. Alles ist maßlos richtig. Bitte seien Sie wieder pointiert, sprechen Sie auf Lücke, schauen Sie mich an. Ich brauche Ihr Wagnis, Ihre Einseitigkeit. Und ich freue mich, wenn Sie ein anderes Mal die andere Seite betonen. Ich komme wieder.
- *Rolle und Person:* Wenn Sie predigen, nehmen Sie eine Rolle ein und gebärden sich als eine*r, die*der zeitweilig in Resonanz zum Himmel gerät. Dabei schwingt Ihre ganze Person mit – privat und amtlich, unvermischt und ungetrennt. Aber es bleibt eine Rolle. Auch private Regungen erscheinen als Motiv – im Gewand der Rolle. Die schützt Sie und mich vor Ihrer Privatheit. Wenn Sie die Rolle verlassen, sind Sie wieder privat.

Kontakt und Resonanz beim Predigen

- *Menschen ansehen:* Wenn Sie Menschen ansehen beim Reden, fühlen sie sich angesehen. Wenn nicht, dann nicht. Das ist eigentlich ganz einfach, aber in der Praxis ist die Kanzel vielleicht zu hoch oder zu weit weg. Sie sehen die Augen in den ersten vier Reihen – wenn da jemand sitzt. Dahinter wird es schummerig. Sie möchten Ihren präzisen Essay eins zu eins herüberbringen und hängen am Blatt. So entsteht keine Resonanz zwischen uns, und Sie

bringen am Ende aufgeschriebenen Text durch. Man kann den Ort wechseln. Man kann z. B. Menschen bitten, ausschließlich für die Predigt weiter nach vorn zu kommen. Sie haben Ihre Rede so verfasst, dass sie Lücken für Blickkontakt und freie Erzählung ermöglicht. Nicht alle Menschen wollen Sie ansehen bei der Predigt, sie möchten träumen. Das ist normal. Aber es rechtfertigt keine Vorlesung. Wir führen zu viele Selbstgespräche in der Predigt.
- Rede adressieren: Reden Sie innerlich mit einem echten Menschen, egal, ob er da ist oder nicht. Stellen Sie ihn sich vor, und spüren Sie, wie er Ihnen zuhört. Viele Predigten haben keine konkrete Adresse – und daher auch abwesende Hörer*innen. Ein Gesicht, das Sie gernhaben und in das Sie hineinsprechen, entlockt Ihnen andere Wörter und Gesten als kein Gesicht. Manchen hilft es, wenn Sie eine*n gewogene*n Freund*in zwischen die Leute setzen, die*der lächelt und Sie anschaut.
- *Andere Welten einladen, statt sie nur zu zitieren:* Wenn Sie von der sog. Wirklichkeit erzählen möchten, dann sprechen Sie auch mal *mit* ihr. Pastor*innen bringen so viele Beispiele aus ihrem Leben, dass man sich irgendwann fragt, wann sie das alles erlebt haben wollen. Wenn Sie z. B. davon reden wollen, wie Arbeitsbedingungen den Menschen prägen, dann fragen Sie die Kassiererin. Laden Sie sie, einen Lieferwagenfahrer und eine Arbeitsoptimiererin in Ihren Gottesdienst ein. Sie sollen sagen, was sie erleben. Sie haben vorher mit ihnen zusammen das Themenfeld erörtert und sprechen eine respektvolle geistliche Sicht dazu. So lernt Ihre Kirche etwas über das Leben und das Leben etwas über die Kirche. Sie zeigen, dass man nicht alles wissen kann und dass sich Ihre Kirche für die Belange der Leute interessiert. Das ist besser als allgemeine Bemerkungen über »die Kräfte in Politik und Gesellschaft«. Ich spüre, ob Sie die Realitäten wirklich kennen, die Sie zitieren.

Der Körper spricht mit

- *Immer wieder auf beiden Beinen stehen:* Am besten stehen Sie hüftbreit. Besonders am Anfang. Dann auch unterwegs. Das ist ein kleines geheimes Stabilitätsprogramm, das keiner sieht, das aber wirkt. Es reguliert Ihren Atem, es gründet Sie und lässt Sie und uns durchatmen. (Achten Sie einmal fünf Atemzüge lang darauf, was mit Ihrem Atem geschieht, wenn Sie beide Füße eng nebeneinanderstellen, und was, wenn Sie anschließend die Füße hüftbreit stehend öffnen.)
- *Ihr Kreislauf braucht Sie:* Am Sonntagmorgen ist Ihr Kreislauf vermutlich eher untertourig. Viele Redner*innen haben eine niedrige Körperspannung

und viel unnötiges Adrenalin. Bringen Sie sich auf Ihre Weise in eine gute Balance: 5–10 Minuten gleichmäßiger körperlicher Anstrengung (Gehen, Hüpfen) pegeln Adrenalin und Blutdruck auf ein aufführungsfähiges Maß.
- *Was tun die Hände?* Stützen Sie sich nicht zu lange am Pult ab, stehen Sie immer wieder frei. Denken Sie sich bitte keine Gesten aus, das wirkt *immer* albern. Halten Sie die Hände nicht fest. Lassen Sie sie tun, was sie wollen. Sie haben immer recht.
- *Werden Sie laut und leise:* Wenn Sie nachdrücklich sein wollen oder spannend, so werden Sie gern laut oder leise. Wir pflegen auf deutschen Kanzeln die gepflegte Mittellage des Erklär- und Ermahnungstons. Manches ist überraschend eingängig, wenn es wiederholt und laut kommt (»Yes, we can!«). Verantwortliche Suggestion ist eine geistliche Medizin.
- *By heart:* Lernen Sie hin und wieder mal den Predigttext auswendig, wenn Sie ihn mögen. Gern auch ein Stück Poesie oder Prosa dazu. Oder gelungenes Eigenes. Sprechen Sie das immer wieder laut, damit Ihre Nervenbahnen sich den Klang einprägen. So lernen Sie, in der Sprache zu wohnen, die Sie lieben. Ihr Körper lernt, mitzusprechen – er ist das stärkste Gedächtnis der Welt. Wenn er sich mit erinnern darf, dann müssen Sie die präzisen Wendungen, die Ihnen wichtig sind, nicht ablesen.

Freie Rede in der Predigt

- *Anfangen mit Verläufen:* Wenn Sie frei reden wollen, nehmen Sie sich nicht zu viel auf einmal vor. Sprechen Sie zunächst die Passagen frei, die Verläufe (z. B. Geschichten) erzählen. Das können Sie, denn Sie haben es im Kindergarten und im Altenheim längst getan. Von da aus gewinnen Sie Gelände, indem Sie einen Anschlussgedanken auch noch frei sprechen. Dann wieder das Konzept verwenden. Viele trauen sich nicht, auch auf der Kanzel so frei zu reden wie bei den Kindern – wegen der »Käseglocke«. Vergessen Sie Ihr Über-Ich – sagen Sie dem Mafioso, er soll kurz einen Kaffee trinken gehen. Das geht auch auf der Kanzel, und es hilft. Ein andermal können Sie wieder sprachlich geschliffen vortragen.
- *Karten legen:* Wenn Sie noch mehr frei sprechen wollen, dann bereiten Sie die Predigt laut sprechend vor – am besten anfangs mit einem*einer Freund*in zusammen, dem*der Sie vortragen. Aber es geht auch allein. Verwenden Sie Karten mit dicken Überschriften für die Schritte, die Sie mit uns gehen wollen. Eine Karte pro Sinneinheit, nicht pro Satz. Wählen Sie eine knappe *Überschrift* für das, was Sie sagen wollen. Legen Sie sie nacheinander vor sich auf dem Boden aus, damit Sie Überblick gewin-

nen, gehen Sie Schritt für Schritt an den Karten entlang und reden Sie laut. Ein*e Freund*in geht mit und hilft Ihnen, in der Spur zu bleiben, fragt: »Und was kommt jetzt?« *Gehen Sie nicht zurück,* sondern immer *weiter* in den nächsten Gedanken. Korrigieren können Sie später. Nach dem ersten Auslegen der Karten schauen Sie alles an und schmeißen raus, was doch nicht dazugehört. Dann gehen Sie wieder an allen Karten auf dem Boden Schritt für Schritt entlang und sprechen Ihre Predigt laut. Zwei oder drei fette rote Punkte vergeben Sie an Ihre wichtigsten Karten. Dann wissen Sie, wo die Höhepunkte liegen und wie Sie aufhören wollen. So prägen sich Ihnen Struktur und Inhalt gleichzeitig ein. Das ist ein grundsätzlich anderer Vorgang als die Schreibarbeit am PC. Oft wird Ihnen auch inhaltlich anderes einfallen, wenn Sie sprechend statt schreibend entwerfen.

- *Plan B bei Stromausfall:* Wer frei spricht in der Predigt, fürchtet sich manchmal vor *Schwarzen Löchern:* »Ich weiß nicht weiter.« Das passiert fast nie, aber die Furcht wirkt blockierend. Für den Fall des Blackouts haben Sie einen Plan B. Sie lassen eine Strophe singen, die Orgel spielen oder haben eine Lieblingsgeschichte parat. Sie wissen selbst am besten, welcher Plan B Ihnen Luft verschafft. Die Rufbereitschaft eines Auswegs wirkt schon beruhigend.
- *Altes neu und frei würzen:* Wenn Sie eine Predigt aus dem Internet ziehen oder sonst woher übernehmen, dann sprechen Sie eine Passage daraus frei. Das zwingt Sie, an mindestens einer Stelle selbstbestimmt zu reden und gibt dem ganzen Vortrag eine frischere Note.
- *Seien Sie so genau wie nötig, nicht wie möglich:* Das lernt man von Handwerker*innen. Wenn sie alles supergenau bauen wollten – es gäbe kein fertiges Haus. Religiöse Praxis ist auch Handwerk. Wenn Sie wirklich mit mir reden, werden Sie merken, wie wenig Wahrheit ausreicht – verlassen Sie sich darauf. Ich werde nicht satt von Ihrer wasserdichten Klugheit, sondern von Ihrer zugewandten Teilerkenntnis.
- *Liturgie stützt:* Wenn ich normale Kirchenchrist*innen bei meinen Gemeindebesuchen oder auch die Pastores im Konvent fragte, welche dichten Momente sie aus dem Gottesdienst erinnern, so schildern sie zu 90 Prozent Szenen aus der Liturgie – eine Segensgeste, ein Erdwurf. Sie sprechen vom Klang der Trompete, vom Licht, das durch die Scheiben fällt. 10 Prozent erwähnen auch die Predigt als Ort für Dichte (fragen Sie gern mal in Ihrer Gemeinde nach).
- Nehmen Sie also die Liturgie ernst, sie ist keine Umrahmung der Predigt, sie hat ein starkes Eigenleben. Sie stützt Sie und uns, wenn sie mit der gleichen Achtsamkeit geführt wird wie die Predigt. Sie kann Ihr Wort entlasten und ergänzen.

3.3 Die Welt ist lesbar wie die Bibel – für eine Wandlung des christlichen Verkündigungsbegriffs

>Gott ist, dass wir lieben können.
>
>*Dorothee Sölle*

Die Idee

Ich verdächtige die praktisch vorfindliche Homiletik in Gemeinden, die Sonntag für Sonntag »vom Text zur Welt« vorzudringen versucht, der Einseitigkeit. Ich bemerke oft entweder eine Schlagseite hin zur biblischen Paraphrase, die sich in einer Parallelwelt bewegt und mir nicht selten kindertümlich Dinge nacherzählt, die ich eben schon in der Lesung gehört habe.

Oder es tendiert hin zur Banalität des weltlichen »Beispiels«. Das soll Bibel illustrieren und ein »Hinhörer« für meine vermeintlich ermattete Aufmerksamkeit sein. Aber es nimmt dabei die Wirklichkeit in ihrer Tiefenstruktur nicht ernst. Das sog. »Beispiel« »dient« einer abstrakten »Theologie« und hat kein geistreiches Eigenleben.

Nötig wäre dagegen die Vermutung, dass Gott auch aus der Welt gültig zu uns spricht. Die Bibel wäre der korrigierende und erhellende Maßstab: eine Art geistliche Wandlung und Rehabilitation dessen, was Menschen erleben. Daher forsche ich nach Weisen der Lesbarkeit der Welt auf Offenbarung hin. Dem entspräche ein Gottesbild, dessen Wort nicht nur – wie im Johannesprolog – monologisch und weitgehend unverstanden in die tumbe Welt einbricht und entsprechend hoheitlich ungefragt von Kanzeln tönt, sondern *dialogisch* Wahrheit aufspürt.

So wie Christus selbst in der Welt erst lernt, wer er ist. Die Wahrheit ist nicht schon fertig, *bevor* sie zur Welt kommt. Sie *wird* dort wahr. Gott kommt auch durch die Welt zu sich. Predigende und Predigthörende kommen zu ihrer Wahrheit, indem sie sich der Welt aussetzen.

Das alles ist wirklich nicht neu, aber es fehlt weiter an konsequenter Didaktik, die das umsetzt. Also fahnde ich nach Methoden und Denkmustern, die das im kirchlich-homiletischen Betrieb ganz langsam realisieren.

Gottesbild

Mein Gott *ist* das Gespräch. Er/es besteht aus zwei Polen.

Die Bibel, die dogmatische und liturgische Tradition identifizieren diese Pole als »Gott-Vater« und »Gott-Sohn«. Das heißt, es gibt nicht nur einen göttlichen Logos, sondern Gott als »Dia-Logos«.

Pol 1 Christus
Der mit seinem Ursprung (»Vater«) urverbundene Christus liest in der Welt die Spuren des Göttlichen.

Je tiefer er die Welt ausschreitet, das heißt, Menschen erlebt, bewegt, verwandelt, also nicht nur im Rückbezug auf »den Vater« verharrt, desto inniger kehrt er durch die Welt hindurch »zurück zum Vater«. Man kann das z. B. in der Geschichte mit der widerständigen ausländischen Frau sehen, die ihn weitet und bekehrt zur eigenen Mission außerhalb seines Provinzhorizonts.

Er handelt, denkt und schaut –
eingelassen in die Wirklichkeit als sich inkarnierender Gott und Lernender und
darin ihr gegenüber als Gottessohn mit eigener Hoheit zugleich.

Das ist auch die Lebenskunst, die uns allen abverlangt ist: Eingelassen zu sein ins Vorfindliche, zu lernen und dabei die eigene Gestalt zu entwickeln, zu wahren, möglicherweise auch zu behaupten – (»väterliches«) Gegenüberstehen und (»mütterliches«) Verwobensein in einem.

Pol 2 Gott
Der Pol des unsichtbar Göttlichen ist in meiner Gottesbild-Logik der Pol der Zeugung, der Inspiration, also »Gott-Schöpfer« und Ur-Sprung.

Die Erschaffung des Menschen im Schöpfungsbericht »aus Erde« z. B. kann nicht nur als hoheitlicher »monologischer« Akt gedeutet werden. Gott »macht« nicht nur einfach aus toter Materie ein ontologisch tiefer angesiedeltes Wesen. Nimmt man seinen Wunsch nach einem*einer Dialogpartner*in ernst, so muss von vornherein eine Art Gegen-Hauch des angewehten Wesens intendiert sein.

Gott erzeugt sich nach meiner Logik synchron mit diesem Wesen – und das immer neu. Dieses »Geschöpf« ist inniges Gegenüber »von seiner Art«. Denn Gott ist in seinem Wesen von jeher Dialog: Gott realisiert sich mit seinem Menschen, der ihm antwortet. Das vorgängig Wahre wird erst wahr im Ein-Ander. Gott ist Wort und Antwort in einem.

Jeder Mensch entsteht – so weltlich analoge Erfahrung – gleichzeitig mit seinem Werk. Er ist nach dessen Vollendung ein anderer als vorher – und darin überhaupt erst zunehmend er selbst.

Analog bräuchte die Predigt nicht nur den einseitig hoheitlichen Akt des Denkens und Sagens »von der Bibel ins Leben«, sondern von vornherein den Gegen-Hauch. Und der liegt z. B. in der präzisen Wahrnehmung der immer schon antwortenden Welt – das dann im Lichte der biblischen Offenbarung.

Das Dritte – Geist
Was – nach nicänischem Bekenntnis – aus »Vater« und »Sohn« hervorgeht, ist ein Drittes, ist *die Zweiheit selbst oder das aus Zweien hervorgeht* in »Person«, z. B. das Baby, das Werk, die Lebensleistung, die Aura eines altgewordenen Paares, die Keimzelle der Gemeinde, theologisch: der Dia-Logos, der Geist.

Seine Struktur ist das permanente Gespräch.

Der Geist bewirkt auf längere Sicht, dass Menschen, die sich in seinem Raum dauerhaft vorfinden, in diese göttliche Geistespolarität geraten, besser: sich als immer schon dort Anwesende begreifen. Nahezu jedes Liebespaar hat das Gefühl, sich viel länger zu kennen als es der Fall ist. Beide Pole verstehen sich mit jeder Exploration mehr hinein in das, was sie sind, und in den Raum, in dem sie sind. Die im Geist Lebenden kommen immer weiter – sich im anderen findend – nach Hause. Dies geschieht im Raum der Liebe.

Fehlt Liebe, so beginnt die Abstoßung durch Bemächtigung, man tötet einander oder lässt sich scheiden.

Eine funktionierende Freundschaft dagegen entbindet die Personen immer deutlicher zu sich selbst. »Am anderen« werde ich ich, wirst du du und werden wir je und je tiefer wir. Und dabei immer urverbundener mit allen und mit Gott zugleich. Deshalb segnet die Kirche z. B. auf Langzeit angelegte Partnerschaften.

Diese gleichzeitig wirkende Polarität einer Circumcisio in meinem Gottesbild sehe ich als Paradigma für den Prozess der Verkündigung. Bibel und Leben reifen aneinander zu sich hin.

Welt- und Gemeindebild

Ich wähne uns – analog zum Gottesbild – kirchlich in einer Art Weltinnenraum mit anderen gleich wahren Polen.

In diesem »Welt-Innen« geben wir Kirchlichen – zumindest in Europa – im Moment gerade die ethische und wahrheitsdeutende Führung ab – nach 1600 Jahren christlich-moralischer Leitkultur bis in die Betten hinein. Wir haben keine Lufthoheit mehr, auch in religiösen Themen nicht. Das ist ein historischer Moment. Der »Kreis« oder die »Kugel« als Hilfssymbol für unser Weltverständnis mit Gott und der Kirche in der Mitte trägt als Mythos nicht mehr. Eher würde die »Ellipse« als Verstehensfigur helfen, die mit ihren zwei Brennpunkten das Zu- und Gegeneinander von Wahrheitspolen abbildet. Die Wahrheit erweist sich als mehrpolig und symphonisch, sie erscheint überhaupt erst im Dialog.

Andere Ideen sind zur gleichen Zeit im gleichen Raum gleich wahr. Andere Menschen entscheiden sich selbstständig ohne die Belehrung von Christ*innen zu sinnvollen Ansichten und Lebensweisen. Das Christentum in Europa wird wieder mehr zu dem, als das es gestartet ist: eine kantige und hintersinnige Marginalie.

Die Haltung der verfassten Kirche mit ihrem Reichtum an Posten, Dogmen und Besitzständen entspricht dem im Moment kaum. Ich erlebe den kirchlichen Betrieb, insbesondere den homiletischen, in einer Geste der Hoheit. Aber jeden Moment könnte eine Überschwemmung die Kanzeln forttragen.

Die Bibel bleibt für Christen Maßstab der Dinge, das steht für mich nicht infrage. Sie kann das allzu sehr sich selbst verstehende Leben »von oben« durchkreuzen, das ist auch evident. Aber das alltägliche Auslegungsgeschäft an der Basis scheint mir dadurch ausgetrocknet, dass es sich zu wenig präzis inkarniert. Es lässt sich nicht ein auf die Welt, weil sie dort keinen Gott bzw. keine Offenbarung vermutet. Analogien oder erlebbare Offenbarungen sind eher verdächtig.

Ich möchte aber von evangelischen Geistlichen genau wissen, wo sich das Gotteswort korrigierend in *mein Leben* schiebt. Dafür müsste man Bescheid wissen über das Leben, sachlich und tiefenphänomenologisch. Sonst entstehen geliehene ungefähre Phrasen.

Die Verkündigung wiederholt andernfalls in einer Art Endlosschleife biblische parallelweltliche Motive. Sie tut es, als wäre die Bibel eine allen erkennbare, historisch belegbare Wirklichkeit wie z. B. die Biografie Ghandis oder die Genese der marxistischen Gesellschaft in der DDR.

Beispiel 1

Ein junger Pastor bekommt bei mir ein Predigt-Coaching. Sein Thema ist »Rechtfertigung aus Glauben« am Reformationstag. Er zeigt (körperlich) Probleme beim Sprechen: Er schnappt sehr schnell nach Luft, und das macht seine Rede atemlos. Eine Übung beruhigt seinen Atem. Er lernt, auf das von selbst auftauchende Einatmen zu achten. Er lernt, konkret darauf zu warten, dass der Leib sich im Atem holt, was er braucht, und ist erstaunt über die Erfahrung der Entspannung, die sein Körper für ihn bereithält. Sein Sprechen wird gelassener, es fallen ihm überraschenderweise auch andere Gedanken zu seinem Thema ein.

Ich verweise im Gespräch auf einen Zusammenhang, den ich zwischen seinem Predigtthema und dieser Erfahrung sehe: Auf körperlicher Ebene zeigt sich, wie Gott für uns sorgt, bevor wir selbst ständig nach etwas (z. B. dem Atem) schnappen. Wir sind immer schon am Ziel und können uns darauf verlassen.

An dieser Stelle wird der Kollege unwirsch und weist diesen Gedanken weit von sich. Die Rechtfertigung spiele sich auf »geistlicher« Ebene ab, nicht im Körper, das sei etwas völlig anderes und nicht zu verwechseln. Ich höre fast eine Art Stolz heraus, dass dieser paulinische und reformatorische Topos nichts mit dem eher abständigen Leib zu tun habe.

Das meine ich, wenn ich von einer Theologie spreche, die sich nicht auf die »Niederungen« des erfahrbaren Lebens einlässt, sondern eine »jenseitige Wirklichkeit« postuliert. Sie rechnet es sich als Ehre an, möglichst alle Erfahrungen zu transzendieren (leider fast immer im Sinne von »negieren«). Diesem Wunsch nach Transzendenz würde ich im Prinzip immer zustimmen, aber eben genau im *Staunen über* die (und nicht unter Abblendung der) realen Phänomene des Atems. Der Atem z. B. macht mich mit jeder weiteren Erkenntnis hinsichtlich des göttlichen Wirkens immer ehrfürchtiger. Entdecke ich in meinem Atem das wirksame Wort Gottes auf basaler Ebene, dann ist mein Leben in hohem Maß durch das *verbum externum* »durchkreuzt«, vielleicht auch »durchleuchtet«. Denn das, was sich dort abspielt, ist oft ein Symbol für vieles andere.

Und es wäre vielleicht erstmalig in geheimnisvoller Weise plausibel: Das, wovon Christ*innen reden, ist *erfahrbar*. Und gleichzeitig *bleibt es ja ein Mysterium*, je tiefer ich eindringe in den Kosmos des Atems (*spiritus* – Spiritualität). Überall in der Welt lauert Offenbarung, wenn man sie genau liest.

Dies ist die Sollbruchstelle der Kanzel-Theologie. Hier verliert sie sich oft in Behauptungen. Sie denkt, sie wüsste schon Bescheid über das Leben. Aber sie weiß einerseits zu wenig und andererseits zu viel von der Welt. Hegel, Drewermann, Blumenberg, Sloterdijk, Rombach, Josuttis, Tillich, Kluge, Waldenfels – viele haben gezeigt, wie gute Korrelation zwischen Welt und Bibel bzw. Theorie funktioniert.

Diese Sollbruchstelle zeigt sich u. a. auch in der Scheu gegenüber Kirchenfernen, z. B. bei Kasualien. Die Ausbildungsgänge zum Pfarrberuf sehen eine gezielte Übung des Gesprächs mit konkreten Lebensfragen oder mit Nichtchrist*innen im Grunde nicht vor. In diesem Dialog würden Christ*innen aber merken, dass sie jetzt *Mit-Spieler*innen* sind im Deutungsgeschehen und keine Bestimmer*innen mehr. Sie würden ihren Rang neu definieren und – mit der Notwendigkeit, sich zu erklären – auch neue Begründungen und Sprachen finden. Das ist meine Erfahrung aus arrangierten Gesprächen von Kirchlichen mit Kirchenfernen.

Entsteht dieser Dialog nicht, werden intern weiter eine Menge bekannter Heilstatsachen im engen Sprachkreis biblischer Diktion behauptet. Man spricht gern mit sich selbst zum Zweck der Affirmation. Das sei der Gemeinde der Eingeweihten gegönnt, aber im Hinblick auf ein ernst zu nehmendes gesellschaftliches Mitreden reicht es nicht.

Insofern meine ich, weiterhin Züge des Behäbig-Absolutistischen im Verkündigungsgeschäft zu sehen: Der Logos kommt in die Welt. Die Welt begreift es nicht, also ist sie selbst schuld, und wir Eingeweihten verkünden uns selbst weiter vor uns hin, was wir immer schon wussten.

An den Außenlinien der Kirche, in den Kliniken, im Radio, im Internet, in der Polizeiseelsorge, an Schulen usw. erwächst der Kirche langsam eine andere Sprache. Die ist nicht allein dadurch gut, dass sie an den Grenzen agiert – auch hier geschieht Banales. Aber sie beginnt sich im Dialogischen einzurichten, weil sie es muss, und das bekommt ihr im Ganzen gut.

Beispiel 2
Ein religiös neutraler Arzt und eine Pastorin versuchen miteinander über den Gehalt dessen zu sprechen, was Christ*innen »Auferstehung« nennen. Der nicht christliche Arzt sucht nach einem Äquivalent für dieses Motiv. Er staunt über den schwer zu begründenden Lebenswillen vieler todkranker Menschen, der ihm oft begegnet.

Er vermutet, die Geburt selbst sei ein Schlüsselerlebnis des menschlichen Körpers: Der im Uterus aufgehobene Mensch muss durch einen bedrohlichen Engpass hindurch und schafft es in der Regel. Die der Luft noch verschlossene Lunge öffnet sich im Freien, als antworte der Körper auf den völlig anderen Zustand mit einem großen JA. Was vor der Geburt unmöglich schien, nämlich zu leben und zu atmen, ist plötzlich das Selbstverständliche. Der Arzt interpretiert das als Todes- und Lebenserfahrung zugleich. Er vermutet hier die Urerfahrung von menschlicher Resilienz, die auch weiter im Leben auf höheren Stufen wirksam bleibt. Wenn er von der Auferstehung hört, versucht er sich das in sein System so zu übersetzen.

Die Pastorin und Krankenhausseelsorgerin ist nun herausgefordert, sich präzise auf diesen Gedankengang einzulassen. Sie kann das vermeiden, indem sie auf der Parallelwelt-Ebene weiter behauptet, es handle sich um ein altes Geheimnis, Gottes Handeln sei unerforschlich, das Ostergeschehen entziehe sich menschlicher Rationalität und »breche« in ganz eigener und unerwarteter Weise ins Leben der Menschen. Diese Sprechweise ist verbreitet und zeigt eine Form weltfremder Borniertheit (und eine verkorkste Form Barth'scher Theologie). Damit wäre das Gespräch beendet.

Die Pastorin kann aber auch versuchen, im Kontakt mit dem weltlichen Begriff der »Geburt« im Detail die Transformationsprozesse des Menschen während des Geburtsvorgangs zu sichten, zu verstehen und mit der eigenen christlichen Deutung des Lebens (und Sterbens) zu verbinden. Krankenhausseelsorge ist eigentlich gezwungen, so etwas zu denken. Welche Art der Transformation geschieht auf der somatischen Ebene bei der Geburt? Und wo liegen die Vergleichspunkte zu dem biblischen Befund der Auferstehung?

Dafür müsste sie sich in anthropologische Vollzüge eingedacht und sie für sich gedeutet haben. Das wäre die Gretchenfrage: Wie hält es die Pastorin mit der Reflexion des Lebens im Detail? Wo hätte sie je gelernt, das zu tun, damit sie gesprächsfähig wird gegenüber Menschen, die christenfern, aber interessiert und genau mitdenken wollen?

Wofür werden Theolog*innen ausgebildet – nur als Schriftgelehrte oder auch als »Lebensgelehrte«? Nur für die Affirmation der Eingeweihten oder auch für das Gespräch mit interessierten Kirchenfernen?

In dieser Lage könnte erneut Paulus helfen: Fanden sich mit Paulus in Römer 9–11 bekehrte Heid*innen und originale Juden*Jüdinnen als Bewohner*innen desselben Raums der göttlichen Liebe vor, so entsteht nun vielleicht eine neue Wahlverwandtschaft: die zwischen Christ*innen und allgemein spirituell Gesonnenen. Aber zunächst regiert die Skepsis, vielleicht der Neid. Offenbar wissen auch spirituell gewogene Quantenphysiker*innen und Philosoph*innen oder Heiler*innen etwas von Gott. Das ist mit dem bisherigen Alleinvertretungsanspruch vieler christlicher Gemeinden auf religiöse Themen zunächst nicht vereinbar. Auch dann nicht, wenn der halbe Kirchenvorstand zum Yoga oder zu Homöopath*innen geht und zu Hause im Garten einen Buddha stehen hat. Das theologische Denken kommt einfach mit dem, was längst gelebt wird, nicht mit.

Mit Paulus wäre es – jetzt geweitet ins universelle Welt-Innen – vielleicht passend, wir versuchten *einander daran zu erkennen, dass und wie wir lieben* – und was.

Das als Basic-Credo könnte ein Ausgangspunkt sein, um anfänglich miteinander zu sprechen – mit der Perspektive, dass sich etwas entwickelt, von dem wir beide nicht wissen, wohin es uns führt. Man würde einander daran erkennen, dass man ergriffen ist und keine Wahl hat, zu fragen, zu zweifeln, zu beten, zu schaffen, keinesfalls aber zu töten, zu diffamieren oder auszugrenzen.

Wir vergleichen dann, wie wir nennen, was wir lieben, und forschen nach dessen Ursprung – und fragen auch schmerzhaft, ob es wirklich Liebe ist oder z. B. eher Abhängigkeit. In diesem Prozess kann die Bibel neue Kriterien für die Unterscheidung der Geister bieten – mehr Klarheit, als ein einzelnes Menschenleben je erarbeiten wird.

Darin würden wir klug im Dia-Logos, den wir als unseren gemeinsamen göttlichen Wohnraum verstehen und bespielen. Verstünde sich »Gemeinde« auf diese Weise neu, wäre ein ganz neuer Spiel-Raum aufgetan.

Mosaiksteine im künftigen Bild der Homiletik

Die Leserichtung traditioneller Predigt geht von der Bibel hin zum Leben. Die Perikopenordnung legt dies nahe. die meisten Sonntagsgottesdienste praktizieren das, um theologische Lai*innen zu bilden. Dieser einseitige Monolog kommt an seine Grenze. Ich meine damit nicht nur die Inhalte einer Predigt, sondern die Großform dieser Unterweisung mit einer redenden und vielen schweigsamen Personen. Das Ganze in dem autoritativen Raum, der immer schon mitpredigt, mit dem Status der Kleidung, mit dem Ritus usw.

Die eingeweihten Christ*innen verstehen ihr Leben im Gottesdienst von der einen Ursprungsoffenbarung der Bibel her und gewinnen daraus Sicherheit. *Eine* Quelle erklärt mir die Welt. Das soll auch weiter sein. Kinder (im Glauben) brauchen eine Weile monarchisch-autoritäre Weisung. Menschen haben überdies lebenslang immer wieder das Recht auf innige Vertiefung ins Eigene.

Was methodisch fehlt, ist die andere Leserichtung: die Fähigkeit, in der Welt zu lesen, wie Christus das selbst tun musste. Das heißt: Freude am Entziffern der Welt haben und dabei andere Leute mitreden lassen.

Christ*innen werden das nie voraussetzungsfrei tun. Sie tragen ein, was sie glauben und wissen. Aber sie müssen es neuerdings auch in dem aufweisen, was sie vorfinden, anstatt eine Welt aus geronnenen biblischen Begrifflichkeiten als zweite Wahrheitsschicht über die Welt zu legen.

Die sog. Gottesdienstgemeinde ist ja selbst längst heterogen in ihrer Anschauung. Sie lesen sich selbstständig andere Deutungen außerhalb des Christlichen an. Von daher haben sie auch neue Fragen. Denn Gläubige entscheiden seit ein paar Jahrzehnten viel selbstbewusster, was ihnen christlich einleuchtet und was nicht. Wer dem nicht (auch) differenziert mitgehend und widerstehend begegnen kann, wird schnell überhört.

Fragen oder Bitten an die Ausbildung

Universitär möglichst in Zusammenarbeit mit der Praktischen Theologie: themenorientierte Exegese zusammen mit Anthropologie und Philosophie betreiben:
- Lebensfachleute (»Lebensexperten«), Menschen, die etwas lieben, hinzuziehen, genau hinsehen auf ihre Weltsicht und Erfahrung,
- die Lebenswahrheit des Gesehenen exegesieren, den Skopus extrahieren,
- für sich eine adäquate (das heißt analoge oder kontrastierende) christliche Wahrheit finden,
- christliche Wahrheit verweben mit dem Erlebten, ohne dass eins das andere dominiert,
- hermeneutische Ergebnisse einander zeigen und besprechen, das wäre die Bewährungsprobe: die gefundene Wahrheit vor anderen (z. B. auch vor den Lebensexperten) sagen,
- hören, wie die Ergebnisse auf Gemeinde und Lebensexperten wirken.

Dafür bräuchte es an der Uni Seminare, die fächerübergreifend angelegt sind, damit Studierende von Anfang an bezogener denken lernen und nicht erst im Vikariat, denn da ist es dafür fast zu spät (z. B. Medizin/Psychologie/Soziologie und Exegese, Dogmengeschichte und Psychologie, Kirchengeschichte und Politikwissenschaft/Völkerkunde, Kunst/Musik/Theater und Predigt, Liturgie und Anthropologie des Alltags usw.).

Die Vikariatsausbildung kann man damit nicht überfrachten. Man kann auch nicht erstatten, was die Uni verschlafen hat – dafür ist es nach sechs Jahren einseitiger Prägung zu spät. Im Vikariat wird man junge Theolog*innen dabei begleiten, wie sie leidlich zu sich und der Kirche finden.

Aber der Kirchenbegriff, der sich fast ausschließlich auf die traditionelle Gemeinde stützt und in den wir den Nachwuchs geleiten, scheint mir veraltet. Kirche geschieht längst und oft spannender überregional, informell, wird oft gerade erst gegründet. Es gibt Institute jenseits von Gemeinde, es gibt aufregenden, halbgeistlichen Wildwuchs – z. B. rund um Bürgerinitiativen, Hauskirchen, Kunstprojekte, Kirchentage und in der Flüchtlingsarbeit. Es gibt die Entvölkerung ganzer Landstriche und darin die neue Koalition sozialer Initiativen. Hier sind eigene Sprach- und Verstehensmodelle angesagt. Wer nur die Provinz mit Namen »Gemeinde« mit Kerngemeinde, Versorgung durch Predigt und Unterricht gelernt hat, wird an diesen Orten verstummen. Das wäre schade.

Die Fortbildung der Pastor*innen im Amt wird andere Modelle von Gottesdienst und Gemeinde neben dem Herkömmlichen suchen und finden. In solchen Gemeindekonstruktionen wird Geld anders verteilt werden. Pastorale Präsenz wird neu zu definieren sein und damit auch der Verkündigungsauftrag. Anglikanische Strukturen lägen u. a. nahe. Eigeninitiative von lebendigen halbkirchlichen Menschen und Gruppen ist gefragt, nicht nur das Modell des »betreuten Wohnens« bzw. der »Versorgung« der Clubmitglieder, wie es bislang galt. Dafür sind neue kybernetische Modelle zu denken. Die kommen wiederum nicht aus ohne einen neuen Kirchenbegriff.

Was im Studium interdisziplinär begonnen hat, wäre natürlich *berufsbegleitend* fortzusetzen: Kreuzungen aus Theologie und Sach- bzw. Menschenkunde. Das wäre kein Pflichtakt, so etwas macht erfahrungsgemäß Spaß. Gäste mit eigenen Sach- und Lebenskenntnissen fühlen sich außerdem geehrt durch Einladung und Fragen.

Zum Schluss – eine Ideenskizze für einen dreijährigen berufsbegleitenden Lehrgang in neuem kirchlichem Ausdruck

Nötig wäre eine Fortbildung in lebensdienlicher Theologie, Unterricht in Lebenskunde, Anleitung, in der Welt zu lesen im Hinblick auf neue Homiletik, Liturgik, Katechese, Seelsorge der Kirche. Eckpunkte einer solchen Fortbildung wären:

Sachkunde – adaequatio intellectus ad rem
- Lesen lernen in Gegenständen – Gesichtern – Systemen – Abläufen – Herkünften – Geschichten;
- Lesen lernen in der eigenen Wahrnehmung.

Biografische Theologie
- Lesen in den Phasen des Lebens – in permanenter Analogie zur Christologie (Er wächst in mir, ich nehme ab): Christologisches Leben als biografische Ausgeburt: Gott (wie Maria) am eigenen Leib austragen im Laufe eines Lebens;
- jeder Mensch hat seinen Gott (außen) – jeder verkörpert seinen Gott/Christus (innen).

Philosophisch-theologische Grundmuster
- Das Paradox als Form, das Geheimnis zu wahren und zugleich zu zeigen;
- Trinität als (Ur-)Form von Bezogenheitsstrukturen (Hegel);
- Ek-Sistenz (Ausgesetztsein) und Ur-Verbundenheit;
- entsichert leben und darin aufgehoben sein als anthropologische und christologische Konstante;
- Gebet als Resonanz auf und Ausdruck für diesen Zustand;
- All-Eins sein und Alleinsein wahrnehmen und denken;
- Streit als »Vater« und Urverbundenheit als »Mutter« der Wahrheit – polarer Wahrheitsdiskurs;
- menschliche Typen der Wahrnehmung (Grenzenzieher im »Streit« und Analogie-Sucher in »Urverbundenheit«);
- Struktur von Hyperphänomenen und religiösem Erleben (Waldenfels, Sloterdijk, Williams u. a.) – Beschreibung religiöser Phänomene in weltlicher Sprache;
- Analogie des Sprechens vom Religiösen und von der Liebe – ein Vergleich (Latour);
- Marginalität des Christentums als heiteres Novum nach 1600 Jahren Imperialismus, Einübung in eine neue Lebenshaltung von Geistlichen.

Glaubens- und Verkündigungspraxis
- Gebetspraxis und Gebetssprache;
- liturgische Grundhaltungen – Demut und Stolz, Urverbundenheit und Ausgesetztsein, »Verkörperung«-Sein und »Verweis auf«-Sein, Wortwahl und Wortverlust als Zeugnis;
- homiletische Grundhaltungen – Zeigen und Erklären, Werten und Beschreiben, Stringenz und Zufälligkeit, Fragen und Antworten (auf Fragen), Behaupten und Andeuten, Bereitschaft zum und Technik im verkündenden Dialog;
- Amtshaltungen: Ritus (Zelebrieren), Mythos (Erzählen), Prophetie (Widerspruch), Seelsorge *(sym-pathein)*, Ethos (Wägen und Handeln), Mystik (sich aufgehoben wissen);
- Umgang mit der Fremdheit des Evangeliums: in mir selbst, der Kirche, der weltlichen Vollzüge.

Biblische Analogien und Einsprüche
- Zentrale Motive aus den eben genannten Punkten in Verbindung mit biblischen Motiven;
- gegenseitige Auslegung, Korrektur bzw. Steigerung der biblischen und phänomenologischen Strukturen erproben.

Darreichungsformen
- 6 Wochen-Kurse in 2 Jahren;
- anschließende Vertiefungstage ein weiteres Jahr lang monatlich (insgesamt 8–10 Treffen), die die Praxis begleiten, damit sich etwas inkarniert in die laufende Arbeit.

Man muss keinen anderen Stoff für die Ausbildung suchen, sondern denselben Stoff neu ausrichten. Dia-Logos – das hieße, Christliches beziehen auf das, was lebt.

4 Abendmahl

4.1 Abendmahl und Gemeinde – eine Standortbestimmung

Abendmahl am Passahfest und in Emmaus

Als Jesus beim Passahfest lag mit den Seinen, da ahnten alle am niedrigen Tisch, dass es mit ihm auf irgendeine Weise zu Ende gehen würde – und damit auch ihre Gemeinschaft. Jesus redete von seltsamen Ahnungen. Als wäre er nicht mehr ganz da. Und wolle grade deswegen nochmal diese Tischgemeinschaft. Die ist oft abgebildet – fast in jeder Kirche. Die Runde ist besonders: Jesus spricht letzte Sätze vor seinem Tod. Viel mehr wird er bis zum Kreuz nicht mehr sagen, keine Bergpredigt mehr, keine letzte Mahnung. Es ist alles gesagt. Der Rest ist Stille und Gebet. Das wird die Jünger*innen auseinandertreiben, besonders Petrus und Judas. So ist der Tod, er separiert Hinterbliebene oft. Gleichzeitig haben letzte Worte eines geliebten Menschen Gewicht. »Nehmt und esst. Das bin ich.« – »Was hat er da gesagt?«, fragen sie sich im Nachhinein. »Nehmt und esst. Dann bin ich unter euch.« Was man im Moment des Abschieds noch nicht begreift, wird später sehr wichtig.

Als zwei der Trauernden nach Jesu Tod dann nach Emmaus laufen und eine fremde Gestalt beginnt, mit ihnen zu sein, erzählen sie diesem Fremden einfach alles. Aber sie merken nicht, wer oder was sie begleitet. Trauernde Augen sind verklebt. Aber als sie abends mit diesem Menschen zu Tisch sitzen, genügt eine Handbewegung: Er bricht das Brot. Und sie wissen, er ist da. Hinter diesen Moment werden sie nie wieder zurückfallen. Ihn Brot brechen sehen und ihn sehen und spüren, ist dasselbe. Welch geniale Geste Jesu vor seinem Abschied am Tisch: Sie zeigt etwas ganz Normales, und immer, wenn sie von jetzt an Brot brechen, wird er da sein. Bis heute feiern wir in Emmaus.

Nun ist eine andere Gemeinschaft möglich. Nicht mehr die Seinen, die auf einen leibhaft anwesenden Lehrer horchen und begreifen oder nicht begreifen. Jetzt ist sein Geist im Raum, und diese seltsame Gegenwart wohnt in ihnen. Und wenn alle das gleichzeitig spüren, sind sie im selben Moment Geschwister.

Schwestern und Brüder Jesu in seinem Geist, der in sie fährt, und damit sind sie Geschwister Jesu und Kinder Gottes. Nicht mehr Schüler*innen und Hinterbliebene. Daher die Berichte vom auferstandenen Jesus, der ihnen gleichzeitig an verschiedenen Orten begegnet. Nun ist er in allen.

Abendmahl in den Gemeinden

Die ersten Christ*innen haben Gottesdienst in den Häusern gefeiert, die am meisten Platz hatten. Kirchen gab es für Christ*innen nicht. Sie haben das Brot gebrochen, das weiß man. Aber sie haben wahrscheinlich nicht den Einsetzungsbericht gesprochen, den wir heute im Gottesdienst immer hören.»In der Nacht, da er verraten wurde …«. Wozu auch? Sie waren ja noch ganz nahe dran. Was wir uns heute herbeizitieren, war grade erst geschehen. Alle wussten: Wird Brot gebrochen und der Saft der Trauben gereicht, ist alles da und wir sind Geschwister im Glauben. Für den Moment und damit auch für immer – selbst, wenn wir wieder in alle Richtungen auseinandergehen. Und sie haben sich erzählt, was zu Lebzeiten Jesu geschehen ist. So sind die Bausteine der Evangelien entstanden – von Mund zu Mund.

Wir sind Erben dieser Tischgemeinschaft. Wir sind zeitlich viel weiter entfernt. Das Abendmahl hat sich sehr verändert, es ist stilisierter, symbolischer geworden. Die Kirche hat es mit Zitaten und Gebeten angereichert, je weiter sie sich vom Ursprungserlebnis entfernte. Das hat einen eigenen Reichtum erzeugt, man denke an all die Musik allein zur Messe. Aber die Ursprungsszene ist auch überlagert worden durch viele andere Riten und Regeln. Und doch ahnt man – allein durch die Ehrfurcht all der Menschen vor dieser einfachen Geste Jesu – die Kraft: Jesus in uns und wir Geschwister.

Aber die Kirche hat sich ein wenig zwischen die erste Geste und die heutigen Empfangenden gestellt und Regeln gebaut: Du musst erst dazugehören, das heißt getauft sein. Du musst dich vorher aussöhnen mit Schwester und Bruder. Nur bestimmte Leute dürfen das Mahl einsetzen und teilen. Die Kirche wollte damit die Reinheit der Geste wahren und wachen über etwas Großes.

Vielleicht ist es an der Zeit, zusätzlich zu den alten Riten den Tonkelch und das einfache Brot wieder herauszuholen, das Abschiedsgeschenk Jesu auch am Tisch im Gemeindehaus oder in der Kirche zu feiern oder auf der Wiese beim Gemeindeausflug.

Emmaus ist ein Freudenort: Hier zeigt sich der auferstandene Christus. Das letzte Abendmahl ist ein Abschiedsessen, auch ein Vermächtnis. *Beide Orte gestalten das Mahl in der Kirche mit.* Also dominieren nicht nur Schwermut und Trauer, sondern auch Fest und Freude – je nach Anlass.

Entwicklungen in der Gestaltung

Abendmahl ist (erst) seit dem Zweiten Weltkrieg wieder zögerlich regelmäßiger Teil des Gottesdienstes in der evangelischen Kirche geworden. Vorher wurde es zweimal im Jahr mit Beichte gefeiert und hatte ausschließlich Bußcharakter. Es gab Gottesdienste mit anschließendem Abendmahl. Da blieben dann die, »die es nötig hatten«, oder die »Oberfrommen«. Das ist alles noch gar nicht lange her.

Die Kirchentage und die liturgischen Bewegungen haben es in die Mitte gottesdienstlichen Lebens zurückgeholt und den Charakter des Gemeinschaftlichen revitalisiert.

Trotzdem ist Abendmahl weiterhin oft ungeübt, zumal, wenn es nur ein- bis zweimal im Monat vorkommt, also immer ein wenig die Ausnahme bleibt.

Predigt z. B. wird viel virtuoser behandelt, es gibt viel mehr Varianten und Erfahrungen damit, weil man sich damit besser auskennt als mit dem Abendmahl. Das wird oft steif und immer in der gleichen Form zelebriert. Manches in der Haltung der Leute und der Leitung soll ehrfürchtig sein, wirkt aber verklemmt. Man weiß oft nicht, wie man sich benimmt, alles ist irgendwie »heilig« und man kann »viel falsch machen«. Das ist ein versteckter Grund, nicht hinzugehen. Auch bei Leuten aus der Kerngemeinde.

Gleichzeitig entsteht mehr Fantasie – z. B. am Gründonnerstag an Tischen in der Kirche, im Abendmahl mit Kindern usw.

Außerdem kommen die Menschen zu wenig zu Wort, die Abendmahl erleben. Leitende eröffnen kaum Gespräch darüber, was man als teilnehmende Person dazu theologisch und menschlich empfinden und denken kann. Kurz, das Gespräch rund um das Abendmahl ist seltsam karg – als dürfe man darüber nicht sprechen. Das tut der Sache nicht gut.

Warum nicht im Gottesdienst Menschen sagen lassen, was sie mit dem Mahl verbinden? Die Erfahrung zeigt: Menschen sind erleichtert, wenn das mal Thema ist. Dies nicht als Belehrung, was die Kirche denkt, sondern *als Erfahrungsbericht der Leute, die es nehmen oder nicht nehmen*. Warum z. B. bleibt Herr Marquardt bei der Austeilung immer sitzen? Wer fragt ihn das? Und wer erfährt, was ihn bewegt?

Gestaltungspole

Die evangelische Liturgie hat einen großen Spielraum: Ein Abendmahl gilt dann als vollzogen, wenn es drei Elemente enthält: Gebet (z. B. das Vaterunser), Einsetzungsbericht und die Kommunion mit mindestens einem der beiden Gaben –

dies auf dem Hintergrund des Krankenabendmahls mit seinen bisweilen kargen Möglichkeiten.

Von hier aus kann man erweiternd nicht viel falsch machen. Aber die Tradition wirkt stark – dann macht man es halt »wie immer«.

Im Folgenden möchte ich den Spielraum beschreiben, der durch zwei Pole definiert wird:

Einerseits das Mysterienspiel

In eine relativ schlichte, aber innerlich komplexe Handlung wie die von Jesus mit den Jüngern am Tisch geraten über die Jahrhunderte immer mehr Subtexte. Erst ist da nur die Wiederholung der Geste des Teilens, dann kommen Gebete aus dem Passahfest dazu, dann Anläufe, Aufrufe, Erinnerungen usw. Die wollen möglichst viele Bedeutungsaspekte nennen und an die erinnern, die im Abendmahl stecken. Dadurch wird das Mahl so umfangreich in seiner Liturgie.

Die Handlung samt aller Bedeutungsanreicherungen »quillt und gerinnt« quasi zu einer Großform. Diese nennt man »Messe«. Sie entstand altkirchlich, wir kennen sie als »katholische Messe«. Sie ist von Luther mit wenigen, aber wesentlichen Detailänderungen übernommen worden. Wir sehen sie in Grundform 1 im Gottesdienstbuch. Wie geprägte Liturgie überhaupt, will auch die Liturgie des Mahls symbolische Wahrheiten aufführen – den Sinn des Danks vor einem Fest, die Notwendigkeit der Bitte usw. Im Folgenden versuche ich das ein wenig mit weltlichen Analogien zu beschreiben.

Ich nenne diese angereicherte Form »Mysterienspiel«, weil in dieser Kunstform alte Weisheiten aufgehoben sind, aber eben chiffriert und meist unbekannt – manchmal auch faszinierend fremd. Die Gefahr, dass dabei alles in ein steifes »Richtig oder Falsch« verkrustet, ist nicht zu unterschätzen. Die Lebensnähe geht auf Dauer eher verloren, das Besondere des »Heiligen« wird Menschen wichtiger. »Exotisches« macht manchen Freude und lässt gleichzeitig die Form fern erscheinen. Jede Form hat ihren Preis und ihren Gewinn.

Andererseits die Praxis des messianischen Mahls

Dort erlauben sich Menschen, wieder an der schlichten Geste des Teilens am Tisch anzuschließen, als habe es all die symbolischen Überformungen nie gegeben. Und das hat ein eigenes Recht. Jesus hat nur gesagt: »Nehmt und esst und denkt an mich.« Mehr nicht.

Wer diesen Kasus liebt, sollte das Mahl nicht dauerhaft einseitig in seiner Gestaltung überfrachten. Gebet, Einsetzungsworte und Kommunion genügen. Wenn man es auf einem Gemeindeausflug feiern will, wird man eher freiere

Formen wählen – es lebensnäher gestalten, dem Anlass entsprechend. Das ist ausdrücklich erlaubt und auch angesagt. Sonst bleibt es ein fernes Mysterienspiel und wird nicht vitaler Teil unseres Lebens. Die evangelische Kirche hat kein vitales Verhältnis zum Mahl. Es würde ihr guttun, wenn es einfacher und zugänglicher aufträte.

Aber Gestaltung in nur dieser Schlichtform würde andererseits die berührende Fremdheit dieses Ritus nivellieren. Noch einmal: Jede Form hat ihren Preis und ihren Gewinn. Beide Pole der Gestaltung mischen sich in die Feier ein. Keiner der beiden lässt sich auf den anderen reduzieren. Keiner ist für sich allein »richtig« oder »falsch«. Das Abendmahl enthält immer beide Aspekte, die je nach Feier und Ort unterschiedlich stark hervortreten. Der Wechsel der Stile ist auf Dauer wichtig. Es sind Varianten der Liebe, die diese Feier lebendig halten. Das Abendmahl lässt sich mehr als bislang praktiziert an die Situation anpassen .

4.2 Liturgie im Abendmahl und in menschlicher Logik – eine Analogie von liturgischem und weltlichem Ablauf bei Begegnung

Die Liturgie im lutherisch geprägten Abendmahl ist im Grunde ein eigener Gottesdienst im Gottesdienst. Da es auf evangelischer Seite die Maximalform darstellt, ist es auch maximal unverständlich. Deswegen der Versuch der Analogie.

Der Abendmahlsgottesdienst beginnt erneut mit der Salutatio, dem gegenseitigen Segenszuspruch *Gott/Der Herr sei mit euch – und mit deinem Geist*. Zu Beginn des neuen Abschnitts im Gottesdienst holen sich alle erneut von Gott Kraft und sprechen diese einander zu. Das zeigt: Dieser Gruß ist symbolischer Natur. Das Symbol will zeigen, dass die Leitung das nicht auf eigene Rechnung betreibt, sondern sich den Auftrag immer wieder von der Gemeinde abholt. Das kann man wiederholen bei jedem Neuanfang im Gottesdienst.

Eine normale und nicht symbolische Begrüßung (»Willkommen im Gottesdienst!«) dagegen wird nur einmal zu Beginn gesprochen.

Jeder der drei kleinen Dialoge will etwas anderes:

Salutatio – gegenseitiger Segens- und Kraftzuspruch

Sursum corda – »Erhebt eure Herzen – Wir erheben sie zum Herrn« – ist eine Art Weckruf, eine Bitte um Achtsamkeit mit der Antwort: »Ja gern, machen wir.«

Präfationseinleitung – »Lasset uns danksagen – ... – das ist würdig und recht« ist die (etwas umständlichere) Aufforderung zum Beten wie sonst auch: »Lasst uns beten.«

Das sog. *Präfationsgebet* ist Teil eines großen Danks. *Präfamen* heißt »Vor-Wort«.

Eucharistie – übersetzt »Dank« – ist eine Grundhaltung des Abendmahls. Man lädt auch sonst bei einem runden Geburtstag z. B. Leute aus den vergangenen Jahrzehnten ein und hört, wie sie die »Heilsgeschichte« des Jubilars erinnern. Analog erinnert dieses Gebet, wie es zu dieser Szene kommen konnte, was Jesus dafür getan hat und was jetzt bleibend wertvoll ist.

Ein Fest gewinnt Tiefe, wenn man dankt, bevor man lostanzt. Danken kann hier Übung im Wahr-Nehmen dessen sein, was schon stimmt. Danken wäre dann wie ein Muskel, den man trainiert.

Inhaltlich war dieses Gebet in der frühen Kirche freier. Es bezog sich auf den Anlass. Einleitung und Schluss waren und sind geprägte Formeln, dazwischen konnte und kann man improvisieren. Die katholische Agende kennt z. B. für jeden Sonntag ein anderes Präfationsgebet. Unsere Agende kennt nur wenige, und in der Praxis wird oft nur eins für alle Feiern verwendet. Das ist schade, weil so der etwas einseitige Hang zum »Mysterienspiel« überwiegt

Könnten Sie einen großen Dank sagen für etwas, das in Ihrem Leben gelungen ist, was in der letzten Zeit in der Gemeinde gelungen ist? So etwas gehört auch in eine Präfation – das Aktuelle. Wie man das in Gebetsformulierungen fasst, die nicht peinlich (im Sinn von zu privat) sind, ist ein bis zwei Stunden Übung in der Gruppe wert, damit man merkt, wie Formulierungen wirken. Diese werden dann in den folgenden Monaten im Gottesdienst verwendet.

Das große »Heilig«, das Sanctus, folgt dem Präfationsgebet. Matthäus 21,9 liegt zugrunde – der Einzug Jesu in Jerusalem. Nach dem Dank feiern wir gewissermaßen seinen Einzug in diese Feier in unsere Mitte. Dieses Stück gehört – wie das Agnus Dei/Lamm Gottes – zu den großen Messteilen, die oft vertont wurden. Hier wird aufkommende Gegenwart Gottes zelebriert. Etwas Großes zieht in unsere Mitte ein. Und das auf einem Esel.

Eine Analogie zum Geburtstagsfest wäre: Nach dem Dank der Festgäste rückt der Jubilar in die Mitte, er wird durch ihren Dank sozusagen Mittelpunkt.

Das Vaterunser leitet und hält uns als weiteres Gebet in der Haltung des Gebets. In diese eher anbetende Haltung hinein folgen die sog. Einsetzungsworte, lateinisch Konsekration. Sie zitieren die Szene, in der Jesus den Jünger*innen in die Hand gab, was vor der Hand lag: Brot und Wein. Er gab damit sich selbst und nahm diese Elemente, die immer zur Hand sind, als Symbole. Aber eigentlich meint er etwas, was schon zu Lebzeiten immer galt. Er gibt und teilt alles, was er hat. Und das ist er selbst samt seiner starken Beziehung zum Ursprung, den er »Vater« nennt.

Dies gerät durch seinen nahen Tod zu einer Art Vermächtnis, lateinisch »Testament« – als würde Jesus sagen: »So, wie ich jetzt teile, so habe ich immer alles mit euch geteilt, was ich habe. Ich habe keine Reichtümer. Nur mich und meine Beziehung zu Gott und euch. Deshalb teilt! Nehmt Brot und Wein, es wird euch heil machen, weil es euch an die Gemeinschaft mit mir und allem, was lebt, erinnert.«

Gestik und Worte sollten sich an die Gemeinde richten. Luther selbst hat die Worte u. a. als »Verkündigung des Evangeliums« bezeichnet, das sich an die Menschen richtet – selbst, wenn man vorher in Richtung Altar gebetet hat.

Die Gemeinde antwortet mit einem Gesang, der früher begleitend auf dem Weg nach vorn gesungen wurde, das Agnus Dei – Lamm Gottes. Das hat seinen Fokus in dem Ruf: *Gib uns deinen Frieden.*

Es geht hier weniger um eine »Theologie des Opfers«. Wer sich an der Vorstellung des »Opferlamms« stößt, lese René Girards »Das Ende der Gewalt«. Dort ist ein nachvollziehbarer Gedankengang zum »Opfer« beschrieben. Der rollt die Idee gründlich auf und vermeidet unsinnige Verkürzungen des Opfergedankens wie z. B. »Er starb für dich – was tust du für ihn?« (Holztafel aus einem Gemeindehaus).

Entsprechend folgt hier der Friedensgruß, damit klar ist, dass man versöhnt im Kreis erscheint. Folgt der Friedensgruß nach dem Abendmahl, symbolisiert man damit, dass das Mahl den Frieden gestiftet hat. Das ist nicht besser oder schlechter, es bedeutet einfach etwas anderes.

Die Logik der lutherischen Grundform summarisch
1. Danken,
2. den Einzug Jesu wahrnehmen und hymnisch begleiten.
3. weiter im Gebet bleiben mit den Worten Jesu,
4. die Gegenwart der Ursprungsszene aufrufen,
5. auf den großen Frieden hin singend zum Mahl gehen,
6. Frieden schließen untereinander,
7. sich geistlich nähren lassen.

Nach der *Austeilung* und einem *Segens-* und *Entlassungsvotum* kann *Stille* folgen – vergleichbar mit der Zeit nach der körperlichen Liebe, die ja auch eine Art Kommunion ist.

Dem folgt ein kurzer *Dank.*

Reichere Formen enthalten u. a. noch die Epiklese und den eschatologischen Ruf.

In der *Epiklese* gibt die Leitung zu erkennen, dass – wie bei jedem guten Fest – nicht alles automatisch einkehrt, was man sich wünscht, nur weil man die Zutaten korrekt zusammengestellt hat. Dieser Ruf nach Gott (*epikleo* – herabrufen) erbittet den Segen auf die Gaben und auf die Leute. Denn die *Menschen* als »Leib Christi« sollen und *werden sich ja wandeln* unter Brot und Wein. Die Offenheit des Gelingens wird hier besonders beleuchtet – vergleichbar dem offenen Bitten um Gelingen einer Ehe in der Trauung, für ein Geburtstagsfest usw.

Und der *eschatologische (endzeitliche) Ruf* direkt nach der Einsetzung – *(Das ist ein) Geheimnis des Glaubens* und Gemeinde: *Deinen Tod …* – sagt: Wir lassen nicht nach, bis eben dieses Friedensreich – über den Kreis hier hinaus – in der Welt überall zu bemerken ist, und wenn es Jahrhunderte dauert. Das ist also, wie bei großen Geburtstagsfesten auch, der Ausblick nach vorn auf eine Vision, ein Ziel hin.

Wer den Sinn solcher alten Riten kennt, kann beginnen, mit ihnen zu spielen.

Ein andermal sprechen Kinder das Präfationsgebet und flechten in den alten sprachlichen Rahmen ihren eigenen Dank für die Kinderfreizeit in Verbindung mit Jesus.

»Heilig« kann man auf verschiedenste Weise singen, mit Trommeln, mit »Laudato si«, mit einem alten Choral.

Das Mahl kann Teil eines Festes mit Essen und Trinken sein. Gebete werden aufs Tischtuch geschrieben, vorgelesen, ausgeschnitten mitgegeben.

Das mag als Andeutung genügen.

Der Spielraum der Mahlgestaltung ist in der Breite kaum begriffen und ausgeschöpft. *Abendmahl hätte eine große Zukunft bei der anstehenden Neugestaltung von Kirche. Die Gemeinschaft übt bei diesen Festen, sich selbst als Geschenk zu erleben.* Dafür würde es helfen, wenn man das Abendmahl ein wenig liebt und nicht nur fürchtet. Das ist möglich.

4.3 »Magie« im Abendmahl – was bedeuten »hoc est corpus« und Hokuspokus?

»Magie« war der Vorwurf der Evangelischen zu Luthers Zeiten gegen die Praxis der Katholik*innen, die Messe zu zelebrieren. Der Vorwurf: Ihr Papsttreuen betreibt »Hokuspokus« (abgeleitet vom Wortlaut der Einsetzungsworte »hoc est corpus« = »das ist mein Leib«). Ihr behauptet, das Brot wandle sich in den Händen des geweihten Priesters zu Jesu Fleisch; es kommt dann auch noch in den Tabernakel, wo es Fleisch bleibt. Das sei »magisch« und widerspreche der unverfügbaren Gegenwart Gottes im Abendmahl: Man kann die nicht herbeizelebrieren und dann auch noch in einem Schrank horten. Denn dann werden Leute es einstecken, verkaufen und damit allerlei Unfug anstellen, weil sie dies Brot für magisch aufgeladen und wundertätig halten. So etwas gab und gibt es ja.

Im Grunde ist das auch heute noch der Vorwurf – nur nicht mehr so dramatisch wie damals. Evangelische sagen: Für den Moment der Gemeinschaft der Abendmahlsfeier erinnern und vergegenwärtigen wir die Anwesenheit Gottes in Jesus. Wir vergegenwärtigen sie, indem wir sein Sich-selbst-verteilendes-Handeln am Tisch nachahmen. Dabei wissend, dass Gottes Gegenwart nicht »auf Vorrat« zu haben ist, sondern immer nur für den Moment des Gebets.

Deswegen die *Epiklese*, damit vor den Einsetzungsworten und der Austeilung klar ist: Der*Die Pastor*in beruft sich immer auf Gott, und Gott tut etwas in dem Moment – nicht der Klerus aufgrund übernatürlicher Kräfte.

Mit dem Gebrauch dieses Gebets unterscheidet sie sich heute nicht mehr von einer katholischen Praxis. In der katholischen Messe wird genauso um die Gegenwart des Geistes gebetet wie bei uns. Aber man sieht auch, wie katholische Menschen vor dem Tabernakel knien, wenn sie in die Kirche kommen. Dort vermuten sie die stationäre Gegenwart Gottes. Das mögen Evangelische nicht glauben.

Gibt es eine Magie der Orte?

Bei aller Fremdheit kann man aber einen Moment lang hinsehen: Evangelischen fehlt vielleicht etwas. Warum soll Gott sich nicht dauerhaft an etwas binden können? Warum soll er ausschließlich dann da sein, wenn wir ihn herbeibitten? Ist er sonst nicht da – wenigstens latent, in einer Art Stand-by-Betrieb? Warum soll er nicht in einer Kirche sein, wenn wir nicht da sind?

Eine verschlossene evangelische Kirche ist eine Ansage: »Hier ist nichts, denn wir Gläubigen sind nicht da!« Das ist genauso ideologisch, wie ein Tabernakel Gottes Gegenwart zu behaupten scheint.

Warum soll sich in einem Haus nicht ein guter Geist aus vielen Jahren dauerhaft eingenistet haben, den alle spüren, selbst wenn die Einwohner grad nicht da sind? Überall, auf Plätzen, in Museen, zu Hause und in der alten Heimat, zehrt man doch am Ende von Erinnerung, von Spuren des Lebens, manchmal auch von einer unerwarteten Präsenz. Warum soll das bei leer stehenden, offenen Kirchen anders sein?

Gibt es eine Magie der liturgischen Handlungen?

Nur, was du hinhältst, wird verwandelt. Viele Menschen lernen im Lauf ihres Lebens: Was sie anderen, sich selbst und Gott »hinhalten«, also nicht verbergen, sondern offenlegen, das erfährt Veränderung. Versteckte Schuld, Lust, Freude fault vor sich hin. Wer sie teilt und zeigt, kann erleben, dass sie sich wandelt.

So verstehe ich als evangelischer Mensch für mich den Sinn der sog. Wandlung in der Messe: »Was du hinhältst, wird verwandelt.« Und: »Was du teilst, wird mehr.«

Wer das zelebriert, hält Brot und Wein als symbolische Menschengabe (darin auch viel Erreichtes und Verlorenes) vor Gott und erbittet Gottes wirksame Präsenz – für diese Gaben und für die ganze Gemeinde. Denn die *Menschen* sollen ja gewandelt werden in der Gegenwart Gottes unter Brot und Wein. Dies bittet die eine Person für uns alle. Dann essen und trinken wir Brot und Wein im Geist der Verwandlung. Wir erinnern und vergegenwärtigen dabei Jesus, der alles, was er hatte, symbolisch am Ende noch einmal teilte und damit wirksam seine ganze Umgebung bis heute veränderte.

Die Bitte um Wandlung bezieht sich auf etwas sehr Großes. Es geht um eine Transformation der Menschheit hin zu einem Friedensreich. Darin sind alle Sehnsüchte inbegriffen, die biografisch auftauchen. Der Wunsch, eine*n Partner*in zu finden, der bleibt, die Wege der Kinder, der Wunsch nach Frieden, der Ausgleich zwischen Arm und Reich, auch die Gestalt der Kirche, die kein Mensch in der Hand hat.

4.4 Spendeworte – eine Sammlung von kurzen Sätzen, die die Austeilung des Mahls begleiten

Was nehme ich da in die Hand beim Abendmahl bzw. was gebe ich weiter? Und in der Folge: Was sage ich beim Weitergeben oder Austeilen? Diese Fragen verengen den Blick in einer Weise, dass dabei nichts Sinnvolles herauskommen kann.

Die Jünger*innen in der Ursprungsszene des Abendmahls mit Jesus haben sich das auch nicht gefragt. Ihnen war klar: Hier gibt sich einer ganz, und Essen und Trinken sind Symbole dafür, dass jemand durch seine ganze Haltung zu einer Art »Lebens-Mittel« werden kann. Das kennen wir selbst im Kontakt zu Schutzbefohlenen, unseren Kindern z. B. Wir geben uns, wie wir sind, und das ist ihnen lebenslang »Seelen-Nahrung«.

Deshalb rate ich, beim Abendmahl auf das ganze Kunstwerk der Symbolisierung zu schauen: Aus der unverfügbaren Mitte, vom Altar her kommt zu uns

Jesus Christus in der Gestalt, die er entworfen hat: Brot und Wein werden *geteilt*. Jesus teilt sich ja lebenslang auf unter die Menschen. Er kommt also nicht nur »in diesen Substanzen« zu uns, sondern im gesamten Akt des Teilens, Betens, Hörens und Antwortens. Er kommt auch in den Gesichtern der Mit-uns-Stehenden zu uns. Denn wir alle sind als Gemeinde »der Leib Christi«. Wir werden unter Brot und Wein, das heißt in der freigiebigen Gegenwart Jesu, »gewandelt« zu seiner Gemeinde und zu Christ*innen.

Die klassische Form des Spruchs beim Austeilen oder Weitergeben lautet: *Christi Leib/Blut – für dich gegeben/vergossen*. Das deutet sehr eng auf die Substanzen hin, die man in die Hand bekommt. Der weitere Blick auf das Ganze des Abendmahlsgeschehens macht die Frage nach dem, was in den Substanzen *ist* (und ob man die Substanz ausdrücklich benennen soll), zweitrangig. Ich kann in dem, was ich dann beim Weitergeben sage, benennen, was da *passiert* im gesamten Abendmahl.

Ich könnte also sagen: »Jesus Christus ist unter uns.« Oder: »Jesus Christus schenkt sich dir im Wein.« Oder: »Wir sind eins in Christus.« Oder: »Esst, was ihr seid: Leib Christi.« Oder: »Werdet, was ihr esst: Leib Christi.« Oder: »Brot des Lebens – Christus für dich.« Oder: »Kelch des Heils – Christus für dich.« Vielleicht auch ein Mix aus Alt und Neu: »Blut/Leib Christi – im Teilen ist er unter uns.« Ich kann auch schweigen, und jede*r denkt sich seinen Teil.

Ich kann das alles denken, es weitet meinen Blick – und gleichzeitig kann ich das Wort *Christi Blut/Leib* wörtlich nehmen. Ich kann mir – feministisch-theologisch unkorrekt – vorstellen, ich nehme Jesus Christus in mich auf. Ich habe damit kein Problem. Ich nehme wahr, dass andere kein Blut und keinen Leib wollen, aber ich nehme es gern in einer Art zweiten Naivität. Damit es mich Stück für Stück wandelt und hinein formt in die Lebensgestalt, als die ich von Gott gemeint bin: sein Kind.

Die klassische Form hat außerdem eine zweite Zuspitzung: das »für dich«. Das verengt den Blick zusätzlich. Jesus ist nicht allein für Individuen gekommen, gestorben und auferstanden. Die Einzelnen sollen sich zu (s)einem Leib zusammenfügen. Viele Menschen kommen aber zum Abendmahl wie zur persönlichen Medikamentenausgabe. Das ist in Ordnung, aber einseitig. Die Verbindung zu den anderen, die es gleichzeitig nehmen, ist genauso wichtig. Deshalb macht es Sinn, die anderen anzuschauen, sich an ihnen zu erfreuen im (Halb-)Kreis, denn auf ihren Gesichtern und in unserer Gemeinschaft erscheint Christus. Jede*r Einzelne stärkt mich, wenn ich sehe, dass sie*er gern zum Abendmahl geht und davon bewegt ist. Ich erkenne dann meine Geschwister in Christus.

Je mehr sie also gemeinsam Woche für Woche seine Gegenwart inhalieren oder gar aufnehmen, desto mehr erscheint er in ihren Biografien, desto »christusförmiger« wird ihr Leben in der Gemeinschaft der Kinder Gottes und der Geschwister Jesu.

Das alles erfordert eine empfindliche Änderung der Blickrichtung: Nicht mehr allein auf die Substanzen starren und ihre vermeintlich magischen Verwandlungen – sondern hin in die Runde der Gemeinde und das Wunder des Teilens, das in sich den Mehrwert trägt. Das ist für Menschen, die in der Kirche meist genauso individualistisch fromm sind wie zu Hause, also auch dort singulär von Predigtwörtern und Abendmahlstabletten »bedient« werden wollen, ein echter Quantensprung. Sie sollen sich als Gläubige im Abendmahl als Nahrung für die anderen zu erkennen geben. Die anderen ihrerseits als »Nahrung« begreifen. Dafür würde es genügen, wenn sie sich nicht schämen, öffentlich fromm zu sein – sich also beim Glauben zuschauen zu lassen. Das wäre eine neue Qualität im Abendmahl.

4.5 Formen der Austeilung

Viele Gemeinden, Pastor*innen schlagen sich mit Details um das Abendmahl herum. Zum Teil werden hochkomplizierte Systeme erdacht (an graden Monaten Saft, bei Vollmond Einzelkelche usw.), um auch ja allen gerecht zu werden. Dann macht es in Gemeinden mit mehreren Pastor*innen noch einmal jede*r anders. Das führt zu immer neuen Orientierungen, die man nach einem Monat – und wenn man da nicht dabei war, nach zwei bis drei Monaten – schon wieder vergessen hat.

Grundsätzlich ist auch durch eine noch so geschickte Austeilungsform nicht die verbreitete Scheu vor dem Abendmahl abzubauen. Das geschieht nur, wenn Abendmahl selbstverständlicher, wacher und wöchentlich gefeiert wird. Dann regeln sich auch die Austeilungsformen von selbst, weil sie bekannt und vertraut werden. Dann können auch alle mit Pannen umgehen oder eigene Weisen erfinden, mit Brot und Wein umzugehen. Geläufigkeit ist das Zauberwort für eine entspannte Einstellung zum Abendmahl und zu seiner Form.

Trotzdem sollen die Grundformen, Abendmahl auszuteilen, einladend und verständlich sein. Für alle Formen, die man einführt oder ändert, gilt: Nie nach dem ersten Eindruck für immer entscheiden, ob es taugt oder nicht, sondern Formen mindestens zehn Abendmahlsfeiern lang ausprobieren, dann Bilanz ziehen und gegebenenfalls ändern. Nur, was sich selbstverständlich einschleift, hat Bestand.

Wenn es bei der Austeilung klemmt, dann kann das ruhig und in normalem Ton (nicht flüsternd) angesprochen und gleich ein Vorschlag zur Abhilfe gegeben werden.

Brot

Das Brot ist selten ein Problem. Ein paar Regeln gibt es aber doch:

Besser kein krümeliges Brot nehmen, auch nicht zu trockenes, sonst folgt endloses Kauen und Schlucken.

Brotlaibe vorschneiden, wenn man sie ganz auf dem Teller herumreicht, damit man sich seinen Teil besser abreißen kann. Ansonsten besser gleich in Stücke schneiden. Die Teller nicht zu vollfüllen.

Werden kleine Oblaten verwendet, kann man für die Einsetzung eine Schauoblate verwenden, damit die Leute etwas sehen. Sie hat dann eine Größe, die sichtbar gebrochen werden kann. Kleine Oblaten eignen sich für das Brechen nicht, weil man schon aus zehn Metern Entfernung nichts mehr sieht. Manche Pastores zerdrücken eine kleine Oblate dann noch mit einer Hand. Das wirkt ein wenig, als würden sie Ungeziefer beseitigen. Vielleicht hilft es, die eigene Praxis im Spiegel oder zusammen mit ein paar Leuten vom Kirchengemeinderat/-vorstand auszuprobieren und zu prüfen.

Überschüssiges Brot wird am Ausgang, im Kirchencafé oder unter die Mitwirkenden beim Gottesdienst verteilt und nicht achtlos weggeworfen.

Heruntergefallenes Brot wird aus Achtung vor der Konsekrationshandlung und aus Klarheit dem Symbol gegenüber sofort aufgehoben und auf den Altar gelegt. Später kann man es mit dem überschüssigen Wein draußen zur Erde geben, woher bekanntlich alles genommen ist (nicht ins Klo oder in den Mülleimer). Selbst wer sich durch die Konsekration nicht gebunden fühlt, sollte doch Respekt vor den Gepflogenheiten und Empfindungen in der Ökumene haben.

Austeilungsform Brot

Der Brotteller geht im Kreis herum, dabei bekommt jede Person einzeln Brot zugeteilt.

Die Brotausteilung ist am einfachsten, wenn immer nur der *Teller* mit dem Brot herumgeht. Wer sich nimmt, nimmt vom Teller, und gibt auch nur den Teller weiter.

Allerdings wollen viele dem*der Nachbar*in das einzelne Stück persönlich geben, dann ist das Handling etwas komplexer. Für diesen Fall empfiehlt sich folgende Weitergabe: Der Teller mit den Brotstücken/Oblaten geht in die übliche Richtung. Wer ihn weitergibt, bekommt sofort von dem*der Empfänger*in des Tellers ein Stück (zurück)gereicht.

A gibt B den Teller, B gibt A ein Stück. B gibt C den Teller, C gibt B ein Stück usw.

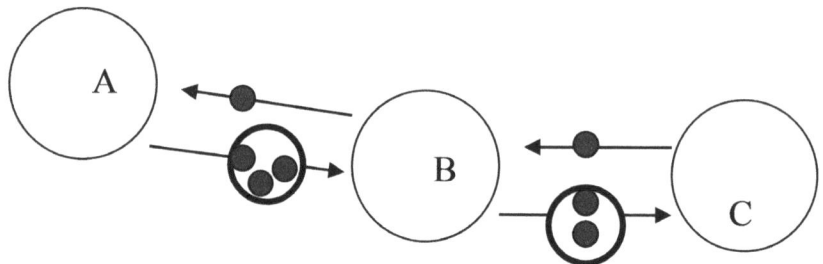

Abb. 3: Ausgabeform des Brots beim Abendmahl

Sprachliche Anweisungen

»Wenn Sie den Brotteller in Empfang genommen haben, dann geben Sie ein Stück Brot der Person zurück, die Ihnen den Teller gereicht hat. Dann reichen Sie den Teller der nächsten Person. Von ihr bekommen dann Sie Ihr Brot.«

Oder: »Geben Sie dem*der ein Stück Brot, von dem*der Sie den Teller bekommen haben. Dann reichen Sie den Teller dem*der Nächsten. Der*Die gibt dann Ihnen ein Stück.«

Dieser Satz ist wichtig, wenn man die Form zum ersten Mal praktiziert. Ab diesem Moment dann kennt die Gemeinde das Vorgehen.

Im Rahmen der Abkündigungen (oder bei einer thematischen Predigt zum Abendmahl) können sich auch drei Eingeweihte sichtbar hinstellen und es einmal vormachen.

Erfahrung

Diese Austeilungsform vermeidet das Durcheinander, das entsteht, wenn Teller und Brot/Oblaten extra als Einzelzuteilung in die gleiche Richtung weitergegeben werden. Wer einzelnes Brotstück und Teller gleichzeitig bekommt, weiß dann in der Regel nicht, wie es weitergehen soll. Soll man erst essen, die nächste Person warten lassen und dann weitergeben oder das Stück in die Hand klemmen, den Teller nehmen, mit der dritten Hand die*den Nächststehende*n mit einem eigenen Stück bedienen?

Der Teller wird bei der o. g. Form in eine Richtung gegeben, aber das persönlich zugewandte Austeilen erfolgt in die Gegenrichtung. Diese Logik ist zunächst etwas verwirrend, aber im Vollzug recht elegant. Es bleibt das individuelle Geben und Nehmen erhalten. (Dies alles gilt natürlich nur für das Brot.)

Kelch

Weitergeben
Der Wein/Saft geht wie gewohnt herum.
Pastor*innen stellen sich zum Empfang mit in den Kreis, nachdem sie die Gefäße in Umlauf gebracht haben. Die Menschen bringen Gefäße selbstständig zum Altar zurück, damit sie an einen selbstverständlichen Umgang mit den Abendmahlsgeräten und dem Altar gewöhnt werden.
Man kann mehrere Tücher (mit oder ohne Alkohol) in den Kreis geben, die dann von den Kommunikant*innen selbstständig zum Reinigen benutzt und möglicherweise auch weitergegeben werden, wenn der Kelch bei ihnen ist. Alternativ können Helfer*innen zwischendurch für die Reinigung der Kelche sorgen.

Austeilung in Einzelkelchen
Das Austeilen von Einzelkelchen hat prinzipiell immer einen eher vereinzelnden Charakter.
Es taugt nie zum Weitergeben in der Runde.
Und ist vermeintlich am hygienischsten.

Meines Wissens ist die *beste* Lösung bei der Verwendung von Einzelkelchen: Die kleinen Kelche stehen leer griffbereit an der Schwelle zum Altarraum bzw. vorn im Mittelgang, wo man sowieso vorbeigeht. Wer Wein im Einzelkelch wünscht, erhält ihn dann in seinem Gefäß am Altar in der Runde der Kommunikant*innen aus einem großen Kelch mit Gießtülle (der auch konsekriert wurde) und trinkt den kleinen Kelch gleich aus. (Wenn alle gleichzeitig trinken, erinnert es an Trinkgelage. Dieser Gestus ist gesellschaftlich also vergeben.) Auf dem Rückweg bringt man seinen Kelch wieder zum Ständer im Mittelgang (dabei ist evtl. ein zweite Ebene unter der Ebene mit den frischen Kelchen zu Abstellen nötig).
Der*Die Pastor*in lässt sich selbst auch einschenken. Keine Selbstbedienung des Klerus beim Abendmahl. Alle bekommen von außen, aus der einen Mitte.
Hier wird das Symbol des einen Kelches, der einen Quelle gewahrt, aus der alle trinken, selbst wenn sie ihr eigenes Gefäß mitbringen.
Diese Lösung funktioniert auch bei einer Wandelkommunion. Es müssen nur genügend Einzelkelche vorhanden sein.

Ausgeteilter Gemeinschaftskelch
Die Austeilung erfolgt von einem oder mehreren. Den Kelch bei jedem Wechsel weiterdrehen. Kelchwechsel nach je 4–5 Kommunikanten. Den Kelch nie voller als zwei Drittel und nie leerer als ein Drittel der Füllung werden lassen, sonst ist keine Kontrolle des Flüssigkeitsspiegels mehr möglich, wenn jemand den Kelch an den Mund geführt haben will. Möchte das jemand, dann ist es ratsam, links neben ihn zu treten, damit man von der Seite her das angemessene Trinken sichern kann.

Wird der Kelch übergeben, dann in Griffhöhe, damit klar wird, dass der Empfangende ihn greifen soll.

Der*Die Pastor*in stellt sich ans Ende der Reihe der Kommunikanten und bittet die letzte Person, ihr selbst Abendmahl zu reichen. Dies vielleicht vorher absprechen. Wenn spontan, dann Person im Kreis wählen, die ob dieses Ansinnens nicht gleich ohnmächtig wird.

Austeilung mit vielen Teilnehmenden

Wandelkommunion
Diese Form ist erst ab 100 Kommunikant*innen zu empfehlen.

Besser noch ist es, einen großen Kreis in der ganzen Kirche zu stellen. Das geht, wenn man ihn nicht perfekt und »glatt« haben will. Man steht u. U. etwas versetzt. Manchmal geht es dann beim Abendmahl zu wie im Leben: etwas ungerade.

Wenn Wandelkommunion gewählt wird, sollten an jeder der Ausgabestellen je drei Personen stehen: zuerst und vorn steht die Person, die Brot ausgibt; dahinter in zwei Meter Abstand zwei Personen, die je einen Kelch tragen und Wein ausgeben; also ein Dreieck, vorn das Brot. Wer sein Brot empfangen hat, isst es auf und holt sich drei Schritte weiter links oder rechts Wein oder behält das Brot und taucht es ein.

Dann geht es über die Seitengänge/-schiffe wieder zurück zum Platz, notfalls durch den Gang, durch den man gekommen ist. Wird nur im Altarraum ausgegeben, kann man je ein solches »Dreieck« aus drei Personen an die beiden Seiten des Altars stellen.

Austeilende geben einander anschließend Brot und Wein nach ihrem eigenen Modus.

Mix aus Wandelkommunion und Kreis/Halbkreis
Wenn viele Menschen beim Mahl zu erwarten sind, empfiehlt sich (s. o.) die Wandelkommunion. Das ist bei vielen nur in Maßen beliebt, weil es wie eine Reihenabfertigung wirkt. Dagegen hilft eine Mischung aus Wandelkommunion

und Kreis/Halbkreis. Die Kommunikant*innen treten wie gewohnt an den Altar im Kreis oder Halbkreis. Das Brot geht zuerst herum oder wird ausgeteilt. Der Kelch wird ausgeteilt. Wer dies tut, entlässt jede Person einzeln direkt nach deren Kommunion mit einem Segenswort, z. B. »Gott ist mit dir, geh hin im Frieden.« Eine wartende Person, die dahintersteht, reiht sich an die leer gewordene Stelle ein und erwartet das Brot usw.

Dieses Verfahren ist auch denkbar, wenn der Kelch selbstständig herumgereicht würde, dann gäbe allerdings niemand der weggehenden Person ein Entlassungswort. Das wäre schade.

Man wird also im Grunde sofort nach dem Empfang des Kelchs »weggeschickt«, bekommt aber als »Entschädigung« einen persönlichen Segen.

Diese Form verbraucht *halb so viel Zeit* wie die bekannten »Tische«, bei denen immer alle warten, bis auch die*der Letzte alles erhalten hat und das Entlassungswort gesprochen wurde.

Tisch-Kommunion

Ein langer Tisch steht bereit (mindestens drei Meter). Im Altarraum, in einem breiten Mittelgang, im Seitenschiff oder wo immer es passt. Auf dem Tisch stehen auf der ganzen Länge Brot und Wein in den entsprechenden Gefäßen. Von beiden Seiten treten Menschen an den Tisch – immer zwei Personen stehen einander gegenüber. Person A nimmt ein Stück Brot und gibt es über den Tisch herüber Person B mit den ortsüblichen oder eigenen Worten, dann folgt der Wein/Saft. Danach umgekehrt.

Das erhält die Impression der Ursprungsszene und erlaubt persönliche Begegnung. Diese Form lässt die Anmutung der Medikamentenausgabe nicht zu, weil sie von den Beteiligten Initiative verlangt.

Diese Austeilungsvarianten sind eine Antwort auf bisweilen unerträglich lange Abendmahlsfeiern bei festlichen Anlässen. Allein der Abendmahlsteil im Gottesdienst mit 200 Kommunikant*innen kann inklusive aller ortsüblichen Ungeschicklichkeiten 45 Minuten dauern. Dies in schlecht beheizbaren Kirchen und mit zum Teil desinteressierten Gästen zelebriert, garantiert todsicher Kopfschütteln bei allen.

Mischformen

Gemeinschaftskelch und Einzelkelch

Wer mit dem kleinen Kelch kommt, erhält Wein aus dem Gießkelch. Wer nichts in der Hand hat, trinkt aus dem Gemeinschaftskelch, und wer das Brot, die Oblate, in der Hand hält, will tauchen (in den Gemeinschaftskelch). Bedingung ist hier die Zuteilung aus der Mitte. Das Weitergeben ist wegen der Lücken nicht möglich.

Gemeinschaftskelch und Tauchkelch

Erst geht der Gemeinschaftskelch herum. Wer seine Oblate, das Brot, in der Hand behält, wartet auf den als zweites kreisenden Tauchkelch und taucht Oblate/Brot ein.

Hier ist die *Reihenfolge* wichtig: Brot/Oblate behalten, wenn man tauchen will. Sind die Oblaten getaucht und verzehrt, sieht man nicht mehr, wer was wollte.

Verschütteter Wein wird – wie beim Brot – aus Respekt vor Handlung, Symbol und Person sofort aufgewischt mit einem immer auf dem Altar bereitliegenden weißen Tuch. Dabei sollte man nicht so tun, als wäre nichts geschehen. Dann spaltet sich die Aufmerksamkeit: Man sieht die Scherben und die Flüssigkeit und ist damit beschäftigt. Gleichzeitig kann sich niemand recht auf den Fortgang des Abendmahls besinnen. Ein tröstendes Wort wie »Das kann mir genauso passieren. Es ist nichts verdorben« kann helfen.

Fazit – Austeilen üben ist spirituelles Lernen

All diese Formen haben eine je eigene Symbolik. Wer der Person neben sich Brot und Wein gibt, zeigt, dass man Heil weitergeben kann. Wer es aus der Mitte mit leeren Händen bekommt, mag ahnen, wie unverfügbar wesentliche Dinge wie Liebe, Gesundheit oder gelingende Freundschaft sind.

All diesen Formen übend und denkend nachzugehen, kann eine Gemeinde bzw. den Kirchengemeinderat/-vorstand spirituell vertiefen. Es reicht schon, wenn man statt der Kalenderandacht vor der Sitzung einmal eine halbe Stunde in die Kirche geht und solche Formen übt. Das kann außerdem die Scheu mildern, die Menschen vor dem Abendmahl haben. Wer sich einigermaßen handlungssicher in dem Kasus bewegen kann, wird sich entspannter auf den Inhalt einlassen können. Aber das kommt nicht von selbst, das muss man lernen wie Tischsitten und Radfahren.

4.6 Saft und Wein beim Abendmahl – Hinweise zur Befriedung eines sinnlosen Streits

Zu diesem Thema wird meines Erachtens zu viel und zu lange geredet in Kirchenvorständen. Für die interne Kommunikation und das Bewusstsein ist das sicher hilfreich – sofern man dabei auf die wirklich wesentlichen Themen unter der Oberfläche stößt. Aber man fragt sich bisweilen, ob es nicht sinnvollere Gesprächsanlässe gibt. Der Umgang mit dem Abendmahl ist vielerorts eingetrocknet und ungeübt. Dann gedeihen solche schwachen Fragestellungen. Wo vital gefeiert und gestaltet wird, stellt sich diese Frage gar nicht (mehr).

Die Debattenkultur

Es gibt die *diakonische* und die *rituelle* Ebene in diesem Gespräch. Die beiden berühren sich in den Debatten nie, weil sie unterschiedliche Wirklichkeiten meinen. Die Vertreter*innen der rituellen Richtigkeit und die der diakonischen Rücksicht gebärden sich beide oft wie Gralshüter*innen. Das macht das Reden fruchtlos. Man kann und muss diese Frage *durch Handeln lösen,* und das gelingt inzwischen in unzähligen Kirchen mit Erfolg.

Die Rituellen argumentieren auf der »Eltern«-Ebene nach dem Motto: »Das war immer so und basta.« Die Diakonischen argumentieren wie Kinder, die der Kirche etwas abtrotzen müssen. Sie machen sich gegenüber den Rituellen eher klein.

Manchmal hilft es, wenn man die Rollen in der Debatte wechselt und aus Spaß einfach einmal all das vehement selbst vertritt, was die Gegenseite will. Dann erfahren die Kontrahent*innen etwas Neues:

Diakonische können lernen, dass man aus Liebe zu den Menschen bestimmte Formen immer gleich gestaltet, gerade in unübersichtlichen Zeiten. Das heißt, sie können sehen, dass eben in der Gleichheit der Form ein Beziehungsangebot steckt. Deswegen müssen sie nicht von ihrer Forderung lassen, aber die Front kann weicher werden.

Rituelle können lernen, dass sich jedes Ritual nur mit denen sinnvoll aufführt, die real da sind, sonst ist es eine abstrakt-kalte Formerfüllung. Schon im Mahl selbst steckt in seinem Wesen Beziehung zu den Anwesenden. Das vergessen die Rituellen manchmal.

Man kann das Diakonische und das Rituelle jenseits des Geschmäcklerischen zusammendenken, aber das erfordert etwas Köpfchen und eine geübte Debattenkultur. Oder man dispensiert den Streit einfach und teilt bei jeder Feier synchron Wein und Saft aus.

Wechsel des Fokus
Prinzipiell ist zu sagen: Die Fixierung auf die Elemente entspricht dem Sinn des Mahls nicht. Denn nicht die Konsistenz der Elemente macht den Sinn, sondern *das Teilen selbst.* Jesus nimmt etwas Tägliches und zeigt damit, wie und wer er (und damit Gott) ist: hingegeben an alle. Und was sich wandelt, das sind die, die

es nehmen in der Gegenwart Jesu unter Brot und dem Extrakt der Reben. Und dadurch wandelt sich auch unsere Sicht auf diese Elemente. Das ist das Wunder.

All diese Dinge und vieles mehr wären ansonsten in kreativer Katechese mit der *ganzen* Gemeinde zu ermitteln, nicht nur mit dem Vorstand.

Eine bewährte Lösung: Es gibt bei jedem Austeilungstisch beides

Rechts gibt es Wein und links Traubensaft. Das spielt sich aus Erfahrung schnell ein, auch an der »Nahtstelle« zwischen beiden Austeilungshälften. Pläne, die sich nach dem Mond oder dem Grundwasserstand richten (»an geraden Sonntagen Saft«) schließen immer einige aus und sind Ausdruck von Verkrampfung. Auch die Regelung »ein Tisch mit Wein, ein Tisch mit Saft« schließt erneut Menschen aus. Manche können dann nicht zusammen hingehen. Man hätte damals auch Judas kurz rausbitten können, aber *die voraussetzungslose Gemeinschaft in Christus* war und ist das Zentrale, und so soll jede*r in jeder Verfassung an jedem Tisch teilnehmen können. Amen dazu.

5 Gebet

5.1 Gebetssprache im Gottesdienst – eine Kritik agendarischer und gängiger Gebetsformeln

Grundthese zum öffentlichen Gebet

Menschen beten, indem sie an der Grenze ihrer Kraft und ihrer Sprache Herzensanliegen nicht nur nennen, sondern auch adressieren. Diese Ausrichtung unterscheidet das Gebet vom Selbstgespräch (auch das hat eine Adresse, aber meist das Alter Ego). Die Adresse ist »Gott«, dessen Antwort immer aussteht und immer schon gegeben ist. Man betet nicht, wenn man nicht bereits gehört worden wäre und eine Antwort geahnt hätte. Die Adresse ist außen und oben (oder da, wo wir Gott vermuten) und zugleich Geistes Stimme, die aus uns heraus betet, seufzt, ruft. Das ist paradox und nur als solches wahr. Diese Sicht beruft sich auf die Existenz Gottes in Jesus und heißt: Gott hört, Gott spricht und Gott kommt durch uns (in Christus) hindurch neu zu sich – so wie wir durch Gott zu uns kommen.

Wer betet, hat schon gehört und wird gehört. Biblisch gesprochen sind Betende Kinder Gottes, denen der Geist eingibt, zu rufen. Und Geistes Stimme hindurchzulassen ist lauteres Beten. In normaler Sprache würde man sagen: das Herz auf der Zunge tragen.

Öffentliches Gebet versucht *stellvertretend* für viele Stumme an der Stelle zu sprechen, wo das eigene Wirken aufhört. Es formuliert und adressiert Ohnmacht und Sehnsucht, Freude und Staunen. Es formt Ur-Regungen im großen Raum.

Der Zusammenhang zwischen individuellem und öffentlichem Gebet

Wer als Haupt- oder Ehrenamtliche*r eine Art von individuellem Gebet pflegt und Gottesdienst leitet, wird merken, wie klar und einfach diese Praxis auch das öffentliche Beten tragen kann. Wer für sich betet, hat eingeübt, sich zuzuwenden, das Eigenste hinzuhalten oder näherungsweise Worte zu finden für

Unsagbares – auch zu schweigen, ohne aus der betenden Beziehung herauszugehen. Öffentlich beten diese Menschen im gleichen Grundmodus, nur vernehmlich und etwas elaborierter, damit ihr Gebet das der anderen anstoßen, tragen oder ersetzen kann.

Öffentliches Gebet ist immer auch eine Art Darstellung – wie das ganze liturgische Geschehen. Eine*r betet für alle, und die können es hören und sehen. Das soll anstecken und führen. Wer als Vorbetende*r diese Verantwortung spürt, wird Eigenes zurückstellen. Niemand möchte die Privatheit des*der öffentlich Betenden kennenlernen. Aber man mag auch keine Sprechmaschine. Damit das öffentliche Beten nicht kalt und »erdacht« klingt, braucht es eine Art *Wärmestrom der eigenen mitlaufenden Gebete*. Das »ungehobelte« Gebet außerhalb des Gottesdienstes, in dem es um das Eigene geht, ist die »warme Quelle« in den Menschen, die für andere beten. Der Stimmklang und die Wahl der Worte drücken das aus.

Beten Sie doch bitte mit, wenn Sie im Auftrag der Gemeinde beten. Lesen Sie nicht nur Gebete ab. Es tut gut, zu spüren, dass die Person dem Beten offenbar etwas zutraut. Das kann mich sogar beeindrucken, wenn ich kirchenfern bin.

Wenn das Herz fehlt, entstehen seltsame Kataloge. Fürbitten, die alles erwähnen müssen. Die Sätze dürfen nichts Fragmentarisches mehr haben, weil die Gebetssprache sich an der Predigtsprache (und ihrer Käseglocke aus Ansprüchen) orientiert. Sprachliche Komplexität gilt als Ausweis für »durchdachtes« Gebet. Das wirkt aber oft gestelzt und unverständlich. Umständliche »Lehre-uns-doch-dass-Konstruktionen« versuchen sich in versteckten Appellen an die Gemeinde. Thematisch muss die Fürbitte offenbar zum Predigttext passen. Ich friere bei solchen Dressurakten.

Oft muss ich das alles stehend mit anhören. Wieso muss ich stehen, wenn vorn jemand allein betet? Dem verweigere ich mich immer öfter.

In der Folge einige Hinweise fürs öffentliche Beten, um es schlichter, ehrlicher und verständlicher zu gestalten. Ein Gebet enthält dann nur die *eine* lautere Absicht, nämlich den Wunsch, gehört zu werden – und nicht mehr. Keine Nebenabsichten (Belehrung, Erklärung). Das meine ich mit »adressieren«. Vielleicht wirken sie dann – von außen nach innen – wieder öffnender, in wöchentlich-homöopathischen Dosen auch geistlich auf die Betenden wie die Mitbetenden.

Formen des Gebets im Gottesdienst und ihre Implikationen

Jede Form ermöglicht und verhindert etwas. Das öffentliche Gebet eines Einzelnen z. B. ermöglicht der Gemeinde, den eigenen Gedanken nachzuhängen, aber es kann sie auch lähmen in ihrer Gebetsaktivität. Übergibt man der Gemeinde das laute Beten, wird alles aktiver und vielfältiger, aber man kommt im Raum nicht so in die Ruhe des eigenen Gebets, weil immer jemand in meiner Nähe etwas sagt.

Man erreicht mit einer Form nie alle(s). Jede der folgenden Formen will etwas Bestimmtes und dafür anderes nicht. In der Bemühung um guten Ausgleich in der Gemeinde zwischen Alt und Jung, progressiv und konservativ usw. entsteht manchmal die Fantasie, eine Form könne alle satt machen. Das geht nicht. Der Wechsel zwischen einigen, gut überlegten und geprägten Liturgien schafft am ehesten das Gefühl von Zufriedenheit.

Sprachgesten innerhalb des öffentlichen Gebets – eine kleine Formenkunde
Relativsätze wollen meist erläutern. Gebetssprache will eigentlich nichts erläutern, sie wendet sich an eine Instanz, sie offeriert Inneres und zeigt mitten im Reden die Grenze des Sagbaren. Entweder das wird in seiner Unvollständigkeit verstanden oder nicht. Was soll man Gott erklären? Relativsätze bremsen den akklamativen Charakter des Betens und rücken diesen Gestus in die Nähe des Selbstgesprächs.

Beispiel:
»Gott, der Du uns vielseitig zum Leben berufen hast, wir bitten Dich um Dein heilsames Wort in unserer Kirche, die sich in Selbstgenügsamkeit zu erschöpfen droht.«

Die beiden Relativsätze erklären den Anwesenden und Gott, wer er ist und wie wir sind. Das nimmt der Bitte Schwung, und man weiß nicht, wem das wirklich dient.

Ich versuche eine Reduktion auf pure Akklamation: »Gott, wir bitten Dich um Dein heilsames Wort in unserer Kirche.« Das ist wenig, aber vielleicht genug, und das Weggelassene wird in einer anschließenden Stille durch das ergänzt, was sich Menschen dazu denken.

Vielleicht geht es auch erweitert: »Gott, wir merken, dass wir als Kirche oft nichts ausrichten. Wir sind manchmal hilflos. Wir bitten Dich um Dein heilsames Wort in unserer Kirche.« Diese Form adressiert alles, auch die Klage und die Hilflosigkeit in den ersten beiden Sätzen.

Ich kann sogar den Inhalt des Relativsatzes retten. Aber dann adressiert: »Gott danke, dass Du so viel verschiedenes Leben geschaffen hast! Wir in der Kirche wären manchmal gern so blühend und reich wie Deine Natur.«

Ein Satz, eine Bitte, ein Dank, ein Anliegen.

Hauptsätze gehen direkt vom Mund ins Ohr: »Gott, wir danken dir für die Schmetterlinge.« Oder: »Wir danken Dir für den Rotwein und den Schmerz des Abschieds.« Dann Stille, Respons aus der Gemeinde.

Betrachtungen wollen meditieren, was ist oder was Gott ist. »Gott, du schaffst die Tiere und das Gras. Du hast alles wohl bereitet, allein deine Menschen drohen, alles zu ruinieren.« Die Anrede zu Beginn suggeriert Gebet, das ein Anliegen vorträgt – betrachtende Anamnese kennen auch die Psalmen.

Aber was folgt? Mal wieder eine protestantisch-pastorale Sicht der Welt, verbunden mit einer Einschätzung – verkleidet ins Gebet. Bitte sag es mir in der Predigt, aber nicht im Gebet!

Wir versuchen eine Alternative, bestehend aus Betrachtung und gerichtetem Gebet: »Gott, Du hast das Gras und die Tiere geschaffen. Am Ende auch uns. Du hast uns die Welt zu Füßen gelegt, Du hast gesagt, wir sollen sie uns untertan machen. Jetzt wissen wir nicht mehr aus noch ein vor lauter Bemächtigung. Sprich wieder zu uns wie damals, als Du alles geschaffen hast. Sprich nochmal ganz von vorn.«

Fürbitten

Fürbitte im Gottesdienst ist kollektiv verordnetes Ritual – wie alle liturgischen Stücke, die uns in homöopathischen Dosen immer wieder in wesentliche Christengesten einführen: hören, mitsprechen, aktiv ohnmächtig oder einfach angewiesen sein.

Dieses Ritual vollzieht meist die beauftragte Leitung im Gottesdienst – vielleicht ergänzt durch Ehrenamtliche. Die Fürbitte geschieht vorn am Altar, von da startet das Flehen aufwärts, Menschen schieben ihre Bitten »auf die Startrampe«, wir schauen und hören von hinten zu, stützen von dort aus. Oder lassen beten und dämmern – auch das ist normal. Man kann und muss nicht immer in allem präsent sein.

In manchen Kirchen wird auch aus den Reihen gebetet, vorformuliert oder frei. Der ganze Raum wird dadurch »Altar«, zu Deutsch »hoher Ort«.

Hört man dem *Wortlaut* der Fürbitte zu, so entsteht noch mehr. Jemand bittet für andere, z. B. für die Politiker*innen. Das ist nötig und sinnvoll. »Gott, wir bitten Dich für die Politiker*innen in diesem Land!« Man nimmt die Geste der Bitte wahr, die den eigenen Einfluss auf die Welt relativiert und Gott anheimstellt zu wirken. Dies ist eine geistliche Leistung von hoher Wachheit und Reife.

Das reicht aber offenbar nicht, denn es folgt ein Zusatz: »Lass sie in Besonnenheit und ohne Eitelkeit regieren, damit unsere Umwelt frei wird von Schadstoffen und Verwüstung.« Aha. Die Geste der Selbstbegrenzung im Bitten ist zu Ende. Der*Die Betende weiß, wie es besser ginge, und gibt dem Himmel einen kleinen Hinweis, z. B. »Besonnenheit«. Politiker*innen sollen also besonnen sein. Na gut, so was kann man denken. Man könnte auch wünschen, dass sie mal unlackiert Klartext reden, unbesonnen ihr Herz öffnen in Zeiten völlig abgeschirmter Rede.

Wer entscheidet, was richtig ist?

Deswegen der feine Unterschied zwischen offener und geschlossener Bitte. Ich kann *wünschen*, Gott stehe uns und den Politiker*innen bei. Ich kann Gott *empfehlen*, sie besonnen handeln zu lassen. Ein feiner Grat, aber eine empfindlich andere Geste: Man könnte sie böswillig Besserwisserei nennen.

Das Kindergebet möchte *Gott instrumentalisieren*, das heißt, einspannen in die Provinz des eigenen Horizonts. Das ist legitim, viele Menschen wünschen sich sehr konkret, was Gott tun soll.

Ich kann mir das gut vorstellen, laut zu tun – dann aber um mich selbst und meine Subjektivität *wissend*. Ich versuche ein Beispiel: »Lieber Gott, ich will, dass du dem Präsidenten NN Hirn vom Himmel wirfst. Ich ertrage seine Kriegstreiberei nicht, ich winde mich im Schlaf. Sag doch mal was. Oder hast du andere Pläne? Ich verstehe dich nicht.«

Ich kann deutliche Bitten nennen, direkt. Ich kann sie – einen Schritt weiter – mit Jesus in Gethsemane zusammen *übergeben*: »Ich will!« Aber: *Dein Wille geschehe.*

Das klänge vielleicht so: »Wir wünschen uns so, dass Frau S. aus dem Altenkreis wieder gesund wird und bitten Dich darum. Wir geben es in Deine Hand, stärke ihre und unsere Geduld.«

Wer es besser weiß, kann das predigen, aber nicht beten. »Gott, lass uns begreifen, dass wir die Welt nicht länger mit unseren Abgasen und Maschinen knebeln dürfen!« – Appell, verpackt in den Gestus des Betens.

Vielleicht so? »Gott, wir wissen nicht, was wir tun sollen. Wir fahren so gern Auto. Wir ahnen die Folgen. Hilf uns, zeig uns, was recht ist – wir bitten dich.«

Also die eigenen *Ansichten zum Problem zurückstellen – das wäre die Askese der Betenden.*

Fordern? Ja, aber dann richtig!

Menschen können gerade im Gottesdienst auch klagen, anklagen, fordern und bitten, und zwar *rücksichtslos* und ohne Relativierung. Denn es wäre (zu) viel verlangt, wenn alle Menschen ihre Nöte von vornherein in geistlich reife Demutsgesten verwandeln sollten.

Eine Mischung ist daher gut denkbar: Es gibt *inständige Bitten, Klagen, Dank*. Die dürfen sich erlauben, was sie wollen.

Und es gibt ein *Ostinato, einen wiederkehrenden Ruf, das alles Bitten in Gottes Hand legt.*

Beides kann *von verschiedenen Menschen gesprochen* werden, das Dringliche von Betroffenen, das Abgeklärtere von anderen bzw. von den Geistlichen.

So können die ungehobelten Gebete wieder einkehren in unsere leicht überformten Liturgien, ohne dass sie das über Jahrhunderte gereifte Gebet der Kirche abschaffen.

Schwierig ist es nur, wenn ausschließlich Pastor*innen für alles und alle beten. Sie können diese Polarität aus Unmittelbarkeit und Mittlerschaft nie selbst gültig darstellen.

In Kürze die NO-GOs beim öffentlichen Beten:
- Wertungen,
- Elendskataloge, die gut gemeint Nöte relativieren,
- Vereinnahmungen (»Wir alle«),
- versteckte Appelle,
- Unterstellungen (»Wir haben nicht genug geliebt.«),
- mehr als drei Abstrakta und Sammelbegriffe (»das Unrecht«)[24].

5.2 Fürbitte im Gottesdienst mit Stille – eine Spezialform, die die Gemeinde aktiviert

Man denkt an andere, die es brauchen, und bittet Gott, für sie da zu sein. Ob *Gott* diese Erinnerung braucht?

Ich glaube, *wir* brauchen das, wir adressieren unsere Sachen himmelwärts, wir sagen: »*Da* sind wir am Ende, *das* können wir nicht – und nun mach Du, Gott.« Und wir beziehen uns auf Gottes Welt, indem wir sie ihm als verwundete Schöpfung zeigen. Diese Geste ist die wesentlichste, die ein*e Christ*in geben kann: sich selbst im Bitten als *abhängig und bezogen* darzustellen; sich als Kind Gottes zu erleben, dass bei erwachsener Lebenskraft zugleich angewiesen bleibt. Mehr geht nicht, denn Stärke und Demut geben sich hier fein paradox einträchtig.

Damit Menschen das aktiv tun können, kann man zeitweise darauf verzichten, ihnen die Bitten abzunehmen. Man lässt sie selbst in der Stille oder laut beten.

---

24 Zur Topografie des öffentlichen Betens, Orte und Richtungen des Betens – im Raum, s. Kapitel *A.3. Gottesdienst im Raum*

Eine Empfehlung für die Praxis der Fürbitte: Wer diesen Teil leitet, lenkt die Aufmerksamkeit aller mit den eigenen Worten lediglich auf eine Problemzone, z. B.:

»Gott, wir bitten Dich für die Opfer des Zugunglücks und alle Angehörigen.«
Danach: zehn Sekunden STILLE.
Dann: »Gott, wir bitten Dich für die kranken Kinder in unserer Gemeinde.«
Zehn Sekunden STILLE.
Usw.
Wer das Beten anleitet, steht und betet mit – entweder vorn oder an der Seite der Gemeinde.
Er*Sie bestimmt vier bis sieben bestimmte Felder und gibt diese zum Gebet der Gemeinde frei, mehr nicht. (Man muss nicht immer alles erwähnen. Es gibt ja noch mehr Sonntage, da kann man für andere/anderes beten.) In der Stille hat jede*r eigene Gedanken und Bitten. So gibt der*die Liturg*in vor, wohin wir uns betend ausrichten können, und wir füllen die Stille mit unseren Anliegen – oder dämmern und warten, dass etwas aufgerufen wird, das uns bewegt. Oder beten, was wir wollen.
Auf diese Weise wird die Fürbitte der Gemeinde anvertraut, und der*die Liturg*in macht nicht alles selbst.

Fürbitte mit *Gebetsstille* (auch ohne) erlebe ich als Teil der Gemeinde *gern im Sitzen*, nicht im Stehen. Muss ich stehen, so erwartet mein Körper mehr das Ende der Veranstaltung, und ich bin mit meinem Kreislauf beschäftigt. Wenn kollektiv gesprochen wird (Credo, Vaterunser), dann stehe ich gern, aber ich bete sonst auch nicht still im Stehen und empfinde diese Praxis des Stehens bei der Fürbitte als Zumutung. Es wirkt auf mich wie eine künstliche Disziplinierung. Stehen will Achtung erzeugen. Beten erfordert nicht nur Achtung.
Manche Gemeinden geben die Haltung des Betens (und nur da) ganz frei. So kann die Gemeinde es für diesen Teil halten, wie sie es will. Einige stehen, andere sitzen oder knien, wo das möglich ist. Auch das kann ein schönes Bild für Vielfalt in Eintracht sein.
Wenn das *Vaterunser* die Bitten beschließt, so sagen Sie doch einfach: »Wir beten mit den Worten Jesu.« Der gedrechselte Eingang, den man sonst hört, wirkt seltsam belehrend, wenn man ihn immer wieder hört: »Beten wir mit den Worten, die uns Jesus Christus zu beten gelehrt hat ...«

6 Ausgang[25]

Dasein als Ur-Segen

Wir können über Segen nicht reden, bevor wir nicht wahrnehmen, was schon ist. Wir sind uns selbst vorgegeben – ins Leben »gerufen«. Wir sind schon da, bevor wir darüber denken können, dass wir da sind. Das ist die basale Erfahrung, dass Leben vor uns existierte und uns wollte. Denn ohne dass etwas bewirkt hätte, dass es uns gibt, gäbe es uns nicht. Etwas oder jemand wollte mit uns anfangen. Das klingt banal, ist aber entscheidend für das eigene Lebensgefühl: Bin ich richtig hier? Diese Frage braucht ein Gegenüber, denn alles lebt von der Beziehung. Die Geburt selbst ist bereits eine Antwort: Ja, das Leben selbst wollte dich.

Viele denken, sie müssten ihr Leben rechtfertigen, das heißt, viel einsetzen, damit man merkt, sie seien »zu Recht« auf der Welt. Sie machen einen Wirbel um sich. Oder wenn sie sich dessen nicht sicher sind, verlegen sie sich aufs Rechthaben.

Im Bereich des Segens geht es darum, gutzuheißen, dass man da ist. Die Antwort auf die Frage: »Bist du einverstanden mit deiner Geburt?« wäre dann das elementarste Glaubensbekenntnis – Ja oder Nein.

Daraus kann weiter die religiöse Vorstellung einer Instanz reifen, die mit uns ist und bereits vor uns mit uns war und es auch »in Ewigkeit« sein wird. Denn was man tief weiß, überschreitet alle zeitlichen Horizonte. Wie bei der Liebe.

Versteht sich ein Mensch als Antwortender auf diese Herkunft, hat er eine religiöse Dimension betreten, egal, in welcher Konfession das mündet. Das Herkommen verdankt sich, kennt seinen Ursprung und kennt ihn zugleich nicht. Gott haucht aus Erde den Gegen-Hauch heraus, so wurde der erste Mensch –

---

25 Der vollständige Aufsatz zur »Qualität des Segens« ist erschienen im Buch Qualität im Gottesdienst: Was stimmen muss – Was wesentlich ist – Was begeistern kann, Gütersloh 2015.

das schildert der biblische Mythos (1. Mose 2,7). So entsteht Liebe. In diesem Raum aus Hauch und Gegen-Hauch, also aus Konspiration bildet sich Leben.

Gelingendes Leben bedingt in säkularer Diktion im Weiteren:
1. Befriedigung elementarer vitaler Grundbedürfnisse,
2. ein authentisches Leben führen, das heißt unverwechselbar sein,
3. *für sich einen inneren Lebenssinn finden,*
4. einen Rahmen sozialer Anerkennung für sich finden,
5. an der Gestaltung der eigenen Lebenswelt beteiligt sein,
6. Subjekt des eigenen Handelns sein.

All diese Motive lassen sich in biblischen Figuren wiederentdecken. Man verfolge nur den Weg der Brüder Jakob und Esau anhand dieser sechs Punkte (1. Mose 25,19 ff.).

Erstes Testament vs. Zweites Testament

Zum Segen in beiden Testamenten ist anderswo genug gesagt. Ich will hier nur ein Motiv nennen, das mir für die kirchliche Praxis wichtig scheint. Im Ersten Testament enthält der Segen oft eine Schattenseite. Worauf kein Segen liegt, da herrscht Mangel. Das lässt Gott in einem ambivalenten Licht erscheinen. Wer ist erwählt, wer verdammt? Wer gehört dazu, wer fällt heraus? Diese Frage bestimmt viele Geschichten. Nicht zuletzt die Israels.

In der Nähe Jesu ist vom Segen (außer bei den Kindern) kaum die Rede. Ich vermute, in seiner Nähe war keine Ambivalenz. Zu ihm »gehören« konnte jeder Mensch, der ihm innerlich folgte. Und der Zerstörung derer, die ihn nicht wollten, ist er am Kreuz zuvorgekommen. Der Fluch gilt ihnen nicht, sondern nur sein Segen im Tod und Leben. Pur und ohne Schatten.

Ich leite daraus ab: Die Kirche darf in der Folge Christi Segen ausgeben, wo immer es geht. Sie hat die Aufgabe, darauf zu sehen, was genau sie segnet. Die Waffen werden es nicht sein. Aber die Menschen z. B., die aus zwingenden Gründen tun, was sie tun müssen, können für einen heiligen Moment Zuspruch mitten in ihre Ambivalenz hinein erwarten. Ihr Ringen und Dasein wird gutgesprochen, *benedicere*. Das galt und gilt für Menschen in Todeszellen wie für Brautpaare. Deswegen muss man die Todesstrafe nicht gutheißen. Man kann auch Zweifel an der Eignung eines Paares zur Ehe haben.

Aber in die Situation des Menschen in seinem Zwiespalt darf ein Mensch Gottes Segen herabrufen – und zwar jede*r, die*der es im Namen Gottes und nicht auf eigene Rechnung tut.

Das hebt für einen ewigen Augenblick die Doppeldeutigkeit von Entscheidungen, Zuständen, Krankheiten, Verfehlungen, sexuellen Einstellungen, auch von Glück auf. Du bist gut so, wie du hier bist, sagt der Segen. Er wiederholt, was in der Geburt selbst als Wahrheit erscheint: Kein Mensch ist qua Geburt fehl am Platz, jede*r ist »richtig«. Und der Segen wiederholt, was in der Taufe bestätigt wird: Bei Gott bist du recht.

Genau dies spüren Menschen, ob kirchlich oder nicht. Sie ahnen, dass es kein Bekenntnis braucht, um gesegnet zu werden. Und gegen alle Scheu von kirchlichen Leuten vor »Ausverkauf« oder »mangelndem Bekenntnis« oder »Missbrauch« halte ich: Es ist nicht an euch, das zu entscheiden. Segnet. Ihr wisst letztlich nicht, was ihr tut oder verweigert, denn es ist Gottes Handeln und Verantwortung.

In dieser Linie sehe ich die Initiativen in ostdeutschen Städten und anderswo, wo man als Alternative zur Jugendweihe bekenntnisfreie Segnungen angeboten und vollzogen hat.

Segenspraxis

Segen wird gewünscht – auch von Menschen, die nicht zur Kirche gehen. Segen enthält Zuwendung, er kommt »von woanders her«, er ist nicht verfügbar. Man kann sich nicht selbst segnen, er braucht eine Instanz, der man zutraut, Segen zu geben. Das können Vater und Mutter sein, der*die Pastor*in, aber auch jede Person, die im entscheidenden Moment die Autorität hat.

Segen wird in der Kirche gewünscht. Für viele Menschen ist der Segen am Schluss eines Gottesdienstes mindestens so wichtig wie eine Predigt.

Es lohnt, auf ein paar Umstände und Haltungen zu achten.

Der Vertrag

Segen braucht ein Minimum an Bedarf. Unverlangt zugesprochener Segen wird absurd. Auch wer im Gottesdienst am Ende einen Segen erhält, ohne dass er explizit darum gebeten hat, hat dies aber in einer Art Generalvertrag zugestanden, wenn er zum Gottesdienst geht. Manchmal legt eine bestimmte Art von Beziehung nahe, ungefragt zu segnen, z. B. die zu Schutzbefohlenen, Kindern oder Schwerkranken. Denen gibt man auch sonst Dinge, die sie nicht verlangt haben. Aber bei zurechnungsfähigen Erwachsenen braucht es eine minimale Vereinbarung.

Die Absicht

Segen ist umsonst. Er verdirbt, wenn man ihn verzweckt. Er ist umsonst wie alles Wertvolle. Er verdirbt, wenn man damit z. B. Geld verdienen oder ein Zugeständnis erschleichen will. Wer segnet, tut dies absichtslos. Er will nur segnen, und damit Segen weitergeben – nichts sonst.

Die Haltung
Wer Segen empfängt, ist sich seiner Motive nicht immer klar. Das Ungefähre des Verlangens ist in Ordnung. Wüssten wir immer genau, was wir brauchen – wo kämen wir hin? Vermutlich in die Provinz unserer Begehrlichkeiten. Das ungenaue Sehnen führt oft in neue Räume.

Der Mensch, der Segen gibt, ist sich seiner Motive dagegen klar: Er teilt, was er gleichzeitig empfängt von seinem Gott. Er »hat« gar nichts, er gibt weiter, was er im selben Moment bekommt.

Der Raum
Segnen ist überall möglich. Die Beteiligten erstellen den Raum durch ihre Beziehung zu Gott und zueinander. Segen wird in der Regel dem Menschen von vorn zugesprochen. In der Kirche sind viele Orte für Segen denkbar. Jedenfalls gibt es keine dafür ausschließlich prädestinierten. In einer frontal orientierten Kirche wird Segen Menschen von vorn und eher von oben erreichen, denn auch hier ist die Beziehung das Zentrale.

Die Autorität
Wer segnet, erhält durch das Verlangen der Leute einen Teil der nötigen Autorität. Dazu gehört aber noch etwas, das von woanders herkommt: der Auftrag der Kirche, eine persönliche Autorität durch »Würdigkeit« oder situativ erwiesene Glaubwürdigkeit durch gemeinsam Erlebtes.

In der Kirche haben diesen Auftrag meist die ordinierten oder anders beauftragten Personen. Deren Kleidung kann die Amtsautorität bekräftigen. Bei Segensgottesdiensten mit Handauflegung helfen gern auch andere Personen mit, die situativ geeignet erscheinen. Auch sie ermächtigen sich besser nicht selbst, sondern werden im Kollektiv beauftragt.

Die Geste
Sie zeigt, wie sich ein Mensch anderen Menschen im höheren »Auftrag« zuwendet. Die Hände spielen dabei eine wesentliche Rolle. Der Einzelsegen geht auf Kopf oder Schultern, der Segen für eine Gruppe geht auf viele Köpfe und Schultern. Die Geste wendet sich meist »von oben nach unten« den Menschen zu. Sie symbolisiert dabei »himmlischen« Zuspruch. Gleichzeitig zeigt sie die innere Logik eines gewissen Gefälles von segnender und gesegneter Person. Wer verlangt, gesteht zu, sich ohne Eigenmächtigkeit nach Gott oder

Zuspruch zu sehnen, und steht damit auf einer anderen Ebene als der, der gibt. Das gilt auch, wenn Menschen auf Augenhöhe segnen. Die klassische Haltung der Pastor*innen beim Segen im Gottesdienst symbolisiert im sog. Aaronitischen Segen biblisch auftragsgemäß: Gott legt etwas auf Menschen, und Menschen geben das weiter, indem sie es ihrerseits »auf die Menschen legen« (s. 4. Mose 6,24–26).

Die Geste stimmt dann, wenn sie sich im Kern auch ohne Worte versteht. Umgekehrt: Eine Geste, die erst durch Worte annähernd deutlich wird, taugt nichts.

Zur unverstellten Geste der Zuwendung gehört auch, dass man die Segensworte nicht ablesen muss. Wer sich zuwendet, weiß auswendig, was zu sagen ist. Dann ist der ganze Mensch in Beziehung spürbar.

Das Wort

Die Geste ist auch bei größter Klarheit nicht allein das Mittel des Segnens. Das Wort, das Menschen zu Menschen macht, kommt dazu: Aaronitischer, trinitarischer, irischer, freier Segen, all das gibt es und ist gültig. Es muss auch im Wortlaut erkennbar bleiben, dass die*der Segnende nicht aus eigener Macht handelt.

Ist der Segen länger als 50 Worte, wächst er zum Vortrag. Bei bis zu 50 Worten hält die Geste der Zuwendung die Spannung – bei den Empfangenden wie bei den Gebenden. Darüber hinaus reißt die Beziehung in der Regel – jedenfalls im Gottesdienst.

Die Worte sind biblisch autorisiert im Aaronitischen Segen. Er hat durch den Text transitiven Charakter, das heißt, jemand »legt ihn auf andere«. Deshalb taugt er in der »Wir-Form« nicht.

Dem Segenswort folgt Stille oder Musik. Jedenfalls besser kein Alltagsgeplapper wie »schönen Sonntag noch« oder dergleichen. Das kann man am Ausgang beim Verabschieden sagen.

Die Durchlässigkeit

Wer segnet, tut das im Auftrag. Um sich für alle sichtbar selbst die Kraft zu holen, die der Segen weitergeben will, kann der Segnende ohne Worte selbst um den Geist bitten oder sich das auf andere Weise holen, körperlich, mental und geistig. Dieser stumme Rückbezug kann ein Erkennungszeichen sein, dass sich jemand erst holt und dann gibt. Manchen Segnenden hilft es, wenn sie sich real vorstellen, eine weitere Gestalt stehe hinter ihnen und segne sie ihrerseits. Dabei ergibt sich ein Moment des Wartens auf die »andere Gegenwart«. Die können und sollen alle sehen. Das kann zusätzliches Vertrauen schaffen.

Der Unterschied von Bitte und Zuspruch
Gott segne uns ist die Bitte um den Segen, also ein Gebet mit herbeirufendem Charakter. Das taugt z. B. für einen Segen im Kreis mit dem*der eingereihten Sprecher*in, weniger für die frontale Position vor der Gemeinde.

Gott segne euch/dich ist Zuspruch mit herbeirufendem Charakter. Das taugt für Sprecher*innen, die einer Gruppe gegenüberstehen. Hier eignet sich die Bitte um den Segen nicht so gut.

Das »Herab-Rufen« (Optativ = Wunschmodus) zeigt im Wortlaut die Unverfügbarkeit von Segen.

Gott segnet uns/euch ist Ansage einer Wirklichkeit oder Behauptung – je nach Standpunkt. Bei dieser Wendung hat sich eher eine Art Gewissheit im Segnenden »abgesetzt«, von der aus er etwas im Indikativ zuspricht. Es bleibt hörbar Gottes Segen, aber er klingt sicherer, aber auch verfügbarer – als könne der*die Sprecher*in das »qua Besitz« jederzeit so behaupten. Die positiv-suggestive Wirkung aber ist größer.

Segnung von Dingen
Menschen möchten manchmal Räume, Schmuckstücke und andere Gegenstände gesegnet haben, die ihnen wichtig sind. Die evangelische Kirche segnet keine Gegenstände, wohl aber Menschen. Und zu denen gehören Beziehungen zu Räumen, Tieren und Dingen. Man kann also eine Person samt ihrem Amulett, ihrem Schlafzimmer oder ihrem Hund segnen. Die Worte deuten die Beziehung an: *Gott segne dich und dein Heim* usw.

7 Gottesdienst mit Menschen im Fokus

7.1 Mystagogik statt Verkündigung

Das System »Volkskirche« war und ist ein System der Stellvertretung. Organisierte Leute sorgen landesweit dafür, dass christliche Werte vor Ort erscheinen. Sie tun das für alle, die das mit Abstand beobachten, ignorieren oder beanspruchen. Sie formulieren im Strom von sehr alten Traditionen spirituelle Wahrheiten und versuchen, sie zeitgemäß zu interpretieren. Sie gehen dabei fast immer von einem Offenbarungsbuch als Richtlinie aus. Die Grundattitüde dabei: Wir wissen und vertreten Dinge, die Menschen helfen, die sie aber nicht so gut kennen.

Solcherart Vermittlung ist ins Schleudern geraten. Das hat viele Gründe, u. a. suggeriert die mediale Welt eine neue *Unmittelbarkeit*. Menschen vermuten, man bräuchte keine Parteien, Banken, Kirchen usw. mehr, die sie vertreten. Im Grunde nehmen viele jetzt in einer extremen Art wörtlich, was die Reformation als Pathos vor sich hertrug: Jeder Mensch ist unmittelbar zu Gott – sofern er sich dem Wort Gottes direkt zuordnet. Dann braucht er weder Priester noch Messen. Genauso handeln jetzt viele Menschen. Sie brauchen keine Stellvertretung. Sie wissen selbst etwas und suchen sich mit ihrem Erkenntnisstand die Begleitung zusammen, die ihnen einleuchtet. Das hat seinen Preis: Jede Person muss allein klarkommen. Der Wind wird rau. Die biblischen und politischen Voten hageln wie Eis auf die Haut. Keine Zwischeninstanz mildert den Aufprall.

An dieser Stelle liegt auch eine *Chance* für kirchlichen Gottesdienst. Nimmt man ernst, dass Menschen etwas wissen, dann könnte man die Leserichtung umdrehen. Der Gestus der »Verkündigung« träte zurück, denn eine nennenswerte Menge möchte nicht mehr mit Christenweisheit von Kanzeln aus beschallt oder belehrt werden.

An die Stelle der Durchsagen träte immer öfter eine Art Mystagogik oder Auslegung des Lebens im Geheimnis. Menschen würden sich *gemeinsam* über das Leben beugen und in ihm die Tiefen und Untiefen ausloten, die vor dem

Auge erscheinen. Dabei setzt ein christlicher Mensch voraus, dass alle etwas vom Leben wissen. Die Kirchlichen verstehen die Dinge im Licht ihrer Erfahrung und der Offenbarungen, die anderen im Licht ihrer Lebenserfahrung oder einer Begabung. Alle sind geleitet von Werten, die in ihrer eigenen Welt eine unbedingte Geltung fordern. Ein Gärtner z. B. kann ohne jede christliche Färbung Natur hegen. Er folgt dem,»was ihn unbedingt angeht« (Paul Tillich) – genau wie Christ*innen.

Solche Leute wären zu befragen. Was leitet euch? Wie seid ihr zu eurem Wissen gekommen? Was liebt ihr und wie nennt ihr das? Sie hätten im Gottesdienst und in Gemeinden einen Ort, egal, ob sie glauben, was geistliche Leute glauben oder nicht. Gemeinsam mit ihnen wären Christ*innen dem Leben auf der Spur. Das nenne ich Mystagogik – im Sinn einer Forschung im Geheimnis. Alle Menschen, die nachhaltig denken und fühlen, ermitteln in Geheimnissen.

Hier hätte die geistliche Tradition etwas beizutragen, *ohne den Diskurs oder die Meditation zu bestimmen*. Mit-Denken kann Freude bereiten. Das setzt aber eine Wandlung in der eigenen Haltung voraus: Neben die »Ansagen«, die ja weiterhin gewünscht sind, träten ergänzend gemeinsame Ermittlungen. Christliche Lehre müsste dafür Weltsprache(n) lernen.

Gottesdienste entstünden, die Menschen und ihre Lebenserfahrung zum Thema haben: Paare, Gruppen, Lebensexpert*innen, Zünfte, Passionierte, Lehrende, Schmerzerfahrene usw. Das Feld ist unendlich. Solche Gottesdienste hätten eine starke Zukunft. Denn Menschen wollen eher nicht von der Kirche bevormundet werden, suchen aber einen Ort jenseits der eigenen Individualität, wo sie gesehen und vielleicht sogar beglaubigt werden. Diesen Kredit hat Kirche immer noch, dass sie etwas Universelles weiß und es gut meint – sofern sie endlich davon absieht, es besser zu wissen. Sie weiß es nämlich real nicht besser, sondern entscheidet vieles im Licht einer Quelle, die mehr Lebensklugheit enthält, als man in einem Leben selbst erwirtschaften kann. Aber auch das gelingt ihr so gut und so schlecht wie allen, die sich an Traditionen orientieren. Es gibt keinen Grund zur Überheblichkeit. Aber auch keinen, sich zu verbergen.

Voraussetzung wäre jedoch, dass man sich im Transfer der Bilder und Sprachformen auskennt. Und da hat die kirchliche Zunft noch ein Programm vor sich, denn die Hauptakteur*innen sind als Schriftgelehrte geschult, weniger als Inter-Akteur*innen und Wandernde zwischen Wahrheiten.

Aber es würde schon Wunder wirken, wenn sie einfach an Menschen herantreten und sagten: »Wir wissen zu wenig über das, was euch bewegt. Bitte erzählt uns. Wir möchten neu verstehen, statt immer schon Bescheid zu wissen. Und wenn's recht ist, kommt doch damit bitte mitten rein in den Gottesdienst.« So dicke werden es nicht alle gleich wollen. Aber ins Gespräch kommen sie gern. Allein diese Geste würde Erstaunen hervorrufen: »Die Kirche fragt uns, was wir wissen, lieben und leben? Das gab's ja noch nie! – Okay, dann machen wir mal auf Probe mit.«

Ein Modell für solche gemeinsamen Ermittlungen erscheint im Folgenden. Es ist gut erprobt. Es irritiert eingangs, weil die Predigt fehlt. Das »Kirchenvolk« ist erfolgreich aufs Zuhören von Durchsagen trainiert, weniger dazu, sich die eigene Wahrheit aus Stücken einer Collage zu reimen. Aber das legt sich schnell. Im Grunde können sie das, denn fast jede Hörfunksendung, jeder Film ist eine Collage.

7.2 Lebensexpert*innen-Gottesdienst: Collage als offenes Predigtkunstwerk – ein Modell mit Gästen und ihrer Weisheit in der Kirche

Das Modell des Gottesdienstes mit Lebensexpert*innen versucht, das »offene Kunstwerk« im Bereich der Predigt zu realisieren. Der Verkündigungsteil im Gottesdienst bietet statt einer fertigen Predigt eine Collage aus kurzen Beiträgen: Je drei erfahrungsbezogene Voten korrelieren mit einer biblisch orientierten Äußerung. Der Sinnzusammenhang entsteht in denen, die zuhören und ist daher offener als bei einer Predigt.

Die Idee

Im Gottesdienst sollen sich neben der biblischen, pastoralen und liturgischen Welt auch andere Welten zeigen können. Das heißt: Kirche zitiert nicht nur menschliche Erfahrungen in der Predigt, sondern lässt sie selbst vorkommen durch die, die sie haben, und reiht sich mit der biblischen Erfahrungsweisheit ein. Drei Menschen führen zu einem vorher abgestimmten Gesamtthema in ihre Wirklichkeit ein – in einen Arbeitsbereich, eine besondere Fähigkeit, einen Erfolg oder einen Abgrund. Diese Menschen nennen wir »Lebensexpert*innen«, weil sie in einem Teilbereich menschlicher Existenz besonders bewandert sind.

Solche Gottesdienste haben ein je eigenes Thema (z. B. »Geburt«), das aus unterschiedlichen Perspektiven erzählend behandelt wird. Wer solch einen Gottesdienst plant, spricht Menschen an, die etwas zum gewählten Thema beitragen können, erklärt ihnen die Idee, verpflichtet sie auf Termine und Regeln und befragt sie nach einem Schema, das sich aus dem biblischen Zusammenhang des Themas ergibt. Die dabei entstehenden Berichte der Beteiligten werden gemeinsam mit ihnen redigiert und inszeniert, damit sich Menschen und »Stoffe« anregend und ohne Peinlichkeiten zeigen können.

So entsteht eine Art Collage zu einem Themenfeld, die die Predigt ersetzt. Diese Inszenierungsform wird angereichert mit Musik und strukturiert durch Elemente theatraler Technik – z. B. Innehalten, Tempowechsel, Lichtwechsel usw. Sie soll inklusive Musik nicht länger als 40 Minuten dauern. Der übrige Gottesdienst ähnelt dem üblichen. Lediglich in der *Fürbitte* richtet sich die Aufmerksamkeit besonders auf die Lebenswelten der eingeladenen Protagonist*innen. So wird deutlich: Wir (Kirche, Gemeinde) nehmen euch ins Gebet, und ihr seid dabei, wenn wir das tun. Das ist eine Würdigung über das Anhören hinaus und hat besondere Wirkung.

Im Prinzip übernimmt dieser Typ Gottesdienst Grundlinien der kasualen Praxis. Dort steht die Biografie in der Mitte, hier auch – aber nicht für sich, sondern als biografische Erfahrung im Dienst eines Themas. Anders als bei der gängigen Kasualpraxis kommen bei den Lebensexpert*innen Sachkenntnisse hinzu, die ein soziales und politisches Feld eröffnen.

Fragen für das Interview unter dem Blickwinkel des korrelierenden Bibeltextes

Der*Die Pastor*in (und ggf. der*die zweite Leiter*in des Projekts) hat drei Menschen für den Gottesdienst gewonnen.

Er*Sie sucht sich eine biblische Passage aus, die sie als Grundlage für den Gottesdienst und die Fragen nehmen möchte, die sie den »Lebens-Expert*innen« stellen will. Die in der Bibel zur Schrift geronnene Lebens- und Glaubenserfahrung soll mit den Erfahrungen der Expert*innen korrelieren.

Wichtig bei der Wahl ist: Gibt die Bibel-Passage einen interessanten Deutungszusammenhang für die Fragen und das Gespräch ab?

Beispiel: Thema »Geburt«
Eingeladen sind eine Hebamme, ein Kinderarzt und eine Frau vom Jugendamt, die den Eltern ihr Neugeborenes »wegnehmen« kann, wenn sie den Eindruck hat, dass das »Kindeswohl« gefährdet ist. Kirchenjahreszeit ist der späte Advent. Die Weihnachtsgeschichte nach Lukas liegt nahe.

Die Weihnachtsgeschichte hat als markantes Profil den ungewöhnlichen *Ort*, also stellt sich die Frage: »Was kann man über den Ort sagen, an dem Kinder zur Welt kommen?«

Zweitens durchzieht das Textfeld die Frage: »Wie soll ich (Herodes, Weiser, Hirte, Maria, Josef, Israel, Erde) dich, *Jesus*, empfangen?« – Entsprechend werden die Beteiligten gefragt, was sie über die Reaktionen von Menschen und Einrichtungen auf eine Geburt in diesem Land erzählen können.

Drittens ist und bleibt Weihnachten ein *Wunder*. Die Pastorin fragt die Expert*innen also: »Wo ist das Wunder bei den Geburten, die ihr kennt?«

Diese drei Fragen bilden das Gerüst für das folgende Interview und machen spätere biblische und weltliche Einlassungen vergleichbar.

Glaube und weltliche Wahrheit – Pole, die einander steigern

Die Kirche würdigt Menschen und ihre Wahrheit, wenn sie sie in ihrer »heiligen« Mitte, dem Gottesdienst, zu Wort kommen lässt. Sie schaut zu, wie sie zeigen, was sie können und lieben, weil Menschen sich eben da am besten begegnen, wo sie »in ihrem Element« sind. Sie unterbricht mit diesem Modell den üblichen Modus, Menschen von den heilsamen Wirkungen des Christlichen zu *unterrichten*. Sie stellt die Richtung um: Sie erwartet von Menschen, dass sie das Ihre dazutun, dass *sie gemeinsam die korrelierende Wahrheit in Bibel und Leben entdecken*. Damit erhebt sie die nicht theologisch Gebildeten in den Stand der Wahrheitsbetreiber*innen. Sie erwartet sogar von nicht gläubigen Lebensexpert*innen und deren Wahrheit Aufschlüsse über die eigene Wahrheit.

Nicht wie gewohnt dominiert der Logos, der sich im interpretierenden Wort der Prediger*innen mitteilt. Der *Dia-Logos* führt sich in diesem Modell vor den Augen und Ohren aller *selbst* auf. Das geschieht sonst (im besten Fall) *vorher* im inneren Dialog der Predigenden.

Die These: Was christlich wahr ist, wird erst wahr, indem es sich anderen Welten aussetzt. Wahrheit wird im offengelegten Zwischenraum des Dialogs offenbar. Man soll also gelegentlich der Wahrheit beim Entstehen zusehen dürfen.

Die Figur der Offenbarung in Jesus Christus zeigt dies selbst: Indem (nicht obwohl) sich das Ur-Wort in sein Gegenüber, die Welt, begibt, kommt es dahin, woher es immer kam: zu sich, biblisch »zum Vater« – und zur Welt zugleich. Diese Figur wird hier praktiziert: im Anderen zu sich finden.

Geistes Gegenwart als dialogisch-homiletische Inszenierung

Was entsteht, ist aber immer mehr als die Summe der Anschauungen der Partner*innen. Die Pole der Interaktion treiben einander hervor – vergleichbar mit der Erfahrung, im gelingenden Dialog das Eigene profilierter und gesteigerter zurückzuerhalten. Dieser Mehrwert an Wahrheit entsteht zwischen denen, die reden, und gleichzeitig in denen, die zuhören. Dieses Dritte ist es, was am ehesten mit der Wirkung des Heiligen Geistes verglichen werden kann. Das »Zwischen« entsteht aus beiden und treibt sie über ihr je Eigenes hinaus. Es ergreift entsprechend auch die Hörenden in der Gemeinde, in einem inneren Dialog.

Pfingsten kann hier als das Urbild differenzierter homiletischer Einheit verstanden werden: Einverständnis ist eben nicht Gleichheit der Pole, nicht Einheitssprache zwischen allen, sondern der Geist treibt die Sprachpole eigentlich erst zu sich selbst, indem er sie gegeneinander setzt. Man erträgt aneinander nicht die Verschiedenheit, sondern feiert einander und Gott profilierter als vorher.

Die Collage als gestauter Dialog

Man kann die Collagen in diesem Modell nur bedingt als Dialog bezeichnen, weil die Protagonist*innen im Verlauf des Gottesdienstes nicht aufeinander eingehen, sondern Szenen und Erkenntnisse *nebeneinander* zeigen. Aber dem Gottesdienst gehen Dialoge voraus. Das spürt man den Beiträgen in der Kirche ab. Und es überträgt sich auf die Gemeinde. In den Köpfen entsteht eigener Dialog, während sie die Beiträge vergleichen und auf Schnittmengen und Strukturen hin abklopfen. Nach dem Gottesdienst entlädt sich das Gesprächsbedürfnis meist zwischen allen Beteiligten, und das oft sehr bewegt. Insofern stellt die Collage eine Art Zwischenzustand im Dialog dar. Der wird aufgeschoben und umso stärker in die Hörenden verlegt, je weniger die Sprechenden aufeinander eingehen. Das betrifft auch die *geistlichen Einlassungen*. Sie deuten die anderen nicht, sondern stellen, was sie wissen, *daneben*. Das Unfertige inszeniert Verstehen in denen, die hören, allerdings ohne bestimmen zu können, was verstanden wird.

Die Collage als Anreiz zum Selbstdenken

Wer Predigthörer*innen nach dem fragt, was sie *gehört* haben, muss bisweilen ernüchternd feststellen, dass sie sich mindestens teilweise in einem anderen Film befanden. Der Wunsch, eine Predigt so zu formulieren, dass sie möglichst einheitlich verstanden wird, ist ohnehin überholt. Niemand hat ein Recht auf passgenaue Rezeption.

Die Collage stellt kleine Elemente ohne Überleitung so zusammen, dass eine thematische Einheit sichtbar wird, aber keine klare Deutungsintention. Dadurch bleibt eigenartig offen, was nun »für alle« gelten soll. Jede*r kann etwas Eigenes verstehen. Da sich das der Kontrolle der kirchlichen und pastoralen Lehre entzieht, ist es auch brisant. Menschen, die klare Durchsagen erwarten, werden oft irritiert. Aber wer sich nach dem Gottesdienst mit den Anwesenden zusammensetzt und über die gewonnenen Einsichten spricht, ist erstaunt über die Vielfalt der eigenständigen Gedankengänge.

Dies ist kein Privileg der Collage. Eine gute Predigt, die nicht alles definieren will, kann das auch bewirken. Aber sie bleibt tendenziell im Gestus der belehrenden Deutung – und evoziert bei den Rezipient*innen den Gestus des Folgens. Dagegen schildern Menschen nach solch collagierten »Lebensweisheitsberichten«, sie seien mehr hineingezogen gewesen ins Geschehen, weil Menschen wie sie ohne Erläuterung aus ihrem Leben berichteten. Manche sagen auch, sie hätten gar nicht unbedingt »anderes«, sondern »anders« verstanden – beteiligter und eigenständiger mitdenkend. Man kann diesen Vorgang vergleichen mit »Bekocht-Werden« und »mit vorgegebenen Zutaten Selbst-Kochen«. Beides hat sein Recht.

Die Collage als gegenseitige Belebung von Text und Wirklichkeit

Die komprimierte Heilsgeschichte der biblischen Geschichten trifft auf unsere nicht komprimierte Wirklichkeit und entfaltet sich – uns korrigierend, einreihend – mit uns zusammen.

Und umgekehrt gilt: Die zerstreut vor uns liegenden Stücke unserer Wirklichkeit werden durch biblische Vergleiche oft eingeordnet und umgedeutet. Die Figur der Collage zwingt den zuschauenden Menschen zum ordnenden Vergleich, der gleichzeitig strukturiert, irritiert und saniert.

Die Collage als Abbild veränderter Wirklichkeitsdeutung

Die philosophische Herleitung der Wirklichkeit auf *ein* Ursprüngliches scheint im modernen Denken ergänzungsbedürftig. Die Gleich-Ursprünglichkeit verschiedener Wahrheiten scheint im Moment gesellschaftliches Erleben besser zu beschreiben. Die vermeintliche Deutungshoheit einer christlich-kirchlichen Ontologie kann hier und da als Gesprächsbeitrag unter anderen nützlich sein, aber wir Christ*innen allein erklären die Welt nicht gültig. Die Collage als Kommunikationsfigur gleich-ursprünglicher Erfahrungswahrheit kann diese andere Art des Begreifens fördern.

Homiletische Wirkung des Geistes in Raum und Zeit

Dia-Logos – verstanden als Geistesgegenwart im Zwischenreich des Dialogs – kann das »Jetzt« des Gesprächs inspirieren und über sich hinaustreiben. Schaut man, wie sich dieser Dia-Logos früher aufgeführt hat, so findet man bleibende

Worte, Gesten und Räume (ein Credo, einen Altar, einen Gesang), die Formen der Vorfahren, die im Gespräch waren mit oder in ihrem Gott. So kann man den Kirchraum als zu Stein geronnenen Geist und die Liturgie als sich in Inszenierungen aufführende Geistestradition bezeichnen. Der Geist-Raum birgt die jetzigen Wahrheitserfahrungen und ist gleichzeitig ihr Nährboden.

Das unterscheidet diese Veranstaltung von Talkshows im Gemeindesaal. Alle, die sich darauf einlassen, wissen, dass sie in einem von vornherein »gehobenen Gehäuse« und im liturgischen Zusammenhang sprechen. Wir befinden uns an einem Ort und in einem liturgischen Ablauf, der Wahrheit enthält, fordert und gewährt. Er garantiert selbst dann noch Wahrhaftigkeit, wenn die Protagonist*innen gelegentlich versagt haben und ich als Gast dem Glauben nicht viel zutraue. Das heißt, der Geist ist anwesend in der »Hülle« der gesamten Veranstaltung und hebt die Einzelbeiträge ansatzweise in die Sphäre von Offenbarung.

Gegenseitige Würdigung von Kirchlichen und Gästen

Die es selbst erlebt haben in den vergangenen Gottesdiensten mit Expert*innen, haben es auch so verstanden. *Sie fühlten sich gewürdigt.* Jemand sagte wörtlich: »Ich gehör ja nicht zur Kirche, glauben tu ich nicht, das bleibt auch so. Aber dass ihr mich so offen und ohne tendenziöse Absichten hier in eurem hohen Haus habt reden lassen, das rechne ich euch hoch an – und das sag ich weiter.« Mehr noch, manche fühlen sich auf eine nicht durch die Gastgeber*innen gemachte Art »gehoben«.

Und andersherum: *Menschen*, egal welchen Glaubens, *würdigen die Kirche*, indem sie sich befragen lassen und im Zusammenhang eines Gottesdienstes auftreten. Sie halten sie trotz aller Vorurteile (»tendenziös«, »altbacken« usw.) für geeignet, ohne Nebenabsichten nach der Wahrheit zu suchen. Sie tragen ihr Wertvollstes in die Mitte der Gemeinde – oft sogar in berührenden Offenbarungen, die sie sich an anderen Orten nicht zu sagen trauen.

Die geistlichen Beiträge bekommen, obwohl sie kurz sind, eine eigene Kraft, weil sie im »heiligen« Kontext anders »glänzen«.

Teil C

Kasualgottesdienst

Kirche von Fall zu Fall kann sich auf viel Erfahrung im Umgang mit Lebenslagen berufen. Bislang waren die Übergangszonen durch das Angebot der Volkskirche bestimmt: Taufe, Konfirmation, Trauung, Bestattung, dazwischen Jubiläen aller Art.

Dieser Kanon hat sich erweitert: Dienstbeginn und -ende, Einschulung, Gottesdienste für Verliebte usw. sind gut besucht. Menschen haben sogar den Mut, von der Ortskirche bisweilen bestimmte Riten abzurufen, die ihnen selbst wichtig sind. Die Seelsorge legt so etwas manchmal nahe. Eine Frau, die mit Begleitung ihren Kinderwunsch im Wortsinn begräbt, ein Paar, das kirchlich geheiratet hat und sich ebenso trennen will. Urlaubsstarts, Hauseinweihungen, Umzüge, Feuerwehrfeste, Marktandachten usw. fächern die kirchliche Präsenz auf. Auch freie Ritualberater*innen stehen für diesen Bedarf zur Verfügung.

Ganz oft geht es um Menschen und ihre Bezüge, die von der Kirche begleitet, beglaubigt und gutgeheißen werden wollen. Diesem latenten Wunsch, von einer halbwegs anständigen Instanz gesehen und anerkannt zu werden, kann Kirche entgegenkommen. So viele gibt es davon ja nicht. Der Gottesdienst ist dabei heiliges Land und in sich unverdächtig genug, dass Geneigte dort vorkommen mögen. Andere möchten das gerade dort gar nicht, weil ihnen die Formen überprägt und einengend erscheinen.

Wenn es im Gottesdienst, also im Innersten, gelingt, vieles (nicht alles), was aus Liebe geschieht, zu Wort kommen zu lassen, egal, welches Bekenntnis vorliegt, dann wäre Gottesdienst ein offener und zugleich geschützter Hof des Ansehens, des Angesehen-Werdens und der Ansichten auf das Leben. Menschen würden sich gemeint fühlen, statt abgefertigt oder benotet. Sie wollen die vorauseilende kirchliche Bewertung nicht. Gleichzeitig sehnen sie sich aber nach einer Würdigung. Wenn die Kirche sie nicht leisten mag, dann übernehmen es andere.

1 Kasualien im säkularen Feld – unkirchliche Menschen und kirchliche Rede

Die Leserichtung in Mittel- und Nordeuropa beginnt, sich umzudrehen: Wer christlich denkt und lebt, muss sich erklären. Bislang verteidigten Menschen, dass sie ohne Kirche gut leben können. Allmählich ist eine christliche, gar kirchliche Haltung begründungspflichtig. Das ist kein Grund zum Weinen. Es ist nicht auszuschließen, dass christliche Menschen ihr Eigenes besser verstehen, wenn sie es als Mitglieder einer Minderheit gegenüber nicht christlichen Leuten sagen lernen. Dieses Können ist noch ausbaufähig. Deshalb lohnt es sich, Kommunikation über Religiöses mit Konfessionslosen zu entwickeln – z. B. für Bestattungen. Dort sitzen sie nämlich und hören von weitem, was Christ*en so reden.

Ich möchte im Folgenden Erfahrungen nennen, die bei Arrangements entstanden, die bewusst kirchliche Rede auf nicht kirchliches Verstehen beziehen. Unter anderem haben wir nicht christliche Menschen auf unsere Bestattungen sowie Taufen und allgemein auf unsere kirchliche Sprache schauen lassen. Des Weiteren erfuhren wir die Reaktionen von ca. 300 allgemein christlich indifferenten Erzieher*innen auf die »Kirche der Stille« in Hamburg.

Daraufhin möchte ich vermuten, was der »Schultheologie« kategorial und lingual fehlt und erste Ideen für neues kirchliches Reden mit Nichtkirchlichen nennen.

Erkenntnisse aus der Begegnung zwischen Kirchlichen und Nichtkirchlichen aus exemplarischen, nicht repräsentativen Zusammenkünften

In zwei Seminaren in Norddeutschland (Rostock und Güstrow) 2012 und 2013 haben je 30 Pastor*innen und Prädikant*innen unter der Leitung des gottesdienst instituts nordkirche und der Arbeitsstelle Kirche im Dialog untersucht, wie kirchliche Rituale und Reden bei Bestattung und Taufe auf nicht kirchliche Menschen wirken. Eingeladen waren dazu je 15–20 Nichtkirchliche. Sie nahmen an den modellhaften Kasualien teil, die ihnen mit der gesamten Ausstattung (Sarg, Urne, Talare, Taufbecken, Puppe usw.) vorgeführt wurden.

Hier einige Auszüge aus den Voten:
Das Interesse bei Nichtkirchlichen an Christlichem (weniger an Kirchlichem) ist größer, als Pastor*innen annehmen. Menschen haben Respekt vor pastoralem Sprechen und Handeln. Aber sie brauchen mehr als früher Kategorien aus dem »weltlichen« Denken, damit es so bleibt. Sie möchten Hinführungen, moderne Übersetzungen alten Denkens und gemüthafte Sprache, sonst überwiegt höfliche Abwendung. Kennt sich das theologische Personal sprachlich abseits seiner theologischen Diktion nicht aus, entsteht Befremden. Ein Problem dabei: Viele Geistliche wissen nicht, dass sie eine Fremdsprache sprechen oder einen klerikalen Ton anschlagen. Etliche wähnen sich volksnah, aber wenn man genau hinschaut und Voten von Hörenden einholt, sind sie es nicht.

Die Verlautbarungen der Kirche, speziell die der perikopenbasierten Predigt, werden gehört, aber meist kaum verstanden. Zentrale und selbstverständlich verwendete Begriffe wie »Auferstehung«, »Gnade« und »Rechtfertigung« stehen dem Begreifen im Wege. Auch erzeugt es Schulterzucken, wenn kirchliche Menschen »genau über Gott Bescheid wissen« – also z. B. behaupten, was er nach dem Tod mit uns tut (Pastor*innen als »Jenseitsexpert*innen«), was er gemeint hat und was er vermeintlich (von uns) will. Schwierig wird es auch, wenn Großes »zu einfach« erklärt wurde.

Bei alldem ist die Frage »Gibt es Gott?« nebensächlich. Gespräch über Religiöses entsteht, wenn man fragt: »Wie wirkt, was du glaubst, in deinem Leben?« Denn *Resonanzen lassen sich vergleichen, Behauptungen nicht.*

Vereinnahmende Statements sind also schwierig (z. B. »Nur wer glaubt, wird das Licht sehen.«). Wenn jemand fromme Sprüche (z. B. bei einer Bestattung) liest und auf etwas aus dem Leben bezieht, dann können nicht gläubige Menschen mitgehen.

Die Sprache eines Raums – z. B. in der »Kirche der Stille« in Hamburg – wirkt auf die Besucher*innen in eigener Weise. Man hat diese Kirche 2008 neu zentriert, alle Sitzmöbel herausgenommen und den Holzfußboden als Platz eröffnet. Man kann Stühle oder Kissen nach eigener Wahl aufstellen/hinlegen. Von 300 Erziehenden (u. a. aus Kitas), die dort in Methoden für Stille mit Kindern unterrichtet werden, äußerten sich ca. 250 *ungefragt* sehr angetan über die Freizügigkeit dieses Raums. Hier »müsse« man nichts, sondern hier »dürfe« man sein. »So ist Kirche schön für mich!« Etliche nutzen den Ort nun als »Ihre« Kirche, kommen zur Meditation oder zu Gottesdiensten. Sicher geht das so nicht überall, aber die starre Kirchenbank scheint doch zu den Symbolen einer Kirche zu gehören, die andere Verstehens- und Sitzrichtungen als die Frontale konsequent ausschließt.

Außerdem wurde deutlich: Eine Kirche, die sich eine entschiedene Prägung in Richtung Spiritualität leistet, das heißt, die ein Profil zeigt, lockt andere Menschen, besonders jene, die zum Normalbetrieb keinen Zugang finden, aber schon kämen, wenn sie Passendes dort fänden.

Erste Erwägungen

Theologie wird heraus müssen aus ihrem goldenen Käfig. Hier ein paar Felder neben vielen anderen, die anschlussfähig wären für modernes christliches Denken.

Ausbildung für Insider*innen mit Argumentationspflicht gegenüber Outsider*innen

Die theologische Ausbildung ist in ihren Kategorien und der Wortwahl leidlich geeignet, Pastor*innen auf den Umgang mit Menschen vorzubereiten, die schon annähernd *dazugehören*. Wie man aus geistlicher Warte mit Menschen spricht, die *Christliches nicht kennen*, ist selten Gegenstand der Ausbildung – weder an der Uni noch in den Predigerseminaren.

Das ergibt z. B. bei *Bestattungen* eine seltsame Gemengelage: Theologisch kann man nicht reden, wie man es gelernt hat, denn es sitzen inzwischen viele Nichtkirchliche im Raum. Also dominiert in der sog. Predigt die Vita, denn das ist unverfänglich, und die wird in der Regel mit einem Bibelwort als Kehrvers gespickt. Das tun freie Redner*innen genauso.

»Personaler Gott« als »Gott in allem mit Du-Anrede«

An eine »Macht«, die in und hinter den Dingen ahnbar ist, glaubt eine Mehrzahl der Befragten. Wie die heißt, ist ihnen nicht so wichtig. Eine *Person* können sie aber nicht darin erkennen, schon gar keinen »Gott-Vater«. Entsprechend fern ist ihnen Jesus als *göttliche* Figur. Die Schultheologie ist nicht imstande, diese wichtige Frage verständlich und integrativ aufzunehmen.

Aber wie kommt es, dass Menschen sich von Naturphänomenen bis ins Innerste berühren lassen und daraus auch eine Art Weisung für ihr Leben erhalten? Sowie aber Weisung entsteht, ist das »Du« nicht weit. Den Zusammenhang von allgemeiner Offenbarung und göttlicher Person klar und einfach ohne Verteidigungsnotstand zu denken, das wäre spannend.

Quantenphysik und Trinitätstheologie
Die Quantenphysik entdeckt im Innersten der sog. Materie seit mehreren Jahrzehnten Ungeheuerliches, z. B. den Grundcharakter allen Seins als Spannungsfeld zwischen Teilchen, die ihrerseits wieder aus Spannung bestehen. Je tiefer die Forschung eindringt, desto ungegenständlicher und mythischer wird ihre Sprache und umso verwandter mit Plato, Heraklit und der Trinitätstheologie, die ebenfalls in solchen polaren Spannungsfeldern denkt. Der Heilige Geist als das »Zwischen«, das aus gegenseitiger Hingabe entsteht und sie gleichzeitig hervorbringt *(filioque)*.

Wie, wenn die Welt im Innersten zusammengehalten würde vom »Ein-Ander« der Teilchen? Und was für eine Entdeckung, wenn Christen eben dieses »Ein-Ander« immer schon in Gott gefunden hätten – und alle im Kleinsten wie im Größten aus diesem Urstoff »Ein-Ander« bestünden. Keine Beweislast oder Konkurrenz mehr zwischen Physik und Theologie.

Gott auch innen, nicht nur außen
Allgemein spirituelle Menschen kennen Göttliches, das im Menschen und aus ihm heraus wirkt. Solche Bilder und Erlebnisse sind ihnen nahe. Die Empfängnis Mariens und die Geburt des göttlichen Kindes in ihr und aus ihr heraus wäre eine zentrale Referenz für dieses Denken unter Christ*innen. Aber das kirchliche Misstrauen überwiegt: Aus dem Menschen kommt nichts Gutes. Gott ist »außen« und »anders«. Jesus ist auch »außen«. Wie in jedem Menschen ein Christus heranreifen könnte, der ihn von innen her wandelt und zur Schwester und zum Bruder Jesu macht – eine seit Jahrhunderten anerkannte mystische Denkweise –, das wäre aufregend zu denken. *Er muss wachsen, ich muss abnehmen* (Joh 3,39).

Wie viel Biografie ließe sich in diesen Gedankengang einzeichnen! Wo ist Lebenssinn/Christus gewachsen und hat Vorläufiges verdrängt? Welche Leidensgestalt lässt sich nachzeichnen? Was hat sich durch Niederlagen hindurch erfüllt?

Ideen für eine Gesprächskultur bei der Rede von Christlichen mit Nichtchristlichen
Ahnung 1: Findet man in zentralen Erlebnisweisen zwischen Christlichen und Nichtchristlichen echte Übereinstimmungen, benennt sie nur je anders, so kann sich das Glück der Kongruenz einstellen, ohne dass einer zum anderen und dessen Sprechweise »überlaufen« müsste. Es hat sich eine andere Einheit unterhalb der Worte aufgetan. »Zentral« sind Erlebnisberichte dann, wenn sie wesentlich mit der eigenen Person verbunden sind, also z. B. keine historisierenden oder objektivierenden Behauptungen jenseits der eigenen Person wie z. B. »Jesus war der Sohn Gottes« o. Ä.

Das setzt voraus, dass kirchliche wie kirchenferne Leute sich weder behaupten noch heimlich oder offen bekehren wollen. Sie wollen *teilen,* mehr nicht. Denn sie verstehen sich selbst auch nur als Teil in der Vielfalt der Suchenden.

Ahnung 2: Es braucht auch bei vergleichendem Sprechen einen Rest an Neugier und Staunen gegenüber dem, was der*die andere jeweils an nicht kongruenter Eigenheit im (religiösen bzw. existenziellen) Erleben formuliert. Andere sind und glauben eben anders. Auch wenn wir etwas sehr Verwandtes erleben und beschreiben können, führt es doch zu je anderen Schlüssen. Dieser Mehrwert an Unterschied wird die Kongruenz im besten Fall steigern und nicht mindern. Ich erfasse nicht alles vom Geheimnis des anderen – das macht es schön.

Ahnung 3: Theolog*innen nehmen für sich die Bindung an etwas Universales in Anspruch, das sich in der Bibel und der Geschichte der Kirche wiederfindet. Darauf berufen sie sich oft *wie auf ein Faktum.* Die biblischen Berichte sind aber durchweg erlebte und niedergeschriebene *Resonanzen* auf etwas »göttlich« Genanntes – ohne belastbare historische Basis. Kirchlich historisierender Sprachgebrauch dagegen fordert Einverständnis, z. B. in einer Redeweise wie »Jesus hat zu uns gesagt: *Du sollst deinen Nächsten lieben.*«. Diese Forderung bezieht sich auf eine scheinbar historische Tatsache und leiht sich von dort her Autorität. Die sprechende Person macht sich mit einer Überlieferung *gleichzeitig.* Aber es ist kein Beleg für irgendein historisches Faktum oder einen evidenten Anspruch. Es ist durch Erinnern und Denken geklärtes *Zeugnis:* »Ja, ich glaube, Jesus hat etwas Großes gewollt, als er sagte: *Liebe deinen Nächsten.*«

Wir Heutige erfahren uns bestenfalls synchron mit einer *Wirkungsgeschichte, noch nicht einmal mit einer historischen Gegebenheit.* Denn die Bibel selbst ist Resonanz. Das erlaubt eine *beschreibende Sprechweise,* vielleicht auch persönliches Zeugnis anhand des biblischen Zeugnisses. Die behauptende Weise kann zurücktreten. Das zu merken, könnte entlasten von kirchlicher Beweisnot.

Ahnung 4: Eine *andere, eher beschreibende Sprechweise* wäre z. B.: »Schau mich an. Ich sage dir, was ich von mir weiß. Ich bin bewegt von dieser Instanz, die in meinem Leben wirkt. Ich erlebe sie als bestimmend. Sie hat über die Jahre meiner Frömmigkeitsentwicklung die Züge einer sprechenden Person angenommen. Ich nenne sie Gott. Ich erkenne in den biblischen Schriften – besonders bei Jesus – manches von dem wieder, was ich mit diesem Gott und mit Menschen erlebe. Deshalb verstehe ich Jesus Christus als das Gesicht dieser Kraft.« Das klingt noch etwas klinisch, aber es ist ein exemplarischer Versuch, mit einem Menschen zu sprechen, dem Christliches fremd ist und der nicht die Absicht hat, sich zu bekehren.

Ich kann auch sagen: »Unser Leben liegt in Gottes Hand. Wir können bei Gott froh werden oder ohne ihn verzweifeln. Aber Jesus Christus ist der menschgewordene Gott und hat dem Tode die Macht genommen.« Diese Redeweise richtet sich an Eingeweihte, sie wirkt kraftvoller, entschiedener, sie interessiert vielleicht manch Halbentschiedene*n für einen fremden Kosmos – auch wenn sie*er nicht versteht, worum es geht. Aber sie verhindert gleichzeitig für andere den Zugang, weil sie wie von etwas Objektivem spricht. Sie behauptet etwas. Behauptungen sind verlockend, aber irgendwann müssen sie sich bewähren.

Statements können in bestimmten Situationen sinnvoll sein, aber nicht generell. Kirchliche Verlautbarung arbeitet bislang eher nach diesem Muster. Mehr Stilrepertoire im Sprechen wäre hilfreich in Zeiten, da Christ*innen zur Minderheit werden.

Wenn also kirchliche Menschen versuchen, genau zu *beschreiben*, was man erlebt, wenn man (biblisch) fromm ist oder »glaubt«, wird die Chance auf Vergleichbarkeit größer. Ich berichte von einem guten Kinofilm ja auch nicht in Zusammenfassungen (»war ein typischer Wim-Wenders-Film«), sondern ich werde Details erzählen und meine Reaktion dabei mitschwingen lassen. Erst das schafft Gleichzeitigkeit, weil sich spürbare Resonanz in der erzählenden Person einstellt, auf die ein*e Hörende*r sich beziehen kann. Das aber macht in anderer Weise Arbeit – und macht persönlich angreifbar, weil man sich in dem Moment als der*die einzige Zeuge*Zeugin ausweist.

Das deutet Grundkoordinaten künftiger kirchlicher Rede an:
1. Wer spricht, *bezieht sich* samt der eigenen Reaktion auf Offenbarung mit *ein* in Erkenntnisse.
2. Wer spricht, wird die Rede *adressieren* an bestimmte Hörende, nicht an die allgemeine Welt. Das macht die Rede personal zustellbar.
3. Wer spricht, hat Traditionen im Rücken, kann sich aber darauf nicht wie auf Fakten berufen. Überlieferung ohne Zeugnis ist keine wirksame Rede.

Dies sind Versuche, die Struktur kirchlicher Rede neu zu vermessen. Die Kunst der Ko-Relation, das heißt der vergleichenden Rede, die zwischen existenziellen und biblischen Motiven hin- und herspringt, ist schon lange erklärte Absicht der Geistlichen. Aber ich habe im Coaching sehr oft allgemeine Behauptungen über Gott gehört, wenn es eng wurde mit dem eigenen Verstehen und Glauben. Dann erschien irgendeine Formel als Rettung. Und die hatte mit dem Verweben von Leben und Bibel überhaupt nichts zu tun. Im Lauf der Dienstjahre kann sich solch eine Routine einschleichen, die man selbst nicht mehr als solche bemerkt.

Wortspiele nutzen sich ab, die einmal griffig waren. Manche mögen sich selbst nicht mehr zuhören bei der 50. Bestattung. Auch die Haltungen der Hörenden wandeln sich. Gottesdienste mit Menschen im Fokus sind ein wesentlicher Träger künftiger Kirche. Hier ist viel mehr Aus- und Fortbildung als bislang nötig.

2 Beichte

2.1 Einzelbeichte als Versöhnung – ein Ablaufplan mit Hinweisen zur Ausführung

Beichte wird hier als Form der *Versöhnung* verstanden. Ein Mensch findet zu Gott, zu sich, zu den anderen und zur Welt zurück, wenn er sich *der Zuwendung Gottes neu erinnert*. Der Zuspruch »Du bist bei Gott richtig aufgehoben« ist das erste. Dann kann er auch die Abwege und Gräben, die in all seinen Bezügen aufgetaucht sind, ansehen.

Im Vollzug der Versöhnung spricht ein Mensch zu Gott in das Ohr eines anderen Menschen. Insofern ist Beichte eine *Form des Gebets*. Der*Die Hörende begleitet dies Gebet durch Fragen und Unterstützung. Er*Sie weiß die ganze Zeit um die Gegenwart Gottes und spricht im Namen Gottes Segen oder Freispruch zu, wenn das gewünscht wird.

Beichte mit Freispruch ist dann sinnvoll, wenn eine Verstrickung oder eine Schuld im Leben des Menschen auftaucht, die aus *eigener Kraft nicht zu lösen* ist. Aber nur auf Verlangen.

Wer hört, sollte durch die ganze Begegnung hindurch*führen*, damit der*die Sprechende frei ist, sich auf sich selbst und die Beziehung zu konzentrieren, ohne Verhaltensregeln oder Abläufe bedenken zu müssen, die vielleicht sowieso unbekannt sind.

Die Mischung von objektiven, also vorgeformten Worten (Psalm, Vaterunser usw.) und eigenen Formulierungen (Gespräch, spezieller Segen usw.) ist eine feine Kunst, also Erfahrungssache. Wer sich stark öffnet im Gespräch, kann gut objektive Formeln und Rituale vertragen, die wie ein Geländer das Gehen in unbekanntem Gelände sichern. Wird das übertrieben, so erstarrt der Vollzug. Geht es zu formlos zu, kann man sich verloren vorkommen in der Beliebigkeit privater Äußerungen. Die natürliche und gelöste Form, die warm zelebriert wird, wäre ein Ideal. Wie in jedem Gottesdienst. Viele Erklärungen führen auf eine Metaebene, die in diesem Akt niemand braucht. Hier ist etwas Sinn für die Wirkung des Ritus und für das Gegenüber gleichzeitig hilfreich.

Zum Ort

Ein sicherer Raum (Sakristei, Zimmer) birgt die Aussprache und den Segen. Man sitzt am besten nebeneinander und richtet sich auf etwas Drittes (Ikone, Kreuz, Kerze).

Bei bestimmten Passagen stehen beide, z. B. für einen Segen.

Bei der Absolution kann die geistliche Person zwischen den gemeinsamen Fluchtpunkt (Kreuz o. Ä.) und die sprechende Person treten und von da aus die Absolution geben. Denn sie handelt ja – wie auch sonst im Gottesdienst – im Auftrag Gottes in Jesus Christus. Der ist in diesem Fall örtlich symbolisiert. Aber man kann auch nebeneinander »vor Gott« stehen.

Wer Beichte hört, sollte für sich entscheiden, auf welcher Seite er*sie sitzen will. Jeder Mensch ist links und rechts unterschiedlich sensitiv.

Zum Ablauf

1. Als Begrüßung kann das Wort *Friede sei mit dir!* stehen.

2. Ein starker *Zuspruch* sollte am Beginn der Beichte stehen. Sinngemäß etwa so: »Die Schöpfung war am Anfang gut, und gut ist jedes geborene Wesen. Der Ursprung allen Seins bei Gott ist die *Freude,* nicht die Verfehlung.«

Wer Beichte hört, kann mit einem Segen für die Person beginnen, ggfs. mit Auflegen der Hände: »Gott hat dich nach seinem Bild geschaffen, er freut sich über dich seit deiner Geburt. Gott leidet an deinem Schmerz. Gott ist auch jetzt mit uns in Liebe.«

3. *Worte aus dem 139. Psalm* (im Sitzen) eignen sich im Weiteren gut am Anfang des Gesprächs. Einfach kommentarlos vom Hörenden vorgelesen, gebetet, geben sie dem Sprechenden Raum für eigene Fantasien, fürs Ankommen im Raum und für die Ausrichtung. Es ist dann von vornherein klar, wohin das Reden geht: Im Gebet zu Gott. Das entlastet beide.

> Ein Beginn könnte also wie folgt aussehen:
> Begrüßung mit *Friede sei mit dir.*
> Sitzend: »Ich bete ein altes Gebet, einen Psalm: Herr, du erforschst mich und kennst mich …«
> (Ps 139 in Auszügen, gern mind. 10 Verse).

4. Ein *Gebet,* das wie ein Kollektengebet im Gottesdienst die zu vermutenden Gefühle einfängt, einsammelt, die jetzt im Raum sind, ergänzt in eigener Sprache die objektive Sprache des Psalms und greift auf, was vielleicht an Ängsten und Besorgnissen da ist.

> Ein solches Gebet kann etwa so lauten:
> »Gott, wenn du uns anblickst, erkennen wir dein Gesetz,
> wenn du uns anblickst, werden wir aber auch frei vom Gesetz des Todes,
> wenn du uns anblickst, werden wir schön.
> Gott, wir wissen nicht, was wir sagen sollen, und sind doch hungrig nach der Liebe, die nicht abbricht.
> Wir kommen heute zu dir und möchten dir hinhalten, was uns bewegt. Hilf uns beim Sprechen und Hören.
> Amen.

5. Das Sprechen und Hören kann jetzt beginnen. Ein kurzer Satz eröffnet das, z. B.: »Was brauchst du/Was brauchen Sie?« Wenn anfangs Schweigen herrscht, ist das normal. Wer hört, kann ermuntern, auch das Unfertige auszusprechen – es wird sich schon eine Form zeigen.

Wer hört, sollte in sich zwei Blickwinkel aufmerksam wahrnehmen:
a) Wo liegt die Gabe Gottes in diesem anderen Menschen?
b) Wo liegt seine »Wurzelsünde«, das heißt, wo verfehlt er*sie sich und andere immer wieder auf die gleiche Weise, auch wenn es äußerlich jeweils anders aussieht?

Fragen sind gestattet, die Unverständliches klären. Detektivischer Sinn mit Spekulation über die Motive des*der anderen oder bohrende Nachfrage ist nicht angebracht. Der*Die andere soll den eigenen Weg zur verlorenen Beziehung finden. Der ist manchmal langsamer und umständlicher, als Hörende es mögen. Nichts beschleunigen wollen, sondern die Lebensgestalt der*des anderen innerlich Gott hinhalten und um Klärung bitten. Gelassenheit üben im Begleiten. Ich werde nichts bewegen, aber im Hören und durch die liebende Aufmerksamkeit können Bewegungen im anderen ausgelöst werden, die weit größere Wirkung haben als ein Ratschlag.

Nach einer Weile wird oft von selbst sichtbar, ob es eine Beichte mit dem Wunsch der Absolution oder eine Aussprache mit dem Zuspruch des Segens wird. Man kann kurz innehalten und das klären, damit die Richtung deutlicher wird und man sich gemeinsam darauf einstellt.

6. Ist das Sprechen beendet, ist erneutes *Gebet* empfehlenswert. Das kann auf zweierlei Weise geschehen:
a) Der*Die Hörende bietet an, *für* den*die andere*n das Wichtigste aus dem Gehörten im ausgesprochenen Gebet vor Gott zu halten, und tut das. Dann ist – wie beim Gebet am Anfang (s. Punkt 4) – das »Wir« eine günstige Form des Sprechens, weil es den*die Hörende*n einbezieht in die Erlösungsbedürftigkeit.
b) Der*Die Hörende fragt den*die andere*n, ob er*sie *selbst* das, was bewegt und herausgekommen ist, noch einmal vor Gott halten möchte im Gebet.
Solch ein Gebet zeigt erneut, dass es um die (Wieder-)Aufnahme der Gottesbeziehung geht und übt gleichzeitig das Beten aus dem offenen Herzen. Wenn jemand hier selbst formulieren kann, was wichtig ist, wird er*sie es vielleicht auch später für sich allein können.
Auch wenn der*die Hörende stellvertretend betet, wird klar, dass man sein Innerstes Gott hinhalten kann, ohne vorgeformte Worte und Kenntnisse. Dieser Akt kann Menschen einen Zugang zum Beten (wieder) eröffnen.
Beim Beten kann man knien oder sitzen.

7. Nun ist zu klären, was der*die andere braucht:
a) *Freispruch* von dem, was belastet?
Manchmal kann man das nahelegen – besonders dann, wenn die Verstrickung unlösbar scheint. Aber man beachte: Nichts ist prekärer als Vergebung, die nicht erwünscht war.
b) Gottes Zuspruch, einen *Segen* für den Weg?

8. Wird Zuspruch oder Absolution gewünscht, so sollte stehen oder knien, wer das empfängt. Die Hände werden mit klarem und entschiedenem Kontakt auf den Kopf gelegt.
a) Vor der Absolution muss klar sein, dass man im Namen des dreieinigen Gottes lospricht.
Sünde und Vergebung wird im Spruch benannt. Also etwa so: »Glaubst du, dass die Vergebung, die ich zuspreche, Gottes Vergebung ist, so antworte ›Ja‹. – Antwort: ›Ja‹.«
»Wie Jesus die Seinen beauftragt hat, Sünden zu vergeben, so handle ich gemäß seiner Weisung an dir: Im Namen Gottes, des Vaters und des Sohnes und des Heiligen Geistes – dir ist alle deine Schuld vergeben, die bewusste und die unbewusste. Die Last der Vergangenheit ist abgetan. Gott freut sich weiter an dir und setzt heute in deinem Leben einen neuen Anfang. Du bist frei.«
b) Wird statt Vergebung einfacher Zuspruch gewünscht, gibt es einen Segen mit oder ohne Handauflegung.

9. *Tätige Reue:* Ein kurzer Gesprächsgang sollte bedenken, welche Form von Wiedergutmachung – und sei es symbolisch – möglich ist, damit etwas von der Schuld aktiv abgetragen werden kann. Je konkreter das besprochen ist, desto eher ist Heilung möglich.

10. *Vaterunser* und *Dankgebet* beschließen die Beichte. Vielleicht möchte der*die andere *selbst* beten – sonst übernimmt es der, die Hörende.

11. Wer Absolution erhalten hat, bekommt hier noch einen *Segen*.

12. Der Abschied lautet wie die Begrüßung: Friede sei mit dir.

Im Anschluss

Was *mit Absolution gebeichtet* wurde, ist vergeben und vergessen. Von allen Beteiligten. Das betrifft selbst Straftaten. Nichts wird mehr davon angesprochen, auch nicht gegenüber der Person, die gebeichtet hat. Selbst bei einer folgenden Beichte mit der gleichen Person spricht, wer zuhört, von sich aus nicht von dem, was ehemals gebeichtet wurde.

Wer gebeichtet hat, schweigt darüber auch.

Was im *seelsorgerlichen Gespräch ohne Absolution* anvertraut wurde, unterliegt dem Stillschweigen gegenüber Dritten, kann aber in weiteren Gesprächen mit der gleichen Person Thema sein – auch von dem*der Hörenden aus.

Sollten Straftaten vorliegen, die fortdauern, so kann man sagen: »Wenn Sie weiter diese Taten begehen, kann ich darüber nicht mehr schweigen.«

Wer hört, sollte vergessen. Wo das schwerfällt, hilft das Gebet oder Hilfe durch seelsorgerlichen Rat. Wer fortlaufend Beichte oder Seelsorge betreibt, sollte das auch selbst in Anspruch nehmen.

Ich selbst habe oft Beichte gehört und gebeichtet. Ich kenne Psychotherapie und bin selbst therapeutisch ausgebildet. Der Disput um die beiden Formen ist verstummt, vermutlich, weil die Beichte im evangelischen Raum kaum eine Rolle mehr spielt. Ich habe erlebt, dass das Gespräch der Beichte dem therapeutischen weitgehend ähneln kann. Der Ritus des Zuspruchs allerdings kann eine eigene Kraft entfalten im Leben eines Menschen.[26] Starke dunkle Mächte brauchen starke helle Mächte als Gegenpol. Dabei kann die rituelle Suggestion

---

26 S. Kapitel B.6. Ausgang

eine Hilfe sein, weil sie eine andere Macht an- und herbeiruft. Auch die lösungsorientierte Psychotherapie arbeitet inzwischen mit solchen Wegen.

Außerdem habe ich Gottesdienst geleitet und erlebt, der sich mit kirchlichem Missbrauch befasste. Er wurde als ritueller Schlusspunkt eines Prozesses der Aufarbeitung verstanden. Hier lohnt es sich, genau zu überlegen, wer bei solcher Gelegenheit was bedenken, bekennen und erbitten kann. Menschen fanden die folgende öffentliche Selbstbefragung hilfreich. Sie ermittelt anders als die alten Beichtspiegel. Sie ist scheinbar gnadenloser, weil sie so genau ist. Aber genau hinzuschauen, erlaubt präzisere Lösungen. Es wird auch nach dem gefragt, was als Ressource zur Verfügung steht (Gabe). Und die alte Erbsünde wird abgefragt. Es gibt ja manches, wofür wir allein nichts können.

2.2 Eine aktuelle Möglichkeit der Selbstbefragung

Im Rahmen einer Beichtfeier waren früher sog. »Beichtspiegel« im Umlauf. Die sind sprachlich heute nur noch schwer zumutbar. Aber Gewissenserforschung ist und bleibt eine wichtige Sache. Dafür hier der Versuch, Beichte/Geständnis durch Fragen vorzubereiten. Diese Sätze können aufgeschrieben sein und/oder mündlich vorgelesen werden.

Wichtig dabei zunächst die Grundhaltung zum modernen Verstehen von ›Sünde‹:

»Wichtiger, als dass du an Gott glaubst, ist, dass Gott an dich glaubt.
Wer untergründig Angst hat, auf der Welt nicht richtig zu sein, verkrümmt sich in sich selbst und verliert die Beziehung zu anderen und sich. Das kann sich in sehr vielen Symptomen äußern, unter denen Menschen leiden.«

Im Weiteren dann Fragen, die die Lebensführung im Details betreffen:

Besinnung
Lasst uns bedenken und fühlen, wo wir aus Angst, Gier oder Trägheit des Herzens die Verbindung zu Gott verloren haben – und damit auch die Beziehung zu anderen, zu der Welt und zu uns selbst.
Lasst uns schauen in die vier Richtungen, die wir kennen.

Richtung 1: Beziehung zu anderen Menschen
- Prüfen, wo ich verletzend war oder anderen etwas schuldig geblieben bin.
- Prüfen, wann ich anderen ausgewichen bin, wo ein ehrliches Wort geholfen hätte.

- Prüfen, welche Gaben mir in Bezug auf andere gegeben sind. Welche sind das?
- Prüfen, welche Not mir vererbt ist, die ich nicht verursacht habe, aber tragen muss.

Richtung 2: Beziehung zu Natur und Welt
- Prüfen, wo ich die Welt benutze oder gar missbrauche.
- Prüfen, ob ich glaube, dass Gott sie noch in seinen Händen hält.
- Prüfen, wo mich Natur und Welt beglücken, dass ich dankbar bin
- Prüfen, welche Not mir in dieser Beziehung vererbt ist, die ich nicht verursacht habe, aber tragen muss.

Richtung 3: Beziehung zu sich selbst
- Prüfen, wo ich mich und meinen Körper gekränkt habe.
- Prüfen, ob ich merke, wo Gott und Menschen mit mir einverstanden sind. Wo zum Beispiel?
- Prüfen, wo ich mir selbst guttue und gut bin?
- Prüfen, welche Not mir hier vererbt ist, die ich nicht verursacht habe, aber tragen muss.

Richtung 4: Beziehung zu Gott
- Prüfen, ob ich mein Weh und Glück hinhalten kann und auf das Wort lausche, das mir vom Himmel her zukommt.
- Prüfen, ob ich glaube, dass Gott (in seiner liebenden und in seiner Leidensgestalt) in mir wächst und reift – auch ohne mein Zutun. Woran wird das deutlich?
- Prüfen, ob ich Gottes Freude an mir und meinem Leben bemerke. Woran zum Beispiel?

Gebet
Gott, der du uns Vater und Mutter bist,
du gewährst den Frieden der Seele und den Frieden der Welt.
Wenn du uns anblickst, erkennen wir dein Gesetz,
wenn du uns anblickst, werden wir frei vom Gesetz des Todes.
Wenn du uns anblickst, werden wir schön.
Gott, deine Güte gebiert unsere Güte,
deine Gnade ruft unsere Gerechtigkeit ins Leben.
Amen.

Es folgt *Absolution*.

2.3 Chancen der Idee der Beichte

Seien wir ehrlich: Das Ritual der Beichte ist nicht sexy. Es steht allem entgegen, was man heute zu brauchen meint, nämlich Bestätigung in komplexer Lage, Wohlbefinden und den Blick nach vorn. Beichte als kirchliches Institut ist latent vergiftet durch Missbrauch in der Vergangenheit. Das römische und das germanische Christentum und seine fundamentalistischen Ausläufer haben es mit der Schuld und dem Kreuz übertrieben. Viele Menschen sind es leid, von der Kirche bezichtigt zu werden. Sie wollen auch keine unverlangte Erlösung durch ein Folteropfer am Kreuz – mit einem gewissen Recht. Zu oft stand Kirche im Namen des Gekreuzigten gegen die Freude am Leben und stellte sich chronisch bockig, wenn Menschen mit ihrem ganzen Körper in die Freiheit wollten. Dieses Instrument ist also erst einmal verbraucht. Vielleicht überwintert es und erscheint noch einmal, wenn es seine Zeit bekommt. Aber die Frage nach echter Schuld und Vergebung ist deswegen nicht vom Tisch. Deswegen kurz die Frage: *Wo könnte Beichte gebraucht werden?*

Die deutsche Wende und die Aufarbeitung z. B. hat für eine Weile die Falltür geöffnet und viele Stasi-Opfer und -Täter*innen in ihren eigenen Abgrund schauen lassen. Hier ist echte Schuld zu sehen. Die kann man nicht zu Schuldgefühlen herunterreden. Verrat ist Schuld. Das will auch so heißen.

In der Folge des Hinsehens tauchen nun eine Generation später unzählige, nicht justiziable Schicksale auf. »Der Mann, der neben mir im Chor singt, hat meinem Sohn das Abi wegen ›Volksverhetzung‹ verweigert.« Etliche Schicksale konnten gerichtlich, also durch eine halbwegs klärende Instanz gehoben und leidlich gesühnt werden. Aber viele Grauzonen sind geblieben, für die es keine Instanz gibt, die der schleichenden Entwürdigung Ansehen gäbe. Das betrifft auch die aufgeschobene Verarbeitung des Nationalsozialismus, besonders im Osten Deutschlands. Die Geschichte und die Bibel zeigen, wie sich ungesühntes Unrecht über die Generationen fortschreibt (Hes 18,2 und Jer 31,29)

Gäbe es eine anerkannte Instanz neben den Gerichten, der man zutraute, das Halbbelichtete und Nichtjustiziable zumindest vor die Augen einer begrenzten Öffentlichkeit zu halten, so wäre vielen geholfen:
- Die rituellen Dorftribunale in Ruanda nach den Völkermorden waren schmerzhafte informelle Wege zur Befriedung.
- Was ist z. B. mit all denen, die ohne offensichtliches Vergehen im Verkehr Menschen verletzt oder getötet haben? Wer sieht sie an und beglaubigt sie in Schuld und Sühne?
- Wer entlastet Menschen, deren Jugendsünden von einer gierigen Netzöffentlichkeit aufgesogen und für alle Zeit gegen sie verwendet werden?

Selig, wer keine Schuld von solcher Wucht mit sich tragen muss. Aber unselig, wer das alles ohne gewogene Öffentlichkeit aushalten muss oder ohne Vertrauen auf eine Macht, die größer ist als wir alle. An wen soll das Opfer das Urteil in der Sache delegieren, um den Hass loszuwerden?

Welche Formen stünden uns dafür zur Verfügung?

Sollte Kirche da eine Rolle spielen?

Kann sie das überhaupt mit ihren eigenen Altlasten?

Wenn ja, unter welchen Bedingungen?

Vielleicht kann sie es gerade als Belastete, die aber weiß, was ihr geholfen hat und was hilft.

3 Bestattung

3.1 Bestattung mit Fantasie – Fiktion einer schönen Bestattung

Manchmal habe ich Sehnsucht nach einer richtig »schönen« Beerdigung. Nicht, dass ich ins Tote vergafft wäre, nein, es geht mir um das Leben, das ich spüre, wenn wir unsere Toten geleiten. Meine Frist ist dann greifbar verlängert.

Näherungsweise habe ich schon saftige und lebendige Bestattungen erlebt, aber das Normale in der Großstadt ist oft die Ödnis der Trauer-Garagen auf den großen Friedhöfen, die Ängstlichkeit und daher die große Distanz von Gästen, Verstorbenen und Zelebrierenden.

Auffällig ist auch die Scheu im Umgang mit Symbolen unter Protestant*innen. Wir machen Worte. Andere (Katholik*innen) machen z. B. auch Rauch. Das versteht man nicht gleich, aber eine wortfernere Ebene des Menschseins stimmt instinktiv zu: »Ja, er steigt auf, der Rauch, wie der Mensch, den wir ziehen lassen müssen.« Andere zünden Kerzen an. Wieder andere bewegen sich bei der Bestattung, umkreisen den Sarg, tanzen gar oder machen eine kleine Prozession.

Einen richtig schönen Beerdigungsgottesdienst kann ich mir sogar vorstellen: Der Gottesdienst findet in der Kirche statt, bei freundlichem Wetter gern auch draußen. Zu Beginn wird vor der Kirche ein Choral gesungen, jemand spricht einen Psalm und sagt, was jetzt dran ist. Jemand sagt laut, in wessen Namen wir zusammen sind, im Namen Gottes und des Toten. Dann nähern wir uns langsam an. Im Windschatten der alten Worte und Klänge. Vielleicht sogar singend auf den Sarg zugehen. Beieinander bleiben, sich nicht vereinzeln lassen. Denn das will er ja, der Teufel, im Angesicht des Todes – trennen. Nein, wir nehmen uns vielleicht sogar bei den Händen – und kaum hereingekommen, versammeln wir uns um den Sarg. Wir spüren die Angst vor dem Tod, je dichter wir stehen, und merken, dass wir leben. Also: Heran an den

Sarg. Anfassen, das Holz, den toten Menschen ahnen, nahe sein, nicht weglaufen. Sich abwenden und gehen kann man immer noch, aber nur, wenn man nahe war.

Beim Hinsetzen zünden wir im Vorübergehen eine Kerze an, die bereitliegt und stecken sie in eine Schale mit Sand. Sitzend blicken wir auf ein kleines Lichtermeer aus lebendigen Flammen. Sie züngeln wie unsere Gemüter.

Still ist es geworden, und man ist froh, dass nichts gesagt werden muss.

Wenn die Stille gesättigt ist, wird gesungen. Laut singen wir. Von der Schöpfung, die sprießt, vom »Freudenmeister« oder von unserer Trauer. Oder wir machen Töne, z. B. lange Töne, und darüber fallen Wörter in den Raum. Jede*r ruft etwas, das gerade gerufen werden will.

Dann sagt jemand etwas. Er*Sie wird sprechen mit der Geste des Nichtwissens. In der Stunde des Todes gibt es keine Erklärungen. Schon gar keine »Auferstehungshoffnung« oder andere Wortgetüme. Wir werden konkret hören, wo es in diesem vorfindlichen, gerade beendeten Leben so hell war, dass es bleibend hinüberleuchtet. Und diese Helligkeit wird er*sie in Bezug setzen zu der Helligkeit Gottes und Christi in seinem Leben unter uns. Denn was wir erkennen an Gutem im Leben, das ist ein Wiedererkennen der Güte Gottes. Und es wird nicht verborgen, was an diesem Leben noch aufgerichtet und vergoldet werden muss, damit es oben durch die Tür passt. Vielleicht wird auch verraten, was Gott durch dieses spezielle Leben gelernt hat.

Dann wird eine Stimme ein kleines Lied singen oder mehrere zwei Gospels oder alle einen kreisenden Kanon, oder eine Maultrommel mault.

Jemand zündet Weihrauch an, und kleine Gebete steigen himmelwärts, von den Plätzen aus, man nimmt jedes von ihnen singend auf. Wir haben Zeit.

Und wenn es still ist, ist es still. Dann raucht es nur. Was jetzt aufsteigt, weiß der Himmel.

Jetzt könnten wir Jesus zusehen, wie er das Brot bricht, wie er verschenkt, was er als einziges hatte: sich selbst. Vor seinem Tod. Und eine kleine Ewigkeit später noch einmal. Dann werden uns die Augen aufgehen.

Brot und Wein rund um den Sarg.

Da ist etwas Großes gegenwärtig in den Gaben der Schöpfung und auf den Gesichtern der Anwesenden. Der Sarg ist eingereiht in unseren Abendmahlskreis, und wir merken die Gegenwart der Toten unter uns.

Wir sprechen die Aussegnung gemeinsam mit erhobenen Händen.

Gesungen wird wieder aus Leibeskräften.

Die Prozession zum Grab hat ihre Zeit. Das Akkordeon geht vorweg und intoniert *Christ ist erstanden,* wir singen hinterm Sarg.

Vielleicht führt uns auch eine große Trommel an, der Herzschlag der Welt.

Wir gehen möglichst lange, denn dieser Weg erleichtert uns. Wenn wir nicht singen, reden wir mit dem*der Nachbar*in. Oder wir schweigen.

Am Grab betonen wir nichts mehr. Wir geben her. Vielleicht steigt wieder Rauch auf. Wir werden eng beieinanderstehen, damit wir nicht verfliegen. Wir hören aus der Bibel, wohin es geht, woher wir kommen, wir spüren die Natur – gleich in welchem Zustand – sind einen Moment still, eine Posaune (die letzte) oder die Trommel könnte etwas spielen. Unsere Hände greifen den Sand. Vielleicht gibt es große Schaufeln für die, die mehr tun wollen.

Nachher treffen wir uns beim Leichenschmaus, dem Mahl, das dem Abendmahl so eigentümlich verwandt ist. Bleib bei uns.

Zum Schmaus gehören Erzählchens, Einlagen, Erinnerungen. Weint jemand, so wird man wissen, warum. Und es wird gespottet, gelacht, über das Leben und über die*den Tote*n. Wir feiern, dass wir leben.

> Der Orgel-Walter hat sich nach vorn gesetzt mit seinem Akkordeon. Er lässt die Luft ohne Töne durch die Öffnungen seufzen, die Finger halten sich vom Griffbrett fern. Er wiegt sich und man denkt, er säße in der Astgabel im Wind. So tut er und die vorne werden schon ruhig, die Kleinen wiegen sich mit. Er lässt ihn atmen, den bauschigen Kasten, die Glocken schweigen dazu.
>
> Jetzt kullert und krächzt seine Stimme eine Melodie hervor, zum Atmen dazu, zum Atmen dazu.
>
> Rüdi schaut zu Funny, Funny summt, also summt Rüdi, dann die Schmitzes und dann alle. Ja, jetzt alle. Kein Wort, nur Meike, die sich mit ihrem Roller auf den Weg macht durch den Gang, her und hin, leisetretend im Takt des Gesangs.

3.2 Lebenspredigt bei Bestattungen und anderen Kasualien: echte Predigt wagen – eine Themensammlung

Wenn man es als Pastor*in geschickt einleitet, kann man den Menschen in einer Trauerfeier, aber auch bei anderen Kasualien, eine kleine *geistliche Lektion über das Leben* mitgeben. Taufe, Trauung und Bestattung bedenken ein bestimmtes Leben. Indem Menschen zur Kirche kommen und uns ihre Menschen bzw. sich selbst anvertrauen, erwarten sie einen anderen Deutungshorizont als den eigenen. Wer nur die Vita nacherzählt und einen Bibelspruch dazu mischt wie ein Motto, verpasst vielleicht eine Chance zu echter Verkündigung. Denn die Menschen, die wir im Gottesdienst am Sonntag vermissen, sitzen oft bei Kasualien. Und sie sind offener als früher für spirituelle Nachrichten, weil sie weniger vorgeprägt sind.

Nicht allein die Angehörigen sind Adressat*innen, sondern alle Anwesenden haben ein Recht auf geistliche Unterweisung.

Pastor*innen können aber anhand eines konkreten Lebensweges ein Thema aufspüren und es in einer Art »Exkurs« vertiefen. Einleitend kann man z. B. sagen: »Wir erkennen in diesem Leben ein Motiv, das viele Menschen bewegt: Wie vererbt man Werte, die einen selbst getragen haben? Ich möchte darauf einen Moment eingehen, weil ich glaube, dass das auch für uns Lebende wichtig ist.« Dann folgt der Exkurs und man kehrt nach drei bis fünf Minuten wieder in die Vita zurück.

In diesem Exkurs lassen sich sogar komplexe Themen wie Gottesbilder ansprechen, selbst wenn unkirchliche Leute dabeisitzen. Man kann sagen: »Niemand soll hier bekehrt werden, aber es gibt kluge Einsichten im Christentum und Vergleichsgeschichten, die geronnene Erfahrung weitergeben. Aus denen lässt sich auch ohne *Glauben* etwas verstehen.«

Im Folgenden finden Sie den Anfang einer kleinen Sammlung biografisch orientierter Themen.

Themen

Vererben von Werten

… nicht wissen, was aufgehen wird, weil das Vererbte andere Gesichter und Erscheinungsweisen trägt, aber im Kern unter Umständen dasselbe ist, was mir wichtig war. Der Zahnarzt will z. B. den Beruf vererben an den Sohn. Der schlägt das Erbe aus und wird Förster. Der Vater ist enttäuscht. Er übersieht, dass der Sohn mit derselben Akribie den Wald hegt wie er die Zähne seiner Kunden.

Im anderen forschen nach dem tieferen Wert, demütig werden hinsichtlich der Begrenztheit der eigenen Wünsche und glücklicher durchs Entdecken der ungeahnten Erfüllungen.

Generationenbruch nach dem Krieg

Die Kriegs- und Nachkriegsgeneration lebte aus dem Primat der Form vor dem Inhalt. Am Vorgarten, an ihrem Ruf und der Position meinte man das Wesen der Menschen zu erkennen. Das hat diese Generation stark an vorgeprägten Lebensformen hängen lassen (s. Zahnarzt und Förster oben). Sie konnten z. B.

nicht begreifen, dass eine Scheidung in der Kindergeneration manchmal eher eine lebensfördernde Maßnahme war. Sie bestanden auf dem Institut »Ehe« und seiner Unzerbrechlichkeit in der Form, egal, wie es innen zuging. Das hat sie überleben lassen im Krieg und danach.

Diese Haltung wurde um 1968 stark erschüttert. Es galt plötzlich der Primat des Inhalts vor der Form. Formen lösten sich auf, »Muff unter Talaren« war angeklagt. Man löste sich von vermeintlich heilsbringenden Institutionen und musste dann vieles selbst erfinden.

Am Ende dieser Entwicklung stehen wir, die wir Formen und Inhalte neu austarieren müssen in einer Zeit, die wenig klare langfristige Formen zulässt, sich aber insgeheim danach sehnt.

So geht's auch der Kirche. Ihre auf Langfristigkeit angelegte Form versteht sich nicht mehr von selbst, und das ist auch nicht zurückzudrehen.

Das Unvollendete und all seine berühmten Beispiele
- Z. B. (ägyptische) Statuen ohne Nase oder Arm – davon kann man ein Bild zeigen – sie haben eine eigene Schönheit gerade in der Versehrtheit.
- Rilke zitieren (»Ich lebe mein Leben in wachsenden Ringen«).
- Das Leben Jesu wäre ohne sein jähes Ende vermutlich nie bekannt geworden, siehe Verwandtenspruch: »Er hat noch so viel vorgehabt ...«
- Neue Deutung: Das Unvollendete ist die eigentliche Gestalt des Christlichen. Im Versehrten erkannten Menschen sich selbst. Das ist eine der großen Zusagen, dass Vollendung darin besteht, unvollkommen in der Freude zu bleiben. Die gesamte Perfektion der Gegenwart steht dem entgegen. Aber das erzeugt Scham.
- Das Vollendete beeindruckt, aber es schließt auch aus. Und es setzt die Ansprüche zu hoch. Deswegen das Kreuz.

Schaffen oder Lauschen, Maria und Marta
Lebensweisen bzw. Tendenzen aufspüren anhand der Biografie; auch mal ein Defizit ansprechen: Was hat gefehlt an Schaffenskraft oder Lauschkraft?

Und wer von den Anwesenden erbt etwas davon bzw. schlägt das Erbe aus und macht es anders?

Der eine Schritt weiter in einem Leben
Meiner Erfahrung nach kann man im eigenen Leben oft nur *sehr wenige* wesentliche Haltungen gegenüber der Herkunftsgeneration verändern. Man kann an sich selbst arbeiten, damit eine Schuld oder der eine Schatten innerhalb der Herkunft seiner Kraft beraubt und nicht eins zu eins vererbt wird an die Kin-

der/Schüler*innen usw. Alles andere macht man wie die Eltern. Oft zeigt sich das erst in der zweiten Lebenshälfte.

Man kann dafür Längslinien aufspüren durch Generationen – z. B. alle Männer in jeder zweiten Generation in der Vaterlinie versuchen einen Suizid, der Verstorbene nicht – aha! Was ist da gelungen? Welche Hypothek trägt sein Sohn?

Man findet in dem*der Partner*in immer wesentliche Lebensweisen von Mutter bzw. Vater

Meine psychotherapeutische und pastorale Praxis ergab im Querschnitt: Viele Menschen suchen eine Art Erlösung von defizitären und eine Wiederkehr beglückender Seiten der Eltern und Geschwister. Das ist berechtigt, führt aber oft zu Überforderung der Partnerschaft. Man kann wenige wesentliche Sachen zusammen anders machen, und das erfordert viel Beziehungsarbeit.

Hier ist ein nüchterner Blick gefragt, gerade bei Trauungen.

Es gibt kein einklagbares Recht auf Glück oder Erfüllung

Es gibt auch kein einklagbares Recht auf Leben, siehe das Leben Jesu und die Kriegsgeneration kontra neuzeitliche Sicherung, die suggeriert: Wir haben ein Recht auf Leben, Unversehrtheit, einklagbare Rechte.

Das ist besonders wichtig bei jung Verstorbenen. Das heißt, jeder Moment zählt jetzt, und ich werde den letzten Ring nicht erfüllen.

Man kann »Gott verklagen«, das ist Gebet. Aber es gibt trotzdem kein einklagbares Recht, dem irgendjemand stattgeben könnte.

Dies als Votum in einer Gesellschaft, deren Justiz unter Schadensersatzansprüchen zusammenzubrechen droht. Viele Versicherungen suggerieren, dass man Leben einklagen kann.

Geliehene Zeit: Die Wahrheit ist, wir sind uns alle hier geliehen für eine bestimmte Zeit – 10, 16, fast 17, 39 oder 62, 97 Jahre – wir wissen nicht, wie lange wir uns haben. Wir sind uns Kostbarkeiten mit unseren Macken und Kanten und mit unseren starken Seiten. Wir gehen hier auf Erden in die Schule. So wie Kinder jeden Tag in die Schule gehen, ist das Leben auf Erden ein einziges In-die-Schule-Gehen. Und zwar: Das Leben ist eine Schule der Liebe. Es geht darum, in der Liebe, im Lieben, immer mehr zu wachsen – und sich auf die Ewigkeit vorzubereiten.

Geschenk: Leben ist ein Geschenk! Jeden Tag, jede Sekunde! Nicht als Kopie von irgendwem und irgendwas, sondern als Ureigenstes.

*Ich in Gott – Gottesbild im Christlichen als dynamischer Raum,
in dem man leben kann*

Ich bin ein*e *Schöpfer*in* meiner Welt und damit ein Ebenbild Gottes.

Ich bin *Erbe*Erbin* einer Welt von Genen, Traditionen, Widerwärtigkeiten und damit ein Ebenbild Christi, des Sohnes.

Ich bin *beides zugleich* – im Heiligen Geist.

Jüngere Zeitgeschichte

In Etappen, Nachkriegszeit, 1968, 1989 ... mit all den enormen Umbrüchen, die eine Einzelseele eigentlich überfordern: Frauenrechte, Männerbilder, Pille, freie Berufswahl, Währungsreformen, Systemwechsel, ganze Berufszweige verschwinden, Internet.

Dies kann geschildert werden, um den Großraum einer Biografie zu öffnen. Das setzt das Einzelschicksal in einen größeren Rahmen, als wenn es nur für sich sprechen würde. Das kann entlasten, z. B. wenn jemand diese Wechsel nicht verkraftet hat. Dafür ist er*sie nur bedingt verantwortlich. Das kann entlasten.

Polaritäten steigern einander konstruktiv im Raum der Liebe

Die Fähigkeit, Kinder zu erziehen und zu formen wächst – und gleichzeitig wächst die Demut, hinzunehmen, was ich nicht formen kann, und die Dankbarkeit über das, was von selbst entsteht.

Die Kenntnis des*der Lebenspartners*Lebenspartnerin wächst im Lauf der Jahre – ebenso wie das Empfinden für sein*ihr Geheimnis.

*Polaritäten steigern einander destruktiv,
sobald der Raum der Liebe verlassen wird*

Krieg, Scheidung (der*die andere ist mir kein Geheimnis mehr), Verstoßen der Kinder bzw. der Eltern, weil die Polarität aus Erziehen und Lassen aus einem gemeinsamen Raum der Liebe herausfällt.

Das komplexe Wechselspiel von Stärke und Schwäche

Ein Beispiel: Jemand hat harte Erfahrungen gemacht, ist dadurch selbst hart geworden, wollte stark sein und sich schützen, hatte Schwierigkeiten, sich auch mal schwach zu geben und gerade dadurch Stärke zu zeigen, konnte manchmal aber doch reden über die schweren Erfahrungen von einst, die eigene Schwachheit in Gottes Hand legen ... Vielleicht ahnen wir noch gar nicht, was in 2. Korinther 12,9 alles mitschwingt.

Lebenslasten – und Gottes Hilfe
Was in Psalm 68,20b nur angedeutet wird, zieht sich oft wie ein Motiv durch die Lebensgeschichte: Einem Menschen sind Lasten aufgebürdet worden (oft schon am Anfang: Eltern sind früh gestorben, verkürzte Jugend wegen Krieg etc.) – und er hat gleichzeitig Hilfe erfahren, sich durchgesetzt.

Wir sind Zerbrechliche und mit Goldkante Geflickte
Das heißt auf Japanisch »Kintsugi«. Eine 500 Jahre alte Handwerkskunst, die aus Scherben entsteht. Etwas ist zu Bruch gegangen und man wollte es nicht wegwerfen – vielleicht weil es sehr kostbar war, feines Porzellan vielleicht. Kintsugi ist ganz einfach und nichts Besonderes, die Scherben werden zusammengeklebt. Aber dann wird die Bruchstelle vergoldet, und es entsteht etwas ganz Neues, Ganzes. Das Kaputte, Zerbrochene ist Gold wert. Für mich eine Anregung, so auf die eigenen Bruchstellen des Lebens zu schauen. Die Teile, die ich wegwerfen wollte, integrieren. Die Wunden, die Narben vergolden, nicht Groll ansammeln über die, die sie mir zugefügt haben.

Symbole als Schlüssel zur Deutung für Biografie

Bilder zu archaischen Themen, z. B. Hieronymus Bosch
Kerze – brennt ab und verströmt sich in Licht und Wärme, erlischt.
Schuhe – haben getragen. Wen? Woher, wohin? Welche Art von Füßen? Tanzschuhe oder Wanderstiefel?
Schlüssel – der letzte, der erste im Leben. Welche Wohnung? Wie oft benutzt?
Musik – Musikgeschmack als biografisches Muster. Musikstück, mit dem ein Erlebnis verbunden ist.
Kleidung – Jackett: wann, wo, wie getragen? Arbeitskleidung …
Schmuck – welche Anlässe? Von wem vererbt? Wem vererbt?
Buch – Inhalt, Interessen, Motive
Film – welchen 5-mal gesehen? Warum? Welche Sequenz daraus?

Garten
Im Anfang war der Garten, liebe Gemeinde.
Meint jedenfalls die Bibel.
Im Anfang war der Garten.
Mit Baum und Strauch.
Mit Wasser und Weg.
Mit Johannisbeere und Zinnien.
Mit Rotkehlchen und Schnittlauch.

Und mit der Katze, die sich von den Menschen am Bauch streicheln ließ.
Im Anfang war der Garten.
Im Anfang war alles gut.

(dann Biografie – v. a. die Beschreibung des Gartens)

Am Ende wird der Garten sein.
Am Ende.
Wenn Jesus, der Gärtner, wiederkommt.
Ins Tiefenbachtal.
Und nach Pommern.
Und ans Sterbebett mit seinen Kämpfen.
Am Ende wird der Garten sein.
Ein Platz für jeden.
Eine Zuflucht für jede.
Es wird Bier geben vielleicht.
Und ein Amsellied.
Und eine Schulter für deinen Kopf.

Und der Ewige wird dich immerdar führen und dich sättigen in der Dürre und dein Gebein stärken. Und du wirst sein wie ein bewässerter Garten und wie eine Wasserquelle, der es nie an Wasser fehlt.
    (Jesaja 58,11) Amen.

Abschiedssymbole
Ein weißer *Luftballon* – kann ich loslassen, steigt in den Himmel, verschwimmt im Licht und ist doch noch da …
    Ein inneres *Foto* der*des Verstorbenen. Ich nehme ihn*sie mit in die Abschiedsstunde, kann mit ihm*ihr sprechen, ihn*sie auch empfinden in seiner*ihrer Energie und Nähe.
    Abschiede am *Bahnhof* – man geht gemeinsam zum Bahnhof, erzählt manches, erinnert sich an Schönes und Schweres, schaut sich an, bestätigt sich das Wiedersehen, winkt und kehrt allein ins eigene Leben zurück. Diese Wehmut im Herzen, dieses Ziehen kennt jeder wohl.

Geschichten anderer
Filme bzw. Film- oder Romansequenzen erzählen, die die aktuelle Biografie ins Allgemeine heben, weil sie dann vergleichbar wird mit einer Biografie in einem Film.

Den Deutungsraum weiten, denn unser Leben ist nicht abendfüllend, aber auch nicht nichts.

Bibelgeschichten – nicht nur Sprüche

Das Schöne steckt nicht in der Überschrift und Zitation »Auferstehungshoffnung« (Beispiel für pastorale Rede). Dieses dogmatische Wort versteht niemand. Das Schöne lässt sich nicht zusammenfassen. Man muss es im Einzelnen erzählen. Das gilt für Biografie wie für erzählte Bibel.

Viele Trauerreden bevorzugen stattdessen Abstrakta (»Sein Leben war glücklich.«). Man könnte auch schildern, wie er auf der Terrasse zwischen seinen vollen blauen Mülltüten saß und Eierlikör schlürfte. Die großen Themen von Kreuz und Auferstehung werden ja auch in der Bibel im Detail beschrieben.

Mit der Zitation von Bibel*geschichten* (z. B. Maria und Martha als Typenlehre, Jakob und Esau als Lehrgang der Verlangsamung, wenn Menschen sich etwas erschleichen) kann man absehen lernen von diesem*dieser einzelnen Toten und sich als Trauernde selbst neu ein- und ausrichten. Anhand des Menschen, um den wir trauern, aber auch jenseits seines Einzelschicksals.

Dafür kann thematische *biblische Spurensuche* helfen:
1. Vater und zwei Söhne – Wagnis, Sicherheit und die Selbstverfehlung in beiden.
2. Maria am Grab – die Vergafftheit ins Grab, Todessehnsucht versus Wende zurück ins Leben, meine Frist ist verlängert und mehr noch, ich gehe nach dem Sterben anders ins Sterben, nicht (fest)halten wollen.
3. Emmaus – Lebensgesten von Gründonnerstag weitertragen, Gegenwart des*der Toten neu und anders feiern: Welche seiner*ihrer Gesten, Weisheiten, Gewohnheiten oder Schrullen werden wir wiederfinden in unserem weiteren Leben?
4. Ja sagen und es nicht tun, Nein sagen und es tun – besser: etwas sagen und entsprechend tun (vgl. Mt 5,37).
5. Weihnachten, Krippe – im Kind alles angelegt und angedeutet finden, was dann wird. Das Leben Jesu und des*der Verstorbenen wird nicht immer mehr und mehr, sondern es wächst immer deutlicher zu sich selbst heran, es gibt einen Zuwachs ins selbe. Aber zu Beginn ist schon vieles zu sehen.
6. Josefs Geschichte – Wandel der Schicksale, keine lineare Biografie. Angelegtes wird gebrochen und ersteht nach Jahren wieder – oder auch nicht. Dafür entsteht anderes. Oder auch nicht.
7. Jakob und Esau – Neid, Lebenslügen, Kampf um Wahrheit, Versöhnung nach dem Kampf.

8. Moses und Aaron – Leitung, Schwäche, Ermüdung und Vererbung auf die 70 Ältesten, denn der Heilige Geist macht auch zur rechten Zeit müde.
9. David und Bathseba – Gewinn durch Betrug, Erotik, Begehren, trotzdem Karriere, die anderen zum Heil wurde.
10. Samenkorn Gleichnis – Vererbung von Lebensweisheit, Werten und was daraus wird, Demut gegenüber der eigenen Wirkung lernen
11. Senfkorn 100-fache Frucht – von der Vergeblichkeit und der Verschwendung, die überall in der Natur zu sehen ist. Übererfüllungsmotive aufspüren, nicht ahnen, was kommt, vielleicht erst nach dem Tod, z. B. Charles de Foucauld, erfolglos und nach dem Tod verehrt.
12. Das Gottesreich wie eine Frau, die einen Krug mit Mehl auf dem Kopf nach Haus trägt – der Krug hat ein Leck, sie merkt es nicht, und als sie ankommt, ist der Krug leer. So ist das Himmelreich. Wie viel Vergebliches, wie viel Ungesehenes wärmt die Erde? (Thomasevangelium)
13. Simeon – zufrieden sterben, wenn man eine große Sache gesehen hat, die gelingt.
14. Elia: »Ich habe genug« – für etwas zu viel gekämpft haben, sich abgerackert haben für ein Ziel, am Ende müde und dann: im Gebet Leben in Gottes Hand zurücklegen, nicht einfach wegwerfen, sondern gut aufgehoben wissen bei Gott.
15. Jakobs Kampf am Jabbok – das Ringen um Versöhnung bis zum Schluss.
16. Die Zeit heilt nicht alle Wunden, aber Gott heilt und macht alles neu – immer und am Ende auch … (Offenbarung 2)
17. Die Generation, die ihre Wohnungen nicht verlässt, Themen: Heimat, Beheimatung/nach Hause kommen nach schwerer Zeit – Psalm 23, *dass Du bleibst im Hause Gottes für alle Zeit*
18. *Geh aus mein Herz* – viele aus der Generation haben Schrebergärten, lieben Gartenarbeit. überhaupt sind Gärten ja wieder in, Bild für Paradies, Wachsen, Frieden, blühendes Leben, Sehnsucht und am Ende des Liedes der Sprung ins Paradies …

Teil D

Arbeit an der Zukunft des Gottesdienstes

1 Einsichten und Fragen aus der Arbeit am Gottesdienst – Welche Themen werden für Gemeinden und Leitende künftig in puncto Gottesdienst wichtig sein?

Ästhetik als Belebung

Die Kategorie des Ästhetischen hat in den 1990ern im Bereich Gottesdienst zu einer liturgischen Bildungsoffensive geführt. Gottesdienst war demnach nicht nur Christenpflicht und Belehrung, sondern auch szenische Erbauung. Wie das geht, konnte und sollte man lernen. Thomas Kabel und andere, so auch ich, vertraten das methodisch. Die Identifikation der Ausführenden mit ihrer Sache sollte nicht nur informativ, sondern performativ wirken. Es sollte im Raum entstehen, was man zitierte: Freude, Trauer, Ernst. Das hat die Individualleistung stark gefordert, und nicht alle sind darin gleich begabt. Aber es hat viele bewusster agieren lassen.

Der Preis war und ist die Überlastung des Individuums. Der Gewinn ist nach wie vor, dass Menschen berührt sind, wenn eine Person öffentlich sich und seine Gottesbeziehung aufführt. Das wird nie gleichermaßen für alle Teile des Gottesdienstes gelten und ist auch gar nicht verlangt. Aber in bestimmten Passagen braucht es die Intensität des Spiels immer wieder.

Das Präsenzkonzept mit dem Fokus auf die*den Ausführende*n ist ein Baustein im Bereich der praktischen Gottesdienstdidaktik. Es gibt viele andere Felder, die Gottesdienst ausmachen und beleben.

Im Folgenden führe ich Fragen an, die mir in den 20 Jahren überregionaler Arbeit im Gottesdienst entstanden sind.

Frage: Wie kann Aus- und Fortbildung die Agierenden hinführen zu ihrer je eigenen Art, die energetisch wichtigsten Passagen im Gottesdienst mit der ganzen Person zu leiten?

Standard-Module waren z. B.:
- innerer Vorlauf (z. B. der Mittelgang als Meditationsweg),
- hohe Präsenz in den ersten Sekunden eigener Aktion im Gottesdienst,

- innere Beteiligung beim öffentlichen Gebet,
- Mut zur Eigenheit beim Ausführen der Traditionsstücke,
- Gleichzeitigkeit einüben für Empfang und Geben beim Segen.

Solche Arbeit kann die Person durchlässig machen für z. T. fremdartige Traditionsstücke und diese wiederum mit der persönlichen Eigenart der Ausführenden färben.

Traditionsgottesdienst vs. alternative Formen

Das Konzept der lutherischen Messe bzw. des Predigtgottesdienstes ist der flächendeckenden Spiritualität der Gemeinde zugedacht. Es ist im Kern keine missionarische Veranstaltung. Es bedient die, die bereits einverstanden sind.

Die alternativen Gottesdienstformen wecken »Schläfer*innen«, das heißt, sie bedienen Menschen, die der Kirche gewogen, aber in den normalen Sonntagsgottesdienst nicht zu bewegen sind. Sie sind eher der missionarischen Art zuzurechnen, können daher seltener geschehen, wieder verschwinden und an anderem Ort neu auftauchen.

Frage: Welches Bild von Gemeinde und welche Art von Katechese brauchen wir, damit diese Richtungen einander zuspielen, anstatt zu konkurrieren?

*Solist*in vs. Team*

Die »priesterliche« Rolle der Haupt- und Nebenamtlichen bleibt tragendes Merkmal des Regelgottesdienstes.
1. Deren Autorität muss sich aber anders als früher dem Urteil der Leute stellen. Menschen sind selbstbewusster geworden, auch bzgl. der kultischen Handlungen.
2. Ehrenamtliche drängen in die Lektor*innen- und Prädikant*innenausbildungen, werden aber meist als Solist*innen, sprich Pastor*innenimitate geschult.
3. Die Hauptamtlichen müssen lernen, sich auf Sicht im Betrieb einer Gemeinde entbehrlich zu machen. D. h. sie müssen dafür (vor)sorgen, dass es auch ohne sie elementare Formen der Spiritualität gibt. Das ist eine asketische Aufgabe. Von ihnen ist gefordert, Freiwillige zu fördern, damit es nach ihrer eigenen Einsparung überhaupt weitergeht mit Kirche. Gruppen von Ehrenamtlichen können in diesem Prozess einander besser helfen als Solist*innen, die den*die eingesparte*n Pastor*in nachahmen.

Gelingt es, in einer Region oder Gemeinde eine mittelfristig engagierte *Gruppe* von Ehrenamtlichen zu beteiligen, belebt das den Gottesdienst oft sehr. Dies wird im Hinblick auf abnehmende Ressourcen ein großes Thema werden.

Nahezu alle Gottesdienste, die sich alternativ aufstellen, werden von *Teams* verantwortet. Dass sie gut und länger miteinander arbeiten können, ist Fortbildung wert. So etwas ist bei den Gottesdienstinstituten in Deutschland in Kursen zu haben.

Wir brauchen Katechese für Ehrenamtliche, die sich nicht nur auf exegetische Methoden beim Umgang mit Text beschränkt. Bekenntnistreue Schriftorientierung ist gut, aber rituelle Bildung und Kompetenz, die eigene Lebensführung samt ihrer Umgebung geistlich zu deuten, werden wichtiger. Eine Perikopenordnung richtet sich nicht nach dem, was Leute erleben. Immer wieder einmal ein Lebensthema zu installieren, dem eine Perikope folgt, wäre angesagte Kunst. Dafür muss man in Gegenständen, Verhältnissen und Zeitgeschichte lesen können. Das ist bislang keine theologische Disziplin. Deswegen wirkt das Schriftauslegungsgeschäft für normal Unkirchliche so abgestanden. Es kann keine Weltsprache und rechnet sich das sogar noch als Gewinn an. Aber wer nicht tief in der Welt lesen kann, dessen Schriftgelehrsamkeit ist hohl und entbehrlich.

Pastor*innen wären in so einem System *Schriftgelehrte* mit Wissen um das Leben, Ehrenamtliche eher *Lebensexpert*innen* in ihrem Bereich mit Kenntnis der Schrift. Diese Unterscheidung würde der gegenseitigen Eifersucht Energie entziehen. Aber dafür braucht es eine Theologie und eine praktische Ausbildung, die Menschen mitten im Leben mit ihren je eigenen Lebensweisheiten zu Wort kommen lässt. Und die beide Auslegungskompetenzen miteinander in Verbindung hält.

Die »Lebensexpert*innen«, die auch sprechen können, gibt es im Grunde nicht. Darum werden Ehrenamtliche weiter schmalspurig auf die pastorale Schiene gedrückt. Man kennt und weiß nichts anderes. Pastores mit acht Jahren Ausbildung sind dann mit einem gewissen Recht ärgerlich, weil sie plötzlich neben sich gleichrangig agierende Ehrenamtler*innen vorfinden. Und die wiederum sind versucht, sich immer wieder am Klerus zu messen. Das wird im Ton schärfer werden, aber man könnte es lindern.

Frage: Mit welchen Modulen lehrt die Ausbildung Haupt- und Ehrenamtliche in Prädikant*innenkollegs, Pastoralkollegs, Predigerseminaren und regionalen Lehrgängen flüssiger gemeinsam am Gottesdienst zu arbeiten?

Kirchraum als Instanz
Kirchenräume waren bis zur ästhetischen Phase im evangelischen Bewusstsein eher Marginalien. Inzwischen gehen Verantwortliche damit wacher um – nicht zuletzt wegen des Entscheidungsdrucks, welche Räume es künftig überhaupt noch wert sind, bespielt zu werden. Umbauten der Sitzordnung sind Formen ekklesiologischer Bildung: Monarchie vs. Demokratie, Delegation vs. Beteiligung usw.

Oft ist neu zu entscheiden, wie man mit den wenigen im Raum verfährt, die noch kommen.

Auch Räume außerhalb der Kirche, die für Gottesdienst genutzt werden, haben geistliche Regeln, z. B.: Was bedeutet der Blick aufs Meer bei der Taufe am Strand? Gerade für Gottesdienst »aus dem Häuschen« braucht es mehr Formensicherheit. Kirche außer Haus geht zu den Leuten auf Höfe, in Fabrikhallen und in die Natur. Sie nimmt die alten Traditionen der Prozessionen, Hausandachten und Berggottesdienste usw. wieder auf und verfeinert sie. Damit ergänzt sie die stationären Formen, die Gemeinde zentrieren können.

Dafür braucht es die Fähigkeit, die stationären kultischen Formen in Lebenswelten hinein zu transformieren. Es braucht ausgeprägte Symbolfähigkeit, nicht nur Wörter. Es braucht ein neues ekklesiologisches Verständnis, das Freude hat am Aufspüren, nicht nur an der Apologetik. Dafür wären elementare Liturgien weiterzuentwickeln und auf Plattformen einzustellen.

Außerdem wäre eine verbale und eine Formensprache zu lernen, die sich mit dem anderen Ort und mit den eigenen Traditionsbegriffen *zugleich* auskennt.

Frage: Wie kann man eine Theologie der Gemeinde, der geistlichen und anderen Räume effektiv für die Gestaltung künftigen Gottesdienstes unterrichten, damit er flexibel wird?

Langzeitfortbildungen für Spiritualität »außer Haus« sind wichtig für Haupt- und Ehrenamtliche. Ziele wären:
- die ausführenden Personen in ihrer Ausdrucksfähigkeit stärken (TED-Methode und Präsenz sowie Wahrnehmungsfähigkeit der Situation),
- die eigene Sache, also wesentliche theologische Topoi neu denken und sagen lernen mit den Augen nicht kirchlicher Menschen,

- Musik als tragendes Element von Kirche außer Haus verstehen und anleiten können,
- Szenarien mit Mikro-Teaching bzgl. der Interaktionen nachstellen,
- konkrete Begleitung an die Orte durch Teile der Seminargruppe – mit Supervision.

Formenbildung neben der Uni

Angehende Vikar*innen bringen oft zu viel oder zu wenig kultische Bildung mit ins Vikariat.

Die Uniphase ignoriert dieses wesentliche Feld pastoraler Tätigkeit, den Gottesdienst, in der Regel – und kapriziert sich auf die Predigt. Im Bereich Seelsorge gibt es bereits personengebundene Begleitungen neben dem Studium – als Angebot von Landeskirchen. Manche Universitäten haben einen Unigottesdienst eingerichtet, wo Studierende mittun und sich bilden können. Diejenigen, die dort dabei waren, sind im Vikariat deutlich versierter im Umgang mit Gottesdienst.

Frage: Wäre eine Begleitung in kultischer Bildung neben der Unizeit denkbar und wünschenswert?

Private und öffentliche Spiritualität

Private und öffentliche Spiritualitäten haben einen wesentlichen inneren Zusammenhang. Man spürt jemandem beim öffentlichen Gebet im Gottesdienst ab, ob er*sie auch unter der Woche irgendwie betet oder nicht. Geistliche beginnen über ihre eigene Spiritualität nachzudenken, und etliche üben auch etwas. Andere fürchten sich davor, dass eigene Spiritualität im Rahmen von Aus- und Fortbildung Thema oder gar Gegenstand von Bewertung wird. Zu Recht. Die Vorgesetzten bzw. Ausbilder*innen sind in der Regel wenig geeignet für solche Unterweisung. Es wäre aber sehr entlastend, wenn sie in guten Formen des Lernens zu sich und ihrer Art von Spiritualität geführt würden.

Frage: Welche Seminarformen und/oder Exerzitien erlauben einen entspannten Umgang und ein freies Lernen auf diesem Feld eigener und öffentlicher Spiritualität?

Gute Erfahrungen habe ich mit Vikar*innen gemacht, die ein- bis zweimal während des Vikariats Wochenexerzitien besucht haben. Als kompletter Jahrgang. Mit der Maßgabe, dass jede*r für sich in den Tagen etwas verfolgt, was sie*ihn geistlich vertieft. In Übungen, Impulsen und im Einzel- und Gruppengespräch, in freien Phasen sowie in Gebetszeiten konnte man sich orientieren.

Entscheidende Maßgabe war außerdem: Jede*r kann, keine*r muss. Das half allen heraus aus der Angst vor Bewertung und Leistungsdruck.

Subversion als geistliche Leistung

Die Situation vieler Gemeinden und Regionen ist so angespannt, dass Pastor*innen wie im Laufrad das Normale tun, ohne sich wirksam um Wandlungen kümmern zu können. Natürlich ist das eine Frage der eigenen Organisationskompetenz. Aber manche Strukturen lassen den Hauptamtlichen kaum Luft. Man ist gewissermaßen die Geisel einer kleinen Gottesdienst-Gemeinde. Wenige kommen, die will man nicht verprellen. Aber die Frequenz dieser Leistung verhindert Alternativen. Das vereinzelt viele Geistliche und zehrt sie aus. Die Gemeinschaft der Kolleg*innen ist oft schütter und auf wenige Treffen im Jahr beschränkt. Von dort ist wenig praktische Stütze zu erwarten.

Wenn Pastor*innen sich nicht an genau dieser empfindlichen Stelle wehren, das heißt partiell verweigern, dann wird sich nicht viel ändern. Eine mögliche Idee, sich geistlich zu verbünden, folgt hier.

2 Gottesdienst der Pastores in einer Region – ein subversives Modell, das vitale Formen für die Zukunft und mehr Zufriedenheit in der pastoralen Zunft erwirtschaftet

Vorschlag: Ein regionaler Gottesdienst mit vielen Pastores als geistlicher Gemeinschaft wird eigens ins Leben gerufen.

Die Idee

Ein Jahr lang trifft sich einmal im Monat eine Mehrheit der Pfarrer*innenschaft eines Kirchenkreises oder einer Region am Sonntagmorgen zur üblichen Zeit an einem bestimmten Ort und feiert zusammen einen Gottesdienst. Sie tut dies für sich als geistliche Gemeinschaft. Der Gottesdienst ist öffentlich zugänglich. An den Orten, die die Pastores dafür verlassen, findet an dem Tag *kein* Gottesdienst statt oder es gibt eine offene Kirche mit Musik, Lesung, Gebet.

Sinn der Idee

Diese Geste würde ausdrücken:
- Wir Pastores gehen heraus aus der reinen Versorgung an jedem Ort und zu jeder Zeit und auf die Suche nach einer neuen Qualität von Gottesdienst. Wir verweigern uns auf Zeit einem »immer weiter so«, weil »immer weiter so« bald nicht mehr flächendeckend funktionieren wird. Das sollen viele Menschen wahrnehmen – innerhalb wie außerhalb der Gemeinden.
- Der geistliche Stand zeigt öffentlich, dass er selbst Gottesdienst braucht. Er zeigt auch, dass er nicht nur zufrieden ist mit dem, was ist und was er selbst immer bedienen muss. Er sucht die Gemeinschaft der Ordinierten, weil er dort Stärkung vermutet. Er tut sich auf Zeit zusammen und beugt damit der Vereinzelung vor. Er sucht ein geistlich qualifiziertes »Wir der Ordinierten«. Denn er ahnt, dass die verstreuten Gemeinden bald austrocknen werden, wenn man nicht das »Wir« neu eingeübt hat.
- Die Geistlichen freuen sich, wenn auch andere Menschen dazukommen, aber sie feiern möglicherweise auch ohne sie. Sie wollen also nicht »gefal-

len« oder »Erfolg haben« mit diesem Gottesdienst. Man sucht öffentlich die geistliche Einkehr zusammen mit seinesgleichen.
- Pastores machen sich in qualitativ hochwertiger Weise rar, sind aber präsent, nur am anderen Ort und zusammen. Sie üben miteinander Gottesdienstformen für eine Kirche der Zukunft und für ihre eigene Berufszufriedenheit. Eine Art öffentlicher Retraite.
- So etwas verschiebt das Gewicht, weg von der einsamen Bringschuld vor Ort, hin zu einem neuen Selbstbewusstsein, das aber in dieser Weise nur eine geistliche Gemeinschaft entwickeln kann. Und die ist leiblich anwesend in diesen Gottesdiensten und findet dort eine Form.
- Die Sache ist von Geburt an ein Zwitter: Feier in einer geistlichen Gemeinschaft und gleichzeitig öffentlicher Gottesdienst. Die Kunst würde darin bestehen, diese archaische Spannung, die allem Gottesdienst innewohnt, zu halten und weder zur einen noch zur anderen Seite zu kippen. Also weder zur Winkelmesse zu werden noch zum neuen Modell, das allen gefallen möchte, mit dem man dann wieder alle »versorgen« kann.

Die jetzt vorfindliche Standardform (eine*r »hält« für alle Gottesdienst) vereinsamt die Geistlichen und gerät an vielen Orten an die Grenze der Akzeptanz.

Konkretionen

Pastores aus einer Region tun sich zusammen. Sie sollten nicht länger als 60 Minuten zum gemeinsamen Gottesdienstort fahren müssen. Der kann wechseln. Alle können mitmachen. Wenn nicht alle wollen, geht ein Drittel voraus. Die Region erlaubt sich verschiedene Geschwindigkeiten. Der gemeinsame Gottesdienst wird von einigen oder allen jeweils neu vorbereitet.

Dabei denkt man sich Gottesdienste aus, zu denen man auch selbst gern gehen würde – probiert also schöne Dinge aus oder hält es beruhigend traditionell, je nach Mitwirkung. Man tut dies im Schutz der eigenen Zunft, die es geschafft hat, sich geistlich kollegial zu verbinden.

Erlebt man die Kolleg*innen nicht als konstruktiv, dann wird man auf dem Weg in diesem Projekt lernen, dass und wie das geht.

Die Pastores sind eine im besten Sinn konspirative Gruppe. Sonst sind sie immer allein. Jetzt bestimmen sie kollektiv, was ihnen beim Feiern wertvoll erscheint. Was entsteht, muss »den Leuten« erst einmal nicht gefallen. Denn darum geht es nicht. Man tut Dinge, die *den Pastores selbst Freude machen* – ohne Rücksicht darauf, »was der Kirchengemeinderat oder sonst jemand wohl denkt oder sagt«.

Andere Menschen dürfen beim Gottesdienst dabei sein. Er ist öffentlich. Vielleicht nimmt man später sogar Leute dahin mit – vielleicht wirken sie irgendwann auch mit, wenn das Modell gut läuft. Dann können auch andere Gottesdienstgestaltende (Prädikant*innen, Lektor*innen) kreativ dazukommen.

Was entsteht, spiegelt den sich entwickelnden Erkenntnisstand der Pfarrer*innenschaft und der geistlichen Formensprache in der Region. Denkbar sind sehr traditionelle Gottesdienste – allerdings vital und innig gefeiert. Ebenso können Experimente ohne Rücksicht auf gemeindlichen Einspruch entstehen, die das Gefühl »geht doch!« erzeugen und eventuell Stoff für Ideen im eigenen Biotop liefern.

Da diese Gottesdienste allen zugänglich sind, bleibt ein regionaler Versorgungsaspekt erhalten. Aber Menschen, die Gottesdienst an dem besagten Sonntag wollen, müssen sich auf den Weg in eine andere Gemeinde oder an diesen besonderen Ort machen. Das *übt Beweglichkeit,* die man in den nächsten Jahren brauchen wird, wenn nicht mehr alle Kirchen gleichmäßig bedient werden. Der Ort des Gottesdienstes kann wechseln. Die Heimatorte können der Reihe nach bespielt werden, und die Pastores hätten miteinander vor Ort geistliche Gemeinschaft.

Es ist nicht auszuschließen, dass ein regional beachteter Gottesdienst dort entsteht. Man weiß: Wenn fast alle Pastores da gern hingehen, dann ist da was zu holen. Aber *das ist nicht das Hauptziel* und sollte in der Anbahnung nur eine Nebenrolle spielen.

Es geht in erster Linie um eine Phase qualitativer Konzentration. Vielleicht die ersten Male ohne andere Leute. Alles zugunsten von künftiger Kirche. Wenn Kirchenleute sich konzilsartig zusammenfinden und das sogar mit zugänglichen Feierformen, dann wird das vermutlich akzeptiert. Wenn es Unruhe gibt, dient das einem guten Zweck: Erneuerung von kirchlichem Leben.

Und die Leute, die mitkommen, tragen ihrerseits ihre Erfahrungen weiter. Sie lernen anderes oder Vertrautes neu kennen und erweitern ihren Horizont. Aber sie dürfen diesen Gottesdienst im Schonraum nicht dominieren.

Kurz: Öffentliche Retraite des geistlichen Personals hinterfragt Routinen und ermittelt neue Feierformen.

Bedingungen

So etwas muss kirchenkreisleitend strategisch angebahnt und offensiv gegen Anfragen im Vorfeld und unterwegs gedeckt werden. Es steht in der Zeitung, damit man weiß, dass das geplant ist. Auch warum, wann und wo. Keine Winkelmessen, aber die Hoheit über die Form ist geregelt.

Und es braucht kirchenrechtliche Deckung im Erprobungsraum. Denn es wird an mehreren Stellen der Region gelegentlich keinen gewohnten Gottesdienst geben. Es ist auch nicht ratsam, das Loch mit Prädikant*innen stopfen zu wollen. Es soll schon ein bisschen bemerkbar sein, dass nicht einfach alles so weitergeht.

Die Erfahrungen werden dokumentiert. Nach zwei Dritteln der Zeit gibt es einen Rück- und Ausblick. Man wird Folgen bedenken. Gegebenenfalls Kursänderungen beschließen, Beschlüsse, Verlängerungen ...

Mögliche Irrtümer und Einwände

»Die ziehen sich aus der Gemeinde raus.«
Ja, das tun sie. Auf Zeit. Sie wollen nicht einfach immer weiter fortsetzen, was ist, weil sich die Lage des Sonntagsgottesdienstes als Normalform stark verengt. Immer mehr Gemeinden haben damit zu kämpfen, dass diese Form austrocknet.

Die Pastores ziehen sich also heraus, um sich als geistliche Gemeinschaft neu zu konzentrieren auf das, was ihnen selbst wichtig erscheint in Bezug auf einen Gottesdienst in Zukunft.

Und *nein,* das tun sie nicht. Denn ihre Versammlungen sind öffentlich zugänglich. Man muss dafür etwas fahren, aber das ist gleichzeitig Übung für die Zukunft, wo nicht mehr in jeder Kirche Gottesdienst stattfinden wird.

»Die feiern eine Winkelmesse.«
Nein, sie feiern öffentlich, und sie verwenden Elemente von Gottesdienst, die überall in der Kirche gefeiert werden und jeder*jedem zugänglich sind.

*»Was sollen die dazukommenden Gemeindeglieder/Besucher*innen denken, wenn sie uns da sehen?«*
Sie sollen sehen, wie ordinierte Schwestern und Brüder einträchtig öffentlich etwas lieben und gestalten, wozu sie berufen sind: Gottesdienst. Allein das kann Menschen beeindrucken. Und im günstigen Fall entdecken sie Elemente der Gestaltung für sich neu.

Aber das ist nicht das Ziel dieser Veranstaltung, es ist der *Nebeneffekt.* Es ist den Pastores in freundlicher Weise egal, was andere dazu denken: Sie feiern einfach, was sie lieben. Denn sie wollen als Geistliche zusammen mit dem Gottesdienst überleben.

»Ich bin vor Ort unentbehrlich.«
Wer so redet, darf nie krank werden, keinen Urlaub nehmen, auch keine Fortbildung machen. Und nimmt sich vielleicht zu wichtig. Und was in den Treffen geschieht, geschieht ja letztlich für die Gemeinde von morgen.

Einer der Gottesdienste findet vielleicht auch einmal im heimischen Biotop statt – wenn das Modell durch die Orte wandert.

»Was ist in der betreffenden Zeit in meiner Heimatkirche?«
Bei konsequenter Anwendung nichts. Die Kirche steht vielleicht offen für Menschen, die hineingehen wollen. So entsteht etwas mehr Druck bei interessierten Gemeindeleuten, sich auf den Weg zu machen – in eine andere Gemeinde oder zu diesem Gottesdienst zusammen mit ihrem*ihrer Pastor*in.

Bei halb-konsequenter Anwendung wird vielleicht lange aus dem Evangelium vorgelesen und dazu klingt die Orgel, es gibt Gebet und Segen.

»Die Leute gehen/fahren bei uns nicht in andere Kirchen als in die eigene.«
Dann müssen sie es lernen. Oder sie bekommen bald gar keinen Gottesdienst mehr: Auch wenn wir in den nächsten 20 Jahren überall gleichzeitig in schütteren Verhältnissen Gottesdienst weiter vorhalten, wird das – wegen des Schwundes der Hochverbundenen im Gottesdienst und wegen des Pfarrmangels – innerhalb einer Generation austrocknen. Spätestens dann muss man reisen – oder man kriegt nichts. Also besser jetzt damit anfangen.

*»Mit meinen Kolleg*innen kann ich sowas nicht machen.«*
Die Kolleg*innen sollen einander nicht lieben, sie sollen geistlich miteinander feiern. Das funktioniert auch in der Halbdistanz.

Wenn die Furcht voreinander ein bestimmendes Gefühl ist, dann stimmt im Kirchenkreis oder in der Region etwas an der Art der Kommunikation nicht. Die Leitung hat bislang versäumt, eine Kultur der wertschätzenden Anteilnahme zu installieren. Sie hat versäumt, eine Form von kollegialer Geistlichkeit bei den Konventen zu pflegen. Sie hat den Umgangston untereinander schleifen lassen. Sie hat geduldet, dass Kolleg*innen sich übereinander lustig machen oder andere dominieren. Sie hat das Thema der eigenen Spiritualität der Kolleg*innen vermieden. Man durfte nicht zeigen, was man liebt. Das alles sind fast immer eindeutige *Leitungsschwächen*. Wenn die Leitung solche Kultur selbst nicht schafft, muss sie sich Hilfe von außen holen.

Und die sich beklagen, sie kämen nicht mit ihren Anliegen vor, die haben es bislang versäumt, solchen Unwillen deutlicher zum Thema zu machen, Supervision einzufordern und sich mit Gleichgesinnten zu verbünden.

Beiden Fraktionen könnte man unterstellen, sie seien nicht wirklich an geistlicher Gemeinschaft interessiert – besonders bei der Verwendung des abgestandenen Hinweises »das geht bei uns nicht«. Genauso reden auch Bedenkenträger*innen und Verhinder*innen in Gemeinden.

Noch einmal: »So was« mit Kolleg*innen zu machen, heißt nicht, sie zu heiraten, sondern es heißt, dass man einander achtet und sich dabei auf einer geistlichen Ebene für ein gemeinsames Forschungsprojekt mit subversiv-reformatorischem Charakter trifft.

Und im Übrigen ist es ja nicht verboten, dass sich eine starke Fraktion Gleichgesinnter auf den Weg macht – und vielleicht konstruktiven Neid erzeugt bei denen, die nicht wollten.

*»Ich traue mich nicht, vor Kolleg*innen geistliche Dinge anzuleiten.«*

Wenn Pastores bei Andachten und Gottesdienst vor den Kolleg*innen und deren Urteil Angst haben, dann stimmt der Umgangston nicht. Das ist eine alarmierende Problemanzeige für die *Leitenden*.

Gleichzeitig fehlt es offenbar an Übung, miteinander geistliche Akte zu entwerfen und zu feiern. Sofern es einer Person anvertraut bleibt, das zu tun, wiederholt man lediglich das Gemeindemodell: Eine*r tut etwas und alle hängen ab.

Gemeinsam Gottesdienst zu entwerfen und zu feiern, gehört zu den wesentlichen Einübungen von geistlicher Gemeinschaft. Mindestens bei Klausurfahrten sollte das eine normale Praxis sein.

»Ich möchte da nicht mitmachen.«

Das ist in Ordnung. Wenn es genug Kolleg*innen gibt, die es tun wollen, und das wären wohl mindestens sieben, dann reicht es, um eine Wirkung nach innen und außen zu erzielen. Im Verlauf können die Teilnehmenden im Konvent ja teilen, was sie erleben.

Die *Leitung* sorgt dafür, dass das Gespräch nicht verrutscht in Richtung auf »die Oberfrommen da« und wir »weniger Frommen hier«. Begleitend wäre in der Zeit Gottesdienst überhaupt verstärkt Thema bei den Konventstreffen. Und noch einmal: Es gibt geübte Moderator*innen, wenn sich die Leitung so etwas nicht zutraut.

Auf Dauer das Gequengel über die Lasten der Kolleg*innen zu ertragen, ist viel anstrengender und destruktiver als etwas zu wagen. Aber zugegeben: Es gibt Konvente, die möchten lieber quengeln.

3 Plan für die Belebung von Gottesdienst in der Gemeinde – Strategie zur Frage »Wie kommen mehr Leute in die Kirche?«

Wenn Gemeinden so fragen, sind sie orientierungslos, denn sonst hätten sie schon deutlichere Wahrnehmungen und Pläne. Meist gibt es Ansätze in eine Richtung, aber kein konsequentes Handeln.

Es ist wichtig, zu schauen, welche Menschen angesprochen werden sollen und was der Gesamtplan der Gemeinde ist – ohne das gelingt kein guter Gottesdienstplan. Ist z. B. eine Kita unmittelbar angeschlossen, liegen Gottesdienste mit Kindern und Eltern nahe. Ist es ein Neubaugebiet, ebenso, aber vielleicht auch alternative Gottesdienste. Ist die Gemeinde traditionell orientiert, kann der Traditionsgottesdienst gestärkt werden mit gelegentlichen Ausfallschritten in Richtung Experimente.

In jedem Fall sollten sich Beratende und Gemeinden auf einen Aktionszeitraum von mindestens zwei Jahren einrichten. Gottesdienst ist über Generationen so geworden, wie er nun einmal ist, das heißt, Wandlungen brauchen entsprechend viel Zeit. Zwei Jahre alternative Praxis können eine erste Idee samt Erfahrung und Umgewöhnung für Wandel bewirken.

Man kann das Gottesdienstleben in *dreierlei Weise* angehen. (Alle drei setzen auf intensive Beteiligung von Ehrenamtlichen. Wo das nicht geht, geht nicht viel.):

1. *Pflege des normalen Gottesdienstes* durch Schulung von 10–12 ehrenamtlichen Mitarbeitenden, die in Teilen des Gottesdienstes über einen Zeitraum von mindestens zwei Jahren mittun. Sie ziehen wiederum andere in das Projekt Gottesdienst, wenn sie Ideen eingeben – also Beteiligung als Belebung nach innen und mit Wirkung nach außen
2. *Aufbau einer guten Familiengottesdienstkultur* – das braucht ein kontinuierliches Team von 10–15 Menschen, das vorbereitet.
3. *Aufbau von Gottesdienst im zweiten Programm* – das erfordert ein Team von mindestens 20 Mitarbeitenden, neue Zeit, ggf. einen neuen Ort, neue Mittel, andere Musik usw.

Man muss sich ca. 2–3 Jahre auf eines konzentrieren und kann das bisherige Gottesdienstleben so sparsam – möglicherweise reduziert – weiterführen, sodass es nicht eingeht.

Wichtig ist bei diesen Erwägungen: *Was tun die Nachbargemeinden?* Was decken sie bereits ab? Was ließe sich vielleicht mit ihnen zusammen gestalten? Welche Gottesdienstfrequenz will man in einer eventuell größer gefassten Region gemeinsam bedienen? Die Zeiten sind vorbei, dass eine Gemeinde allein eine Komplettversorgung gewährleisten kann.

Der Weg zu Entscheidung und Durchführung verläuft wie folgt:
1. Die Pastores müssen sich zuerst einigen, denn sie tragen immer die Hauptlast: Wer will was, und wie werden die Kräfte konzentriert? Man kann nicht alles gleichzeitig machen, denn die Zahl der Ehrenamtlichen beim Konzept der Beteiligung ist begrenzt.
2. Wenn ein*e Kolleg*in die Hauptverantwortung übernimmt, müssen es die anderen *zumindest gutheißen,* was dort entschieden wird. Sie müssen dem*der Experimentierenden den Rücken freihalten und können Traditionelles aufrechthalten – oder vertreten, dass anderes wegfällt zugunsten eines Neuanfangs. Dafür braucht es ebenfalls eine gemeinsame Entscheidung, welche Traditionsaktivitäten wegfallen.
3. *Ohne die konstruktive Mitwirkung/Duldung im Pfarrteam (der Gemeinde oder Region) sollte eine Gemeinde kein solch neues Konzept starten.*
4. Die Pastor*innen machen einen Zeit- und Aktionsplan, wer wann wofür angesprochen werden soll, in welchem Rhythmus die neu arrangierten Gottesdienste stattfinden sollen und wie es zu Bilanzen kommt.
5. Die Entscheidung zu einem bestimmten Weg wird dem Kirchenvorstand in einer Extrasitzung bzw. Klausur vorgetragen. Dazu gibt es einen Zeitplan, wie das Projekt umgesetzt werden soll. Damit der Kirchenvorstand bei den Entscheidungen korrigierend mittun kann, wird das Konzept ausführlich verhandelt. Man berät gemeinsam darüber, wer woraufhin angesprochen werden soll.
6. Alternativ: Es gibt mehrere Pläne, falls es mehrere Optionen unter den Pastores gibt. Wenn nicht, nützt alles Diskutieren mit dem Kirchenvorstand über Alternativen von Gottesdienstprojekten nichts, denn Pastores müssen es letztlich ausführen. Ein Vorstand ist nie in Gänze daran interessiert, aber Einzelne mögen vielleicht mitwirken. Dann können sie aus eigener Anschauung im Vorstand berichten – das hilft der Rückkopplung.
7. Die Sammlung von Ehrenamtlichen beginnt nach diesen Beschlüssen, dann die Schulung, der erste Einsatz usw.

8. Nach einem Jahr Zwischenbilanz im Kirchenvorstand.
9. Nach 2–3 Jahren folgt eine Bilanz und Entscheidung, ob es so weitergehen soll oder andere Akzente gesetzt werden sollen usw.

Je nachdem, wofür sich eine Gemeinde entscheidet, wird man verschiedene Referent*innen dazu holen, das heißt z. B. Kindergottesdienst-Fachleute oder Expert*innen von alternativen Gottesdiensten.

4 Kinder im Gottesdienst – Umgang mit einer Menschengruppe ohne Lobby in der Kirche

> Meike ist da mit ihrem neuen Roller, den sie mitnehmen darf in die Bank. PapaMama stehen brav und senken die Köpfe, Meike schaut sie an, schaut auf den Roller und senkt den Blick, aber eher auf die roten Reifen. Sie sind so prall, und wenn man sie drückt oder klopft, schubsen sie zurück, das lässt die Finger zittern. Jetzt auch.

Blockade

Gottesdienst. Lukas wirft das Gesangbuch zu Boden. Es gibt einen zerknirschten Laut von sich und stellt sich tot. Lukas setzt nach. Das Gesangbuch ist ihm noch zu lebendig. Er hebt es auf und wirft es noch einmal final auf den Steinboden, sodass es nach zwei Metern erbärmlichen Schlidderns offen liegenbleibt.

Die Pastorin greift nicht ein. Sie sieht alles. Die Menschen rechts und links des Ganges sehen zu, aber schweigen. Alle sind mit Lukas beschäftigt, aber niemand traut sich, etwas zu sagen. Die Älteren sind empört und flüstern. Der kleine Rabauke rennt den Gang auf und ab, springt über das erlegte Buch. Seine Mama sitzt hinten – regungslos.

Im Raum ereignet sich gerade eine umfassende Blockade – innen und außen: Die Pastorin hat selbst Kinder in Lukas' Alter. Sie weiß um die Älteren, die genervt sind. Sie fühlt sich gestört in der Leitung des Gottesdienstes. Würde man sie fragen, würde sie sagen: »Kinder sollen sich in der Kirche frei bewegen können – da kann auch mal was runterfallen.« Sie hat Ideale. Gleichzeitig wühlt es in ihrem Inneren. Sie hat sich vorbereitet und muss nun ihre Gedanken gegen die Randale ansprechen.

Lukas' Mama hat mit Kirche nicht viel Erfahrung. Sie erinnert aber: In der Kirche muss man still sitzen, brav sein, den Mund halten. Heute ist sie da, weil der Spatzen-Chor etwas zeigt. Ihr Sohn gehört nicht dazu und ist als Gast dabei. Kinder sind ja eingeladen. Sie sieht sein Treiben, aber sie fühlt sich nicht zuständig. Ist nicht ihr Haus. Es entwickelt sich in ihr eine Mischung aus Trotz und Scham, die sich gegenseitig lähmen. Die Scham würde ihr nahelegen, Lukas zu stoppen, aber ihr Stolz – gepaart mit Unsicherheit im fremden Land – verbietet das. Sie entscheidet, nichts zu entscheiden. »Soll die Kirche doch sehen, wie sie klarkommt – ich hab's schwer genug mit dem Jungen.«

Die Alten haben von der jungen Pastorin gelernt, dass Kinder in der Kirche willkommen sind – man habe dafür auch mal etwas Unruhe hinzunehmen. Das sei nun mal der Nachwuchs, den doch auch sie ersehnen. Der Alten Herz tendiert jedoch mehr zur gewohnten Andacht, daher wagen sie, leicht empört zu flüstern, aber mehr auch nicht.

Die anderen Kirchenbesucher*innen schauen auf die Pastorin. Sie sind genervt. Sie orientieren sich an der Hausmacht. Wenn die nicht eingreift, ist das wohl so in Ordnung hier. Sie hoffen, es werde von selbst aufhören. Sie haben auch im Blut, dass man in der Kirche keine Initiative ergreift. Man sitzt stramm in Bänken und wartet ab, was geschieht. Sie sind eingerichtet auf geführte Riten, die ihnen endlich mal die Entscheidungen abnehmen – und nun sollen sie eventuell einen Eklat provozieren, wenn sie ein fremdes Kind zur Ordnung rufen? Wer weiß, wem das gehört und was einem blüht, wenn man eingreift – der Apfel fällt ja manchmal nicht weit vom Stamm.

Lukas ist auch nicht wirklich glücklich. Nach mehreren Anläufen im Gang und seinen Experimenten mit der Akustik und dem Buch steht er etwas desorientiert umher und wackelt mit dem Oberkörper. Die einzige Resonanz ist der Hall, den er selbst erzeugt. Dem lauscht er. Aber da entdeckt er nur sich selbst. Das trägt nicht weit.

Er ist drei und nicht für das verantwortlich zu machen, was er tut.

Es gibt Taufen, da schreit ein Kind von Anfang an ohne Pause und so erbärmlich, dass man es guten Gewissens eigentlich nicht taufen kann. Oder ein anderes Kind wird nicht ruhig. Manchmal ist es die Orgel, die die Kleinen irritiert. Man kann ohne Orgel singen und leise, das hilft manchmal. Andere Kinder werden ruhig, wenn sie die tiefen Töne der Orgel hören.

Der*Die Pastor*in kann die Situation ansprechen und die Eltern auf Wanderschaft im Raum schicken. Aber »man« tut oft, als wäre nichts. Das betreibt die Eskalation. Die Eltern wollen ja, dass das Kind getauft wird, da geht man nicht umher oder raus. Der*Die Pastor*in schreit seine*ihre Predigt. Es ist absurd.

Was ist in die Gemeinde gefahren, dass niemand diesem Kind einen Widerpart bietet und ihm zeigt, was im Raum gilt und was man darin als Dreijähriger tun kann, außer zu provozieren? Sind es abstrakte Ideale, die die Beteiligten dominieren? Ist es die Angst, die Kirche würde aussterben? Das wird sie eher, wenn es so blockiert und unnatürlich zugeht wie in unserem Fall. Eigentlich gälte hier nichts anderes als das, was auch zu Hause gilt.

Mögliche Auflösungen der Blockade – Versuche

Die Pastorin wäre z. B. dran – mit etwas Humor: »Unser kleiner Entdecker hat das Gesangbuch ausgiebig getestet. Wir sind beeindruckt und wissen nun, was es aushält. Kinder sind hier willkommen, auch wenn sie manchmal laut sind. Aber jetzt darf ich die Eltern bitten, ihr Kind ans Herz zu drücken. Hinten haben wir auch eine Ecke zum Spielen. Und kommen Sie gern wieder in die Mitte, wenn Sie hinten genug gespielt haben.«

Manche Pastor*innen sagen bereits am Eingang zu den Eltern mit Kindern, was im Raum möglich ist, damit sie sich selbstständig orientieren und eingreifen können, bevor etwas eskaliert. Wichtig ist es vor allem, die Lage bereits zu Beginn richtig einzuschätzen und einzugreifen. So etwas kann man – z. B. statt einer Andacht vor der Sitzung – im Kirchgemeinderat in der Kirche üben: Wie geht beherztes und freundliches Eingreifen bei Störungen? Und das von allen Leitenden im Vorstand.

Eine*r von den Älteren in der Gemeinde könnte zu dem Kind gehen und mit ihm etwas anfangen, das ihm Halt und Resonanz gibt. Er*Sie könnte die Mutter aufsuchen und mit ihr freundlich den Rückraum betreten, wenn es nicht anders geht – aber bei ihr bleiben und für das Ganze Verantwortung und Gastgeberschaft übernehmen. So etwas kann man im Altenkreis oder im Kirchengemeinderat üben.

Genuss und Askese

Nach der langen Zeit zwanghaften Benehmens, das den Menschen in der Kirche auferlegt war, wollte man seit den 1970er-Jahren freigiebig sein. Die Kinder sollten den Altar anfassen dürfen, zu Recht die schlechten Barrieren überwinden und den heiligen Raum als den ihren entdecken. Da ist viel Gutes geleistet worden von Erzieher*innen und Pastor*innen. Manche Eltern waren damals und sind heute für die Kirche eingenommen, weil sie merk(t)en: Das Strammstehen ist vorbei – Gott sei Dank. Wir können hier annähernd so sein, wie wir sonst auch sind. Das soll uns nicht mehr genommen werden.

Inzwischen kann man mit den Kleinen und auch manchen Großen wieder üben, was es heißt, einen besonderen Raum zu betreten. Wie es sich z. B. anfühlt, wenn man vor dem Altarraum Halt macht – und dabei still ist. Was es heißt, einen Bereich im Raum nicht betreten zu dürfen oder dafür die Schuhe auszuziehen, weil da »Heiliger Boden« ist. Was passiert, wenn mal alle einen Moment still sind. Auch Kinder sind davon berührt. Menschen mögen Geheimnisse. Unsere Kirchen sind voll davon, und man kann sie menschenfreundlich inszenieren. Viele haben nach 1968 die Patina des Klerikalismus abgebürstet. Nun sind wir frei, die alten Formen der Ehrfurcht (gern auch mit Augenzwinkern) wieder aus- oder anzupacken.

Dabei treffen wir heute öfter als früher auf Eltern, die ihren Kindern wenig Grenzen ziehen. Manchmal appelliert man an die Aufsichtspflicht der Eltern, aber die sind innerlich oder äußerlich abwesend. Wir werden die Menschen nicht erziehen, aber wir können zeigen, was uns wichtig ist. Dafür müssen wir es im internen Kreis in der Gemeinde klären. Nachdem man ein paar Regeln aufgestellt hat, z. B. zusammen mit dem Kindergarten, kann man mit Verantwortlichen real im Kirchraum üben, wie man die Regeln freundlich durchsetzt. Das geht gut mit Kindern.

Der hoch subventionierte Raum der Kirche hat unter anderem seine Berechtigung, zu sein, weil er anders ist als andere Räume. In ihm verbeugen sich Menschen vor etwas Großem. In ihm wird ersehnt, was aussteht. Man kann weinen und singen. Wenn Menschen das zusammen tun, ist es gut, wenn der Gottesdienst Stille *und* hörbares Vergnügen atmet und wenn *beides* seinen Ort hat, gern auch im selben Gottesdienst.

Dafür gibt es Regeln, und wer sie stört, wird in die Grenzen verwiesen – mit Verständnis und humorvoller Eindeutigkeit. Wenn man mit den Grenzen zu lange wartet, dann ist die Wut blank und es kommt nichts Geistreiches mehr heraus. Das ist immer ein Zeichen dafür, dass die Gemeinde nicht wirklich eingestellt ist auf den Umgang mit Kindern.

Andere Gottesdienste?

Ein Weg, sich auf Kinder einzurichten, ist, den Gottesdienst überhaupt so zu gestalten, dass er alle anspricht. Das klingt ideal, ist aber mit der Wortlastigkeit, die die evangelische Pfarrer*innenausbildung auszeichnet, nicht leicht darzustellen. Wer als Pastor*in keine Erfahrung oder kein Talent mitbringt für treffende Bilder und Erzählweisen des Glaubens, wird hier stranden. Und warum sollen die Großen nicht wie die Kleinen auch immer wieder ein Recht auf »ihren« Gottesdienst haben?

Trotzdem steht eine Kultur des integrativen Gottesdienstes an, die schon an etlichen Orten gedeiht. Wo Gemeinden sich aktiv auf die Bedürfnisse junger Familien einlassen, da ist die Kirche schnell voll. Ein guter Umgang mit den

Kindern ist auch Qualitätsmaßstab für die Großen. Wo einfach und menschlich zelebriert und gesprochen wird, da herrscht auch weniger Unruhe. (In einigen Gottesdiensten gibt es z. B. immer eine kleine Kinderpredigt vor der Erwachsenenpredigt, die das Thema des Tages in einfacher Form aufgreift. In der Regel sind vor allem *Erwachsene* davon entzückt, weil sie endlich verstehen, worum es geht.)

Kinder lesen am Zustand der Erwachsenen ab, was im Gottesdienst gilt. Wenn die Großen ehrfürchtig oder/und vergnügt sind oder auch nur nachdenklich, dann stellen sich die Kleinen sofort darauf ein. Sind die Großen dagegen innerlich abwesend, so zeigen die Kinder außen, was in den Erwachsenen innen vorgeht: Durcheinander.

Die Problemzone entsteht aber weniger in den verabredeten Generationengottesdiensten, sondern in den Gottesdiensten, die im Prinzip für Große gestaltet sind, bei denen aber Kinder dabei sind. Also der eher nüchterne agendarische Gottesdienst mit 15 Minuten Erwachsenenpredigt als Normalfall, zu dem auch Familien kommen. Da stellt sich die Frage, wie man die Unruhe organisiert, die sich bilden kann.

Prinzipielles dazu sagt eine Pastorin, Mutter und Kindergottesdienst-Fachfrau: »Warum bringt sie (die Pastorin aus der Erzählung, s. o.) nicht die *innere Mutter* ins Spiel, die auf der Basis ihrer ganz natürlichen Autorität – liebevoll, aber bestimmt – agieren kann, also handlungsfähig ist. Wenn Kinder mitkommen in den Erwachsenengottesdienst, müssen sie sich grundsätzlich einfügen. Wer das als Elternteil seinem Kind nicht vermittelt, weil er oder sie unsicher ist, wie man sich in der Kirche verhält, braucht Hinweise oder Regeln an der Kirchentür, damit er oder sie sie an sein oder ihr Kind weitergeben kann. Diese innere Klarheit finde ich für Pastorinnen und Pastoren wichtig: Wir sind Hüterinnen und Hüter der Würde des Gottesdienstes, und die Eltern – nicht die Pastores – tragen die Verantwortung für das Verhalten ihrer Kinder. Unser Gottesdienst wird nicht durch die Anwesenheit von Kindern hinterfragt, jedenfalls nicht, wenn er schon läuft.«

Regelungen für laute Kinder im Gottesdienst – Versuche

Eine Gemeinde ist gut beraten, zu regeln, wie man die Gastgeber*innen-Rolle wach und initiativ wahrnimmt. Wer für den Umgang mit Kindern begabt ist, wird beauftragt, reaktiv oder initiativ auf die einzugehen, die lärmen.

Die alte Regelung, die Kinder nach der Eingangsliturgie in einem separaten Raum zu betreuen, ist immer noch sinnvoll und wird erfolgreich praktiziert.

Manche Kinder wollen aber nicht getrennt von den Eltern sein. Für die Unruhigen unter ihnen stellen Gemeinden hinten oder an der Seite Tische auf oder legen Teppiche aus und sorgen für ein Mal-, Bastel- oder Spielangebot, das akustisch verträglich ist.

Einige Kirchen ziehen eine Glaswand hinten in den Raum ein, damit parallel zum Gottesdienst – im Separee akustisch getrennt, aber optisch verbunden – Kinderbetreuung passieren kann. Das ist recht aufwendig und vielleicht gar nicht nötig. Manchmal wirkt es wie ein vornehmer Glaskäfig. Manche lassen über Lautsprecher den Gottesdienst in den Raum übertragen, dann erleben deren Bewohner*innen ein etwas seltsames Doppelprogramm. Nachteil des Separees und des Rückraums ist, dass die betreffenden Personen aus dem Geschehen fallen.

Das flüsternde Zwiegespräch zwischen Eltern und Kind im Gottesdienst – dazu wieder die Kindergottesdienst-Fachfrau: »Man kann sich leise austauschen über das, was man hier gerade erlebt: Glocken- und Orgeltöne, Bilder und Verzierungen, einen besonderen Raum, Erinnerungen an Geschichten und Gottesdienste. Ein Hinweis an der Kirchentür darauf, das wäre schön. Ich kann mich noch gut daran erinnern, dass ich Heiligabend mit meiner knapp zweijährigen Jule auf dem Arm in der Christvesper war. Festliche, alte, proppenvolle Kirche, viele kennen mich als Vikarin. Jule mit Schnuller im Mund, zuerst alles ganz manierlich, große Kulleraugen, alles ist spannend. Wenn sie aber den Schnuller ausspuckte und runter wollte, hab' ich sie nicht gelassen und ihr gesagt, dass ich mit ihr rausgehen würde, wenn sie laut würde, da wären keine Tannenbaumlichter und kein Gesang. Ich weiß nicht, ob sie das verstanden hat. Aber schließlich sind wir gegangen: durch den Hinterausgang, am abgestellten Sargwagen vorbei, auf den Friedhof. Gräber am Heiligen Abend, Kirche von außen … Sie auf meinem Arm, beruhigt sich, wieder Kulleraugen in der Dunkelheit, dann wieder in die Kirche zurück. Ende der Predigt noch mitgekriegt. Wieder Kerzen, Singen, Weihnachten … und das auf dem Friedhof zwischen den Gräbern werde ich nie vergessen.«

Dies ist der Anfang einer Sammlung von Lösungen im geistreichen Umgang mit Kinderlärm im Gottesdienst.

5 Bauprinzipien für einen Gottesdienst mit intensivem Singen – Logik für Kult mit entschiedenem ausgeprägtem Akzent

Raum für Vertiefung

In homogener Dichte verteilt sitzende Menschen in Bänken im Kirchraum geben füreinander nur dann einen guten Resonanzraum ab, wenn sie maximal einen Meter voneinander entfernt sitzen.

Sitzen sie weiter auseinander, empfiehlt sich – z. B. für das Üben eines Liedes – eine dichtere Sitzordnung, wenigstens für die Phase des Singens.

Vielleicht muss man den Raum für Gottesdienst mit intensivem Gesang umstellen, das heißt, vorn Bänke entfernen und einen in Reihen gestaffelten Halbkreis aus Stühlen stellen.

Der Gesang aus *eigener Kraft*, also ohne Orgelbegleitung, bringt die Stimmen besser in Schwung. Die Menge der Singenden lernt, auf *Stimmen* bzw. auf eine Leitstimme oder einen kleinen Chor zu hören, stützt sich gegenseitig und verlässt sich nicht auf ein externes Instrument. Das kann später dazukommen, aber zu Beginn lässt es sich besser ohne probieren.

Wirkt ein Chor mit, sollte er *zwischen* den Singenden sitzen und von dort aus ermutigend wirken. Der Auftritt eines Chors vorn oder auf der Empore lähmt die Initiative der Übenden, weil ihre Körper unbewusst sofort auf »Konzert« schalten.

Zeit für Vertiefung

Singen, das durch Wiederholung vertiefen soll, braucht *mehr Zeit,* als wir es in der Kirche gewöhnt sind. Normalerweise singen wir z. B. einen Kanon nach dem Erlernen 3–5 Mal, dann gehen wir zum nächsten Element (Lesung, Gebet usw.) über. Das Singen dauert dann etwa drei Minuten.

Wiederholende Vertiefung braucht zu Beginn *mindestens 10 Minuten.* In dieser Zeit können sich auch Singunkundige einhören, langsam mitsummen und sich zurechtfinden.

Diese Dehnung der Zeit steht gegen die Alltagserfahrung, die immer schnellere Takte vorgibt (kleinteilige Internetvorgänge, Videoschnipsel, Radioclips usw.). Sie steht auch gegen die Sonntagsgottesdiensterfahrung, denn der Ablauf eilt klassisch westlich von einem Stück zum nächsten, lässt die Leute viel Text bewältigen in Form von Liedstrophen, Lesungen und Noten, Psalmkaskaden, Fürbittkatalogen und Abkündigungen.

Vertiefender Gottesdienst verlangt von den Anleitenden eine klare *Entscheidung*, es anders zu machen, das heißt, lange bei einer Gesangssequenz zu *bleiben*. Oder bei Stille – oder was immer der Akzent sein soll. So etwas kann man zu Beginn ansagen, damit Menschen sich einstellen.

Ein Gottesdienst, der hauptsächlich den *vertiefenden Gesang* will, wird entsprechend *entschieden* gesanglich verfahren, z. B. wie folgend beschrieben:
- sich einsingen (ggf. eine halbe/dreiviertel Stunde vorher),
- einfacher Sologesang von der Empore,
- Psalm-Singen: Kehrvers als Wiederholungsgesang von allen, Sologesang dazwischen,
- Kreisgesänge,
- Vorsingen und Nachsingen, Singen und Gehen im Raum, Unterlegung von Sprache durch Summen.

Ein Geheimnis für gelingenden Gottesdienst ist, dass er sich entscheidet. Das gilt nicht nur für Gesang oder Stille. Der Traditionsgottesdienst hat sich einmal für die Nüchternheit spiritueller Übung entschieden. Das war über Jahrhunderte ein Erfolgsmodell. Jetzt braucht er Erweiterung. Die kann nur gelingen, wenn man nicht ängstlich allen alles sein will, sondern entschieden und einseitig Dinge ausprobiert – zum Beispiel beim Generationengottesdienst nicht fünf Ideen, sondern nur EINE realisieren. Nur so entsteht Kontur in kirchlicher Spiritualität. Manche Leute werden das nicht mögen, aber andere kommen.

Teil E

Link zum Download-Material
Übungen und Methoden zum Lernen und Vertiefen

> Das Download-Material zu diesem Buch finden Sie unter:
> www.vandenhoeck-ruprecht-verlage.com/Zukunft-Gottesdienst
> Code: b8!KzcvR

Im Laufe der Jahre habe ich Methoden für die Gottesdienst-Didaktik entwickelt. Denn das Fach gab es, wenn überhaupt, in Form akademisch-historischer, später auch phänomenologischer Liturgik. Um aus der Betrachtung und Reflexion heraus und in die aktive Einübung zu kommen, habe ich aus anderen Disziplinen Lernformen auf liturgische Erfahrungen übertragen.

Unter dem Link finden Sie geordnete und erprobte Methoden, wie man Gottesdienst lernen und üben kann. Das ist nützlich für Seminare, aber auch für Gruppen, die vor Ort am Gottesdienst mitarbeiten, ebenso für die Erwachsenenbildung der Gemeinde oder Institution und die Arbeit mit Konfirmand*innen.

Inhalt des Download-Materials

1 **Für die Liturgie**
  1.1 Präsenz allgemein
      1.1.1 Stimme mit Richtung: Worte und Gesten adressieren lernen – Übung für gezielten Ausdruck
      1.1.2 Vor- und Zurückgehen – Raumwahrnehmung im Vertrauen
      1.1.3 DA und WEG – präsent und nicht präsent sein
      1.1.4 Dirigieren mit geschlossenen Augen – sich einem Geschehen anvertrauen
      1.1.5 Durchsetzungskraft im Gottesdienst – Energie entwickeln für Stimme und Gestik
      1.1.6 Glockenturm – eine Übung zum »Runterkommen«
      1.1.7 Improvisation über Bordunklang – Singen über einem Grundton als kollektive Einübung in Vertrauen
      1.1.8 Warum Präsenz?
  1.2 Vortragen, Vorlesen
      1.2.1 Szenische Lesung – biblische Passagen mit mehreren Menschen vorlesen
      1.2.2 Vorlesen im Gottesdienst – grundsätzliche Erwägungen und Anweisungen
      1.2.3 Lesungen im Gottesdienst selbst erarbeiten
  1.3 Abendmahl
      1.3.1 Austeilung üben – ein Grundkurs für Haupt- und Ehrenamtliche
      1.3.2 Abendmahl und Erinnerung – eine Übung zum Verstehen von Mensch und Symbol
  1.4 Raum erleben
      1.4.1 Eingangsliturgie erleben und reflektieren
      1.4.2 Fantasiereise durch die eigene Kirche – den Raum ohne Bewegung imaginieren und dabei verinnerlichen

1.5 Haupt- und Ehrenamtliche üben, Gottesdienst zu gestalten
    1.5.1 Gottesdienst in der Gruppe gestalten – Regeln für eine gelingende gemeinsame Kreation
    1.5.2 Gottesdienst spontan feiern – eine Gruppe entwirft einen ganzen Gottesdienst und feiert ihn sofort
    1.5.3 Spalier der Engel – Übung zur Stärkung Leitender im Gottesdienst
    1.5.4 Künstlerische Transformation liturgischer Gegenstände – bekannte Gottesdienstgegenstände geraten in einen anderen Kontext
    1.5.5 Problemzonen im Feiern des agendarischen Gottesdienstes – ein Durchlauf durch die gesamte lutherische Liturgie mit Anweisungen zur Therapie
    1.5.6 Segensmeditation – Menschen empfangen und geben Segen gleichzeitig
    1.5.7 Regieanweisung im Gottesdienst – Hinweise zu einem komplexen und unterschätzten Genre

1.6 Gebet öffentlich
    1.6.1 Gebet öffentlich – Positionen im Raum und deren Aussage ermitteln
    1.6.2 Gebetsaufstellung zu dritt – Kurzdurchgang als Verstehensübung der Rollen »Gott« – »Gemeinde« – »Beter*in«

2 Für die Predigt

2.1 Arbeit an Formen
    2.1.1 Symbole predigen – eine Logik
    2.1.2 Zeit gewinnen für gute Predigt – wieder gründlich forschen und dafür Zeiträume schaffen
    2.1.3 Predigtsprache für Ungeübte üben
    2.1.4 Vier Seiten der Nachricht – eine Übung für mehrfachen Schriftsinn

2.2 Arbeit an Inhalten
    2.2.1 Ambivalenz in der Predigt – Schritte für Wahrnehmung und Gestaltung der Doppeldeutigkeit in Texten, Verhältnissen und Menschen
    2.2.2 Collage und Überblendung – zwei Schreibübungen für die Verschränkung von Ebenen in der Sprache
    2.2.3 Dialogische Predigtvorbereitung – Entwürfe für geistliche Rede

2.2.4 Fantasie bei Trauerreden über die Ankunft der Toten
2.2.5 Geschichte stimmt oder stimmt nicht – Übung für authentisches Sprechen
2.2.6 Kasualien mit Kirchenfernen
2.2.7 Power-Befragung im Predigt-Coaching – vitale Übung für das Destillieren der eigenen Kernaussage
2.2.8 Predigt im Trauerfall als Bewährung für Ambivalenz und Sprache mit Kirchenfernen
2.2.9 Rollenbefragung und Dialog zwischen biblischen Personen – Bibelpersonen in den Raum holen und sprechen lassen
2.2.10 Statuentheater – Inszenierungen biblischer und anderer Szenen im Raum

Biografisches

Ich bin ohne kirchliche Riten aufgewachsen. Meine Eltern hatten Gründe, dem kirchlichen Treiben den Rücken zuzuwenden. Ich war naturfromm und streifte mit den Hunden durch Wälder, bis die Bäume anfingen zu flüstern. Als ich im Radio Geschichten über »Gott« hörte, verknüpfte ich ihn einfach damit. Später reicherte ein braver Reliunterricht meine Frömmigkeit mit seltsamen Gestalten an, die ich der Reihe nach besichtigte: »Abraham« z. B., auch »Bileam«. Bis heute empfinde ich deren Handeln interessant, aber entlegen. Ich ahne, es hilft, sich so einen Zeltnomaden als Blaupause für Gläubigkeit aufzulegen. Aber Dorothee Sölle, Georg Wilhelm Friedrich Hegel, Wim Wenders oder Udo Lindenberg sind mir als geistliche Vorbilder näher und sagen mir auch mehr.

In diesem und im Zustand wachsender Heimatlosigkeit geriet ich während meiner Ausbildung zum Kaufmann an fromme Formen im Bereich einer evangelischen Communität. Da gab es Dinge wie Beichte, Meditation, Nachtgebet, Exerzitien, gesungene Psalmen und pralle Feste. Spielorte des Geistes. Es gab auch Väter, Mütter und Familie.

In der Theologie habe ich, was mir einleuchtete, einfach verbunden: z. B. Wandlung im Abendmahl und Wandlung im Leben. Ich verstand nicht, warum man das nicht denken sollte. Ich geriet in die Kästchen evangelischer Lehre. Ich habe in der Telefonseelsorge nachts Leuten zugehört und Psychologie und Philosophie dazu geholt, damit Luft an den Körper der Theologie kommt. Ein Benediktinerpater, Elmar Salmann, hat mir alle Sparten in Kopf und Herz verwoben. Erst da ahnte ich, dass es wohl doch so etwas wie eine lebensbezogene Theologie geben kann.

Meine Lust an Seelsorge und Ritus landete in der ersten Gemeinde. Meine Kirchenfremdheit half Dinge auszusprechen. Warum man zwingend mit 15 Leuten über die ganze Kirche verteilt in 20 Meter langen Bänken sitzen müsse. Das verstehe ich bis heute nicht. Wieso es nichts zu essen gibt. Also gab es Stühle, Harfen, Leuchter und warme Mahlzeiten. Und ich mochte aus Gesichtern eine Lebensansprache destillieren. Wie ungeheuer groß ist es, dass es Gottesdienst für einen Menschen gibt – egal warum. Sowas kann sich nur Gott ausdenken.

Und gleichzeitig merkte ich nach einigen Jahren Gemeinde, wie ich mich im Vielerlei verzehrte, Betonsanierungen, Kündigungen und Kita-Leitung – wie banal, geistreich und verlässlich Dinge scheiterten. Wie meine Kraft mich verließ, wie anständig die Leute das aber quittierten. Und wie ich nach etwas suchte, was über das »Viel-Viel« hinaus zu mehr Fokus führen könnte.

Fokus Gottesdienst

Bis eines Tages ein Nachbarkollege mich fragte, ob man Gottesdienst lernen könne. Zum Beispiel bei mir. Das schien mir abwegig und ich habe gesagt: Ja, kann man. Ohne zu wissen, was und ob es anderntags noch Bestand hätte.

So holte ich mir vieles, was ich brauchen konnte: Singen, psychologische Methoden, Kinästhetik, Tanz, Rhetorik, Spielpädagogik (Angelika Hüffell), Regie, Schauspieltraining, Traumforschung, Architektur u. a. – theologische Existenz als Weisheit vom ganzen Leben.

Einige Sonntage später ist daraus ein kleines Gottesdienstinstitut in der Kirche nördlich der Elbe geworden: Kleinstgemeinden in Mecklenburg, Fernsehgottesdienste, Vikarsausbildungen, Pastoralkollegs, Abendmahl mögen und Segen üben bei fünf Grad Kirchentemperatur, seltsame Nachrichten in die Netz-Welt schreiben, Examina abnehmen, Gemeindeleitungen zähmen und so vieles mehr.

Das betrieben neben- und nacheinander Ute Grümbel, Friederike Jaeger, Anne Gidion, später auch Katharina Gralla mit mir zusammen. Ich bin sehr froh über die Zeiten mit diesen tollen Mitspielerinnen.

Fragten mich normal unkirchliche Menschen, was ich beruflich mache, sagte ich, ich sei so etwas wie ein Hofnarr in der Kirche. Ich stifte Unruhe im Kult und helfe verstehen, was man tut, wenn man es tut. »Das ist ja interessant«, sagten sie. Und: »Gut, dass die Kirche sich modernisiert.« Oder: »Ich war neulich bei einer Beerdigung, da hat der Pastor so abgehobene Sachen gesagt.« Danach war das Gespräch zu Ende. Das zeigte mir den Stellenwert meiner Arbeit im gesellschaftlichen Kontext: Man findet so etwas in der Regel kurios, aber letztlich uninteressant.

Gottesdienst ist kein zweckdienlicher und doch zugleich ein Ort der Darstellung für alles, was lebt. Das wurde mir erst langsam klar. Gottesdienst fällt heraus aus allem, was Menschen »notwendig« oder »zweckmäßig« finden – und kann genau *deswegen* ein Zuhause sein. Denn *niemand ist notwendig, und Zweckmäßigkeit erwirbt nichts.* Aber *geliebt* ist jeder Mensch der Mittelpunkt der Welt. Und genau dieses Unbegreifliche kann man darstellen in diesen seltsamen Worten und Läufen. Das weiß ich. Und das wird leben.

Inter-esse – Dazwischen-Sein

Mein Talent lag nicht im systematischen Schreiben, das merkt man diesem Buch womöglich an – es ist mühsam gezähmtes Nachsinnen anhand der kirchlichen Tradition. »Zu Diensten« gewissermaßen. Auch eine abschließende Verbeugung vor all diesen Überlieferungen.

Lebendiger war ich im herzhaften Prozess mit Leuten in all diesen Biotopen. Wie einer, der zwischen den Schären einer Inselwelt hin- und herfährt und eins zum anderen trägt, je nachdem, wo was gebraucht wird. Und in jeder Form den goldenen Kern freilegen mag, fast egal welche es ist. Durch die Weite des Erlebten gelassen werden, vor nichts Angst haben, überall Offenbarung vermuten – wo sie sich zeigen möchte und man sie lässt. Im Vorfindlichen mitmischen, weder als Rebell noch als Büttel. In dem, was ist, den Glanz erspielen. Das wäre vielleicht die Mission, mit der ich unterwegs war. Das hat mir Kopfschütteln und befreite Gesichter beschert – oft im selben Raum.

Dafür danke ich all denen und Gott.

Träume

Während ich nun dieses Buch hier zurechtföne, greift ein Virus nach dem reichen Land der aufgescheuchten Seelen. Flüchtige Menschen weinen an Europas Grenzen im Tränengas – als hätten sie nicht schon genug geweint.

Ich kann mir diesen Graben zwischen dem Kult und dem Weltgeschehen und aktueller Sprache zurechtdenken. Das wollte und sollte ich unzählig oft. Ich kann sagen, im Gottesdienst würden (z. B. diese armen) Menschen vor Gott vertreten, man würde heiler entlassen als man kam. Weil man da weinen kann und beim Gehen seine Krone spüren und was nicht alles. Das stimmt ja auch. Im Prinzip.

Aber in der Praxis habe ich doch viel Abgestandenes erlebt, und weinen oder rumlaufen durfte man auch nicht. Und ich bin es ein bisschen leid, mir das zurechtzudenken, die Sprache, die oft steifen Gesten, diese Zitate der Erlösung anstelle von Gelächter.

Ich habe versucht, das Lebendige im Vorhandenen aufzuspüren. Aber das hatte klare Grenzen. Die unzähligen Besuche in Gemeinden und Regionen und der immer gleiche Kummer: Warum kommen so wenige am Sonntag? Dieser Röhrenblick – vergessen die dreihundertundzwölf Kinder-, Alten-, Passionsandachten pro Jahr, die Bestattungen, als zählten sie nicht mit. Warum nicht? Welcher Fleiß, welcher Reichtum lebt da jenseits des Sonntags!

Die erstaunliche Treue derer, die noch kommen. Die verkanteten Gemeindeleitungen und Kolleg*innen, die anfangs, miteinander zu spielen, wenn eine*r ihnen Teile der Liturgie in die Hände gibt und sagt: Spielt. Wir konnten uns mögen und konstruktiv kritisieren auf diesem heiklen Feld Gottesdienst.

Ich sehne mich ganz heimlich für mich selbst nach etwas Saftigem in den Kirchen. Das wirklich *ist,* was es sagt, dass es sei. Formen, die sich entscheiden und nicht allen alles bieten wollen. Und nach Leuten, die einfach zupacken und in den alten Gemäuern ihr Ding machen. Wenn wir vom Sattwerden reden, dann essen und trinken wir, und dazu kommt ein Wort, ein neues Wort. Oder auch Stille oder Tanz.

Wenn wir bleiben wollen, bekommen wir den Schlüssel zur Kirche.

Wir lassen uns Geschichten vorlesen, gern auch ohne Dauerpredigt. Die Pflicht und die Sucht, alles besprechen zu wollen, macht Menschen, Riten und Texte schwach. Verbale Vermittlung erzeugt auf Dauer Abhängige. Wir und die Geschichten wissen viel – wenn man uns nur unvermittelt zueinander lässt.

Als Viren im Frühjahr 2020 das öffentliche Leben zu lähmen begannen, zeigten sich wunderbare kleine spirituelle Pflanzen. Die standen sonst im Schatten hoher Traditionshecken. Jetzt in der freien Sonne. So entsteht Fantasie, Lust, bei den Leuten zu sein. Eine Art geistlicher Anarchie.

Es entstehen Anfänge des Zukünftigen: Geflüchtete und Eingeborene, die auf 111 Betten in der Kirche liegen, erzählen und singen. Familien, die reinkommen, sich einen Segen holen und wieder gehen. Jemand frisiert in der Ecke Kinder, und sie stehen Schlange dafür, am Ende bekommt jedes den Segen. Freitagabend ist die Kirche offen mit Wein, Musik, Gesang und erschöpften Leuten von überall, man zieht Fragen aus einem Kinderglücksautomaten. Leute feiern synchron am Bildschirm Abendmahl, weil es anders nicht geht, und es geht.

Nicht auszuschließen, dass nach 30 oder nölfzig Jahren irgendwer wieder nach strikteren Liturgien verlangt. Dann wird es sein. Dann gibt es ausgeschlafene Abläufe, strenge und schöne Berührungen. Und man darf auch rausgehen zwischendurch. Und wiederkommen.

So soll es sein – wie es nie war und nie wird, so soll es sein.

Hamburg im Mai 2020

Literatur und weiterführende Hinweise

Helge Adolphsen, Glauben sichtbar machen, Herausforderungen an Kirche, Kunst und Kirchenbau, Hamburg 2006
Fritz Baltruweit/Jan von Lingen/Christine Tergau-Harms, Hinführungen zu den biblischen Lesungen im Gottesdienst, Hannover 2004
Jürgen Ebach, Das Alte Testament als Klangraum des evangelischen Gottesdienstes, Göttingen 2016
Folkert Fendler (Hg.), Qualität im Gottesdienst: Was stimmen muss – Was wesentlich ist – Was begeistern kann, Gütersloh 2015
Albert Gerhards (Hg.), Communio-Räume, Regensburg 2003
Wolfgang Herbst, Evangelischer Gottesdienst. Quellen zu seiner Geschichte, 2. Aufl., Göttingen 1992
Thomas Hirsch-Hüffell, Gottesdienst verstehen und selbst gestalten, Göttingen 2002
Angelika Hüffell/Thomas Hirsch-Hüffell, Gott macht aus Nichts eine Welt. Schöpfungstage mit Kindern erleben, Göttingen 2005
Elisabeth Jooß, Raum, Gütersloh 2005
Harald Jordan, Räume der Kraft schaffen. Der westliche Weg des ganzheitlichen Wohnens und Bauens, Aarau 2004
Liturgisches Institut Trier, In der Mitte der Versammlung 5, Liturgische Feierräume, 1999
Hans Mayr, Tu dich auf. Schlüssel zu den biblischen Lesungen im Kirchenjahr, Göttingen 2003
Martin Nicol/Alexander Deeg, Im Wechselschritt zur Kanzel. Praxisbuch Dramaturgische Homiletik, Göttingen 2013
Uta Pohl-Patalong, Bibliolog. Impulse für Gottesdienst, Gemeinde und Schule. Band 2: Aufbauformen, 2. Aufl., Stuttgart 2012
Uta Pohl-Patalong, Bibliolog. Impulse für Gottesdienst, Gemeinde und Schule. Band 1: Grundformen, 3. Aufl., Stuttgart 2013
Klemens Richter, Kirchenräume und Kirchenträume, Freiburg 1998
Elmar Salmann, Der geteilte Logos, Rom 1992
Hans-Christoph Schmidt-Lauber/Michael Meyer-Blanck/Karl-Heinrich Bieritz (Hg.), Handbuch der Liturgik, Göttingen 1995
Peter Sloterdijk, Sphären 1–3, Frankfurt/Main 2001–2004
Rainer Volp, Kirchenbau und Kirchenraum, in: Schmidt-Lauber/Michael Meyer Blanck/Karl-Heinrich Bieritz (Hg.): Handbuch der Liturgik (S. 490–509), Göttingen 1995
Tobias Woydack, Der räumliche Gott, Schenefeld 2005